Prozeßmanagement und Reengineering

Michael Nippa ist geschäftsführender Gesellschafter der Beratungs- und Forschungsgesellschaft BPU • Betriebswirtschaftliche Projektgruppe für Unternehmensentwicklung GmbH, mit Hauptsitz in München.

Arnold Picot ist Professor für Betriebswirtschaftslehre an der Ludwig-Maximilians-Universität München. Er steht dem dortigen Institut für Organisation vor. Darüber hinaus ist er Gesellschafter der BPU.

Michael Nippa
Arnold Picot (Hg.)

Prozeßmanagement und Reengineering

Die Praxis im deutschsprachigen Raum

Campus Verlag
Frankfurt/New York

Die Deutsche Bibliothek – CIP-Einheitsaufnahme

Prozeßmanagement und Reengineering: Die Praxis im deutschsprachigen Raum:
Konzepte und Praxisbeispiele/
Michael Nippa, Arnold Picot (Hg.) – 2. Aufl.
Frankfurt/Main ; New York : Campus Verlag, 1996
ISBN 3-593-35227-3
NE: Nippa, Michael [Hrsg.] ; GT

2. Auflage 1996

Umschlaggestaltung: Atelier Warminski, Büdingen
Satz: Satzspiegel, Göttingen
Druck und Bindung: Fuldaer Verlagsanstalt
Gedruckt auf säurefreiem und chlorfrei gebleichtem Papier
Printed in Germany

Inhalt

TEIL C: REORGANISATIONSBEISPIELE AUS DER PRAXIS

Vorwort

Die Diskussion um Lean Management, Total Quality Management oder Benchmarking als Methoden zur Effizienzsteigerung und zur Erreichung von Wettbewerbsvorsprüngen ist noch in vollem Gang, da erreicht uns schon die nächste Managementbotschaft aus den USA, das nächste »ultimative« Konzept: »Reengineering« – derzeit in aller Munde und, wie es scheint, auf weltweitem »Siegeszug« bei der Restrukturierung von Unternehmen im intensivierten Wettbewerb.

Als Wissenschaftler wie auch als Unternehmensberater sind wir naturgemäß an der Frage interessiert, was »Reengineering« eigentlich ist. Was unterscheidet »Reengineering« von anderen Konzepten und was teilt es mit diesen, worauf beruht der Erfolg, unter welchen Voraussetzungen kann es von privatwirtschaftlichen und öffentlichen Unternehmen erfolgreich angewendet werden, und welche Probleme sind damit eventuell verbunden? Um es vorwegzunehmen: Das Besondere des »Reengineering« besteht im Kern aus zwei Komponenten, die zwar nicht neu, aber doch lange Zeit in vielen Unternehmen wie auch in der wissenschaftlichen Diskussion vernachlässigt wurden. Das sind, erstens, der Primat der Kunden- und Prozeßorientierung als inhaltliche Komponente und, zweitens, die Abkehr vom Vorhandenen, d. h. der radikale Neubeginn bei der Organisationsgestaltung als methodische Komponente. Alle weiteren Bestandteile des »Reengineering« sind Ingredienzien, die je nach Autor oder Anwender unterschiedlich beigemischt und betont werden.

Beschäftigt man sich intensiver mit »Reengineering«, so fällt auf, daß

- das Konzept nicht eindeutig definiert ist, meistens lediglich an Beispielen oder sehr allgemeinen Kategorien erläutert und von immer mehr Anwenderunternehmen aus allen Branchen verwendet wird,
- Berater jeglicher Herkunft und Größe »Reengineering«-Konzepte anbieten und nicht selten betonen, daß sie diese Art von Projekten schon seit Jahren bzw. Jahrzehnten durchführen und auch ein »Erstgeburtsrecht« für bestimmte Vorgehensweisen reklamieren,

- die exponentiell zunehmende Zahl der »Reengineering«-Projekte, die allerorts geplant, durchgeführt oder abgeschlossen werden, darauf hindeutet, daß vieles als »Reengineering« bezeichnet wird, was mit »Reengineering« nur am Rande zu tun hat,
- in dem Maße, wie über »Reengineering«-Erfolge berichtet wird, über Mißerfolge bzw. unerfüllte Erwartungen geschwiegen wird und
- ein »Reengineering«-Erfolg an eine Reihe von Voraussetzungen gebunden ist.

Darüber hinaus bestand und besteht ein Mangel an Erfahrungs- und Methodenwissen, aber auch an Wissen über aktuelle Projekterfahrungen. Gerade im deutschsprachigen Raum ist weder eine vergleichende Darstellung vorhandener methodischer Vorgehensweisen verfügbar, noch hat bisher eine intensive Auseinandersetzung unter dem Blickwinkel der betriebswirtschaftlichen Organisationslehre stattgefunden.

All dies hat uns dazu bewogen, ein Buch zu konzipieren und gemeinsam mit vielen Erfahrungsträgern aus der Wirtschaft zu realisieren, das den derzeitigen Status quo und den Wissensstand zu »Reengineering« in Deutschland zusammenfaßt.

Die Beiträge in diesem Buch sind in thematischen Blöcken zusammengefaßt. Den übergeordneten Beiträgen, die sich insbesondere mit der Einordnung des »Reengineering« in den organisationstheoretischen Kontext sowie der Gestaltung und dem Management prozeßorientierter Unternehmen auseinandersetzen (Teil A), folgt die praxisorientierte Aufbereitung und Darstellung der »Reengineering«-Konzepte und -Methoden ausgewählter renommierter Organisations- und Strategieberatungsunternehmen (Teil B). Eingeleitet durch die komprimierte Zusammenfassung der Ergebnisse einer eigenen – bereits Anfang 1994 durchgeführten – schriftlichen Umfrage bei deutschen Großunternehmen zum Thema »Prozeßorientierte Unternehmensgestaltung« bzw. »Reengineering« werden schließlich konkrete Praxiserfahrungen von Unternehmen dargestellt, die in jüngerer Zeit größere Restrukturierungen unter Betonung des Prozeßgedankens erfolgreich angegangen sind bzw. abgeschlossen haben (Teil C).

Wir möchten nicht verhehlen, daß uns die Übernahme des Begriffs »Reengineering« in den Titel des Buches nicht leicht gefallen ist. Denn mit »Engineering« verbindet sich häufig die Vorstellung, daß etwas von außen, gleichsam mechanisch, rational konstruier- und gestaltbar sei. Wer jemals an Reorganisationsprojekten verantwortlich mitgewirkt hat, weiß, daß Unternehmen sozioökonomische Gebilde sind, deren Veränderungs- und Entwicklungsmöglichkeiten stark durch die darin handelnden Subjekte sowie durch die jeweiligen Selbstorganisations- und Lernfähigkeiten geprägt werden. Die Engineering-Metapher wird dem nicht nur nicht gerecht, sondern vermittelt sogar den Eindruck, als ob die Lösung derart tiefgreifender Organisationsfragen ein Problem sei, das am Zeichenbrett abzuhandeln sei. Daß dem keinesfalls so ist, zeigen auch die in diesem Buch dokumentierten Erfahrungen.

In eigenen Projekten haben wir seit Jahren die Bedeutung der Prozeß-, Kunden- und Objektsicht für die Gestaltung von Organisationen hervorgehoben und diese Erkenntnis gemeinsam mit unseren Marktpartnern umgesetzt. Immer wieder zeigte sich, daß besonders große Rationalisierungspotentiale in einer prozeßorientierten Reorganisation liegen. Dies gilt für die organisatorische Gesamtkonfiguration von Unternehmen ebenso wie für die Gestaltung von Teilbereichen. Beispiele sind etwa die notwendige Reorganisation unternehmensübergreifender Abläufe im Vorfeld der Einführung von Electronic Data Interchange, die Effizienzsteigerung der weltweiten Auftragsabwicklung, die Erfassung von Prozeßkosten für interne Dienstleistungen, die Restrukturierung von Planungs- und Berichtssystemen oder die drastische Verkürzung von Produktentwicklungszeiten.

Bei aller Wertschätzung der Prozeßorientierung sollten wir jedoch nicht vergessen, daß die umfassende organisatorische Gestaltung des Unternehmens ergänzender Methoden und Ansätze bedarf, die im Konzept der Prozeßorientierung höchstens indirekt enthalten sind. Seien es Entscheidungen zur Optimierung der Leistungstiefe (Make-or-Buy; Out-/Insourcing), die Frage der optimalen Rechtsform der Vertriebs- und Serviceorganisationen, die Gestaltung von Kooperationen und Allianzen, das Design von Anreizsystemen, der optimale Dezentralisierungsgrad von Funktionen oder aber die Gestaltung von schlecht strukturierbaren Aufgaben beispielsweise in der Forschung oder im Management. Auch für die Gestaltungsproblematik dieser wichtigen Aspekte der Wertschöpfungskette liegen Konzepte und Erfahrungen vor, die allerdings in diesem Buch höchstens angedeutet werden können.

Trotz dieser Einschränkungen ist die vom Primat der Prozesse ausgehende Organisation von Unternehmen und öffentlichen Verwaltungen sicherlich ein erfolgversprechender Weg zur Gewinnung und zum Erhalt einer hohen Leistungsfähigkeit in einem immer intensiveren, globalen Wettbewerbsumfeld.

Es freut uns besonders, so viele renommierte Unternehmen und Praxiskenner für unser Vorhaben gewonnen zu haben. Ohne die Mitwirkung und das Engagement der Autoren, die als verantwortliche Praktiker interessante und vielfältige Einblicke in die Restrukturierung ihrer Unternehmen aus unterschiedlichen Blickwinkeln bieten oder als Berater bzw. Wissenschaftler die Konzepte und Methoden differenziert darstellen, wäre dieses Buch in der kurzen Zeit sicherlich nicht zustandegekommen. Wir danken allen Autoren für ihre wertvolle Mitarbeit, die häufig mit dem Opfer wertvoller Freizeit verbunden war, und hoffen, daß sich auf der Basis der Beiträge ein interessanter Diskurs entwickelt.

Unser Dank gilt darüber hinaus auch unseren Mitarbeitern, die ihre Erfahrungen aus unterschiedlichen Projekten mit eingebracht oder uns bei der Abwicklung des Buchvorhabens tatkräftig unterstützt haben. Neben unseren Koautoren, Dipl.-Kfm. Markus Böhme, Dr. Egon Franck und Dipl.-Kfm. Jochen Klemmer, möchten wir namentlich Herrn Dipl.-Inform. Ansgar Gründler, Herrn Robert Minov und Frau Dipl.-Päd. Annett Schroer für ihre Unterstützung bei der Abwicklung des Buchvorhabens herzlich danken. Nicht zuletzt gilt unser Dank dem Campus Verlag, insbesondere Frau Dr. Gräber-Seißinger und Herrn Schwoerer, die unser Vorhaben unterstützt sowie die rasche Publikation des Projektes sichergestellt haben.

Michael Nippa, Arnold Picot
München, im August 1994

TEIL A

BEWERTUNG PROZESSORIENTIERTER ORGANISATIONSANSÄTZE

Prozeßorganisation

Eine Bewertung der neuen Ansätze aus Sicht der Organisationslehre

Arnold Picot, Egon Franck

1. Die aktuelle Diskussion

1.1 Große Erwartungen

Eine zunehmende Zahl von Unternehmen experimentiert mit einer gerade von den Unternehmensberatungen als revolutionär gepriesenen Entwicklung im Organisationsbereich. Unter mehreren Bezeichnungen – vor allem Reengineering (vgl. Hammer/Champy 1994; Hunt 1993; Johansson/McHugh/Pendlebury/Wheeler 1993; Morris/Brandon 1993), aber auch z. B. Core Process Redesign (vgl. Kaplan/Murdock 1991) oder Process Innovation (vgl. Davenport 1993) – wird insbesondere von angelsächsischen Autoren eine Neuerung propagiert, die erhebliche Rationalisierungs- und Leistungseffekte auslösen soll (vgl. auch z. B. Gatermann/Krogh 1993; Hall/Rosenthal/Wade 1993, Earl 1994).

»Wir sind der Ansicht, daß die Implementierung der Grundsätze des Business Reengineering ebenso weitreichende und tiefgreifende Folgen haben wird wie die Prinzipien der industriellen Organisation, die auf Adam Smith zurückgehen.« (Hammer/Champy 1994, S. 17)

»Most traditional means of boosting performance, however, do little more than lock in incremental gains. But a new IT-enabled approach – which views a company as a grouping of cross-functional core processes and not just as a grouping of functions or business units – can yield breakthrough levels of improvement.« (Kaplan/Murdock 1991, S. 27)

»Objectives of 5 % or 10 % improvement in all business processes each year must give way to efforts to achieve 50 %, 100 % or even higher improvement levels in a few key processes. Today firms must seek not fractional, but multiplicative levels of improvement – 10 times rather than 10 %. Such radical levels of change require powerful new tools that will facilitate the fundamental redesign of work.....The approach we are calling for, *process innovation*, combines the adoption of a process view of the business with the application of innovation to key processes.« (Davenport 1993, S. 1)

Im folgenden wird die Neuerung, die so hohe Erwartungen weckt, unter dem Begriff *Prozeßorganisation* diskutiert.

1.2 Prozesse als Attraktor

Der Attraktor der unterschiedlichen Konzepte ist der Begriff Prozeß. In allen Fällen resultieren die berichteten – in der Tat teilweise dramatischen – Effizienzgewinne (vgl. z. B. den Überblick bei Plewa 1994, S. 34) aus einer organisatorischen Beschäftigung mit Prozessen. Die wesentliche Gemeinsamkeit der unterschiedlichen Definitionsversuche bringt folgendes Zitat zum Ausdruck:

»Wir definieren einen Unternehmensprozeß als Bündel von Aktivitäten, für das ein oder mehrere unterschiedliche Inputs benötigt werden und das für den Kunden ein Ergebnis von Wert erzeugt.« (Hammer/Champy 1994, S. 52)

Die Orientierung am Nutzen des Kunden ist die gemeinsame Basis der propagierten Prozeßauffassungen. Prozesse sind demnach Tätigkeitsfolgen, die Kundenwert schaffen.

Neben dieser Gemeinsamkeit gibt es eine Reihe von Unterschieden. Manche Autoren (vgl. Davenport 1993, S. 5; Fischer 1993, S. 213) schränken ihre Prozeßsicht auf klar strukturierte Tätigkeitsketten ein. Damit werden nicht nur innovative Prozesse im Unternehmen, z. B. im FuE-Bereich, von vornherein aus der Betrachtung ausgeschlossen. Tätigkeitsketten in Branchen, in denen Unternehmen individuelle Kundenwünsche befriedigen (z. B. Unternehmensberatung, Handwerk, maßgeschneiderte Dienstleistungen, Anlagengeschäft), sind generell weniger gut strukturierbar als Prozesse in Branchen, in denen Unternehmen einen anonymen und stabilen Massenbedarf bedienen (z. B. Konsumgüterindustrie). Die Eingrenzung auf gut strukturierte Prozesse favorisiert dann tendenziell eine Beschäftigung mit Massenherstellern. Die Differenzen gehen weiter, wenn es um die inhaltliche Bestimmung der Prozesse geht. So sind einige Autoren der Ansicht, daß man Unternehmen durch ganz wenige – zwei bis vier – Kernprozesse abbilden kann bzw. sollte. Nach Kaplan/Murdock (1991, S. 29) sind dieses: Die Entwicklung neuer Produkte, die Auftragsakquisition und -abwicklung und die integrierte Logistik. Andere Autoren gehen dagegen von einer Unterteilung in erheblich mehr Prozesse aus. Davenport (1993, S. 28) berichtet z. B., daß IBM früher sogar 140 verschiedene Prozesse unterschieden hat.

1.3 Beispielhafte Argumentation und offene Fragen

Die Autoren der beratungsorientierten Konzeptionen zur Prozeßorganisation erläutern ihre Sichtweise überwiegend anhand von Beispielen. Aus diesen werden dann in der Regel relativ vage und allgemeine »Erfolgsrezepte« generalisiert. Die Versuche, Querverbindungen zur hergebrachten amerikanischen oder europäischen Organisationslehre herzustellen, sind bestenfalls sehr zaghaft. Man sieht sich deswegen als »vorbelasteter« Leser unweigerlich mit vielen offenen Fragen konfrontiert, die letztlich darauf abzielen, das wirklich Neue an dieser Bewegung herauszufinden. Ohne den Bezug zur hergebrachten Organisationslehre lassen sich die Erkenntnisfortschritte durch neue Konzepte jedoch nicht ermessen. Neuigkeit ist relativ. Ignoriert man das Hergebrachte, dann ist grundsätzlich alles neu.

2. Bezüge zur Organisationslehre

2.1 Reorganisationsmethodiken und Organisationsinhalte als Beiträge der Organisationslehre

Aus der Perspektive einer angewandten Betriebswirtschaftslehre leistet die Organisationslehre Erklärungs- und Gestaltungsbeiträge für die Lösung der praktischen Organisationsprobleme menschlicher Akteure. Grundsätzlich kann die Organisationslehre dabei zwei Arten von praktischen Lösungshilfen anbieten.

Sie kann den (Re-)Organisationsvorgang selbst ins Zentrum ihres Erkenntnisinteresses rücken und Lösungshilfen für das Bewältigen dieses Vorgangs in der Praxis erarbeiten (vgl. dazu z. B. Picot 1993 a, S. 164–173). Derartige Lösungshilfen kann man als Reorganisationsmethodiken bezeichnen. Bildlich gesprochen strukturieren sie ausschließlich den »Weg« des Organisierens. Sie machen keine inhaltliche Aussage über das »Ergebnis« – z. B. in Gestalt einer bestimmten Organisationsstruktur –, das am Ende dieses »Weges« steht.

Der überwiegende Teil der Organisationsforschung befaßt sich jedoch nicht mit derartigen »wegbezogenen« Reorganisationsmethodiken, sondern liefert eine »ergebnisorientierte« Auseinandersetzung mit Organisationsinhalten. Man untersucht die Frage, welche konkreten Organisationsstrukturen für Unternehmen in bestimmten Situationen effizient sind, ohne zu problematisieren, auf welchem »Weg« eine Organisationsänderung überhaupt zu bewerkstelligen ist (vgl. dazu z. B. Picot 1993 a, S. 113–164).

Vor diesem Hintergrund ist zu klären, inwieweit die propagierten Konzepte zur Prozeßorganisation die Fachdiskussion im Bereich der Reorganisationsmethodiken und im Bereich der Auseinandersetzung mit Organisationsinhalten voranbringen.

2.2 Aufbau- und Ablauforganisation als spezifische Inhaltskategorien der deutschen Organisationslehre

»Die begriffliche Unterscheidung von Aufbau und Ablauf, mit der verschiedenartige organisatorische Gestaltungsprobleme charakterisiert wurden, war eine fundamentale Weichenstellung in der Tradition der deutschen Organisationslehre. Die gedankliche Trennung dieser beiden Gestaltungsbereiche hat sich ausschließlich im deutschen Sprachraum sowohl in der Theorie als auch in der Praxis durchgesetzt.« (Gaitanides 1992, S. 2)

Zum einen kann man die Organisation als ein Bestandsphänomen begreifen (vgl. zum folgenden z. B. Picot 1993 a, S. 105). Man befaßt sich in diesem Fall mit der Aufgabengliederung, der Bildung von Organisationseinheiten (Stellen und Abteilungen) und den Weisungs- und Informationsbeziehungen zwischen den Organisationseinheiten. Zum anderen kann man die Organisation als ein dynamisches Phänomen in Zeit und Raum auffassen. Nun steht der Prozeß, der Ablauf der Aufgabenerfüllung im Mittelpunkt. Es rücken insbesondere Bearbeitungsvorgänge, -reihenfolgen, -zeiten, -prioritäten sowie der Transport von Menschen, Informationen und Sachgütern bei der Abwicklung von Aufträgen ins Zentrum der Betrachtung. Dieser grundsätzlichen Unterscheidung tragen die Begriffe *Aufbau-* und *Ablauforganisation* Rechnung (vgl. grundlegend Nordsieck 1934, S. 119 ff.). Aufbau und Ablauf sind dabei keine voneinander unabhängigen Phänomene, sondern »zwei Seiten ein- und desselben Gegenstands« (Picot 1993 a, S. 105). Allerdings ist dieser innere, unauflösliche Zusammenhang zwischen Aufbau und Ablauf in der deutschen Organisationslehre durch die Herausbildung getrennter Lehrrichtungen und Lehrbücher im Bewußtsein der Fachöffentlichkeit nicht gefördert, sondern wohl eher verschüttet worden (vgl. Kosiol 1962; Küpper 1982).

Anhand der relativen Gewichtung, die Fragen des Ablaufs und des Aufbaus in der organisationstheoretischen Diskussion beigemessen wurde, kann man grob drei Phasen der deutschen Organisationslehre unterscheiden (vgl. zum folgenden ausführlicher Gaitanides 1983, S. 3–19).

Bei Nordsieck (1934), der zusammen mit Hennig (1934) die analytische Trennung von Aufbau und Ablauf eingeführt hat, kommt dynamischen bzw. prozessualen Elementen mindestens die gleiche Bedeutung wie Bestandselementen zu. Nordsiecks Prinzip der Aufgabengliederung nach dem Prozeß der

Leistung (vgl. Nordsieck 1968, S. 10–14) ist sogar als Primat der Prozeßorganisation interpretierbar. Für Nordsieck steht fest,

»daß Aufgabengliederung im Grund nur bedeuten kann: Unterteilung des Prozesses der Erfüllung der Aufgabe in einzelne Teilbereiche und Teilabschnitte entsprechend dem Prozeß und Ablauf der Leistung.« (Nordsieck 1968, S. 10)

»Die Annahme und Planung besonderer Gliedaufgaben ist nur dort gerechtfertigt, wo der Prozeß durch die Bildung von Abschnitten nur relativ gering gestört wird, d. h. wo die *wenigsten Prozeß- und Ablaufbeziehungen zerschnitten* werden. Denn es versteht sich von selbst, daß alle diese abgeteilten Gliedaufgaben, die späterhin relativ selbständigen Dienststellen übertragen werden, den Prozeß selbst auseinandertrennen, wodurch das Bedürfnis nachträglicher Wiederherstellung der wechselseitigen Beziehungen durch Koordination entsteht. Dabei gilt der Satz, daß die organisatorische Koordination im Betriebe um so schwieriger wird, je weniger das Prinzip der Prozeßgliederung beachtet worden ist.« (Nordsieck 1968, S. 13)

In diesen Aussagen ist der Kern der »modernen« Philosophie der Prozeßorganisation bereits enthalten. Die Wurzeln des sogenannten Reengineering sind daher recht alt.

Erst mit Kosiol (1962) werden ablauforganisatorische Fragen zunehmend in den Hintergrund gedrängt. Mit Hilfe der von ihm entwickelten Aufgabenanalyse wird die Marktaufgabe des Unternehmens zunächst anhand der Kriterien Verrichtung, Objekt, Rang usw. zergliedert. Im Rahmen der Aufgabensynthese werden die gebildeten Teilaufgaben zu Komplexen zusammengefaßt, die letztlich auf organisatorische Einheiten – Stellen, Abteilungen – zugeordnet werden. Die Aufgabenanalyse und -synthese steht im Dienste der Aufbauorganisation. Von der Festlegung der Stellenaufgaben über die Bestimmung der Rangordnung der Stellen, die Aussonderung von Stabsaufgaben bis zum sogenannten Kollegienzusammenhang werden vorwiegend Bestandselemente der Organisation gestaltet. Erst wenn die Aufgabenanalyse und -synthese beendet ist, stehen im Rahmen der Kosiolschen Arbeitsanalyse und -synthese Ablaufphänomene auf dem Programm. Damit wird die Ablauforganisation zur relativ »unbedeutenden« Fortsetzung der Aufbauorganisation, für die nur noch wenige Freiheitsgrade der Gestaltung übrig bleiben. Dies hat sicherlich zu der Sicht beigetragen, der Ablauf würde sich aus der Festlegung des Aufbaus sozusagen automatisch ergeben. Die starke Rezeption angelsächsischer Autoren, die aufbauorientiert argumentieren, dürfte ein übriges zu der vorübergehenden Vernachlässigung des Ablaufs in der deutschen Organisationslehre getan haben (vgl. hierzu Gaitanides 1983, S. 19).

Schon seit geraumer Zeit gibt es in der deutschen Organisationslehre eine Rückbesinnung auf die dynamischen Aspekte der Organisation (vgl. stellvertretend Küpper 1982, Gaitanides 1983). Wählt man den Beitrag von Gaitanides (1983) als Bezugspunkt, dann wird darin die Kosiolsche Reihenfolge geradezu umgekehrt: Die Aufbauorganisation wird zur Fortsetzung der Ablauforganisation. Der wesentliche Kritikpunkt an der Kosiolschen Vorgehensweise ist, daß sie ungeeignete Ansatzpunkte für eine Ablaufgestaltung hinterläßt (vgl. Gaitanides 1983, S. 19, 61–62). Als Gegenstand der Ablauforganisation bleiben ja automatisch nur die den einzelnen Stellen zugeordneten Arbeitselemente übrig. Stellenübergreifende Gesamtprozesse und deren inneres Prozeßgefüge sind damit nicht mehr adäquat erfaß- und gestaltbar. Erst wenn Stellen bzw. Organisationseinheiten nach Kriterien des Ablaufs gebildet werden, bleiben ausreichende Gestaltungsspielräume hinsichtlich der Erfüllung von Prozeßelementen, der Bearbeitungsfolge, der Vorrangsbeziehungen usw. bestehen. Gaitanides führt dementsprechend aus, daß »die Stellen- und Abteilungsbildung unter Berücksichtigung spezifischer Erfordernisse des Ablaufs betrieblicher Prozesse im Rahmen der Leistungserstellung und -verwertung konzipiert werden«. (Gaitanides 1983, S. 62)

Vor dem Hintergrund dieser Überlegungen erscheint es angebracht, die Frage nach den inhaltlichen Organisationsbeiträgen der neuen Literatur durch ihre Spiegelung sowohl an der ablauf- als auch an der aufbauorientierten hergebrachten Organisationslehre zu untersuchen. In Anbetracht der Komplexität der Organisationslehre kann eine solche Spiegelung nur rudimentär und sehr schematisch sein. Die Ausführungen werden einem Erkenntnisgegenstand »Organisationslehre« nicht gerecht. Es wird ausdrücklich betont, daß die umfassende und ausgewogene Darstellung der Organisationslehre auch nicht der Zweck dieses Beitrages ist.

3. Die Prozeßorganisation als Reorganisationsmethodik

Die neuen beratungsorientierten Konzeptionen zur Prozeßorganisation sind über weite Bereiche als Reorganisationsmethodiken interpretierbar. Als erstes gilt es, die wesentlichen Charakteristika dieser »Wegbeschreibungen« zu identifizieren.

3.1 Phasenschemata für den Wandel mit dem Schwerpunkt auf Prozessen

Die meisten Autoren generalisieren aus den betrachteten erfolgreichen Beispielen Phasenschemata für eine Reorganisation. Der gemeinsame Kern der unterschiedlichen »Rezepte« ist natürlich das Ansetzen an Prozessen. Hier liegt auch das neue Element im Vergleich zu den bisher bekannten Reorganisationskonzepten, die Ansatzpunkte wie das Individuum, organisatorische Einheiten oder soziale Beziehungen zwischen Organisationsmitgliedern wählen.

Davenport (1993) entwickelt ein detailliertes Phasenschema zur sogenannten »process innovation«. Dessen Hauptschritte, die natürlich weiter konkretisiert werden, sind: Identifying processes for innovation, identifying change levers, developing process visions, understanding existing processes, designing and prototyping the new process. Die Unterscheidung von Kaplan/Murdock (1991) ist ähnlich: Identifying processes, defining performance requirements, pinpointing problems, developing a vision, making it happen.

Die Unternehmensberatung The Boston Consulting Group ordnet ihre sogenannte Checkliste für Reengineering-Programme (vgl. Maier 1993, S. 54) in drei an das bekannte Lewin-Schema (vgl. Lewin 1963) – Auftauen, Wandel, Einfrieren – erinnernde Hauptphasen: Richtung vorgeben, Übergang managen, Vorteile verankern.

Die Qualität der unterschiedlichen Checklisten und Phasenschemata als Reorganisationsmethodiken läßt sich auf theoretischer Basis nicht genau beurteilen. Man kann lediglich versuchen, sie in das Methodenspektrum einzuordnen, das sich zwischen den Verfahren der Organisationsplanung auf der einen und den Verfahren der Organisationsentwicklung auf der anderen Seite aufspannt (vgl. Picot 1993a, S. 164–173). Auf der Basis einer solchen Zuordnung kann man dann allgemeine Aussagen über die jeweiligen Schwächen/Stärken ableiten.

3.2 Reorganisation durch Organisationsplanung

Planungslogik zeichnet sich u. a. durch folgende Elemente aus: Klare Ziele, rationale Suche nach der Ideallösung, Entscheidung durch die Unternehmensführung und Top-down-Vorgehen bei der Umsetzung. Entwicklungsverfahren betonen dagegen eine kontinuierliche Veränderung des Status quo, die Entscheidung durch die Betroffenen und ein Bottom-up-Vorgehen.

Nach diesen Maßstäben sind die Konzepte zur Prozeßorganisation vor allem Planungsverfahren:

»Designers of the new process must ask themselves, ›Regardless of how we have accomplished this objective in the past, what is the best possible way to do it now?‹« (Davenport 1993, S. 11)

»The initial redesign ideas must be unconstrained.« (Kaplan/Murdock 1991, S. 43)

»Wenn wir gebeten werden, Business Reengineering kurz zu definieren, sagen wir, es bedeute ›ganz von vorne anfangen‹. Business Reengineering bedeutet *nicht*, an den vorhandenen Abläufen herumzuexperimentieren oder inkrementale Veränderungen einzuführen, bei denen die zugrundeliegenden Strukturen unangetastet bleiben. Es geht hier nicht um Flickwerk, nicht um Notlösungen für die Optimierung bestehender Systeme. Business Reengineering bedeutet, altbekannte Vorgehensweisen aufzugeben und die Arbeit, die in den Produkten oder Dienstleistungen eines Unternehmens steckt, aus einem neuen Blickwinkel zu betrachten sowie dem Kunden einen neuen Wert zu bieten. Business Reengineering bedeutet, daß man sich folgende Frage stellt: ›Wenn ich dieses Unternehmen heute mit meinem jetzigen Wissen und beim gegenwärtigen Stand der Technik neu gründen müßte, wie würde es dann aussehen?‹ Business Reengineering bedeutet, alte Systeme im Unternehmen über Bord zu werfen und von vorne zu beginnen. Dazu muß man praktisch bei Null anfangen und sich bessere Vorgehensweisen zur Erledigung der Arbeit ausdenken.« (Hammer/Champy 1994, S. 47)

Diese Zitate belegen das Bestreben, eine Ideallösung auf der Grundlage eines Tabula-rasa-Ansatzes zu suchen. Die Top-down-Orientierung sowie die zentrale Rolle der Unternehmensführung geben folgende Zitate wieder:

»Process innovation is typically much more top down, requiring strong direction from senior management. Because large firms' structures do not reflect their cross-functional processes, only those in positions overlooking multiple functions may be able to see opportunities for innovation.« (Davenport 1993, S. 12)

»Active commitment on the part of senior business and information systems management is essential.« (Kaplan/Murdock 1991, S. 42)

»Die Unternehmensführung muß die Initiative ergreifen und beibehalten.« (BCG-Berater Herp, zitiert nach Maier 1993, S. 50)

»Lead from the top.« (A.T. Kearney 1992, S. 6)

3.3 Schwächen des planerischen Vorgehens

Planerische Ansätze haben ihre Stärken vor allem beim Entwurf und bei der Durchsetzung veränderter organisatorischer Grobstrukturen in Großunternehmen. Eine partizipative Bottom-up-Gestaltung wäre in einer solchen Situation nicht nur vom Ergebnis her wahrscheinlich zu konservativ, sondern auch vom Prozeß her zu aufwendig bzw. langwierig. Das planerische Vorgehen, das in den Reorganisationskonzepten zum Ausdruck kommt, hat aber auch mehrere Schwächen (vgl. Picot 1993 a, S. 169). Zum einen kann es durch die Top-down-Vorgehensweise zu schwer durchsetzbaren Ergebnissen kommen. Zum anderen werden das Wissen und die Ideen der Betroffenen nicht ausreichend zur Verbesserung der Entscheidungsgrundlagen genutzt. Von Bedeutung erscheint auch, daß der sozialen Dimension menschlicher Kommunikation in Planungskonzepten zu wenig Aufmerksamkeit gewidmet wird. Gerade dieses Manko hat auch bereits zum Scheitern anfänglich als erfolgversprechend eingeschätzter Reorganisationsprojekte geführt. Von derartigen Fällen berichtet Zuboff (1988). Auch Davenport (1993, S. 97 ff.) nimmt darauf Bezug.

In der amerikanischen Finanzverwaltung – dem sogenannten Internal Revenue Service (IRS) – wurde bei der Bearbeitung von Einkommensteueranträgen durch die Einführung eines Computersystems das sogenannte Case Management – die ganzheitliche Bearbeitung von Anträgen durch Mitarbeiter – eingeführt. Es kam zu einem enormen Produktivitätsanstieg. Halb so viele Mitarbeiter schafften es, mehr Fälle zu bearbeiten als vor der Reorganisation. Die Erfolgsmeldungen kamen jedoch zu früh. Die Case Manager, die nicht mehr zusammenarbeiten mußten, kündigten in großer Zahl. Die soziale Verarmung durch das isolierte Arbeiten wurde als untragbare Belastung empfunden.

Die Beschäftigung mit Prozessen als neuer Schwerpunkt für Reorganisationsprojekte kann – das zeigt vor allem die anschließende Diskussion über Organisationsinhalte – durchaus ein lohnender Perspektivenwechsel sein. Auch bei der Konzeption der »Reorganisationsrezepte« für Prozesse wird man aber die Erkenntnisse der verhaltenswissenschaftlichen Organisationslehre nicht vom Tisch fegen können. Technokratisch-elitäre Planungskonzepte haben ihre Grenzen. Nichts spricht jedoch prinzipiell dagegen, prozeßorientierte Reorganisation durch partizipative Elemente und ein Bottom-up-Denken zu erweitern.

4. Die Prozeßorganisation vor dem Hintergrund der ablauforientierten Organisationslehre

Vergleicht man die neue beratungsorientierte Literatur mit der teilweise schon klassischen Diskussion zur Ablauforganisation, dann erkennt man nicht nur eine Reihe bekannter Gestaltungselemente, sondern auch wenige, aber entscheidende Neuerungen bzw. Perspektivenerweiterungen.

4.1 Bekannte Elemente: Prozeßanalyse und die IuK-Technik als Katalysator

In den beratungsorientierten Beiträgen wird – wie gesagt – der Prozeß als neues organisatorisches Gestaltungselement propagiert.

»Business processes are displacing functional disciplines as the primary organizational unit of world-class companies.« (A.T. Kearney 1992, S. 3)

»Processes are becoming the most attractive targets for improvements in business.« (Morris/Brandon 1993, S. 38)

Die meisten Autoren versuchen, Hilfestellungen für die Abgrenzung und Strukturierung von Prozessen zu geben (vgl. z. B. Davenport 1993, S. 27 ff.). Weder die Entdeckung des Prozesses als Gestaltungselement noch die Beschäftigung mit Methoden der Prozeßanalyse sind jedoch aus der Sicht jener Organisationstheoretiker und -praktiker neu, die eine ablauforganisatorische Interpretation der Organisation geben. Die Analyse von Prozessen geht in Deutschland – wie erwähnt – bis auf Nordsieck (1934) zurück und wurde in jüngeren Arbeiten weiterentwickelt. Wählt man z. B. den Beitrag von Gaitanides (1983) als Bezugspunkt, dann findet man ausführliche Hinweise zur Ausgrenzung von Prozessen, zur Prozeßzerlegung oder zur Festlegung der Reihenfolge der Prozeßschritte (vgl. Gaitanides 1983, S. 64–91). Auch die verwendeten Darstellungstechniken für Prozesse, allesamt Ablaufdiagrammvarianten (vgl. Earl 1994, S. 19), sind altbekannt.

Typisch für die neuen Beiträge zur Prozeßorganisation ist die Betonung der Rolle der Informations- und Kommunikationstechnik (IuK-Technik) als Katalysator bei der Optimierung von Geschäftsprozessen (vgl. z. B. Hammer/Champy 1994, S. 112–133; Davenport 1993, S. 37–70). Es wird dabei herausgestellt, daß IuK-Technik nicht nur zur Unterstützung bestehender Prozesse geeignet ist, sondern auch gänzlich neue Optionen der organisatorischen Gestaltung eröffnet. Auch dies ist jedoch seit langem bekannt. Organisationseffekte wie z. B. die räumliche Dezentralisation von Prozeßelementen durch verteilte IuK-Systeme, die zeitliche Asynchronisation von Prozeßelementen durch die Speicherfähigkeit der IuK-Systeme, die zeitliche Parallelisierung von Prozeßelementen durch koordinationsorientierte IuK-Systeme oder die objektorientierte Daten- bzw. Aufgabenintegration (meist durch Bürokommunikations- und Datenbanksysteme) gehören innerhalb der Literatur zur Wirtschaftsinformatik und Bürokommunikation zum Standardwissen (vgl. dazu z. B. Picot/Reichwald 1987; Meyer 1986; Scheer 1987, 1990). Gerade derartige, hierzulande seit langem diskutierte und z. B. auch durch Forschungsprogramme der Bundesregierung (Humanisierung des Arbeitslebens; Arbeit und Technik) seit Anfang der 70er Jahre untersuchte und geförderte Organisationseffekte spielen in den Erfolgsbeispielen des Reengineering wiederholt eine Rolle. Zwei dieser Beispiele seien kurz skizziert.

Der Fall Ford

Hammer (1990, S. 105 ff.) berichtet, daß Ford in Nordamerika Anfang der 80er Jahre versuchte, seine Accounts-Payable-Abteilung, die für das Begleichen von Lieferantenrechnungen zuständig war, zu rationalisieren. In ihr waren mehr als 500 Mitarbeiter beschäftigt. Durch die Unterstützung mit einem neuen Computersystem hoffte man, zu einer Einsparung von 20 % der Mitarbeiter zu gelangen. Der Besuch des Konkurrenten Mazda zeigte den Ford-Managern, daß ihre Pläne noch nicht ausgereift waren. Mazda, ein zugegebenermaßen kleineres Unternehmen, kam mit nur fünf Mitarbeitern in der gleichen Abteilung aus. Der Durchbruch gelang Ford, als begriffen wurde, daß es nicht darum ging, eine Abteilung zu rationalisieren, sondern vielmehr den gesamten Einkaufsprozeß, in dem die Accounts-Payable-Abteilung auf eine Funktion spezialisiert war.

Der Einkaufsprozeß bei Ford lief über mehrere Stationen. Die Einkaufsabteilung bestellte Waren bei einem Lieferanten. Gleichzeitig sandte sie eine Kopie der Bestellung an die Accounts-Payable-Abteilung. Der Zulieferer schickte die bestellten Waren an die Warenannahme und parallel eine Rechnung an die Accounts-Payable-Abteilung. Die Warenannahme nahm die Lieferungen in Empfang und stellte eine Empfangsbestätigung aus, die sie an die Accounts-Payable-Abteilung weiterleitete. In der Accounts-Payable-Abteilung wurden nun die drei Dokumente Bestellunterlage, Lieferantenrechnung und Empfangsbescheinigung miteinander verglichen und bei einer Übereinstimmung ein entsprechender Zahlungsvorgang ausgelöst. Tatsächlich ging die meiste Zeit damit verloren, Fälle, in denen keine Übereinstimmung bestand, aufzuklären.

Fords reorganisierter Prozeß wurde durch die Einführung eines On-Line-Datenbanksystems, auf das alle drei funktional spezialisierten Abteilungen zugreifen, wesentlich einfacher. Die Einkaufsabteilung verschickt keine Kopie der Bestellung mehr, sondern trägt diese in die Datenbank ein. Wenn die Lieferungen in der Warenannahme ankommen, wird überprüft, ob sie einer Bestellung aus der Datenbank entsprechen. Tun sie es nicht, werden sie zurückgeschickt. Ansonsten werden sie angenommen und in die Datenbank eingetragen. Der Computer, der Teilenummer, Maßgrößen und Lieferantennummer zwischen Bestellung und Annahme vergleicht, erstellt dann automatisch den Scheck für den Lieferanten. Die Accounts-Payable-Abteilung verschickt diesen nur noch. Es gibt in diesem System keine Lieferantenrechnungen mehr. Bezahlt wird nach der Warenannahme und nicht nach dem Rechnungsempfang. Ford gelang auf diese Weise eine Kostensenkung von 75 % bei gleichzeitiger Reduktion der Fehlerhäufigkeit.

Der Fall Mutual Benefit Life (MBL)

Vor der Reorganisation durchliefen Versicherungsanträge bei MBL einen dreißigstufigen Bearbeitungsvorgang, in dem fünf Abteilungen und nicht weniger als 19 spezialisierte Bearbeiter involviert waren (Vgl. Hammer 1990, S. 106). Die Mindestdurchlaufzeit eines Antrages betrug einen Tag, typische Durchlaufzeiten lagen zwischen fünf und 25 Tagen.

MBL erkannte, daß man einem Bearbeiter mit Hilfe eines Datenbanksystems unterschiedlichste Arten von Information schnell und leicht zugänglich machen kann, so daß dieser in die Lage versetzt wird, den gesamten Bearbeitungsprozeß eines Antrags kompetent durchzuführen. Der Sachbearbeiter, der einen einzigen Schritt in der Bearbeitungskette (z. B. eine Zeile im Antrag) bei jedem Antrag wiederholt, wurde durch den Case Manager ersetzt, der Anträge vollständig, autonom und eigenverantwortlich bearbeitet. Unklare Verantwortlichkeiten, Liegezeiten zwischen den Bearbeitungsschritten und die Unfähigkeit, den Verkäufern Auskunft zu geben, wo ihr Antrag steckt und wie lange er noch benötigt, wurden so beseitigt.

Die minimale Durchlaufzeit beträgt nach der Reorganisation vier Stunden, die Regelzeit liegt zwischen zwei und fünf Tagen. Trotz beträchtlicher Personaleinsparungen kann MBL jetzt mehr als doppelt so viele Anträge bearbeiten.

Die prozeßorientierte Datenintegration, deren Vorteile der Ford-Fall anhand der Elimination redundanter Informationsvorgänge exemplifiziert, kann als ein Hauptanliegen der Wirtschaftsinformatik seit Beginn der 80er Jahre gelten. Eine Vielzahl praktischer Anwendungen in Unternehmen ist belegbar (vgl. dazu stellvertretend Mertens/Bodendorf/König/Picot/Schumann 1991, S. 79–156). Die objektorientierte Aufgabenintegration auf der Basis einer informations- und kommunikationstechnisch gestützten Datenintegration, wie sie der MBL-Fall exemplifiziert, war – zusammen mit den entsprechenden Humanisierungsfragen der Arbeit – bereits Ende der 70er Jahre Thema der Technikdiskussion in der Betriebswirtschaftslehre (vgl. stellvertretend Picot/Reichwald 1987, S. 123–136).

4.2 Der neue Beitrag: Kundenfokus und unternehmensübergreifende Betrachtung

Auch wenn die Prozeßanalyse und der ermöglichende Einsatz der IuK-Technik an sich keine Neuerungen darstellen, kann man dennoch zwei innovative Beiträge der beratungsorientierten Literatur feststellen, die für die breite Akzeptanz in der Praxis von Bedeutung sein dürften.

Als erster Punkt fällt auf, daß Prozesse bzw. Vorgangsketten viel konsequenter auf Kunden bzw. deren Nutzen bezogen werden als in der deutschen Literatur zur Ablauforganisation.

»Unter dem Einfluß von Adam Smith und seinem Konzept der Arbeitsteilung in ganz simple Aufgaben sowie der Verteilung dieser Arbeitsgänge auf Spezialisten konzentrieren sich moderne Unternehmen und ihre Manager auf die einzelnen Prozeßschritte – Entgegennahme des Auftragsformulars, Entnahme der Waren aus dem Lager usw. – und verlieren dabei häufig das übergeordnete Ziel aus den Augen, nämlich die Auslieferung der Waren an den Kunden, der sie bestellt hat. Die einzelnen Arbeitsgänge sind zwar wichtig, aber keiner von ihnen interessiert den Kunden auch nur einen Deut, wenn der Prozeß insgesamt nicht das gewünschte Ergebnis erbringt, d. h. wenn die Waren nicht angeliefert werden.« (Hammer/Champy 1994, S. 52)

»Taking a process approach implies adopting the customer's point of view. Processes are the structure by which an organization does what is necessary to produce value for its customers.« (Davenport 1993, S. 7)

Die Ausrichtung der Prozesse auf den Kunden ermöglicht es, die Prozeßorganisation auf unternehmerisches Handeln zu beziehen, das sich ja bekanntlich am Markt – in der Beziehung zu den Kunden – entscheidet. Optimierte kundengerichtete Prozesse – z. B. hinsichtlich der Kriterien Prozeßzeit, -qualität, -kosten oder -flexibilität – sind per definitionem direkt in Kundenwert umsetzbar. Prozeßorganisation wird damit Bestandteil unternehmerischen Handelns, das im Sinne der Marktprozeßtheorie als ein »geschickter« Brükkenschlag zwischen Beschaffungs- und Absatzmärkten aufgefaßt werden kann (vgl. Picot 1989; Picot/Franck 1988).

Im Unterschied dazu kann man die deutschen Konzepte zur Ablauforganisation eher mit den Begriffen »operativ« oder »introvertiert« kennzeichnen. Dadurch, daß der Kunde als Bezugspunkt der Prozesse nicht in vergleichbarer Weise in den Vordergrund gerückt wird, fällt es schwerer, die Verbindungen zur Strategie und zum Wettbewerb zu sehen. Es entsteht eher der Eindruck, als ob die unternehmerische Dimension der Prozeßorganisation zugunsten »technischer« Zuordnungsprobleme und mathematischer Berechnungen in operativen Vorgangsketten vernachlässigt würde. Man kann vermuten, daß diese eher verfahrenstechnische Orientierung eine gewisse Kommunikationsbarriere zur Praxis aufbaut. Probleme wie z. B. die Prozeßstrukturierung mit stochastischen Elementzeiten (vgl. ausführlich Gaitanides 1983, S. 119–126) oder Operations-Research-Modelle der Ablauforganisation (vgl. Küpper 1982, S. 112 ff.) sind für Topmanager wahrscheinlich »zu weit weg« vom Markt.

Als zweiter Punkt fällt auf, daß die beratungsorientierte Literatur die Überschreitung von Unternehmensgrenzen im Rahmen der Prozeßoptimierung sehr stark akzentuiert. Man spricht in diesem Zusammenhang von »extended enterprise concepts« (A.T. Kearney 1992, S. 4), von »Reengineering über Unternehmensgrenzen hinweg« (The Boston Consulting Group 1993, S. 8) oder von einem »more ›networked‹ view of processes« (Davenport 1993, S. 16). Die Ansicht, daß Prozeßoptimierung ein unternehmensübergreifendes Organisationsproblem sein kann, macht die neuere Beraterliteratur anschlußfähig an die letzte Reorganisationswelle, die unter dem Schlagwort »lean production« (vgl. Womack/Jones/Roos 1991) stattfand (vgl. auch Picot/Neuburger/Niggl 1993). Ein wesentliches Augenmerk der »lean production«-Philosophie richtet sich auf die Zusammenarbeit von Unternehmen mit ihren Zulieferern in vertikalen Geschäftsketten und betont folglich ebenfalls die organisatorische Gestaltung unternehmensübergreifender Prozesse. »Extended enterprise concepts« sind aber auch anschlußfähig an die neuere organisationstheoretische Diskussion, die vor allem im Zuge der Aufarbeitung der Beiträge von Coase (1937, 1960) entstanden ist. Unternehmen werden darin nur als ein mögliches Werkzeug ökonomischer Akteure aufgefaßt, ihre Zusammenarbeit zu optimieren. Anders als in der traditionellen Organisationslehre vollzieht sich das Optimieren der Zusammenarbeit daher nicht zwangsläufig »in« Unternehmen. Die Sicht der organisatorischen Gestaltung über Unternehmensgrenzen hinweg wird auch durch einen empirischen Trend zu unternehmensübergreifenden Formen der Zusammenarbeit bestätigt, der mit Begriffen wie Netzwerkorganisation, Wertschöpfungspartnerschaften, symbiotische bzw. hybride Arrangements usw. derzeit rege diskutiert wird (vgl. z.B. Picot 1993b; Picot/Reichwald 1994). Vor diesem Hintergrund wird verständlich, daß eine Diskussion über »extended enterprise concepts« im Rahmen der Prozeßorganisation derzeit auf aufnahmebereite Zuhörer trifft.

5. Die Prozeßorganisation vor dem Hintergrund der aufbauorientierten Organisationslehre

Auch für Vertreter einer primär ablauforientierten Interpretation des Organisationsproblems steht fest, daß zeitlich-inhaltlich geordnete Prozesse eine aufbauorganisatorische »Einbindung« benötigen (vgl. Gaitanides 1983, S. 150). Bei dieser »Einbindung« geht es darum, Prozesse bzw. Prozeßelemente Organisationseinheiten zuzuweisen und adäquate Anreiz- und Kontrollsysteme zu gestalten. In dem Moment, wo man Prozeßelemente auf Organisationseinheiten überträgt, gestaltet man aber bereits Bestandsphänomene der Organisation.

Da Prozesse in einer »extended enterprise«-Sicht nicht vor Unternehmensgrenzen halt machen, muß man den Begriff der Organisationseinheit, der Prozeßelemente zugewiesen werden können, sehr allgemein fassen. Bei unternehmensübergreifenden Prozessen stellt sich ja nicht nur die Frage, welchen Stellen oder Unternehmensabteilungen man Prozeßelemente zuweist (unternehmensinterne Spezialisierung). Vielmehr ist schon vorher zu klären, wie man den beteiligten Unternehmen Teilprozesse zuweist (Spezialisierung der am Prozeß beteiligten Unternehmen).

5.1 Ein vernachlässigtes Gestaltungselement: die vertikale Integration der am Prozeß beteiligten Unternehmen

Die beraterorientierte Literatur zur Prozeßorganisation propagiert zwar eine Optimierung von Prozessen über Unternehmensgrenzen hinweg, gibt aber keine Hinweise dazu, wie Unternehmen ihre »claims« auf dem neu entworfenen Prozeß abstecken sollten. Dies muß als eine ganz erhebliche Schwachstelle bezeichnet werden. Wenn es egal wäre, welche Prozeßaktivitäten in einem Unternehmen integriert würden, dann gäbe es keine Grundlage für die Bestimmung einer wirtschaftlichen Unternehmensgröße. Überspitzt formuliert, ist die gesamte Wertschöpfung von der Rohstoffgewinnung bis zur Produktion und Vermarktung »untergehender« Konsumgüter eine einzige Tätigkeitskette und damit ein Prozeß. Man muß sich fragen, wieso in der Realität nicht dieser gesamte Prozeß innerhalb eines einzigen Unternehmens abläuft. Analyse und Strukturierung des umfassenden Prozesses ließen sich ja dann möglicherweise noch besser betreiben.

Tatsächlich ist die Frage, wo und wie Unternehmen ihre »claims« auf Prozessen abstecken, von zentraler wirtschaftlicher Bedeutung. Das bestätigt eine Vielfalt von empirischen Untersuchungen (vgl. dazu Picot/Franck 1993). Auch in der weiter oben erwähnten »lean production«-Bewegung wurde die Gestaltung der vertikalen Integration der Unternehmen mit ihren Zulieferern als wichtiger Erfolgsfaktor identifiziert. Die neuere ökonomische Organisationsforschung bietet in Gestalt der Transaktionskostenanalyse einen theoretisch stringenten und empirisch fundierten Bezugsrahmen zur Leistungstiefenoptimierung (vgl. Picot 1982; Picot 1991; Picot/Franck 1993; Gerhardt/Nippa/Picot 1992). Er ist automatisch auch ein Instrument zur Gestaltung der Spezialisierung zwischen prozeßbeteiligten Unternehmen, denn die Spezialisierung ergibt sich als direkte Folge der vertikalen Integration von Prozeßelementen in die Unternehmen. An dieser Stelle können die transaktionskostentheoretischen Überlegungen natürlich nur kurz und extrem vereinfacht angedeutet werden (vgl. Abb. 1).

Ist die Beziehung zwischen benachbarten Prozeßstufen *unsicher*, dann wird sie in einem höheren Integrationsgrad, im Grenzfall innerhalb eines Unternehmens koordiniert. Würde man versuchen, eine derartige Beziehung über Unternehmensgrenzen hinweg durch klassische Marktverträge zu koordinieren, dann käme es zu sehr hohen Transaktionskosten. Die selbständigen Marktpartner müßten Leistungen und Gegenleistungen zwischen den Prozeßstufen ex ante im Vertrag genau festhalten. Angesichts der Unsicherheit käme es zu einem hohen Aufwand bei der Formulierung, Kontrolle und Anpassung des entsprechenden Vertrags. Die zwangsläufig auftretenden Vertragslücken würden den Vertragsparteien immer wieder Anreize liefern, den Vertrag opportunistisch zu reinterpretieren, was den Aufwand durch entsprechende Absicherungsbemühungen weiter erhöhen würde. Koordiniert man eine derartige Beziehung statt dessen in einem stärker integrierten System (z. B. über langfristige Rahmenverträge oder im Grenzfall innerhalb des Un-

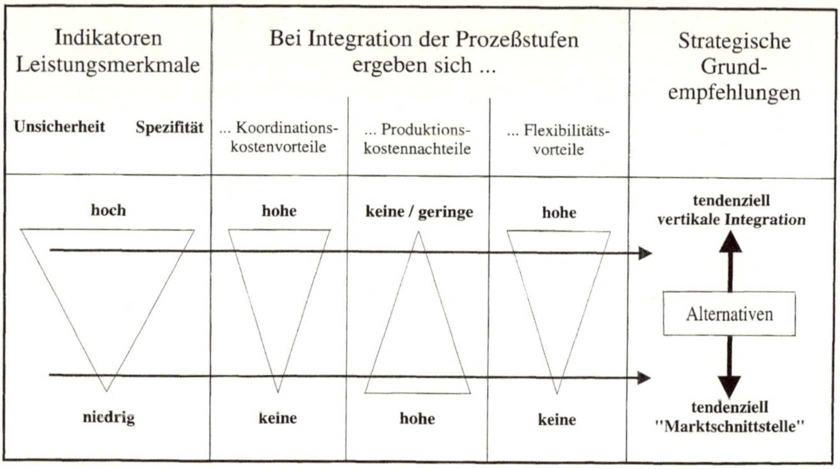

Daneben Einbeziehung, Analyse und Berücksichtigung von zusätzlichen Faktoren, z.B.

* Ein- und Auslagerungsbarrieren (Know How, Kapital, Personalmaßnahmen, logistische Anforderungen)
* Strategische Rahmenbedingungen und Wettbewerbsverhalten

Abbildung 1: Prinzipdarstellung Transaktionskostenanalyse

ternehmens), dann entfällt ein Großteil der Transaktionskosten. Man muß die Leistungen und Gegenleistungen nicht wie zwischen selbständigen Marktpartnern ex ante genau festlegen. Auf Unsicherheit kann z. B. innerhalb des Unternehmens durch die vorhandene Führungsorganisation adaptiv und sequentiell reagiert werden. Langfristige integrative Zusammenarbeit schafft darüber hinaus einen gemeinsamen Informationspool und ein gemeinsames Wertegefüge, die zum einen die Kommunikation erleichtern und zum anderen opportunistisches Verhalten erschweren.

Setzt die Beziehung zwischen benachbarten Prozeßstufen die Investition in *spezifische* Vorleistungen (Know-how, Maschinen) voraus, dann sollte sie tendenziell auch innerhalb eines integrierten Gebildes (z. B. in besonderen Wertschöpfungspartnerschaften, Joint-ventures oder im Unternehmen) koordiniert werden. Spezifische Vorleistungen sind »gewidmet«. Sie liefern Leistungen, die ausschließlich als Inputs der nachfolgenden Prozeßstufe verwendbar sind. Ist die nachfolgende Prozeßstufe in ein anderes Unternehmen integriert, dann bestimmt folglich dieses Unternehmen den Wert der spezifischen Investitionen seines Lieferanten. Diese können nun wie »Geiseln« zur opportunistischen Neuverhandlung über Preise oder Lieferkonditionen eingesetzt werden. Die Erpressungsgefahr, die bei spezifischen Vorleistungen gegeben ist, schafft besondere Absicherungsbedürfnisse, die bei einer marktlichen Koordination (Kaufvertrag) kaum befriedigt werden können. Die entsprechenden Koordinationskosten fallen weg, wenn die Prozeßstufen, zwischen denen Spezifitätsbeziehungen bestehen, integriert werden. Einheitliches Eigentum macht Erpressung durch ihre automatische Umwandlung in Selbsterpressung unattraktiv.

Auch wenn man die Produktionskosten und die unternehmerische Flexibilität in das Optimierungskalkül mit einbezieht, ändert sich an diesen Empfehlungen nichts. Die Integration der Prozeßstufen, auf denen spezifische Vorleistungen erbracht werden, führt nicht zu Produktionskostennachteilen. Ein externer Lieferant der Vorleistungen hätte nur dann niedrigere Produktionskosten, wenn er durch das Poolen der Nachfrage mehrerer Abnehmer *economies of scale* realisieren könnte. Genau dieses scheidet aber bei Vorleistungen, die nur einem Abnehmer »gewidmet« sind, annahmegemäß aus. Im Falle spezifischer Vorleistungen sind die Möglichkeiten des Wechselns externer Lieferanten und die daraus resultierende unternehmerische Flexibilität ohnehin eingeschränkt. Eine Integration spezifischer Zulieferer setzt daher in diesem Bereich wenig aufs Spiel, ermöglicht aber gleichzeitig Flexibilitätsgewinne durch die Feinsteuerung der Zulieferbeziehung innerhalb des integrierten Gebildes.

Zieht man in Betracht, daß Unternehmen nur begrenzte Möglichkeiten der Kapitalaufbringung und des Aufbaus von Know-how haben, dann sind die in Abb. 1 zusammengefaßten Empfehlungen situativ zu ergänzen. Existieren z. B. Kapitalaufbringungs- und/oder Know-how-Barrieren, dann kann die Integration von Prozeßschritten trotz gegebener Spezifität und Unsicherheit eine unterlegene Strategie sein. Formen der Quasi-Integration, z. B. durch langfristige Kooperationsvereinbarungen, gegenseitige Kapitalbeteiligung, absichernde Gegengeschäfte (»Geiseltausch«), etablieren in diesem Fall Prozeßschnittstellen »zwischen« Markt und Unternehmensbildung.

Es ist anzunehmen, daß die Leistungsfähigkeit der Konzepte zur Prozeßorganisation durch eine Integration der hier nur kurz angedeuteten transaktionskostentheoretischen Überlegungen zur vertikalen Integration der an einem Prozeß beteiligten Unternehmen erheblich erhöht werden könnte.

5.2 Ein nur beispielhaft behandeltes Gestaltungselement: die Spezialisierung von Organisationseinheiten

Nachdem die »claims« der einzelnen Unternehmen auf unternehmensübergreifenden Prozessen abgesteckt sind, stellt sich das Problem der Zuweisung der innerhalb eines Unternehmens abgewickelten Teilprozesse auf Organisationseinheiten (Stellen, Abteilungen). In Abb. 2 wird versucht, die Möglichkeiten der Spezialisierung von Organisationseinheiten sehr vereinfacht zu systematisieren. Als Unterscheidungskriterium dient die relative Priorisierung der Funktion gegenüber dem Prozeß.

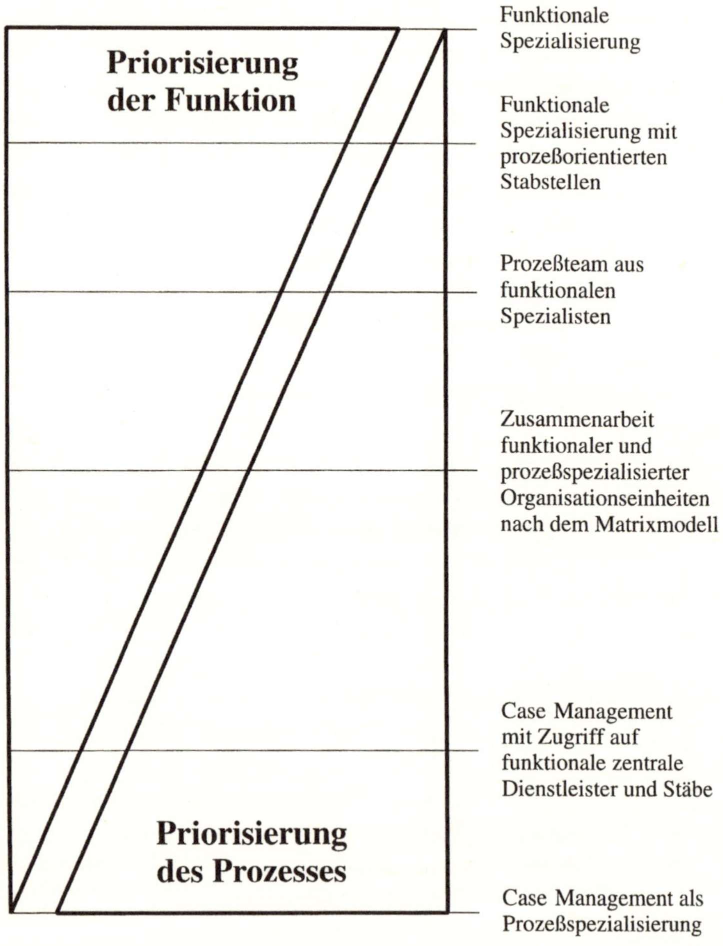

Abbildung 2: Relative Priorisierung der Funktion bzw. des Prozesses bei der Spezialisierung von Organisationseinheiten

Zu einer funktionalen Spezialisierung kommt man, wenn Organisationseinheiten jeweils nur Teile eines Prozesses bearbeiten. Jeder Prozeßdurchlauf erfordert dann die Interaktion mehrerer Organisationseinheiten. Im weiter vorne beschriebenen MBL-Fall bestand vor der Reorganisation eine funktionale Spezialisierung. Ein Versicherungsantrag durchlief fünf Abteilungen mit 19 spezialisierten Stellen. Auch im Ford-Fall sind an der Bearbeitung eines Beschaffungsvorgangs drei Abteilungen – Einkauf, Warenannahme und Zahlungsverkehr – beteiligt. An dieser funktionalen Spezialisierung ändert sich im Ford-Fall auch nach der Reorganisation nichts.

Eine Prozeßspezialisierung entsteht, wenn der gesamte Prozeß einer einzigen Organisationseinheit zugewiesen wird. So wurde im MBL-Fall nach der Reorganisation das sogenannte Case Management eingeführt, indem alle Schritte der Bearbeitung eines Versicherungsantrages zum Aufgabengebiet einer Stelle zusammengefaßt wurden. Man spricht in diesem Zusammenhang auch von einer objektorientierten Aufgabenintegration bzw. ganzheitlicher Rundumsachbearbeitung.

Natürlich sind auch verschiedene Mischformen zwischen Prozeßspezialisierung und funktionaler Spezialisierung möglich. Naheliegend ist z. B. die Zusammenfassung funktionaler Spezialisten zu Prozeßteams. Prozeßspezialisierte Organisationseinheiten könnten mit funktional spezialisierten Organisationseinheiten auch nach dem Modell der Matrixorganisation gleichberechtigt zusammenarbeiten. Es sind darüber hinaus auch Varianten denkbar, bei denen einer Gliederungsdimension klare Priorität eingeräumt wird. So könnten etwa funktional spezialisierte Organisationseinheiten prozeßorientierte Case Manager nach dem Stabsprinzip beratend unterstützen oder umgekehrt. Auch für diese Art der Gliederung findet man in der Literatur zur Prozeßorganisation Beispiele.

Der Fall IBM Credit

IBM Credit ist ein Finanzdienstleister für den Verkauf von IBM-Produkten (Software, Hardware, Services). Die Reorganisation, von der Hammer/Champy (1993, S. 36–39) berichten, ist vom Prinzip her weitgehend vergleichbar mit der von MBL. Der Kreditantrag durch einen Produktverkäufer durchlief ursprünglich einen sechsstufigen Bearbeitungsprozeß, an dem verschiedene, funktional spezialisierte Bearbeiter beteiligt waren. Die Bearbeitung dauerte im Schnitt sechs Tage, die dem Produktkäufer reichlich Gelegenheit zum Abspringen boten. Zudem war es fast unmöglich, dem Verkäufer Informationen über den Status seines Antrags zu geben.

Auch IBM Credit führte eine Art Case Manager ein, der nun Anträge vollständig und eigenverantwortlich bearbeitet. Basis ist auch hier ein Computersystem, das dem Bearbeiter die verschiedenen, für die einzelnen Schritte benötigten Informationen verfügbar macht. IBM Credit schaffte die funktionale Spezialisierung aber nicht vollständig ab. In schwierigen Fällen kann der Case Manager auf den Rat funktionaler Spezialisten weiterhin zurückgreifen. Er gibt aber seinen Fall und die entsprechende Verantwortung auch dann nicht ab, wenn er mit funktionalen Beratern im Team zusammenarbeitet.

Auf diese Weise schaffte IBM Credit eine Verkürzung der Durchlaufzeit für Anträge auf vier Stunden. Gleichzeitig kann es jetzt bei einer geringen Personalreduktion hundert mal mehr Anträge bearbeiten.

Die drei bisher angeführten Beispiele zeigen völlig unterschiedliche Alternativen der Spezialisierung: Die Beibehaltung der funktionalen Spezialisierung bei Ford nach einer reinen Datenintegration, die Prozeßspezialisierung bei MBL und eine Mischform aus Prozeß- und funktionaler Spezialisierung bei IBM Credit. Die existierenden Gestaltungsoptionen werden in der einschlägigen Literatur weder geordnet vorgestellt noch situativ relativiert. Auch wenn man Möglichkeiten der organisatorischen Gestaltung auf dieser Ebene aus den Beispielen induktiv erschließen kann, bleibt immer noch offen, unter welchen Bedingungen sie effizient sind. Die entscheidende Frage ist: Wann soll ein Unternehmen bei der Bildung von Organisationseinheiten eher Funktionen und wann eher Prozesse priorisieren?

Auch zu dieser Frage lassen sich systematische ökonomische Überlegungen anstellen. Sie sollen hier nur skizzenhaft anhand eines zwar »fachfremden«, aber dafür instruktiven Beispiels angedeutet werden.

Man kann die Operation von Patienten in der Medizin ohne weiters als einen Prozeß interpretieren. Es fällt auf, daß in diesen Prozeß mehrere funktional spezialisierte Stellen – der Anästhesist, der Chirurg, die OP-Schwester und die Stations- bzw. Pflegeschwester – involviert sind. Diese Stellen verlangen unterschiedliche Qualifikationen und den Umgang mit unterschiedlichen technischen Hilfsmitteln. Es erscheint ziemlich ausgeschlossen, daß es in diesem Bereich jemals zu einem Case Management kommen wird. Tatsächlich geht die Entwicklung genau in die entgegengesetzte Richtung, wie man z. B. an der weitergehenden Spezialisierung der Chirurgen auf Teilgebiete des Faches sehen kann. Im Unterschied zum Prozeß der Bearbeitung eines Versicherungsantrages ist der Prozeß der medizinischen Operation durch Stufen gekennzeichnet, deren Beherrschung die Aneignung und Pflege erheblichen Know-hows erfordert. Erst eine aufwendige theoretische Ausbildung, ergänzt um langjährige praktische Erfahrung, ermöglicht es den in den Prozeß der Operation involvierten spezialisierten Akteuren, ihre jeweilige Funktion »meisterhaft« auszuführen. Man darf die einzelnen Funktionen in diesem Prozeß nicht als pure Tätigkeitsstufen sehen, sondern muß sie auch als Schulen bzw. Disziplinen begreifen, in denen Know-how gepflegt, an andere Spezialisten weitergegeben und weiterentwickelt wird. Würde man das Case Management bei medizinischen Operationen einführen, dann käme es mit Sicherheit zu einem geringeren Abstimmungsaufwand zwischen den einzelnen Prozeßstufen. Es käme aber auch zu einer geringeren Qualität in der Ausführung der einzelnen Stufen. Dafür sind zwei Gründe ausschlaggebend: Zum einen würde die Aneignung des Know-hows der verschiedenen Stufen die Kapazität eines Case Managers übersteigen. Es ist unwahrscheinlich, daß jemand Anästhesie, Chirurgie und Krankenpflege gleichzeitig beherrschen kann. Da Know-how nur begrenzt verbalisierbar ist, schaffen hier auch IuK-Systeme nur wenig Entlastungsmöglichkeiten. Gleichzeitig würde man damit aber auch die Funktionen als Schulen schädigen und so die Möglichkeiten der Weitergabe und Weiterentwicklung von Know-how einschränken. Im Falle Know-how-intensiver Prozeßstufen muß man folglich bei einer funktionalen Spezialisierung bleiben. Die Abstimmung zwischen den Funktionen läßt sich durch eine ergänzende Prozeßspezialisierung auf einer höheren Organisationsstufe erreichen. Chirurgen, Anästhesisten und Schwestern arbeiten i. d. R. als Prozeßteam zusammen. Praktizieren und Lernen müssen sie aber spezialisiert, und deswegen ist die Abschaffung der Funktionen nicht möglich.

Diese Ausführungen sind auf Unternehmen generalisierbar. Die Beispiele zum Case Management stammen ohne Ausnahme aus dem Bereich der Standarddienstleistungen. Die Bearbeitung eines Versicherungsantrags basiert weitgehend auf expliziten Standardregeln. Sie sind anders als das Know-how eines erfahrenen Chirurgen oder Entwicklungsingenieurs verbalisier- und damit programmierbar. Durch die entsprechenden Entlastungseffekte der IuK-Systeme wird ein Case Management möglich und die Aufrechterhaltung von Funktionen als Know-how-Schulen überflüssig. Man gewinnt die Abstimmungsvorteile der Aufgabenintegration, ohne Qualitätseinbußen bei der Durchführung der einzelnen Aufgabenschritte in Kauf zu nehmen.

Nicht nur das Know-how funktionaler Spezialisten hat oft den Charakter einer unteilbaren Ressource, die man durch ein Case Management verschwenden und entwerten würde. Funktional spezialisierte Technologien sind ebenfalls in vielen Fällen unteilbar. Auch wenn man von den Know-how-Problemen eines medizinischen Case Managers absehen würde, müßte er sich bestimmte, funktional spezialisierte Geräte, wie etwa einen Computertomographen, mit anderen Case Managern teilen. Es ist gegenwärtig wirtschaftlich nicht möglich, beliebig kleine oder beliebig viele solcher Geräte bereitzustellen. Unteilbarkeiten im Know-how- und Technologiebereich bedingen die organisatorische Ausgliederung von Funktionen aus Prozessen und ihre entsprechende Zentralisierung.

5.3 Ein betontes und bekanntes Gestaltungselement: neue Anreiz-und Kontrollsysteme

Breiten Raum in den Abhandlungen zur Prozeßorganisation nehmen Aussagen ein, die man als eine Veränderung der Anreiz- und Kontrollsysteme interpretieren kann.

»Die Rolle der Mitarbeiter verändert sich – die Kontrolle weicht dem ›Empowerment‹« (Hammer/Champy 1994, S. 96)

»The owner has ultimate responsibility for a process.« (Davenport 1993, S. 182)

»... Veränderung der Vergütungsgrundlage nach Ergebnissen, nicht nach Tätigkeit.« (Hammer/Champy 1994, S. 99)

»Wird die Entscheidungsbefugnis auf die Mitarbeiter übertragen, die die jeweiligen Tätigkeiten tatsächlich ausführen, entfallen herkömmliche Managementaufgaben. Unternehmen benötigen weniger Manager als ›Bindemittel‹, um die Arbeit zusammenzuhalten. Nach dem Reengineering werden des Königs Reiter nicht mehr zuhauf benötigt, um die ehemals fragmentierten Prozesse wieder zu einem Ganzen zusammenzufügen.« (Hammer/Champy 1994, S. 106)

Wenn die Bedingungen für eine Prozeßspezialisierung von Organisationseinheiten gegeben sind, dann eröffnen sich in der Tat neue Spielräume für die Gestaltung der Anreiz- und Kontrollsysteme. Mit der Untersuchung derartiger Fragen befaßt sich eine bestimmte Richtung der ökonomischen Organisationslehre, die Principal-Agent-Theorie, ausführlich (vgl. für einen Überblick Pratt/Zeckhauser 1985). Folgende skizzenhafte Überlegungen verdeutlichen den grundsätzlichen Zusammenhang.

Eigentümer haben diskretionäre Verhaltensspielräume, deren Einkommensfolgen sie selbst tragen. Der Übergang von der funktionalen zur Prozeßspezialisierung geht häufig mit einer Stärkung der Eigentumsrechte der Akteure einher (vgl. ähnlich Picot/Schneider 1988). Durch die Verankerung der Prozesse am Markt bzw. beim Kunden produziert ein Case Manager ein aussagefähiges Ergebnis mit relativ klaren Einkommensfolgen. Da er allein in die Bearbeitung eines Kundenauftrags involviert ist, kann die Einkommensvarianz unter bestimmten Bedingungen auch ihm allein zugerechnet werden. Es bietet sich an, den Case Manager zum »process owner« zu machen. Läßt man ihn die Einkommensfolgen seines Verhaltens selbst tragen, indem man ihn z. B. nach kundenbezogenen Leistungsindikatoren entlohnt, dann erübrigt es sich, ihn zu kontrollieren und so seine Handlungsspielräume einzugrenzen. Die Tatsache, daß er die Folgen seines Verhaltens trägt, sorgt automatisch dafür, daß er die von ihm kontrollierten Ressourcen effizient einsetzt. Es darf also nicht verwundern, wenn in der Literatur zur Prozeßorganisation Stichworte wie »empowerment«, »increasing responsibility« usw. dominieren.

Dagegen ist es im Rahmen der funktionalen Spezialisierung nicht möglich, den Erfolg am Markt auf einen einzelnen Bearbeiter in der komplexen Vorgangskette zu beziehen. Fehlerhaftes Arbeiten eines Mitarbeiters wird daher nicht automatisch wie bei der Prozeßspezialisierung durch den Markt angezeigt. Genausowenig werden gute Leistungen erkennbar. Die Möglichkeit, die Anreize für Mitarbeiter direkt an den Markt zu »koppeln« und Kontrolle überflüssig zu machen, entfällt. Die Eingrenzung der Verhaltensspielräume durch hierarchische Überwachung wird in diesem Fall erforderlich. Hinzu kommt, daß zwischen funktional spezialisierten Mitarbeitern (bzw. Organisationseinheiten) ein Koordinationsbedarf entsteht, der ebenfalls durch das Instrument der Hierarchie gehandhabt wird. Hierarchische Weisungs- und

Kontrollsysteme sind bei funktionaler Spezialisierung eine Notwendigkeit, um die Bearbeitungsqualität auf den einzelnen Prozeßstufen und die Abstimmung zwischen den Prozeßstufen sicherzustellen.

Je stärker der Übergang zur Prozeßspezialisierung in einem Unternehmen ist, desto größer ist die Möglichkeit, Mitarbeiter in eigentümerähnliche Positionen zu übernehmen und auf diese Weise hierarchische Weisungs- und Kontrollsysteme – sprich Managementebenen – abzubauen.

6. Zusammenfassung

Eine abschließende Wertung der Beiträge zur Prozeßorganisation erscheint vor allem aufgrund des »vortheoretischen« Stadiums der derzeitigen Diskussion schwierig.

Aus der Perspektive der Unternehmenspraxis gesehen, dürften die beratungsorientierten Beiträge wichtige Impulse zum überfälligen Abschied von der Dominanz des vertikalen Organisationsverständnisses (Pyramide, Säulen, oben-unten, Kästchen usw.) geben. Sie setzen damit einen Trend zur horizontalen, »stromorientierten« Reinterpretation des Unternehmens fort, der bereits durch Nordsieck, aber auch durch Konzepte wie die Wertschöpfungskette (vgl. Porter 1988, 1989), Total Quality Management (vgl. Deming 1982), Datenintegration und Lean Production (vgl. Womack/Jones/Roos 1991) in der Praxis eingeleitet wurde.

Bezieht man die neuen Konzepte zur Prozeßorganisation vor allem auf die deutsche Organisationslehre, dann betonen sie in vielen Bereichen altbekannte Erkenntnisse. Ihr innovativer Beitrag liegt darin, daß sie, anders als die herkömmliche Organisationslehre, die Innenorientierung (Nabelschau) des Unternehmens überwinden, sich stärker einer Markt- und Außenorientierung widmen und damit Effektivitäts- und Effizienzvorteile erzielen. Dies ermöglicht die Herstellung von Bezügen zu Wettbewerbsstrategien und trägt dem empirischen Trend einer zunehmenden Vernetzung von Unternehmen Rechnung. Um ihre an sich richtigen Erkenntnisse auch besser in die Praxis transportieren zu können, muß sich die deutsche Organisationslehre mehr als bisher dieser Außenorientierung stellen. Zu diesem Zweck erscheint es sinnvoll, verstärkt auf Theorien zurückzugreifen, die das Verhältnis zwischen Unternehmen und Markt zur endogenen Variablen erklären. Eine stärkere Rezeption sowohl der neueren Theorien der neo-institutionalistischen Ökonomik als auch der klassischen Marktprozeßtheorie könnte in diesem Zusammenhang einen Fortschritt bringen.

Zusammenfassend kann man festhalten, daß die neuere Diskussion zur Prozeßorganisation nicht nur von erheblicher Tragweite für die Praxis sein dürfte, sondern auch wertvolle Anstöße zur Perspektivenerweiterung in der Organisationslehre geben könnte.

Literatur

A.T. Kearney (1992): *Transforming the Enterprise*, Number 38 in a series of A.T. Kearney management reports, December 1992.

Coase, R.H. (1937): *The Nature of the Firm*, in: Economica, 4, 1937, S. 386–405.

Coase, R.H. (1960): *The Problem of Social Cost*, in: Journal of Law and Economics, 3, 1960, S. 1–44.

Davenport, Th.H. (1993): *Process Innovation. Reengineering Work through Information Technology*, Boston.

Deming, W.E. (1982): *Out of the Crisis*, Cambridge/MA.

Earl, M.J. (1994): *The Old and the New Business Process Redesign*, in: Strategic Information Systems, 3, 1994, S. 5–22.

Fischer, Th.M. (1993): *Sicherung unternehmerischer Wettbewerbsvorteile durch Prozeß- und Schnittstellen-Management*, in: Zeitschrift für Führung und Organisation, 5, 1993, S. 312–318.

Gaitanides, M. (1983): *Prozeßorganisation*, München.

Gaitanides, M. (1992): *Ablauforganisation*, in: Handwörterbuch der Organisation, 3. Aufl., hrsg. v. E. Frese, Stuttgart 1992, S. 2–18.

Gatermann, M./Krogh, H. (1993): *Kurzer Prozeß*, in: Manager Magazin, 12, 1993, S. 177–213.

Gerhardt, T./Nippa, M./Picot, A. (1992): *Die Optimierung der Leistungstiefe*, in: Harvard Manager, Heft 3, 1992, S. 136–142.

Hall, G./Rosenthal, J./Wade, J. (1993): *How to Make Reengineering Really Work*, in: Harvard Business Review, November-December 1993, S. 119–131.

Hammer, M. (1990): *Reengineering Work: Don't Automate, Obliterate*, in: Harvard Business Review, July-August 1990, S. 104–112.

Hammer, M./Champy, J. (1994): *Business Reengineering. Die Radikalkur für das Unternehmen*, Frankfurt/New York.

Hennig, K.W. (1934): *Einführung in die betriebswirtschaftliche Organisationslehre*, Berlin.

Hunt, D.V. (1993): *Reengineering. Leveraging the Power of Integrated Product Development*, Essex Junction.

Johansson, H.J./McHugh, P./Pendlebury, A.J./Wheeler III, W.A. (1993): *Business Process Reengineering. Breakpoint Strategies for Market Dominance*, Chichester u. a.

Kaplan, R.B./Murdock, L. (1991): *Core Process Redesign*, in: The McKinsey Quarterly, 2, 1991, S. 27–43.

Kosiol, E. (1962): *Organisation der Unternehmung*, Wiesbaden.

Küpper, H.-U. (1982): *Ablauforganisation*, Stuttgart u. a.

Lewin, K. (1963): *Feldtheorie in den Sozialwissenschaften*, Bern, Stuttgart.

Maier, F. (1993): *Revolution der Prozesse*, in: Top Business, Dezember 1993, S. 46–54.

Mertens, P./Bodendorf, F./König, W./Picot, A./Schumann, M. (1991): *Grundzüge der Wirtschaftsinformatik*, Berlin u. a.

Meyer, R. (1986): *Integration der Informationsverarbeitung im Büro*, Bergisch-Gladbach u. a.

Morris, D./Brandon, J. (1993): *Re-engineering Your Business*, New York u. a.

Nordsieck, F. (1934): *Grundlagen der Organisationslehre*, Stuttgart.

Nordsieck, F. (1968): *Betriebsorganisation. Betriebsaufbau und Betriebsablauf*, 3. Aufl., Stuttgart.

Picot, A. (1982): *Transaktionskostenansatz in der Organisationstheorie: Stand der Diskussion und Aussagewert*, in: Die Betriebswirtschaft, 42, 1982, S. 267–284.

Picot, A. (1989): *Der Produktionsfaktor Information in der Unternehmensführung*, in: THEXIS, Heft 4, 1989, S. 3–9.

Picot, A. (1991): *Ein neuer Ansatz zur Gestaltung der Leistungstiefe*, in: Zeitschrift für betriebswirtschaftliche Forschung, 43, 1991, S. 336–359.

Picot, A. (1993 a): *Organisation*, in: Vahlens Kompendium der Betriebswirtschaftslehre, hrsg. v. M. Bitz u. a., 3. Aufl., Bd. 2, München 1993, S. 101–174.

Picot, A. (1993 b): *Contingencies for the Emergence of Efficient Symbiotic Arrangements*, in: Zeitschrift für die gesamte Staatswissenschaft, 149, 1993, S. 731–740.

Picot, A./Franck, E. (1988): *Die Planung der Unternehmensressource Information (I)*: in: WISU, 17, 1988, S. 544–614.

Picot, A./Franck, E. (1993): *Vertikale Integration*, in: Ergebnisse empirischer betriebswirtschaftlicher Forschung. Zu einer Realtheorie der Unternehmung, hrsg. v. J. Hauschildt/O. Grün, Stuttgart 1993, S. 179–219.

Picot, A./Neuburger, R./Niggl, J. (1993): *EDI und Lean Management*, in: Zeitschrift für Führung und Organisation, 62, 1993, S. 20–25.

Picot, A./Reichwald, R. (1987): *Bürokommunikation. Leitsätze für den Anwender*, 3. Aufl., Hallbergmoos.

Picot, A./Reichwald, R. (1991) *Informationswirtschaft*, in: Industriebetriebslehre – Entscheidungen im Industriebetrieb, 9. Aufl., Wiesbaden 1991, S. 241–393.

Picot, A./Reichwald, R. (1994): *Auflösung der Unternehmung? Vom Einfluß der IuK-Technik auf Organisationsstrukturen und Kooperationsformen*, in: Zeitschrift für Betriebswirtschaft, 64, 1994, S. 547–570.

Picot, A./Schneider, Dietram (1988): *Unternehmerisches Innovationsverhalten, Verfügungsrechte und Transaktionskosten*, in: Betriebswirtschaftslehre und Theorie der Verfügungsrechte, hrsg. v. D. Budäus/E. Gerum/G. Zimmermann, Wiesbaden 1988, S.93–118.

Plewa, J. (1994): *The Distributed Dilemma*, in: CIO, May 1, 1994, S. 30–36.

Porter, M.E. (1988): *Wettbewerbsstrategie. Methoden zur Analyse von Branchen und Konkurrenten*, 5. Aufl., Frankfurt/New York.

Porter, M.E (1989): *Wettbewerbsvorteile. Spitzenleistungen erreichen und behaupten*, Sonderausgabe, Frankfurt/New York.

Pratt, J.W./Zeckhauser, R.J. (1985) (Hrsg.): *Principals and Agents: The Structure of Business*, Boston/Mass.

Scheer, A.-W. (1987): *EDV-orientierte Betriebswirtschaftslehre*, 3. Aufl., Berlin u. a.

Scheer, A.-W. (1990): *Wirtschaftsinformatik*, 3. Aufl., Berlin u. a.

The Boston Consulting Group (1993): *Reengineering. Die Managementperspektive*, The Boston Consulting Group.

Womack, J.P./Jones, D.T./Roos, D. (1991): *Die zweite Revolution in der Autoindustrie*, 2. Aufl., Frankfurt/New York.

Zuboff, S. (1988): *In the Age of the Smart Machine: The Future of Work and Power*, New York.

Anforderungen an das Management prozeßorientierter Unternehmen

Michael Nippa

1. Prozeßorientierte Unternehmensgestaltung

1.1 Zum Neuigkeitsgrad

Mit etwas Muße und Abstand betrachtet, erweist sich die Zeit- und Informationsgesellschaft als Phänomen: Je schneller wir werden, um so weniger Zeit haben wir. Je mehr Informationen wir erhalten, um so weniger wissen wir. Den Dingen richtig auf den Grund zu gehen, sich eine fundierte Meinung zu bilden und die wesentlichen Zusammenhänge klar zu erkennen, ist vielfach gar nicht mehr möglich, weil immer mehr Informationen (oder besser: Daten) in immer kürzerer Zeit zur Verfügung stehen.

Nehmen wir zum Beispiel »Reengineering«. Dank der modernen Informations- und Kommunikationstechnik könnte man theoretisch alle relevanten Veröffentlichungen, die dieses Schlagwort enthalten, in kurzer Zeit weltweit erfassen. Gerade bei qualitativen Daten hinkt die menschliche Verarbeitungskapazität hoffnungslos hinterher. Wie Pilze schießen neue Beiträge weltweit aus dem Boden. Das mag natürlich daran liegen, daß es sich derzeit um das »heißeste Managementthema unserer Tage« handelt, aber es bleibt doch zu vermuten, daß sich am Ende der Sisyphus wie ein Hase vorkommt, dem immer neue Igel gegenüberstehen. Oder ist es am Ende immer der gleiche?

Vielleicht ist es nur ein Phänomen in der Unternehmensführung bzw. der Betriebswirtschaft, aber es ist nicht auszuschließen, daß trotz zunehmender Informationen der Neuigkeitsgrad der einzelnen Information abnimmt, es kommt zu Wiederholungen. Um im Rauschen der Daten noch Aufmerksamkeit zu erzielen, ist es notwendig, eingängige, einfache Botschaften, Formeln und Parolen zu verwenden und zu wiederholen:

Prozesse sind in den Mittelpunkt des unternehmerischen Handelns und der Unternehmensorganisation zu stellen. Prozesse wurden 200 Jahre lang vernachlässigt. Die Arbeitsteilung hat ausgedient, sie behindert die neue prozeßorientierte Unternehmensgestaltung.

Dramatische Verbesserungen der Wettbewerbsfähigkeit von Unternehmen lassen sich nur durch radikale Veränderungen auf der Grundlage von Unternehmensprozessen erzielen. Die Prozeßorientierung ist neu und zentral.

Neben anderen weisen Picot und Franck mit Ihrem Beitrag exemplarisch nach, was viele wissen oder intuitiv vermuten: Prozesse stehen nicht erst seit dem Aufkommen des Business Process Redesign oder Reengineering im Mittelpunkt praktischer und theoretischer Konzepte und Überlegungen zur Unternehmensführung und Organisationsgestaltung. Alle Ansätze zur Verkürzung beispielsweise von Entwicklungs-, Durchlauf- oder Lieferzeiten müssen sich auf die Analyse und Gestaltung von Prozessen beziehen. Die Parallelisierung von Arbeitsschritten beim Simultaneous oder Concurrent Engineering, die Verwirklichung von Just-in-time-Zulieferungen oder auch das etwas aus der Mode gekommene Fließband sind Beispiele einer Orientierung an Prozessen. Betriebliche Planungs- und Steuerungssysteme wie das Target-costing kennen und nutzen seit langem Prozesse als Bezugsgröße, die Prozeßkostenrechnung führt sie sogar im Namen. Schließlich wurden auch im Rahmen der Bürokommunikation bzw. vorgangsorientierter Informationssysteme Prozesse als organisatorische Gestaltungsfaktoren erkannt und gestaltet (vgl. z. B. Zangl 1987).

1.2 Attraktivität und Produktivitätspotentiale

Wenn aber im Grunde alles bekannt ist, womit erklärt sich dann der derzeitige Erfolg prozeßorientierter Gestaltungsansätze?

Neben weiteren Faktoren spielt meines Erachtens die Charakterisierung der Unternehmensprozesse als notwendige Bedingung zur Stärkung der auf wettbewerbsintensiven Märkten immer wichtiger werdenden Kundenorientierung eine herausragende Rolle. Des weiteren wird die Attraktivität sicherlich auch durch den Anspruch bzw. die Erwartung gefördert, mit Hilfe radikaler Veränderungen tradierter, vielfach »vertikaler« Organisationsstrukturen umfassende Effizienzsteigerungen zu erzielen.

Lange Zeit standen andere organisatorische Gestaltungsparameter im Vordergrund der Erörterung, und dies verleiht der Prozeßorientierung einen relativen Neuigkeitswert (vgl. u. a. Earl 1994, S. 13). Ruft man sich die organisatorischen Fragestellungen in Erinnerung, die in den letzten Jahren – mehrheitlich unter dem Einfluß amerikanischer Autoren – in der Praxis diskutiert wurden, so tauchen dabei Prozeßgesichtspunkte in der Regel nur am Rande auf; sie wurden nicht als zentraler Ausgangspunkt und Hebel der organisatorischen Gestaltung und Produktivitätssteigerung herangezogen. Dies gilt beispielsweise für die wettbewerbsstrategischen Erörterungen des Mitte der 80er Jahre sehr populären Porter (z. B. Porter 1983, 1986) wie auch für viele organisationstheoretische bzw. empirische Arbeiten (z. B. Mintzberg 1979, 1983; Miller/Friesen 1984), wenngleich sowohl der Portersche Wertschöpfungsansatz als auch das Mintzbergsche Unternehmensmodell Prozesse thematisieren. Andere Bestseller der Managementliteratur, wie *In Search for Excellence* (Peters/Waterman 1982) oder auch die als Lean Production bekannt gewordene MIT-Studie (Womack et al. 1991) stellen ebenfalls Strukturaspekte in den Vordergrund. Auch die bekannten Basiskonzepte zum Kosten-, Zeit- und Qualitätsmanagement setzen nicht die prozeßorientierte Unternehmensgestaltung zur Erreichung ihrer Effizienzziele voraus, sondern beschreiben vielmehr Ansatzpunkte zur Kosten- und Zeitreduzierung bzw. Qualitätsverbesserung in bestehenden Unternehmensprozessen. Im Umfeld des Einsatzes neuer Informationstechnik dominierten lange Zeit strukturelle Fragen des Downsizing und Outsourcing die Fachdiskussion. Von Geschäftsprozessen und ablauforganisatorischen Veränderungen war vergleichsweise selten die Rede. Mit der Analyse von Wettbewerbsvorteilen vor allem japanischer Unternehmen rückten Prozesse allmählich in den Vordergrund der Betrachtung. So wird als wesentlicher Erfolgsfaktor – insbesondere bei der drastischen Verkürzung von Entwicklungszeiten sowie der Eliminierung von Qualitätsproblemen – die funktionsübergreifende, integrative Projektorganisation genannt (z. B. Clark/Fujimoto 1991; Womack et al. 1991; während z. B. Roussel et al. 1991 weiterhin insbes. Strukturaspekte betrachten).

Die nicht zuletzt durch mangelnde Prozeßorientierung bedingten Unzulänglichkeiten und Ineffizienzen heutiger Strukturen und Arbeitsabläufe, insbesondere in den dispositiven, administrativen Bereichen von Unternehmen, sind offensichtlich. Aufgeblähte Gemeinkostenbereiche, Intransparenz der Arbeitsabläufe, unklare Zuständigkeiten, permanente Abstimmungsgespräche, ein Eigenleben entwickelnde Stäbe, Abteilungen und Dienststellen, Formular- und Verfahrensvielfalt sowie umfangreiche Organisationshandbücher sind die Blüten, die die organisatorische Komplexität bei starker Arbeitsteilung treibt. Jeglicher Ansatz, der eine nachhaltige Bereinigung verspricht, besitzt daher für das Management eine hohe Anziehungskraft.

- Man hat sich schon fast damit abgefunden, beispielsweise umfangreiche Dienstreiseabrechnungen mit Durchschlag in einem Dickicht von Sonderregelungen auszufüllen, mehrfach prüfen zu lassen, durch zig Stellen zu leiten, wobei die letzte hoffentlich den Zahlungsvorgang auslöst. Fortschrittliche Unternehmen haben diesen Vorgang elektrifiziert: Jetzt werden die Daten von den Antragstellern persönlich – gelegentlich mit zwei Fingern – in das System eingegeben und in Sekundenschnelle von Bearbeiter zu Bearbeiter weitergereicht. Sogar der gute alte Eingangskorb oder die farbigen Genehmigungsvermerke finden sich auf dem Bildschirm wieder und lassen keinen Zweifel offen, daß vieles beim Alten geblieben ist. Unveränderte Liege- und Wartezeiten, möglicherweise aufwendigere Rückfragen, technische Störungen und dazu eine ständig wachsende Anzahl von Anwendungsentwicklern, Systembetreuern und EDV-kundigen Sachbearbeitern sind so offensichtlich, daß man teilweise verblüfft sein sollte über die verwunderte Frage der Verantwortlichen, warum sich »trotz« des massiven Technikeinsatzes kaum Produktivitätsfortschritte zeigen.

- Selbst in einem kleinen Unternehmen der Bauindustrie mit ca. 100 Mitarbeitern, davon 40 Angestellte, fanden wir schon eine gründliche Arbeitsteilung in Akquisition, Angebotskalkulation, technisches Büro, Einkauf, Fertigung, Bauleitung, Montage, Abrechnung, Buchhaltung usw. – es gab sogar einen Projektleiter. Jeder hatte seinen abgegrenzten Tätigkeitsbereich, seinen Auszug aus der Projektakte, seine Formulare und seine Daten oder PC-Programme, die es zu hüten galt. Groß war stets das Erstaunen, wenn sich gegen Projektende Probleme zeigten und das Ergebnisvorzeichen in die falsche Richtung sprang. Eine Ursache: das »Wer hat den Ball«- Spiel der Funktionsorientierung: Die Montage hat nicht montiert – ... weil das Material nicht ausreichend vorhanden war – ... weil die Fertigung geschlafen hat – ... weil der Einkauf zu spät bestellt hat – ... weil ... Daß alle am gleichen Leistungserstellungsprozeß arbeiten, alle einem Kunden dienen und ein Ziel, die wirtschaftliche Projektabwicklung, haben und somit in einem Boot sitzen, wurde erst klar, als dieses Schlagseite bekam.

Die Projektbeispiele ließen sich fast beliebig fortführen: Ob bei der Verkürzung der Entwicklungszeit, der Fertigungssegmentierung, der Distributionslogistik oder auch der Anlagenüberwachung des Gewerbeaufsichtsamtes – die Schwachstellen, Defizite und Wettbewerbsnachteile waren letztlich Folgen einer zu weit getriebenen Arbeitsteilung.

Die Betonung sollte dabei auf »zu weit getrieben« liegen, denn eines ist klar: Arbeitsteilung mit den sich daraus begründenden Spezialisierungsvorteilen ist und bleibt eine Quelle wirtschaftlichen Erfolges. Wie sonst ließen sich Konzepte zur Konzentration auf Kernkompetenzen, zur Verringerung der Leistungstiefe oder zur Bildung von Unternehmen im Unternehmen begründen? Tatsächlich müssen strukturelle Aspekte (Arbeitsteilung, De-/Zentralisierung) mit prozessualen Aspekten (Arbeitsabläufe, Vorgangsketten) situationsspezifisch in Einklang gebracht werden. Es ist Unfug, glauben machen zu wollen, eine prozeßorientierte Gestaltung von Unternehmen würde die Arbeitsteiligkeit überwinden oder überflüssig machen. Sie stellt nur darauf ab, die Koordination der Arbeitsschritte unter dem Blickwinkel des Prozeßergebnisses, sei es ein Produkt oder eine Dienstleistung, zu überdenken und zu optimieren. Daß es aus dieser Perspektive heute in vielen Unternehmen sinnvoll und notwendig ist, gerade bei Routine- oder Regelprozessen die Arbeitsteiligkeit zu verringern und dort Adam Smith zu überwinden, steht seit Jahren außer Frage.

Apropos Adam Smith – an dessen grundlegende Erörterungen reichen die Ausführungen von Hammer und Champy nur in bezug auf die Durchdringung mit Beispielen heran. Ersteren –

unter Berücksichtigung des historischen Kontextes und seiner Modellannahmen – zu lesen, ist noch heute, mehr als 200 Jahre nach erstmaligem Erscheinen, empfehlenswert. Aber vielleicht muß man heutzutage um des Erfolges willen ohne Bescheidenheit behaupten: »We believe that the application of the principles of business reengineering will have effects as significant and dramatic as these created by Smith's principles of industrial organizations.« (Hammer/Champy 1993, S. 6).

Strukturen sind nicht durch Prozesse substituierbar und umgekehrt. Prozesse laufen in bestimmten Strukturen ab. Die Frage ist, ob diese Strukturen mehr nach Aufgaben-, Funktions- oder Spartengesichtspunkten, d. h. vertikal, oder mehr nach Kunden, Produkten oder Arbeitsfolgen, d. h. horizontal, ausgerichtet werden. Derzeit dominieren vertikale Organisationsprinzipien.

Vertikale Organisationsformen tendieren dazu, alle Aktivitäten auf die spezifischen Belange der jeweiligen Organisationseinheit hin auszurichten und komplexe hierarchische Planungs-, Steuerungs- und Kontrollsysteme auszubilden. Die vertikale Organisationsstruktur determiniert in der Folge eine Reihe weiterer organisatorischer Faktoren (vgl. Abbildung 1). So sind beispielsweise Anreiz- und Karrieresysteme überwiegend vertikal ausgeprägt. Die Hierarchiestufen im jeweiligen Funktionsbereich bestimmen die Aufstiegsmöglichkeiten, Aufgabenwechsel findet innerhalb des Bereiches statt, und Bewertungsmaßstab für die Managementbefähigung ist primär die bewiesene Fachkompetenz, das Spezialwissen. Als nicht untypisch kann der Fall der Entwicklungsabteilung eines Gebrauchsgüterproduzenten gelten. Die Zugehörigkeit zum Entwicklungsbereich war mit durchschnittlich 17 Jahren nahezu identisch mit der Unternehmenszugehörigkeit, ein Wechsel in den Vertrieb, den Kundendienst oder die Fertigung die absolute Ausnahme. Natürlich kamen auch die Entwicklungsprojektleiter traditionell aus der Konstruktion. Verständnisprobleme, sequentielle Arbeitsfolgen, aufwendige Koordinationsgremien, Zielkonflikte, Ineffizienzen und vor allem lange Entwicklungszeiten waren die Konsequenz.

Die vertikale Ausrichtung spiegelt sich gleichermaßen in den Kommunikationswegen, Informationssystemen und EDV-Verfahren wieder. Im Vordergrund steht die Spezialisierung auf die spezifischen Belange der Funktion, auf der Strecke bleibt die Optimierung des horizontalen Informationsflusses. Medienbrüche, Doppelarbeiten, Inkompatibilitäten von Daten- und Dateistrukturen oder gar Betriebssystemen sind die kosten- und zeittreibenden Folgen. Zementierung der Kostenstrukturen nachgelagerter Funktionsbereiche, hohe Änderungskosten, Vernachlässigung von relevanten Kundeninformationen sind weitere kontraproduktive Konsequenzen der Vertikalisierung. Insbesondere die fehlende Kundenorientierung einzelner Abteilungen und Funktionsbereiche sowie das unzureichende Verständnis für den gesamten

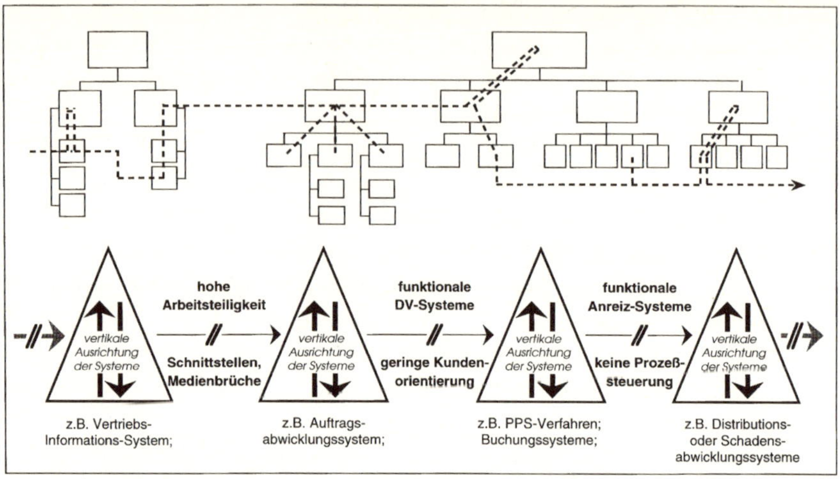

Abbildung 1: Prozeßhemmnisse vertikaler Unternehmensorganisationen

Wertschöpfungsprozeß und das Prozeßergebnis sind zu bemängeln. Je stärker die vertikale Ausrichtung eines Unternehmens, um so ausgeprägter sind die Barrieren für die horizontalen Prozesse.

Ein prozeßorientiertes Überdenken der tradierten Organisationsstrukturen ermöglicht die Identifizierung und Beseitigung von effizienzmindernden Schnittstellen sowie die konsequente Ausrichtung auf das Endprodukt und die Kunden. Die Analyse und Gestaltung von Prozessen kann und darf nicht an den – wie auch immer festzulegenden – Unternehmensgrenzen aufhören. Auch die marktliche Arbeitsteilung ist zu berücksichtigen. Große Rationalisierungserfolge lassen sich auf der Basis einer unternehmensübergreifenden Prozeßgestaltung erzielen, die die Lieferanten- oder Kundenorganisation mit einbezieht (vgl. dazu auch Short/Venkatraman 1992).

In Projekten zur Vorbereitung des Einsatzes von Electronic Data Interchange haben wir beispielsweise mit Hilfe einer unternehmensübergreifenden Prozeßanalyse bei einem Maschinenbauunternehmen sowohl eine Vielzahl EDV-technischer Medienbrüche als auch eine extrem hohe organisatorische Arbeitsteilung festgestellt. Die mögliche Durchlaufzeitreduzierung von mehreren Tagen auf wenige Stunden beruhte zur Hälfte auf einer Verringerung der Transport- bzw. Übertragungszeiten durch Technikeinsatz und Vereinheitlichung der EDV-Systeme, zur anderen Hälfte auf einer Verringerung von Liegezeiten durch eine prozeßorientierte Reorganisation und den damit verbundenen Abbau von Arbeitsteiligkeit.

Wie darüber hinaus auch die Beispiele in diesem Buch verdeutlichen, lassen sich mit einer konsequenten Prozeßorientierung bei der Reorganisation von Produktions- und Dienstleistungsunternehmen nachhaltige Effizienz- und Ertragssteigerungen erzielen (vgl. dazu auch Abbildung 2). Die heute noch in vielen Unternehmen dominierende Organisation nach Funktionen und Regionen wird ersetzt bzw. ergänzt durch einen Gestaltungsansatz, der die Geschäftsaktivitäten, Produkte und Dienstleistungen sowie die zu ihrer Erstellung notwendigen Prozesse in den Mittelpunkt stellt. Prozeßorientierte Organisationskonzepte führen zu einem Primat der Markt- und Kundenorientierung und verlangen einen grundlegenden Wandel der Prämissen und Vorgehensweise bei der Unternehmensorganisation.

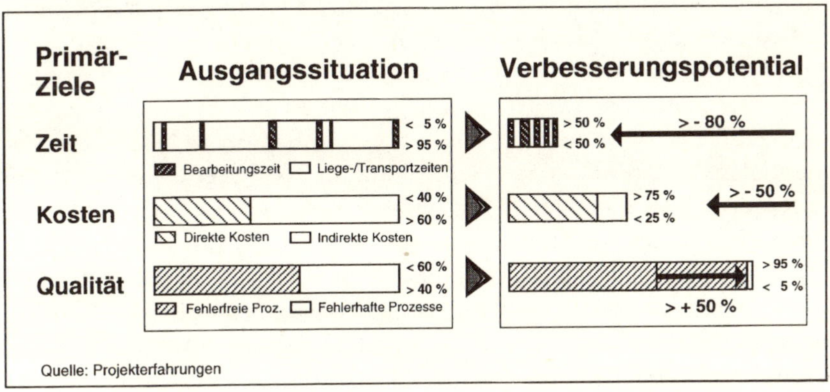

Abbildung 2: Potentiale prozeßorientierter Unternehmensgestaltung

2. Managementrelevanz

Die Erwartungshaltung, mittels Prozeßorientierung und Reorganisation in kürzester Zeit große Produktivitätsfortschritte zu erzielen und sich gegenüber der Konkurrenz Wettbewerbsvorteile zu verschaffen, reicht allein nicht aus, um von einer umfassenden Managementrelevanz der prozeßorientierten Unternehmensgestaltung zu sprechen.

Warum bzw. unter welchen Bedingungen hat diese viel weitreichendere Folgen für das Management von privatwirtschaftlichen und öffentlichen Unternehmen?

Zum einen deshalb, weil veränderte Wettbewerbsbedingungen und insbesondere die Globalisierung der Märkte Unternehmen und ganze Branchen mit neuen Anforderungen konfrontieren. Vorbei sind für viele Unternehmen die Zeiten, wo sie, gestützt auf einen stabilen und geschützten Heimatmarkt, einen komfortablen Technologievorsprung oder festen Kundenstamm, mit einträglichen Wachstumsraten und Kapitalrenditen rechnen konnten.

Der schleichende Verlust der Technologie- bzw. Innovationsführerschaft deutscher Unternehmen bzw. das Unvermögen, Forschungsergebnisse in weltweit vermarktbare Produkte und Dienstleistungen umzusetzen, führt in Verbindung mit der zunehmenden Sättigung angestammter Märkte zu einer Intensivierung des Preiswettbewerbs. Der Verlust des Qualitätsimages »Made in Germany«, die hohen Arbeitskosten und die aus dem Blickwinkel des internationalen Wettbewerbs verbesserungswürdigen gesellschaftspolitischen Rahmenbedingungen sind denkbar schlechte Voraussetzungen, um gegen preisaggressive und zunehmend innovationsorientierte Konkurrenten langfristig bestehen zu können. Reengineering verspricht mittels prozeßorientierter Reorganisation mehr Kundenorientierung, schnellere Durchlaufzeiten und enorme Kostensenkungen und damit die Lösung wettbewerbsstrategischer Probleme. So betrachtet, geht die prozeßorientierte Unternehmensgestaltung über die Optimierung einzelner Geschäftsprozesse hinaus, erfordert eine umfassende, revolutionäre Reorganisation von Unternehmen und wird dann zur Aufgabe des Topmanagements (vgl. Gabele 1992; Lamparter 1994).

Der Umfang und die Tiefe der prozeßorientierten Umgestaltung der Unternehmensorganisation kann als Indikator und Maßstab für die erforderliche Managementaufmerksamkeit herangezogen werden. Die Praxisbeispiele in diesem Buch zeigen die Spannweite prozeßorientierter Ansätze und Vorgehensweisen, von der markt- und kundenorientierten Restrukturierung und Produktsegmentierung der Bosch-Siemens Hausgeräte GmbH über kontinuierliche Verbesserungen der Fertigung und Montage als Kernprozeß der Deutz-Fahr Traktor bis hin beispielsweise zur Anpassung des Prozesses des klassischen Geldhandels bei der Bayerischen Landesbank Girozentrale. Je stärker ein Unternehmen Prozesse in den Vordergrund der Organisationsgestaltung, Unternehmenssteuerung und Geschäftsaktivitäten stellt, um so weitreichendere Folgen hat dies natürlich für das gesamte Unternehmen wie auch für das Management. Auf der anderen Seite ist festzustellen, daß nicht jedes Reengineering-Vorhaben, d. h. jedes Überdenken und Reorganisieren von Prozessen, automatisch die Einbindung des Topmanagements benötigt, wobei das natürlich auch eine Frage der Definition von »Topmanagement« ist. Das Vorhaben, die gesamte Unternehmung grundlegend neu zu organisieren, das Prozeßdenken umfassend im Unternehmen zu verankern, reicht hinein bis in die Unternehmenspolitik, die Unternehmenskultur, d. h. berührt normative Managementaspekte wie auch das strategische und operative Management.

Die Managementrelevanz der prozeßorientierten Unternehmensgestaltung ergibt sich nicht nur durch die Tragweite der damit verbundenen

Veränderungen, sondern auch dadurch, daß es sich um einen umfassenden Ansatz handelt: Eine prozeßorientierte Analyse und Gestaltung muß neben den organisatorischen Strukturen und Arbeitsfolgen gleichermaßen das betriebliche Steuerungssystem, das Leistungsprogramm, die Qualifikation, Denk- und Verhaltensweisen der Mitarbeiter wie auch die eingesetzte Produktions- und Informationstechnologie einbeziehen.

Berücksichtigt man als weitere Dimension auch noch die Frage, ob die Prozeßoptimierung auf eine Funktion bzw. das Unternehmen beschränkt bleibt oder unternehmensübergreifend auch Marktpartner einbezieht, so läßt sich die Managementrelevanz der prozeßorientierten Unternehmensgestaltung, d. h. die Frage, in welchem Umfang welche Managementebenen einzubeziehen sind, anhand des in Abbildung 3 dargestellten Modells veranschaulichen. Neben der eher statischen Betrachtung des Umfangs und der Tiefe der Reorganisation muß dabei unbedingt auch die Verantwortung des Managements für den Veränderungsprozeß, d. h. den geplanten organisatorischen Wandel, herausgestellt werden. Diese ist natürlich wiederum abhängig davon, wie umfassend die Reorganisation im Unternehmen betrieben wird.

Die von uns im Frühjahr 1994 durchgeführte Umfrage bestätigt in diesem Zusammenhang das Vorhandensein unterschiedlicher Grundverständnisse hinsichtlich der prozeßorientierten Unternehmensgestaltung in Abhängig-

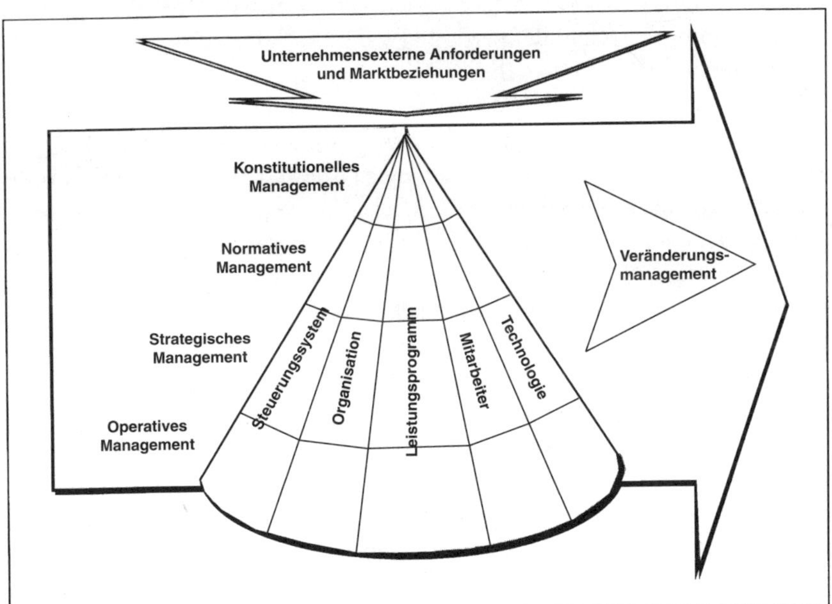

Abbildung 3: Managementdimensionen

keit von der Tragweite des Ansatzes und der organisatorischen Veränderungen (vgl. Nippa/Picot 1994; Picot/Böhme 1995; ähnliche Hinweise finden sich auch bei Earl 1994, S. 12). Demnach verfolgt etwa die Hälfte der Unternehmen einen umfassenden Reorganisationsansatz, während die andere Hälfte einzelne Geschäftsprozesse neu gestaltet oder in vorgegebenen Strukturen optimiert. Zwischen diesen Extremen lassen sich signifikante Unterschiede hinsichtlich der Zielsetzungen, der Projektorganisation wie auch der Einbindung des Topmanagements feststellen.

3. Managementanforderungen

3.1 Strategie- und Führungsdimension

Aus den vorherigen Ausführungen geht hervor, daß die erste Aufgabe des Managements darin besteht, die Tragweite und den Rahmen für die prozeßorientierte Unternehmensreorganisation festzulegen. Soll das gesamte Unternehmen neu ausgerichtet und aufgestellt oder sollen nur einzelne Bereiche oder Prozesse optimiert werden? In welchem Umfang sind radikale Veränderungen beispielsweise hinsichtlich der unternehmensinternen Arbeitsteilung (z. B. Produktsegmentierung in der Fertigung) oder des Selbstverständnisses bezüglich Kunden-, Lieferanten- oder Konkurrenzbeziehungen (z. B. Aufbau von Partnerschaften mit Werkstätten bei der Schadensabwicklung von Kfz-Versicherungen, Prozeßintegration und Gutschriftenverfahren mit Lieferanten) erwünscht und/oder zulässig? Inwieweit bestehen hier Informations- und/oder Zustimmungspflichten der nächsthöheren Managementebene?

Je umfassender und radikaler der Veränderungsansatz, um so stärker werden normative und strategische Managementaspekte, bis hin zur Corporate Identity und zur Unternehmenskultur berührt. Hierüber ist im Vorfeld der Einleitung eines umfassenden, revolutionären Reorganisationsprozesses ein Managementkonsens herzustellen, um kontraproduktive und/oder dysfunktionale Entwicklungen auszuschließen.

Sofern die prozeßorientierte Unternehmensgestaltung – so wie bei den meisten Reengineeringkonzepten – als strategischer Veränderungsprozeß verstanden und angewendet wird, stellt sich quasi automatisch die Frage nach dem Abgleich mit der Unternehmensstrategie. Trotz des inhärenten Kundenfokus und der Auswirkungen auf die Wettbewerbsposition konzentrieren sich die meisten Reengineeringkonzepte auf unternehmensinterne Gestaltungsaspekte, um die Effizienz der bestehenden Geschäftsaktivitäten zu verbessern.

Hinweise auf mögliche Veränderungen der strategischen Positionierung von Unternehmen fehlen meist (vgl. Earl 1994, S. 10). Um so wichtiger erscheint es, daß sich das Topmanagement über die strategischen Implikationen einer internen Reorganisation im klaren ist. Earl erwähnt in diesem Zusammenhang ein Unternehmen der Pharmaindustrie, das zwischen »Produkt-/Markt-Strategie« und »Prozeß-Strategie« differenziert. Unabhängig davon, ob man diese Unterscheidung für sinnvoll und notwendig hält, ist es erforderlich, die interne Reorganisation mit den externen Wettbewerbsanforderungen und der Unternehmensstrategie abzugleichen sowie strategische Leitlinien für die Ausgestaltung nachgeordneter Strategien – z. B. in Geschäftsfeldern, Unternehmensbereichen oder auch für das Informationsmanagement bzw. die Datenverarbeitung – festzulegen.

Aufbauend auf den strategischen Zielvorstellungen, sind meines Erachtens die Eckdaten für den organisatorischen Veränderungsprozeß zu determinieren. Dazu zählt beispielsweise die Priorisierung der neu zu gestaltenden Bereiche oder Prozesse, da man bei einem umfassenden Reengineering – auch zur Vermeidung von unkalkulierbaren Risiken – sicher nicht davon ausgehen kann, alles gleichzeitig verändern zu können. Darüber hinaus leuchtet es ein, daß die versprochenen »Quantensprünge« der Effizienz durch eine radikale und umfassende prozeßorientierte Unternehmensgestaltung nicht zum Nulltarif zu bekommen sind. Neben dem internen und/oder externen Beratungsaufwand bedarf es in vielen Fällen nicht unerheblicher Human- und Finanzinvestitionen, um die Konzepte zu implementieren. Geradezu naiv mutet in Verbindung mit dem Ganzheitlichkeitsanspruch die Aufforderung einiger Berater – allen voran Hammer und Champy – an, alles Vorhandene wegzuwerfen und völlig neu zu beginnen. Demzufolge wären alle Informationsverarbeitungssysteme eines Unternehmens auszurangieren, etwa gerade implementierte SAP-Systeme oder selbstentwickelte Verfahren beiseite zu legen. Ein solches Unterfangen würde allein bezüglich der informationstechnischen Unterstützung der Auftragsabwicklung und Logistik eines international tätigen Telekommunikationsunternehmens Desinvestitionen in dreistelliger Millionenhöhe bedeuten. Insofern dürfte vielen Reengineering-Vorhaben von vornherein ein mehr oder weniger eingeschränkter Gestaltungsrahmen vorgegeben sein. Dieser das Unternehmenspotential berücksichtigende Rahmen ist insbesondere bei umfassenden Reorganisationsvorhaben durch das Topmanagement festzulegen, um unter anderem zu verhindern, daß mit großem Aufwand und den besten Vorsätzen der Beteiligten Konzepte für die Schublade produziert werden und nachträglich die große Ernüchterung eintritt.

Natürlich ist auch uns bewußt, daß man zunächst auf der grünen Wiese radikale Lösungen planen und dann schrittweise die notwendigen Anpassungen an den bestehenden Systemen vornehmen kann. Diese Kompromisse führen aber unserer Erfahrung nach zu Abstrichen an den zu erreichenden Effizienzsteigerungspotentialen. Gemessen an der – vielfach ohne Rücksicht auf Unternehmenspotentiale – aufgebauten Erwartung dramatischer Verbesserungen der Wettbewerbssituation, liegt hier aus der Sicht der Berater eine Ursache für das Scheitern etlicher Reengineering-Projekte.

Zur Vermeidung von Enttäuschungen ist es notwendig, daß das Topmanagement den um Verkauf ihrer Beratungsprodukte bemühten externen oder internen Beratern abverlangt, konkret zu benennen, unter welchen Voraussetzungen (z. B. Investitionsbudget, Mitwirkung der betroffenen Mitarbeiter) welche Ergebnisse (z. B. Durchlaufzeit-Halbierung) in welchem Zeitraum zu erwarten sind. Sonst finden sich vielfältige Entschuldigungen, warum beispielsweise die Durchlaufzeit nur um 10 % gesenkt werden konnte. Aufgabe des Managements ist es also, in Verbindung mit konkreten Rahmenbedingungen realistische Ziele festzulegen und zu kommunizieren.

Des weiteren sind dem Management Entscheidungen abzuverlangen hinsichtlich der Dauer der Reorganisation, des Einsatzes und der Funktion von Beratern sowie der Einbindung von Marktpartnern und unterschiedlichen Managementebenen in den Analyse- und Gestaltungsprozeß. Die von verschiedenen Seiten geforderte intensive Einbindung des Topmanagements, die häufig nicht zuletzt mit der »Lehmschicht« des mittleren Managements begründet wird, dürfte so manchem Unternehmen im Hinblick auf die Vielzahl von strategischen Projekten möglicherweise schwer fallen. Als Problemlösung wäre entweder der Begriff des Topmanagements auszuweiten, was im Zuge des Delegationsprozesses dann letztlich das mittlere Management wieder zu Ehren bringen würde, oder aber die Einbindung reduziert sich doch nur auf die Teilnahme an allein aus Zeitgründen wenig konkreten Topmanagement-Präsentationen.

Bezüglich der aus konkreten Reengineering- oder Prozeßoptimierungs-Projekten abzuleitenden Managementanforderungen sei auf den Methodenteil dieses Buches verwiesen. Im folgenden sollen vielmehr die Konsequenzen einer prozeßorientierten Unternehmensorganisation für unterschiedliche Gestaltungsbereiche in knapper Form dargestellt werden.

3.2 Festlegungen des Leistungsprogramms

Unternehmen erfüllen ihren Zweck primär durch die, wie auch immer geartete, Transformation von Einsatzfaktoren in höherwertige Produkte und Dienstleistungen. Prozesse geben die Abfolge von Bearbeitungsschritten im

Zeitablauf wieder, die an einem oder mehreren Objekten vollzogen werden. Diese Transformationen können räumlicher, zeitlicher, informationeller oder physikalischer Art sein. Kernprozeß eines Unternehmens ist die Erstellung marktlicher Leistungen. Das jeweilige Leistungsprogramm eines Unternehmens, d. h. die für den Markt erstellten Produkte oder Dienstleistungen, sind somit konstituierend für die Ausgestaltung der Geschäftsprozesse.

Das Management hat bereits im Vorfeld einer prozeßorientierten Unternehmensgestaltung erfolgsrelevante Entscheidungen zu treffen. Sofern noch nicht geschehen, sind die derzeitigen und zukünftigen Kernkompetenzen zu bestimmen, die Unternehmensstrategie – gegebenenfalls differenziert nach Geschäftsfeldern – festzulegen, die Produkte und Dienstleistungen sowie die Kunden zu systematisieren sowie darauf aufbauend die erfolgskritischen Geschäftsprozesse zu identifizieren. Letztere müssen nicht unbedingt identisch mit dem Kernprozeß der Leistungserstellung sein.

So ist es beispielsweise für Unternehmen der Textilbranche oder Handelsunternehmen gegebenenfalls wichtiger, den vorgelagerten Prozeß der Marktbeobachtung und Disposition zu optimieren als den rein logistischen Abwicklungsprozeß. Für Produzenten, die auf ihren internationalen Märkten mit unterschiedlichen Handelsorganisationen und differenzierten Vertriebswegen konfrontiert sind, ist es unter Umständen wichtig, adäquate Distributionsprozesse zu definieren. Im Anlagen- und Systemgeschäft sind marktliche und technologische Trends zu antizipieren, die Einfluß auf die Prozeßgestaltung nehmen können. In der Telekommunikationsindustrie ist beispielsweise durch das Topmanagement festzulegen, in welchem Umfang Hersteller- und/oder Betreiberleistungen angeboten oder übernommen werden sollen bzw. inwieweit sich eine durchgängige Produktsegmentierung mit dem Wunsch des Kunden nach einem Systemlieferanten vereinbaren läßt.

Aus diesen unternehmerischen Fragestellungen leiten sich unserer Erfahrung nach auch strategische Entscheidungen hinsichtlich der Leistungstiefe sowie strategischer Allianzen ab. Diese haben wiederum Einfluß auf die Gestaltung der Geschäftsprozesse (vgl. Abbildung 4). So mußte ein Softwarehersteller feststellen, daß durch die aus Funktionssicht durchaus optimale Verlagerung der Erstellung und des Versands von Manuals aus übergeordneter Prozeßsicht wichtige Marktinformationen verloren gehen bzw. daß durch die dezentrale Führung von Kundendaten imagebeeinträchtigende Fehler auftraten, die zu allem Übel dem Hersteller zunächst gar nicht bewußt waren. Die sich »verdeckt« aufbauende Kundenunzufriedenheit richtete sich letztlich nur auf das Endprodukt und den Markennamen, nicht auf die diversen Subunternehmer.

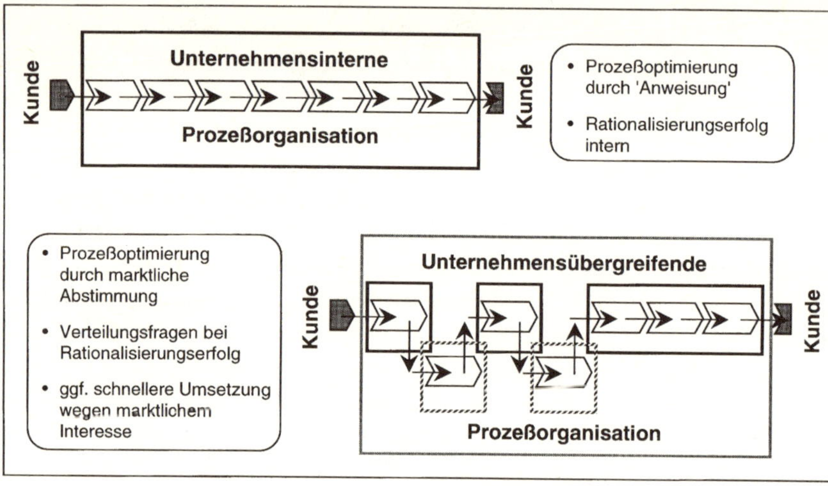

Abbildung 4: »Outsourcing« im Licht der Prozeßoptimierung

Eine amerikanische Untersuchung kommt auf der Basis einer umfassenden Überprüfung der Ergebnisse abgeschlossener Reengineering-Projekte zu dem Schluß, daß insbesondere die vorrangige Optimierung der Managementprozesse eines Unternehmens, d. h. z. B. der strategischen Planung, der Budgetierungsprozesse, der Investitions- und Finanzierungsfunktionen sowie des strategischen Personalmanagements (Rekrutierungs- und Anreizsysteme), ein wesentlicher Erfolgsfaktor für das Reengineering der operativen Leistungserstellungsprozesse ist (vgl. Bashein et al. 1994, S. 9 f.; vgl. zu den Erfolgsfaktoren von Reengineering-Projekten auch Nippa 1995).

3.3 Implikationen für die Organisationsstruktur

Wie bereits erwähnt, macht eine prozeßorientierte Unternehmensgestaltung Entscheidungen zur Organisationsstruktur, d. h. zur Aufgabendelegation und -integration, zur Standortwahl oder zur De-/Zentralisierung, nicht überflüssig. Im Gegenteil, diese Fragen treten gerade im Zusammenhang mit einer prozeßorientierten Reorganisation auf und stellen neue Anforderungen an das Management.

Reengineering propagiert die radikale Verringerung der Arbeitsteilung: »*Principle:* As few people as possible should be involved in the performance of a process.« (Hammer/Champy 1993, S. 144). Im Prinzip ist dies richtig, und es wird auch in anderem Zusammenhang als Produktivitätshebel gefordert (vgl. Picot/Reichwald 1987). Picot/Reichwald wie auch andere betonen aber die Notwendigkeit einer aufgabenabhängigen Differenzierung. Ohne auf die Aufgabentypisierung und die daraus resultierenden Anforderungen an die Gestaltung von Strukturen und Prozessen wie auch die informationstechnische Unterstützung näher einzugehen (vgl. dazu zusammenfassend Nippa 1988), ist nur darauf hinzuweisen, daß z. B. Einzelfall- oder Projektaufgaben (Typ I und II) andere Anforderungen an die Prozeßgestaltung stellen als Regel- oder Routineaufgaben (Typ III und IV). Einzelfall- oder Projektaufgaben finden sich insbesondere im Management (z. B. Joint-venture-Verhandlungen) und in spezialisierten Fachabteilungen bzw. Stäben (z. B. Forschung, strategische Unternehmensplanung). Regel- oder Routineaufgaben sind insbesondere in administrativen Abwicklungsbereichen (z. B. Auftragsabwicklung, Kreditwürdigkeitsprüfung, Materialbeschaffung) zu lokalisieren. Während eine Verringerung der Arbeitsteilung gerade für diese Aufgaben – und die korrespondierenden Prozesse – sinnvoll und in der Praxis häufig auch dringend erforderlich ist, gilt dies in eingeschränkterem Maße für Einzelfall- oder Projektaufgaben. Die Verringerung der Arbeitsteilung darf nicht dazu führen, daß hochqualifizierte und -bezahlte Manager oder Fachspezialisten im Zuge der allgemeinen Aufgabenintegration nun verstärkt Routineaufgaben übernehmen müssen – auch wenn sie dabei durch moderne Informationstechnologie unterstützt werden. Interessanterweise sind die meisten der beispielsweise von Hammer und Champy erwähnten Reengineering-Fälle dem Bereich der Regel- oder Routineaufgaben zuzuordnen.

Abbildung 5 verdeutlicht zusammenfassend die wichtigsten Konsequenzen der Aufgabendifferenzierung als Basis der Prozeßgestaltung.

Die Auflösung von Funktionshierarchien hat darüber hinaus noch weitere managementrelevante Konsequenzen. Es stellt sich in den meisten Unternehmen die Frage, wie die Prozeßhierarchie zu gestalten ist, da zwar einerseits einleuchtet, daß sich alle Prozesse eines Unternehmens wenigen übergeordneten Prozessen zuordnen lassen, sich aber andererseits die Frage stellt, wie praktikabel beispielsweise dieser Gestaltungsansatz sowohl für die Durchführung von prozeßorientierten Reorganisationsprojekten als auch für die spätere Steuerung ist. In diesem Zusammenhang ist auch Vorsorge dafür zu treffen, daß die abgelösten oder entmachteten *Funktionsfürsten* nicht durch *Prozeßfürsten* ersetzt werden.

Sollen die unternehmerischen Funktionen wie Vertrieb, Entwicklung, Fertigung, Service aufgelöst werden? Welche Rollen und Aufgaben übernehmen die Funktionsbereichsleiter auf unterschiedlichen Managementebenen in Zukunft, welche die Prozeßmanager? Wie ist das Zusammenspiel zwischen Funktions-, Prozeß- und General-Manager zu gestalten? Diese und weitere

	Aufgaben- / Prozeßtyp I "Einzelfall"	Aufgaben- / Prozeßtyp II "Projektfall"	Aufgaben- / Prozeßtyp III "Regelfall"	Aufgaben- / Prozeßtyp IV "Routinefall"
Aufgaben-Komplexität / Variabilität	sehr hoch	hoch	niedrig	sehr niedrig
Plan- und Strukturierbarkeit	sehr niedrig	niedrig	hoch	sehr hoch
Gleichartigkeit und Wiederholungsgrad	sehr gering sehr selten	gering selten	hoch häufig	sehr hoch sehr häufig
Determinierbarkeit 'fester' Prozeßfolgen	sehr niedrig	niedrig	hoch	sehr hoch
Idealisierte Prozeßmuster	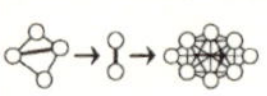	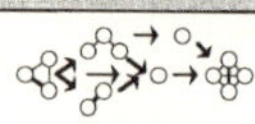	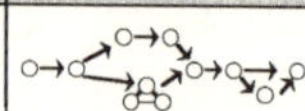	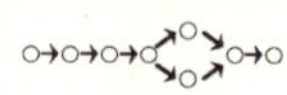
Reengineering-Schwerpunkt				

Abbildung 5: Aufgabenabhängige Prozeßgestaltung

Fragen lassen sich sicherlich unternehmensspezifisch beantworten, sie reichen jedoch hinein bis in das Unternehmensverständnis und die Unternehmens- und Führungskultur und haben gravierende Auswirkungen auf die Effektivität und Effizienz des Unternehmens. Insofern erscheinen auch hier ein Vordenken von seiten des Topmanagements und die proaktive Festlegung »neuer« Führungsgrundsätze unerläßlich.

3.4 Technologie- und Mitarbeiteraspekte

Die Informations- und auch die Produktionstechnologie haben einen zunehmenden Einfluß auf die Gestaltung organisatorischer Strukturen und Prozesse. Nicht zuletzt die Beiträge in diesem Buch machen dies deutlich. Als sicher kann gelten, daß weder der Grundsatz »Technologie folgt Organisation« (deduktiver Ansatz) noch das Prinzip »Organisation folgt Technologie« (induktiver Ansatz) der Realität gerecht werden. Vielmehr beeinflussen sich Organisation und Technologie wechselseitig. Zum einen ermöglicht die neue Informationstechnologie neue Formen der Organisation (Telekooperation, Telearbeit, Änderungen des Zentralisierungsgrads). Zum anderen ergeben sich aufgrund organisatorischer Vorgaben, wie zum Beispiel einer prozeßorientierten Unternehmensgestaltung, Anforderungen an Daten- und Datenbankstrukturen, Verfahrensabläufe und Standardisierungen. Hier sind in vielen Unternehmen auch die einer konsequenten Prozeßorganisation entgegenstehenden Hindernisse zu suchen. Zu häufig haben wir in Projekten erfahren müssen, daß die Datenverarbeitung zwar im Grunde alle organisatorischen Anforderungen flexibel erfüllen kann, die konkrete Umsetzung dann aber aus verschiedenen Gründen leider doch nicht möglich ist. Zwei wesentliche Herausforderungen stellen sich dem Management prozeßorientierter Unternehmen. Zum einen die Vorgabe von Des-/Investitionsrichtlinien und Budgets und zum anderen die konsequente strategische Ausrichtung des unternehmensinternen Informationsmanagements bzw. der EDV-Abteilung.

In den meisten Beiträgen zum Thema »Reengineering« spielen Mitarbeiteraspekte eine herausragende Rolle. Einerseits wird darauf verwiesen, daß die Verringerung der Arbeitsteilung, insbesondere die Eliminierung von internen Überwachungs- und Kontrollaufgaben an den Abteilungs- und Funktionsschnittstellen, zu ganzheitlichen Aufgaben der Mitarbeiter führt, was wiederum eine fachliche und führungsbezogene Höherqualifizierung dieser Mitarbeiter nach sich ziehen muß. Andererseits wird – insbesondere im Zusammenhang mit dem Scheitern von Reengineeringprojekten – auf personelle Veränderungsbarrieren, d. h. zum Beispiel das Festhalten an alten Gewohnheiten und Denkstrukturen, hingewiesen. Nachdem wohl – unabhängig von kulturellen Unterschieden – die Mitarbeiter aller Hierarchieebenen als der wichtigste unternehmerische Erfolgsfaktor angesehen werden dürfen, erscheint es um so konsequenter, wenn das Management hier vor und während einer prozeßorientierten Neugestaltung des Unternehmens besondere Sorgfalt an den Tag legt. Von der frühzeitigen Vermittlung der Gründe, Ziele und Konsequenzen der organisatorischen Veränderungen über die Planung von Qualifizierungsoffensiven zur Vorbereitung auf komplexere und vor allem verantwortungsvollere Aufgaben bis hin zur im Zuge der Prozeßorientierung notwendigen Neugestaltung der Karriere- und Anreizsysteme: In allen diesen Bereichen sind Managemententscheidungen gefordert.

3.5 Anpassungsbedarf der Steuerungssysteme

Das Karriere- und Anreizsystem ist gleichzeitig ein wichtiges Instrument zur Verhaltenssteuerung innerhalb des Unternehmens. Darüber hinaus sind allerdings im Zuge einer prozeßorientierten Unternehmensgestaltung auch andere Koordinationsmechanismen, wie beispielsweise die Planung, die Standardisierung oder die hierarchische Führung, zu überdenken und in vielen Fällen neu zu gestalten. Während die Prozeßorganisation die Bestimmung von Ziel-, Prozeß- oder Lebenszykluskosten vereinfacht, da es zu einer eindeutigeren organisatorischen Zuordnung kommt, stellt sich unserer Erfahrung nach das Zurechnungsproblem bei Unterstützungsprozessen wie beispielsweise der Datenverarbeitung unverändert. Heutige Controlling- und Rechnungswesenprozesse sind in hohem Maße funktions- und abteilungsbezogen und werden nahezu vollständig durch EDV-Systeme abgewickelt. Während auf hohen Aggregationsstufen, beispielsweise für die Tochterunternehmen oder Geschäftsbereiche eines Konzerns, die Differenzierung nach Prozessen und Bereichen eher theoretisch anmutet, stellen sich bei der quantitativen Abbildung ineinandergreifender Prozesse auf der operativen Ebene völlig neue Anforderungen.

4. Zusammenfassung

Die meisten Aspekte des Managements prozeßorientierter Unternehmen konnten nur überblicksartig gestreift werden. Es wird aber bereits auf dieser Betrachtungsebene deutlich, wie weitreichend eine Neugestaltung der Unternehmensorganisation nach dem Prozeßprinzip ist. Umfassende und tiefgreifende, d. h. revolutionäre, Anpassungen von Unternehmen erfolgen im Wechsel mit evolutionären, kontinuierlichen Verbesserungsschritten. Diesen Wechsel unternehmensindividuell und -verträglich zu gestalten, ist ebenfalls Aufgabe des verantwortlichen und verantwortungsbewußten Managements. Es soll nämlich schon vorgekommen sein, daß Unternehmen zu Tode reorganisiert und rationalisiert wurden.

Das Management prozeßorientierter Unternehmen erfordert unter anderem:

- Festlegungen zum Ausmaß der Reorganisation und zum Stellenwert der Prozeßgestaltung,
- die realistische Einschätzung von Dauer, Aufwand und zu erwartenden Returns bzw. Amortisationen,
- die aktive, rahmengebende Gestaltung durch das Management und eine Abkehr von Laissez-faire-Einstellungen,
- differenzierte Betrachtungsweisen und Auseinandersetzungen mit den erfolgsbestimmenden Gestaltungsfaktoren und den Konsequenzen der prozeßorientierten Reorganisation – jenseits der Werbebotschaften,
- umfassende Planungen und Anstrengungen seitens des Unternehmens und seines Managements – auch für die »Zeit danach« – sowie

- das Bewußtsein, daß die Prozeßorientierung keine Standardlösung für alle Wettbewerbsprobleme ist.

Unter diesen Voraussetzungen lassen sich die Effizienz und Wettbewerbsposition des Unternehmens deutlich und vor allem nachhaltig verbessern.

Literatur

Bashein, B. et al. (1994): *Preconditions for BPR Success*, in: Information Systems Management (1994)1, S. 7–13.

Clark, K./Fujimoto, T. (1991): *Product Development Performance*, Boston.

Earl, M.J. (1994): *The New and the Old Way of Business Process Redesign*, in: Journal of Strategic Information Systems (1994)3, S. 5–22.

Gabele, E. (1992): *Reorganisation*, in: Handwörterbuch der Organisation, hrsg. von E. Frese, 3. Aufl., Stuttgart 1992, S. 2196–2211.

Hammer, M./Champy, J. (1993): *Reengineering the Corporation*, New York. (Deutsch: *Business Engineering*, Frankfurt/New York 1994.)

Lamparter, D. (1994): *Die Umkehr der Manager*, in: Die Zeit, Nr. 15 vom 8.4.1994, S. 23–24.

Miller, D./Friesen, P. (1984): *Organizations – A Quantum View*, Englewood Cliffs.

Mintzberg, H. (1979): *The Structuring of Organizations*, Englewood Cliffs.

Mintzberg, H. (1983): *Structures in Fives – Designing Effective Organizations*, Englewood Cliffs.

Nippa, M. (1988): *Gestaltungsgrundsätze für die Büroorganisation*, Berlin.

Nippa, M. (1995): *Bestandsaufnahme des Reengineering-Konzeptes. Leitgedanken für das Management*, in diesem Band.

Nippa, M./Picot, A. (1994): *Prozeßorientierte Unternehmensgestaltung – Ergebnisse einer empirischen Untersuchung deutscher Großunternehmen im Frühjahr 1994*, interne Studie, München, August 1994.

Peters, T./Waterman, R. (1982): *In Search of Excellence*, New York. (Deutsch: Auf der Suche nach Spitzenleistungen, München 1986.)

Picot, A./Böhme, M. (1995): *Zum Stand der prozeßorientierten Unternehmensgestaltung in Deutschland*, in diesem Band.

Picot, A./Reichwald, R. (1987): *Bürokommunikation – Leitsätze für den Anwender*, 3. Aufl., Hallbergmoos.

Porter, M. (1983): *Wettbewerbsstrategie*, Frankfurt/New York 1983. (7. Aufl., Frankfurt/New York 1992.)

Porter, M. (1986): *Wettbewerbsvorteile*, Frankfurt/New York 1986. (3. Aufl., Frankfurt/New York 1992.)

Roussel, P; Saad, K.; Erickson, T. (1991): *Third Generation R&D*, Boston.

Short, J./Venkatraman, N. (1992): *Beyond Business Process Redesign: Redefining Baxter's Business Network*, in: Sloan Management Review (1992)3, S. 7–21.

Smith, A. (1988): *Der Wohlstand der Nationen*, aus dem Englischen übertragen und mit einer umfassenden Würdigung, hrsg. v. H. Recktenwald, 4. Aufl., München.

Womack, J./Jones, D./Roos, D. (1991): *Die zweite Revolution in der Autoindustrie*, 2. Aufl., Frankfurt/New York.

Zangl, H. (1987): *Durchlaufzeiten im Büro. Prozeßorganisation und Aufgabenintegration als effizienter Weg zur Rationalisierung der Büroarbeit mit Bürokommunikationstechniken*, 2. Aufl., Berlin.

TEIL B

REENGINEERING-KONZEPTE

Bestandsaufnahme des Reengineering-Konzepts
Leitgedanken für das Management

Michael Nippa

1. Zauberformel »Reengineering« ?

»Reengineering« oder auch »Business Process Reengineering« und die damit in Verbindung zu bringenden Konzepte und Methoden haben sich in der jüngsten Zeit weltweit zum Inbegriff von Programmen zur drastischen Erhöhung der Wettbewerbsfähigkeit von Unternehmen entwickelt. Angespornt und angezogen von Berichten und Fallstudien, die über sagenhafte Verbesserungen unternehmerischer Erfolgskennzahlen Auskunft geben, werden in vielen Unternehmen, unter dem Etikett »Reengineering«, Programme zur Produktivitätssteigerung initiiert.

Bei aller Anerkennung der sicherlich in Einzelfällen erreichten Erfolge ist es doch notwendig, einen Blick hinter die Kulissen zu werfen. Denn: Zauberformeln und Patentrezepte bergen bei unsachgemäßer Anwendung die Gefahr der Enttäuschung oder der Verschlimmerung der Situation. Der vielseitig verwendbare praktische Gehilfe gerät – wie uns schon Walt Disney mit seinem Zauberlehrling Mickey Mouse lehrreich vor Augen führte – schnell außer Kontrolle. Wohl dem, der mehr als eine Zauberformel weiß. Daß solche Befürchtungen nicht weit hergeholt werden müssen, verdeutlicht ein – wohl oft überlesener – Satz in dem Erfolgsbuch von Hammer und Champy »Reengineering the Corporation«: »Our unscientific estimate is that as many as 50 percent to 70 percent of the organizations that undertake a reengineering effort do not achieve the dramatic results they intended.« (Hammer/ Champy 1993, S. 200). Da über Mißerfolge naturgemäß weniger gerne in der Öffentlichkeit geredet wird, ist zu vermuten, daß die Dunkelziffer der gescheiterten Reengineering-Projekte eher noch höher liegt. »Despite its popularity, four out of five reengineering programs have been unsuccessful.« (Manganelli 1993, S. 45; vgl. weitere warnende Fingerzeige bei Hall et al. 1993, S. 119, und Rigby 1993, S. 25.) Eine von uns durchgeführte Analyse der Unternehmensperformance der von Hammer/Champy angegebenen Reengineering-Pioniere anhand der

Aktienkursentwicklung von 1/1991 bis heute im Vergleich mit dem S&P-sowie Branchen-Indizes zeigt kein einheitliches Bild. Einige Unternehmen haben sich besser als ihre Branche oder der Gesamtindex entwickelt, andere deutlich schlechter. Im Prinzip ist es m. E. zu früh, über den Erfolg oder Mißerfolg des Reengineering-Ansatzes abschließend zu urteilen. Dazu ist neben einem ausreichend langen Bewertungszeitraum auch die Entwicklung eines stabilen Bewertungsrasters notwendig.

Trotz dieser Wermutstropfen sind sich allerdings alle einig: Reengineering, richtig angewendet, vermag richtungweisende Impulse für eine umfassende Neugestaltung der Unternehmen und ihrer Organisation zu geben, um den steigenden Wettbewerbsanforderungen gerecht zu werden. Wie die kritischen Stimmen jedoch beweisen, ist es erforderlich, sich im Vorfeld eines Reengineering-Projektes

- mit dem generellen Konzept und seinen Inhalten näher auseinanderzusetzen,
- die hinterlegten Kerngedanken zu verstehen,
- die für die jeweilige Situation sinnvolle methodische Vorgehensweise zu wählen und
- die Erfolgs- und Mißerfolgsfaktoren, d. h. die positiven und negativen Voraussetzungen, bewußt wahrzunehmen und darauf aufbauend die notwendigen Rahmenbedingungen zu schaffen und zu erhalten.

2. Ursprung, Propagandisten und zentrale Ideen des »Reengineering«

Die Erfindung bzw. Verbreitung des Begriffes wird in der Regel Michael Hammer, einem ehemaligen Professor für Computerwissenschaften des Massachusetts Institute of Technology (MIT) und jetzigen Präsidenten der nach eigenem Bekunden am schnellsten wachsenden Reengineering-Beratungsfirma zugeschrieben. Als Geburtsjahr wäre demnach 1990 anzusehen, das Jahr der Veröffentlichung seines Artikels »Reengineering Work: Don't Automate, Obliterate« in der renommierten Harvard Business Review. Hammer selbst sieht die Wurzeln für sein Konzept allerdings viel weiter zurückreichen: »I've been consulting in the field that is now called reengineering for nearly 20 years.« (Randall 1993, S. 18). Die Tragweite dieser Aussage wird vor allem dann deutlich, wenn man sich kritisch mit den Inhalten und den wirklich innovativen Elementen dieses Produktivitätssteigerungsprogramms und den derzeit angebotenen Methoden auseinandersetzt. Die Suche nach dem Vater des Konzeptes erweist sich bei genauerem Hinsehen als schwieriger als zunächst gedacht. Das mag wohl auch daran liegen, daß der Erfolg viele Väter hat. Und wenn der Beweis nicht möglich ist, dann wird eben darauf verwiesen, daß nur die eigene Schöpfung geeignet ist, den Geist des Reengineering auch wirklich zu verkörpern.

Unabhängig von der Frage nach der Person oder Institution, die den Begriff geprägt hat, sind für das Verständnis von Reengineering aus unserer Sicht vor allem drei Aspekte von Bedeutung:

1. Reengineering ist eine amerikanische Kreation.
2. Reengineering entstand im Umfeld des Einsatzes neuer Informationstechnologien.
3. Reengineering wird insbesondere durch Unternehmensberater propagiert.

2.1 Made in the USA – Anwendungshindernisse?

Allein die Tatsache, daß Reengineering ursprünglich auf die Bedürfnisse des amerikanischen Managements zugeschnitten wurde (vgl. insb. Hammer/Champy 1993, S. 1 ff.), kann natürlich nicht als Beweis der Tauglichkeit oder Untauglichkeit des Konzeptes beispielsweise für deutsche oder europäische Unternehmen herangezogen werden. Gleichwohl erleichtert dieses Wissen den Zugang zu Reengineering und die Abschätzung der Übertragbarkeit auf die eigene Situation. So appellieren insbesondere Hammer und Champy an die amerikanischen Urtugenden, fordern Risikobereitschaft und Umdenken, betonen das Gesetz des Stärkeren und wollen das mittlere Management notfalls mit Drohungen zum Mitmachen oder Aussteigen bewegen (Behrens/Groothuis 1994, S. 68). Zweifelsohne ist zumindest in der Version von Hammer und Champy gerade das radikale Aufbrechen von verkrusteten Strukturen und die – im ersten Analyseschritt – vehemente Absage an inkrementelle Verbesserungen ein wesentliches erfolgsbegründendes Element des Reengineeringkonzeptes. Es ist jedoch fraglich, ob dieses Vorgehen auf jedes Unternehmen, jede Aufgabe und jeden Prozeß übertragbar ist und wie es sich mit den auch in den Reengineering-Konzepten hervorgehobenen Veränderungen von Managementkultur, Verantwortungsdelegation und Führung vereinbaren läßt. Die Gefahr, daß Reengineering ob dieser Tendenzen einen negativen Beigeschmack erhält und in den Ruf einer neuen Art von Gemeinkostenwertanalyse gerät, läßt sich nicht von der Hand weisen. Damit radikale Organisationsveränderungen auch zu den gewünschten dramatischen Veränderungen führen, ist neben dem Durchsetzungswillen des Managements auch die Umsetzungsbereitschaft der Mitarbeiter zu fördern, und deren Erfahrungen sind zu integrieren.

Reengineering propagiert das Wegwerfen – eine selbst von Amerikanern gemeinhin als Untugend bezeichnete Verschwendung von Ressourcen: »Reengineering ist nicht Sanieren. Sanieren heißt weniger machen. Es ist nicht Automatisieren. Automatisieren heißt Trampelpfade pflastern. Reengineering bedeutet, alles wegzuwerfen, um ganz von vorne anzufangen.« (Hammer, zitiert nach: o. V. 1993, S. 58). Dieses Verhalten wird von zwei Seiten kritisiert:

»Also, the reengineering gurus are deliberately selling their solutions to appeal to a national neurosis – our penchant for disposability. Reengineering begins by scraping existing systems and starting from scratch. It appeals to Americans' talent for throwing away things. Such excess may have been permissible in the 1960s and even in the '70s, but it's preposterous today. Encouraging corporations to imagine and implement better processes without considering the cost is downright irresponsible.« (Greene 1993, S. 46)

»Reengineers sometimes ridicule managers who improve existing processes, accusing them of simply »paving the road«. But an argument can be made for the proverbial engineer who, when deciding where to put a sidewalk, discarded reams of theoretical engineering studies and pragmatically poured concrete where the masses of feet had naturally worn a path.« (Rigby 1993, S. 27)

2.2 Informationstechnologie – Schrittmacher oder Verkaufsförderung?

Für ein tiefergreifendes Verständnis von Reengineering-Ansätzen ist es nicht uninteressant, sich vor Augen zu führen, daß Reengineering im Umfeld der Anwendung neuer Informations- und Kommunikationstechniken in Unternehmen entstand. Auch dieser Umstand ist im Grunde nicht schädlich, sondern kann sogar von Vorteil sein. Hammer, der, wie erwähnt, selbst aus dem Bereich der Computerwissenschaft kommt, erörtert in seinem die Reengineering-Euphorie auslösenden Artikel vor allem Möglichkeiten und Voraussetzungen für einen effizienteren Einsatz der Informationstechnologie in Unternehmen und geißelt dabei vor allem die Elektrifizierung ineffizienter Organisationsstrukturen und -prozesse (vgl. Hammer 1990). Die Bedeutung der Informations- und Kommunikationstechnologie zur Erhöhung der Produktivität und Wettbewerbsfähigkeit von Unternehmen wird dabei nicht in Frage gestellt. Im Gegenteil: Vielfach wird diese als Auslöser und Katalysator, als »enabler« bei der Umsetzung revolutionärer Veränderungen von Geschäftsvorgängen und -prozessen betrachtet und herausgestellt (vgl. u. a. Hammer/Champy 1993, S. 44, S. 83 ff.; Johansson et al. 1993, S. 186; CIO 1993, S. 31 ff.).

Unbestritten leistet die Informationstechnologie einen wichtigen Beitrag zur Veränderung von Unternehmen und Organisationen. Der Umstand, daß sich nicht mehr die Arbeit bzw. die Mitarbeiter dahin begeben müssen, wo die Information, z. B. in Form von Akten und Papier, vorliegt, sondern daß vielmehr die Information in elektronischer Form überall dort sein kann, wo die Mitarbeiter sie benötigen, führt zu einer Flexibilisierung von Arbeitsort und -zeit. Bislang nicht realisierbare Telearbeits- und Telekooperationsformen entstehen, Gestaltungsprinzipien der Struktur- und Prozeßorganisation werden grundlegend verändert. Wissensmonopole geraten ins Wanken, sequentielle Abläufe lassen sich parallelisieren und diskrete Tätigkeitsfolgen in einen stetigen Fluß überführen. Das alles hat Auswirkungen auf die Organisation arbeitsteiliger Aufgabenerfüllung in privaten und öffentlichen Unternehmen, auf Machtpositionen, Arbeitsbeziehungen, Unternehmensformen und -grenzen.

Die Gefahr besteht allerdings, daß man sich, wenn nicht durch bestehende Systeme, so doch durch die Begrenzungen, die selbstverständlich auch fortgeschrittene DV-Systeme aufweisen, in seinem Handlungsspielraum einschränken läßt. Überalterte oder aus anderen Gründen nicht mehr funktionstüchtige operative Informationssysteme können Auslöser von Programmen sein, die dann unter dem Motto Reengineering laufen. Die bei einem primär informationstechnischen Ansatz nicht selten vernachlässigte Vision im Sinne eines prinzipiell neuen Zugangs zum Kunden bzw. dem Markt wird von vielen Beratern als ein herausragender Mißerfolgsfaktor laufender Reengineeringvorhaben gesehen (vgl. u. a. Bashein et al. 1994, S. 11).

Auffällig ist, daß sich unter den Anbietern von Reengineering-Projekten neben einer nicht zu vernachlässigenden Anzahl von DV- und Informationssystem-Beratern (z. B. Andersen Consulting, Integrata) auch zahlreiche Hard- und Softwareanbieter aus der Telekommunikations – und Computerindustrie finden, wenngleich teilweise nur indirekt über ihre erst kürzlich ausgegliederten Beratungstöchter (z. B. Debis, IBM Unternehmensberatung, Sietec). Es ist zu befürchten, daß Reengineering zum Verkaufsförderungsprogramm verkommt. Nahezu ausnahmslos wird zwar von allen Reengineering-Anbietern versichert, daß die Informationstechnologie ein wichtiger Reorganisationsfaktor sei, aber nur Mittel zur Erreichung radikaler Veränderungen von Geschäftsprozessen und Unternehmensorganisation, nicht Ziel. Es läßt sich aber nicht von der Hand weisen, daß Reengineering gerade der von der jüngsten Rezession nicht verschont gebliebenen Computerindustrie sehr gelegen kommt: »... one oberservation we can make is that the IT industry needed an idea to replace the tired 1980s' slogan that IT created competitive advantage.« (Earl 1994, S. 10)

2.3 Beraterdominanz – Erblast oder Erfolgsgarant?

Zweifelsohne muß man Reengineering als Beratungsprodukt klassifizieren. Das Reengineering-Konzept ist weder an den Universitäten erfunden, noch von der strategischen Planungsabteilung eines Unternehmens entwickelt worden. Mögen auch die ersten Ansätze und Projekte im Umfeld des MIT-Forschungsprogramms »Management in the 1990s'« entstanden sein, so kann dennoch nicht die Rede davon sein, daß Reengineering wissenschaftlich oder theoretisch begründet und fundiert sei. Das Marketingkonzept ist u. a. zugeschnitten auf ausgewählte Zielgruppen; im wesentlichen die durch Outsourcing und Downsizing so arg gebeutelten CIOs, aber auch die CEOs amerikanischer Unternehmen (vgl. auch Earl 1994, S. 6).

»The reengineering fad was invented by computer nerds as an attempt to earn the same high fees that manangement consultants and strategists get.« (Greene 1993, S. 46)

»A recent survey of CIOs ... showed that the average CIO is involved in four or more reengineering projects at his company, up from just one or two a year ago.« (Vitiello 1993, S. 45 f.)

In manchen Beiträgen wird den Reengineering-Erfindern und -Nachahmern – nicht ganz unberechtigt – der Vorwurf gemacht, Anleihen bei verschiedenen Fachdisziplinen genommen zu haben. Sie hätten nur ein bißchen Total Quality Management mit Continuous Improvement sowie Human Resource Management, wettbewerbsstrategischen Ansätzen, Benchmarking und Projektmanagement-Prinzipien gemixt und zu einem leicht verständlichen Managementrezept zusammengestellt (vgl. z. B. Furey 1993).

»..., reengineering gurus, consultants, and authors have borrowed liberally from existing methodologies like total quality, for example, to create their spins on reengineering, yet they don't acknowledge their debt.« (Greene 1993, S. 46)

Reengineering besticht vor allem durch diese Einfachheit, die Verkürzung auf eingängige Erfolgsformeln, die Betonung der radikalen, umfassenden und vor allem raschen Veränderung und Verbesserung der Wettbewerbsfähigkeit in Verbindung mit wiederholt dargestellten Erfolgsstories.

»This is a culture that likes home-run solutions, and reengineering is hyped as a home run.« (Greene 1993, S. 46)

Bei den Erfolgsberichten – dem Salz in der Reengineering-Suppe – ist Vorsicht angebracht. Letztlich läßt sich für Außenstehende kaum nachvollziehen, ob und in welchem Umfang die gewünschten Rationalisierungserfolge tatsächlich erzielt werden konnten. Es gibt keine wissenschaftlichen und selten unternehmensinterne Untersuchungen und Reviews darüber, wie »effizient« die Reengineeringprojekte im nachhinein wirklich waren. Als klassischer Flop kann das Beispiel von Mutual Benefit Life, das vom Reengineering-Erfinder höchstpersönlich betreut und in seinem Buch ausführlich beschrieben wurde, herangezogen werden:

»The Mutual Benefit Life example, however, provides a lesson about how, even in the hands of its creator, reengineering can fail to deliver. After the company had successfully reengineered its insurance application process, it was seized by the State of New Jersey for insufficient capital. It seems that someone failed to take the patient's pulse before operating.« (Vitiello 1993, S. 45)

Das Reengineering-Konzept bzw. die in seinem Umfeld zu lokalisierenden Ansätze avancieren zum Management-Beratungsprodukt der 90er Jahre. Nahezu alle aktuellen angloamerikanischen Bücher zum Thema »Reengineering« wurden von Beratern geschrieben (z. B. Andrews/Stalick 1994; Davenport 1993 a; Hammer/Champy 1993; Harrington 1991; Hunt 1994; Johansson et al. 1993; Morris/Brandon 1993; vgl. auch Metzen 1994). Bei Zeitschriftenveröffentlichungen sieht das Bild ähnlich aus (vgl. Abbildung 1).

Ist die Beraterdominanz nun eher eine Erblast oder ein Erfolgsgarant für diesen Ansatz zur Verbesserung der Wettbewerbsfähigkeit durch tiefgreifende organisatorische Veränderungen?

Zu den positiven Aspekten gehört unter anderem, daß

- das Konzept praxisorientiert aufbereitet und vermarktet wird und somit wichtige Bestandteile eine breite Anwendung finden;
- aufgrund der Vielzahl der konkurrierenden Reengineering-Beratungsprodukte ein Wettbewerb entsteht, der letztlich dazu führen kann, daß die Produkte sich stärker differenzieren, weiterentwickelt werden oder ein Ausleseprozeß in Gang gesetzt wird;
- mit diesem Konzept und der Unterstützung durch externe »Katalysatoren« und Berater grundlegende Organisationsveränderungen ausgelöst werden, die auf der Basis von schrittweisen unternehmensinternen Ansätzen nur schwerlich in Bewegung gerieten;
- die Erfahrungen des Beraters aus unterschiedlichen Reengineering-Projekten den Unternehmen zugute kommen können und möglicherweise helfen, die Mißerfolgsquote zu senken.

Die Beraterdominanz hat meines Erachtens aber auch deutliche Nachteile. So steht zu befürchten, daß dem Beratungsprodukt »Reengineering« rasch neue Produkte und Dienstleistungen folgen werden, die noch schnellere und noch gravierendere Effizienzsteigerungen versprechen. Weitere negative Aspekte sind darin zu sehen, daß weitgehend alte bzw. womöglich als un-

Autor(en)	Jahr	Herkunft	Schwerpunkt	konzeptionell	methodisch	Fallbeispiel(e)
Barrett	1994	DV/IS -Consulting	Vision	◐	●	-
Couger et al.	1994	Uni.; Unternehmen	Kreativität	○	●	Federal Express Corp.
Klein	1994	Consulting	Methoden/Tools	◐	●	-
Wang	1994	Universität; DV/IS	Systemanalyse	○	◐	-
Harrison / Pratt	1993	Consulting	allg. Vorgehen	◐	◐	-
Katzenbach / Smith	1993	Consulting	Teams	○	◐	-
Buday	1993	Consulting	allg. Vorgehen	○	○	Hallmark; Calif. Auto Club
Furey	1993	Consulting	allg. Vorgehen	◐	◐	anonym; Maschinenbau
Allen / Nafius	1993	Unternehmen	allg. Vorgehen	◐	◐	GTE - Telephone Operations
Davenport	1993	Consulting	Konzeptvergleich	●	○	-
Stowe	1993	Consulting; Uni.	Zielfindung	○	○	Pharma; Markenartikler
Cole et al.	1993	Untern.; Consulting	Informationssystem	○	◐	Milacron -Werkzeugmaschinen
Housel et al.	1993	Untern.; Uni; Cons.	Informationssystem	○	○	Pacific Bell -Telekomm.
Schnitt	1993	Consulting	Inform.Technologie	○	○	-
Grover et al.	1993	Universität	IS-Planung	◐	○	-
Freiser	1992	Consulting	allg. Vorgehen	◐	○	-
Richman / Koontz	1993	Untern.; Consulting	Benchmarking - R.	◐	○	Xerox Corp.
Portner / Beaven	1994	Consulting	Fallbeispiele	○	○	Hypothekenbanken
Hall et al.	1993	Consulting	Konzept. Ansatz	◐	○	Bank; Telekomm.; Comp.ind.
Kaplan / Murdock	1991	Consulting	Konzept. Ansatz	◐	◐	anonymisierte Beispiele
Heygate / Brebach	1991	Consulting	Arbeitsorg. - IT	○	○	anonymisierte Beispiele
Ostroff / Smith	1992	Consulting	Konzept. Ansatz	◐	○	Motorola GEG; Kodak; GE u.a.
Wastell et al.	1994	Universität	Methode	○	●	TelServ; Hospital; Comp.ind.

Vor allem Fallbeispiele finden sich in eher journalistischen Beiträgen, z.B.: Byrne; Gatermann/Krogh; Maier; McCreary et al.; O´Leary; (alle 1993); (z.B.: Pacific Bell; TRW; öff. Verwalt.; Hector; Sprint; Unisys; J.M. Huber; Union Carbide; Mastercard; Rolls-Royce; BSHG; BASF; AT&T; u.a.

● = ausführliche ◐ = ansatzweise ○ = geringe, keine Erörterung

Abbildung 1: Ausgewählte Zeitschriftenbeiträge zum Reengineering

tauglich erkannte Ansätze unter dem Mäntelchen des Reengineering zu neuen »Ehren« gelangen bzw. daß Reengineering nur als Verpackung dient, zur Verkaufsförderung für Hard- und Softwareprodukte benutzt wird und zur leeren Worthülse degeneriert.

»Even as a newly bundled product, reengineering offers a history lesson. Ask any well-established consulting firm how long it has been practicing reengineering, and most will tell you that it has always been an important part of their product line. As the founder of one consulting firm told the Boston Globe, ›We're no more wedded to reengineering than any other concept. But if a client is comfortable talking in those terms, we'll do it. ... Most of what we do can be tucked under that title.‹« (Rigby 1993, S. 25)

Ein generelles Problem der Unternehmensberatung tritt bei Reengineering noch deutlicher zutage. Nicht ein bestechendes, auf der Basis von Erfahrungswissen generiertes Konzept, sondern die – meist langwierige – Umsetzung in der Organisation ist entscheidend für die Realisierung von Rationalisierungs- bzw. Effizienzsteigerungszielen. Es ist ja wirklich einleuchtend und horizonterweiternd, alles bislang Praktizierte beiseite zu legen und so zu tun, als begänne man auf der grünen Wiese neu. Im Extremfall hieße das wohl, daß das »reenginierte« Unternehmen sich neue Aufgaben und Kernkompetenzen gibt, neue Organisationsstrukturen und -prozesse aufweist, neue oder grundlegend umerzogene Mitarbeiter beschäftigt, die modernsten Informations- und Kommunikationssysteme implementiert hat, die Unternehmenskultur geändert hat und vielleicht sogar das Topmanagement auswechseln mußte. Wie transformiert man alte Strukturen, Verhaltensweisen und Einstellungen in neue? Sind diese Investitionen durch das Unternehmen überhaupt tragbar? Was passiert mit dem alten Eisen? Hier liegen die wirklichen Beratungsaufgaben. Es bleibt zu hoffen, daß die Anwender nicht die Erfahrung machen müssen, daß sie, wenn sich der Reengineering-Lärm und -Staub gelegt hat, mit ihren alten Problemen immer noch alleine dastehen oder ganz neue haben. Zumindest hätten sie für ihr Geld ein Bild der schönen neuen, möglicherweise heilen Welt erhalten.

3. Verallgemeinerungsfähige Kernbestandteile des Reengineering

Nach all diesen teilweise ernüchternden Hinweisen stellt sich die Frage, was Reengineering denn nun im Kern ist und was das Konzept an wesentlichen und vor allem innovativen Bestandteilen aufzuweisen hat.

Auf die Probleme und Mißverständnisse, die der Begriff »Reengineering« auslösen kann, wurde bereits an anderer Stelle hingewiesen, so daß im folgenden versucht wird, aus der Vielzahl unterschiedlicher Veröffentlichungen (vgl. Andrews/Stalick 1994; Davenport 1993 a; Davenport 1993 b, S. 7 f.; Hammer/Champy 1993; Harrington 1991; Hunt 1994; Johansson et al. 1993; Morris/Brandon 1993; als Sekundärliteratur z. B. Earl 1994, S. 6; Grover et al. 1993; Klein 1994; Picot/Franck 1995; Portner/Beaven 1994, S. 56; Rigby 1993, S. 25; sowie die Methodenbeiträge in diesem Buch) die wesentlichen Bestandteile von Reengineering zu extrahieren. Dies ist aus mehreren Gründen schwieriger als erwartet. Zum einen ist jeder Autor bemüht, seine individuelle Duftmarke zu hinterlassen, und hebt dementsprechend unterschiedliche Aspekte oder Faktoren besonders hervor. Zum anderen sind auch die Aussagen der Reengineering-Apologeten nicht immer widerspruchsfrei, und schließlich führt die Wahrnehmung von Mißerfolgen zu Sub-Trends und dem »Wiederentdecken« von alten Programmen (vgl. z. B. Vitiello 1993, S. 47).

Die wiederholt genannten charakteristischen Merkmale von Reengineering lassen sich wie folgt zusammenfassen:

- Konzeptionelle Merkmale
  - *Quantensprünge*
    Zielsetzung von Reengineering-Projekten sind nicht inkrementelle Veränderungen, sondern dramatische, radikale Verbesserungen aller im jeweiligen Fall für wesentlich erachteten Kriterien der Unternehmenseffizienz.
  - *Kundenfokussierung*
    Im Mittelpunkt von Reorganisationsprojekten und -konzepten stehen externe oder interne Leistungsabnehmer, d. h. Kunden. Der Fokus wird darauf ausgerichtet, was im Ergebnis den Kundennutzen und die Effizienz verbessert, d. h., Strukturen und Prozesse werden nicht um ihrer selbst willen effizienter gestaltet.
  - *Paradigmenwandel*
    Zur Erreichung dieser Ziele ist es essentiell, bisherige Prinzipien der Arbeitsorganisation und -abläufe fundamental in Frage zu stellen und aus alten Denkstrukturen und Organisationsprinzipien auszubrechen.
  - *Prozeßorientierung*
    Kernbestandteil dieses Paradigmenwandels ist es, die Prozesse zum Primat der Organisationsgestaltung zu erheben, d. h., in einem sog.

cross-functional approach die dynamische, horizontale Komponente der Unternehmensorganisation hervorzuheben.

- Methodische Merkmale
  - *Ganzheitlichkeit*
    In den meisten Reengineering-Ansätzen wird betont, daß es nicht ausreicht, einzelne Abteilungen, Funktionen oder Teilprozesse zu optimieren, sondern daß ein holistischer, ganzheitlicher Ansatz erforderlich ist, um Abhängigkeiten zu berücksichtigen und Suboptima zu vermeiden. Im Mittelpunkt steht dementsprechend die Betrachtung des Gesamtunternehmens bzw. kompletter Geschäftsprozesse.
  - *Tabula rasa*
    Ein weiterer wesentlicher methodologischer Bestandteil ist die komplette Loslösung von bestehenden Strukturen und Prozessen. Vielmehr ist eine vollkommen neue Lösung, ein Idealkonzept unter Berücksichtigung neuer Möglichkeiten insbesondere der fortgeschrittenen Informations- und Kommunikationstechnik zu erarbeiten (»grüne Wiese«-, »clean slate«- oder »clean paper«-Planung).
  - *Top down*
    Um Denkstrukturen aufzubrechen und die nur inkrementellen Verbesserungen von partizipativen Effizienzsteigerungsprogrammen wie z. B. Total Quality Management oder Continous Improvement zu überwinden, wird ein konsequenter Top-down-Ansatz propagiert, der radikale organisatorische Innovationen von allen Hierarchieebenen einfordert.
- Rahmenbedingungen
  - *enabler: Informations- und Kommunikationstechnik*
    Das organisatorische Veränderungspotential neuer Informations- und Kommunikationstechnologien wurde – nicht nur in Deutschland – bereits vor Jahren hervorgehoben (vgl. z. B. Picot/Reichwald 1987; Nippa 1988). Die konsequente Anwendung dieser Technologien zur Ermöglichung neuer Organisationsformen steht im Mittelpunkt nicht nur der Reengineering-Ansätze aus dem Umfeld der Computer- und Telekommunikationsindustrie.
  - *enabler: Empowerment*
    Folgt man den Äußerungen Hammers, aber auch anderer Autoren, so ist Reengineering im Gegensatz zu anderen Effizienzsteigerungsmethoden weniger ein Management- als vielmehr ein Arbeitsorganisations-Konzept. Eine große Rolle spielen daher Fragen der An-

reiz- und Karrieresysteme, der Aufgabenintegration und der Delegation von Verantwortung auf operative Einheiten. Damit verbunden ist die Notwendigkeit, die Mitarbeiter in die Vorgehensweise zu integrieren und einen neuen Mitarbeitertypus beispielsweise durch geeignete Qualifikationsmaßnahmen zu schaffen.

An dieser Stelle darüber zu philosophieren oder zu spekulieren, ob Reengineering diesen selbstgewählten Ansprüchen gerecht werden kann, ist eher müßig. Dies wird sich in der Praxis erweisen. Hilfreicher erscheint es, die bereits gesammelten Erfahrungen hinsichtlich der Erfolgs- und Mißerfolgsfaktoren von Reengineering-Vorhaben kurz zusammenzufassen.

4. Voraussetzungen für ein erfolgreiches Reengineering

Den Ausführungen zu den wesentlichen Voraussetzungen und Rahmenbedingungen, die vorhanden sein müssen oder geschaffen werden sollten, damit Reengineering nicht zur großen Enttäuschung wird, muß leider wieder eine desillusionierende Botschaft vorangestellt werden. Als Ergebnis einer umfassenden Befragung von Consulting-Unternehmen in den USA zum Thema Reengineering wurde festgestellt:

»Unfortunately, consultants tell us, the companies most likely to succeed with reengineering are those most likely to succeed without it.« (Bashein et al. 1994, S. 9)

Ebenso schwierig wie die Destillierung der charakteristischen Merkmale ist die Zusammenfassung der Anwendungsbedingungen und -voraussetzungen. Dies gilt insbesondere deshalb, weil man schnell merkt, daß es sich dabei vielfach um generelle Prinzipien der Planung, Durchführung und Umsetzung von komplexen Projekten bzw. von Reorganisationsmaßnahmen und weniger um spezifische Anwendungsvoraussetzungen für Reengineering handelt (z. B. Katzenbach/Smith 1993). In der Übersicht in Abbildung 2 wurde trotzdem der Versuch unternommen, in verschiedenen Publikationen genannte Erfolgs- und Mißerfolgsfaktoren für Reengineering-Projekte zusammenzustellen. Daß diese teilweise widersprüchlich sind, liegt unter anderem an der bereits erwähnten Vielschichtigkeit der Reengineering-Konzepte und dem unterschiedlichen Erfahrungshintergrund der Autoren.

Als Leitsätze für das Management bleibt hinsichtlich der Anwendung eines Reengineering-Konzeptes abschließend festzuhalten:

Erfolgsfaktoren - positive Rahmenbedingungen

+ Wachstum, Expansion und Innovation als treibende Kräfte des Unternehmens bzw. der Unternehmensstrategie
+ Vorgabe einer kommunizierten und akzeptierten Vision, wohin das Unternehmen will, was durch die Reorganisation erreicht werden soll, wie strategische Ziele durch den betrachteten Geschäftsprozeß beeinflußt werden können
+ Abwendung vom Status quo
+ Betrachtung aller Geschäftsaktivitäten mit multidimensionalem Ansatz
+ Analyse von strategischen, wertschöpfenden Prozessen
+ vorrangige Reorganisation von Management- und Unterstützungsprozessen ('vertikale' Prozesse, wie Planungs- und Budgetierungsprozesse, Finanzplanung, Personalbetreuung)
+ ausreichendes Budget zur Durchführung und Umsetzung
+ kompetente, kooperative und verantwortliche Mitarbeiter
+ permanente Sensibilisierung und Integration der betroffenen Mitarbeiter insb. hinsichtlich Notwendigkeit zur organisatorischen Veränderung
+ Einbindung der Leistungsabnehmer/Kunden
+ ausgewählte funktions- und hierarchieübergreifende full-time Reengineering-Teammitglieder ('die Besten')
+ detaillierter, evolutionärer Umsetzungsplan inkl. Pilottest

Mißerfolgsfaktoren - negative Rahmenbedingungen

- unrealistische Zielsetzungen und Erwartungen
- saturierte Unternehmen ohne 'Leidensdruck'
- reine Kostenreduzierungsziele in einem auf Erhaltung des Status quo bedachten Unternehmensumfeld
- pessimistische Grundhaltung und Atmosphäre der Angst
- Vernachlässigung der Mitarbeiterbefürchtungen und -widerstände
- umfassende Widerstände in der Organisation
- mangelnde bzw. nicht kontinuierliche (Top-)Management-Beteiligung bzw. -Aufmerksamkeit und 'sichtbare' Führung
- konsensorientiertes Top-Management, das keine klaren Anforderungen formuliert und durchsetzt
- zu viele parallele Produktivitätssteigerungsprogramme
- Reengineering-Bemühungen innerhalb eines Funktionsbereiches ohne übergreifenden Prozeßansatz
- unzureichende Investitionsmittel zur Maßnahmenumsetzung bzw. generelle Finanzschwäche des Unternehmens
- 'Wasch mir den Pelz, aber mach' mich nicht naß' -Einstellungen des Managements - der externe Berater wird´s schon richten
- technologischer anstelle strategischer und organisatorischer Impetus des Projektes
- 'falscher' Projektsponsor oder -promotor
- unzureichende Einbindung von DV- und OE-Experten
- fehlende bzw. unzureichend detaillierte Reengineeringmethode

Ausgewählte Quellen: Bashein et al. 1993; Hall et al. 1993; Manganelli 1993; Portner/Beaven 1994; eigene Projekterfahrungen

Abbildung 2: Ausgewählte Erfolgs- und Mißerfolgsfaktoren von Reengineering-Projekten

1. Glauben Sie höchstens die Hälfte der Versprechungen – orientieren Sie sich an objektiv nachprüfbaren Fakten bezüglich der realisierten Effizienzsteigerungen.
2. Sehen Sie Reengineering als Mittel an, um die Ziele und Strategien Ihres Unternehmens zu verwirklichen. Reengineering ersetzt keine eigene Strategie oder Vision, sondern setzt diese voraus.
3. Erkennen Sie, daß Reengineering nur wenige Probleme endgültig lösen kann, daß Ihnen am Ende keine heile Unternehmenswelt bevorsteht, zumal vermutlich auch Ihre Konkurrenz das Konzept anwendet.
4. Widmen Sie möglichen Reengineering-Projekten auch deshalb genügend Aufmerksamkeit, um zu erkennen, ob »das Kind mit dem Bade ausgeschüttet wird«. Indizien dafür sind, daß ...
   - Sie außer Konzepten lange nichts geboten bekommen,
   - Projekte ohne permanente Management-Reviews oder Ex-ante- und Ex-post-Wirtschaftlichkeitsbetrachtungen durchgeführt werden,
   - Verzögerungen mit dem Warten auf noch perfektere Informationssysteme begründet werden,
   - ohne Abstimmung an vielen Stellen in Ihrem Unternehmen Reengineering-Aktionismus betrieben wird,
   - Sie eine zunehmende Verunsicherung von Ihren Mitarbeitern signalisiert bekommen oder
   - Ihnen unter dem Deckmantel des Reengineering Konzepte und Maßnahmen verkauft werden, die schon lange in der Mottenkiste lagen.
5. Konzentrieren Sie Ihre Reorganisationsanstrengungen auf die zentrale Idee des Reengineering, die umfassende Kunden- und Prozeßorientierung.
6. Binden Sie Ihre Mitarbeiter in den Reorganisationsprozeß mit ein und nutzen Sie deren Erfahrungen und Wissen. Das mittlere Management wird insbesondere dort zur Lehmschicht, wo es dem Topmanagement nicht gelingt, Visionen und Perspektiven zu entwickeln und glaubhaft zu kommunizieren.

Als Fazit läßt sich festhalten: Reengineering ist der »reinen Lehre« nach ein tiefgreifendes Reorganisationskonzept, das umfassende Veränderungen der Organisation und damit des Unternehmens bewirken soll und kann. Die erforderlichen Anpassungsprozesse gehen weit über die Neudefinition von Strukturen und Prozessen hinaus und berühren alle Gestaltungs- und Managementaspekte eines Unternehmens, von der Bestimmung der Unternehmensstrategie, über Anreizsysteme und Arbeitsorganisation bis hin zum Managementverständnis, zum Mitarbeiterverhalten und zur Unternehmenskultur. Grundlegend neue Sichtweisen und Organisationsformen einzuführen, verspricht grundlegende Verbesserungen der Wettbewerbsfähigkeit – allerdings zum Preis eines erhöhten Risikos bei einem Scheitern der Umgestaltung. Es ist wie an der Börse: Dort, wo die größten Gewinne locken, ist auch das Risiko am größten.

Um bei diesem Bild zu bleiben: Das schnelle Geld läßt sich sicherlich auch nicht machen. Die Implementierung von umfassenden Reorganisationen berührt Machtstrukturen und Einflußbereiche, bedingt die Abkehr von gewohnten Denk- und Handlungsmustern und verschlingt nicht selten ungeahnte personelle und finanzielle Ressourcen, d. h., sie erfordert Geduld, Ausdauer und Kraft.

Reengineering stellt ein notwendiges Pendant zu mehr inkrementellen Verbesserungsansätzen im Unternehmen dar. Bei angemessenen Erwartungen und richtiger Anwendung können sicherlich alle Unternehmen von diesem Konzept profitieren, das den Kunden und die Prozesse in den Vordergrund stellt.

Literatur

Allen, D./Nafius, R. (1993): *Case History: Dreaming and Doing: Reengineering GTE Telephone Operations*, in: Planning Review (1993)2, S. 28–31.

Andrews, D./Stalick, S. (1994): *Business Reengineering: the Survival guide*, PTR Prentice Hall, Englewood Cliffs.

Barrett, J. (1994): *Process Visualization*, in: Information Systems Management (1994)1, S. 14–23.

Bashein, B. et al. (1994): *Preconditions for BPR Success*, in: Information Systems Management (1994)1, S. 7–13.

Behrens, B./Groothuis, U. (1994): *Vergeudung ist Sünde*, in: Wirtschaftswoche, Nr. 8 vom 18.2.1994, S. 68.

Buday, R. (1993): *Two Case Studies: Reengineering One Firm's Product Development and Another's Service Delivery*, in: Planning Review (1993)2, S. 14–19.

Byrne, J. (1993): *The Horizontal Corporation*, in: Business Week, Dec. 20, 1993, S. 44–49.

CIO (1993): *Reengineering I.S. – The Road to Renewal*, in: CIO, Ausgabe June 15, 1993, S. 31–59.

Cole, C./Clark, M./Nemec, C. (1993): *Case Study: Reengineering Information Systems at Cincinnati Milacron*, in: Planning Review (1993)3, S. 22–26.

Couger, J./Flynn, P./Hellyer, D. (1994): *Enhancing the Creativity of Reengineering. Techniques for Making IS More Creative*, in: Information Systems Management (1994)1, S. 24–29.

Davenport, T. (1993 a): *Process Innovation – Reengineering Work through Information Technology*, Harvard Business School Press, Boston.

Davenport, T. (1993 b): *Need Radical Innovation and Continuous Improvement? Integrate Process Reengineering and TQM*, in: Planning Review (1993)3, S. 6–12.

Earl, M.J. (1994): *The New and the Old of Business Process Redesign*, in: Journal of Strategic Information Systems (1994)3 (1), S. 5–22.

Freiser, T. (1993): *The Right Start for Business Reengineering*, in: Information Strategy: The Executive's Journal (1993)3, S. 26–30.

Furey, T. (1993): *A Six-step Guide to Process Reengineering*, in: Planning Review (1993)2, S. 20–23.

Gatermann, M./Krogh, H. (1993): *Problem + Lösung:* Reengineering, in: Manager Magazin, (1993)12, S. 177–213.

Greene, R. (1993): *Revenge of the Nerds*, Interview in: Journal of Business Strategy (1993), S. 46–47.

Grover, V./Teng, J./Fiedler, K. (1993): *Information Technology Enabled Business Process Redesign: An Integrated Planning Framework*, in: OMEGA International Journal of Management Science (1993)4, S. 433–447.

Hammer, M. (1990): *Reengineering Work: Don't Automate, Obliterate*, in: Harvard Business Review (1990)4, S. 104–112.

Hammer, M./Champy, J. (1993): *Reengineering the Corporation*, New York.

Hall, G./Rosenthal, J./Wade, J. (1993): *How to Make Reengineering Really Work*, in: Harvard Business Review (1993)6, S. 119–131. (Deutsch: *Reengineering: Es braucht kein Flop zu werden*, in: Harvard Business Manager 16(1994)4, S. 82–93.)

Harrington, J. (1991): *Business Process Improvement*, McGraw Hill, New York.

Harrison, D./Pratt, M. (1993): *A Methodology for Reengineering Businesses*, in: Planning Review (1993)2, S. 7–11.

Heygate, R./Brebach, G. (1991): *Rethinking the Corporation*, in: The McKinsey Quarterly (1991)2, S. 44–55.

Housel, T./Morris, C./Westland, C. (1993): *Case Study: Business Process Reengineering at Pacific Bell*, in: Planning Review (1993)3, S. 28–33.

Hunt, V. (1994): *Reengineering – Leveraging the Power of Integrated Product Design*, Pitman/Oliver Wight Publications, Inc., Essex Junction.

Johansson, H. et al. (1993): *Business Process Reengineering – Breakthrough Strategies for Market Dominance*, Whiley, West Sussex.

Kaplan, R./Murdock, L. (1991): *Core Process Redesign*, in: The McKinsey Quarterly (1991)2, S. 27–43.

Katzenbach, J./Smith, D. (1993): *The Rules for Managing Cross-functional Reengineering Teams*, in: Planning Review (1993)2, S. 12–13.

Klein, M. (1994): *Reengineering Methodologies and Tools*, in: Information Systems Management (1994)1, S. 30–35.

Maier, F. (1993): *Reengineering – Revolution der Prozesse*, in: TopBusiness (1993)12, S. 47–54.

Manganelli, R. (1993): *It's not a silver bullet*, in: Journal of Business Strategy (1993), S. 45.

McCreary et al. (1993): *Reengineering I.S. - The Road to Renewal*, in: CIO, June 15, 1993, S. 31–59.

Metzen, H. (1994): *Leidensweg*, in: Manager Magazin 11, 1994, S. 279–285.

Morris, D./Brandon, J. (1993): *Re-Engineering Your Business*, McGraw Hill, New York.

Nippa, M. (1988): *Gestaltungsgrundsätze für die Büroorganisation*, Berlin.

O'Leary, M. (1993): *A New Life for Purchasing*, in: CIO, May 1, 1993, S. 32–41.

Ostroff, F.; Smith, D. (1992): *The Horizontal Organization*, in: The McKinsey Quarterly (1992)1, S. 95–107.

o.V. (1993): *Der absolute Neubeginn*, in: Forbes (1993)10, S. 57–58.

Picot, A./Reichwald, R. (1987): *Bürokommunikation – Leitsätze für den Anwender*, 3. Aufl., Hallbergmoos.

Picot, A./Franck, E. (1995): *Prozeßorganisation – eine Bewertung der neuen Ansätze aus der Sicht der Organisationslehre*, in diesem Band.

Portner, F./Beaven, J. (1994): *The Latest Business Buzzword*, in: Mortage Banking (1994)1, S. 55–63.

Randall, R. (1993): *The Reengineer*, Interview mit M. Hammer in: Planning Review (1993)3, S. 18–21.

Richman, Th./Koontz, Ch. (1993): *How Benchmarking Can Improve Business Reengineering*, in: Planning Review (1993)6, S. 26–27.

Rigby, D. (1993): *The Secret History of Process Reengineering*, in: Planning Review (1993)2, S. 24–27.

Schnitt, D. (1993): *Feature: Reengineering the Organization Using Information Technology*, in: Journal of Systems Management (1993)1, S. 14–42.

Stow, R. (1993): *Two Case Histories: Reengineering by Objectives*, in: Planning Review (1993)3, S. 14–16.

Vitiello, J. (1993): *It's totally Radical*, in: Journal of Business Strategy (1993), S. 44–47.

Wang, Shouhong (1994): *OO Modelling of Business Processes. Object-Oriented Systems Analysis*, in: Information Systems Management (1994)1, S. 36–43.

Wastell, D./White, P./Kawalek, P. (1994): *A Methodology for Business Process Redesign: Experiences and Issues*, in: Journal of Strategic Information Systems (1994)3 (1), S. 23–40.

Der Hochleistungsansatz von Arthur D. Little

Friedrich Bock

1. Zielsetzung und Konzeption des Hochleistungsansatzes

Für viele Unternehmen sind im Zuge der Rezession der frühen 90er Jahre Probleme zutage getreten, die während der Wachstumsjahre verdeckt geblieben waren. Sie sehen sich steigenden Kundenanforderungen, einem Rückgang der Nachfrage, steigendem Konkurrenzdruck sowie Preiswettbewerb seitens neuer Anbieter aus Billiglohn-Ländern und einer Deregulierung in den angestammten Märkten ausgesetzt.

Dieser Entwicklung müssen sich alle Unternehmen stellen. Sie leiden dabei unter nicht wettbewerbsfähigen Kosten und neigen zur Befriedigung von Kundenbedürfnissen, ohne dabei auf die damit einhergehenden Kosten zu achten (»Overengineering«). Darüber hinaus werden sich ändernde Kundenbedürfnisse zu spät registriert. Notwendige Anpassungen erfolgen somit zu spät, und attraktive Chancen werden verpaßt. Die internen Organisationsstrukturen sind zu starr und oft von Bereichsdenken und einer »Not invented here«-Mentalität geprägt.

Unternehmen reagierten auf diese Situation mit unterschiedlichen Programmen wie Gemeinkostenwertanalyse (70 %), Cultural Change (53 %), Prozeß-Reengineering (48 %), Total Quality Management (46 %) oder Benchmarking (30 %) (Quelle: Arthur D. Little-Befragung von 189 Unternehmen in Europa 1992). Bedenklich ist, daß laut der Umfrage von Arthur D. Little nur ein Drittel der Befragten nachhaltig mit den Ergebnissen der durchgeführten Programme zufrieden sind. Selbst bei den Unternehmen, die die Gemeinkostenwertanalyse mit Erfolg durchgeführt und spürbare Ertragsverbesserungen erzielt haben, verloren sich die positiven Aspekte nach ein bis zwei Jahren.

Zeitmanagement-, Qualitäts- oder Kostensenkungsprogramme genügen nicht. Nur die breite, integrative Perspektive ermöglicht die Erarbeitung weitreichender Lösungen und eine Steigerung der Leistungsfähigkeit. Der Hochleistungsansatz ist die Antwort für nachhaltige Leistungverbesserung. Hochleistungsorganisationen sind in der Lage, ihre Geschäftsstrategien schnell und flexibel auf veränderte oder neue Kundenbedürfnisse, auf neue Technologien und Änderungen des wirtschaftlichen Umfeldes auszurichten.

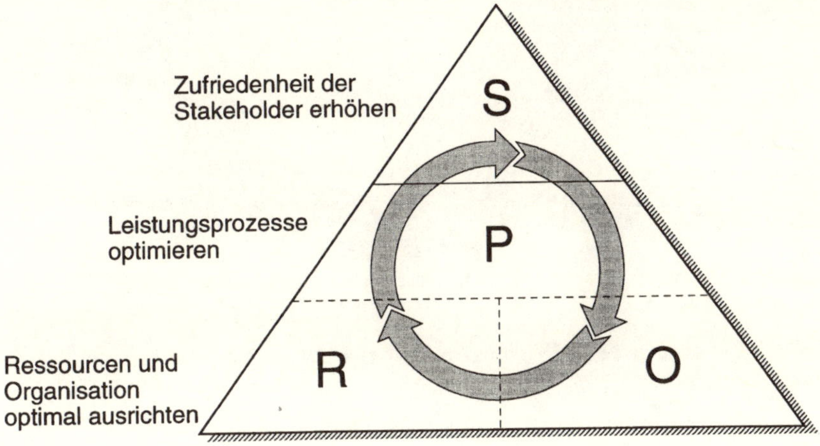

Abbildung 1: Ziele der Hochleistungsorganisation

1.1 Zufriedenheit der Stakeholder erhöhen

Kunden, Eigentümer und Mitarbeiter sind die drei Stakeholder-Gruppen eines Unternehmens. Sie interessieren sich für das Unternehmen, weil ihr eigenes Wohl vom Wohlergehen des Unternehmens abhängt. Ein dauerhafter Unternehmenserfolg kann nur über die Adressierung und die Balancierung der Zufriedenheit aller drei Gruppen erreicht werden. In Hochleistungsorganisationen wird dieser »Balance-Akt« zwischen den Stakeholder-Gruppen institutionalisiert, und die Erwartungen und Leistungen werden offen und unmittelbar abgeglichen. Der Wirkungskreis der Hochleistungsorganisation wird somit sichergestellt.

1.2 Leistungsprozesse optimieren

Die eigentliche Wertschöpfung im Unternehmen erfolgt nicht in Strukturen oder Abteilungen, sondern ausschließlich in Leistungsprozessen. Hochlei-

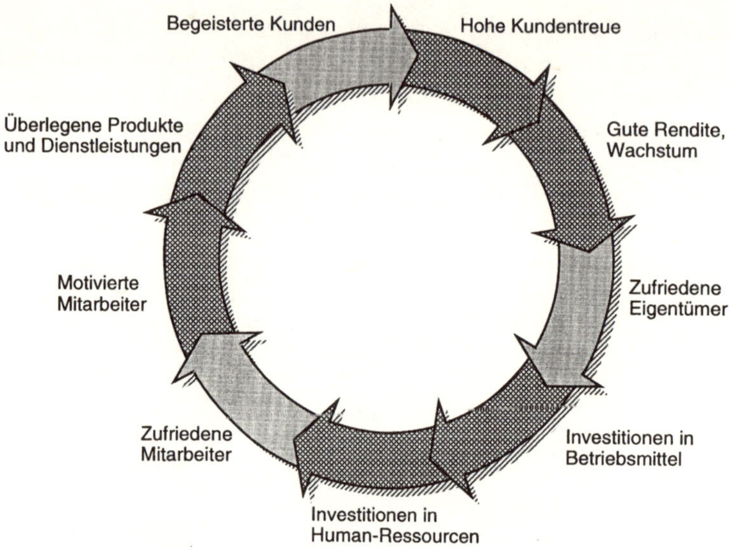

Abbildung 2: Wirkungskreis der Hochleistungsorganisation

stungsorganisationen besitzen ein klares Verständnis ihrer funktionsübergreifenden Leistungsprozesse und arbeiten ständig an einer Weiterverbesserung dieser Prozesse (vgl. Abbildung 3).

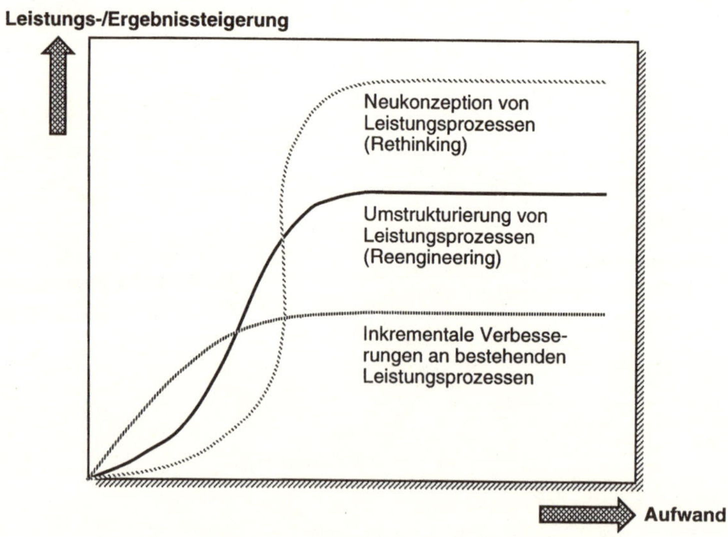

Abbildung 3: Wege zur Gestaltung der Leistungsverbesserung

Inkrementale Verbesserungen zielen auf die Weiterentwicklung und Rationalisierung bestehender Prozesse ab. Im Vordergrund stehen unmittelbar erzielbare Verbesserungen. Das Reengineering hat die übergreifende Neugestaltung von Beziehungen der Funktionsbereiche und von Teilaufgaben zum Ziel. Leistungsprozesse werden durch die Umstrukturierung von Aufgaben und Verantwortungsbereichen optimiert. Das Rethinking gestaltet den Leistungsprozeß neu und basiert nicht auf bestehenden Strukturen. Der Mitteleinsatz und die erzielbare Effizienzsteigerung sind hier am höchsten.

1.3 Ressourcen und Organisation optimal ausrichten

Zu den klassischen Unternehmensressourcen gehören Mitarbeiter, Produktionsanlagen, Informationen, Technologien und Finanzmittel. Die Auswahl und Dimensionierung der geeigneten Ressourcen richtet sich nach den Anforderungen und Zielen der Leistungsprozesse. Funktionale Belange werden zurückgestellt.

Die Prozeßorientierung ist in den meisten Unternehmen unter den Mitarbeitern nicht sehr weit verbreitet. Entscheidend ist aber, daß sie ihren Beitrag als Teil des Leistungsprozesses verstehen und über die Abteilungsgrenzen hinaus die anderen Teilbeiträge und die Abhängigkeiten untereinander kennen. In der Hochleistungsorganisation ist Teamarbeit gefragt.

Versuche, die Struktur von Organisationen zu verändern, scheitern oft an Kommunikations- und Leistungsbarrieren, die durch »operative Inseln« ver-

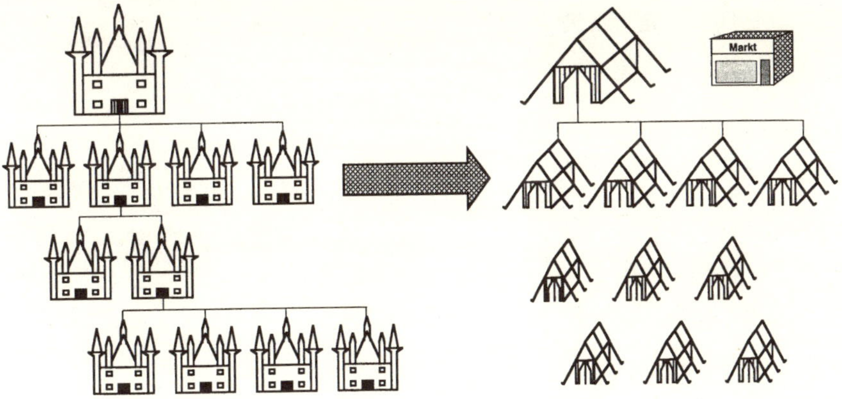

Abbildung 4: Hochleistungsorganisationen passen ihre Strukturen flexibel an

ursacht werden. Die Organisation muß aber optimale Voraussetzungen für die Zielerreichung in den kritischen Leistungsprozessen bieten. Daher ist sie anhand der Leistungsprozesse zu optimieren. Unterschwellige Barrieren müssen durch die Identifizierung und das Verständnis der ungeschriebenen Spielregeln transparent gemacht und überwunden werden.

2. High Performance Business – der Weg zur Hochleistungsorganisation

Wie kann eine bestehende, suboptimal operierende Organisation in eine beständige Hochleistungsorganisation transformiert werden? Der Weg zur Hochleistungsorganisation führt über drei Phasen (vgl. Abbildung 5):

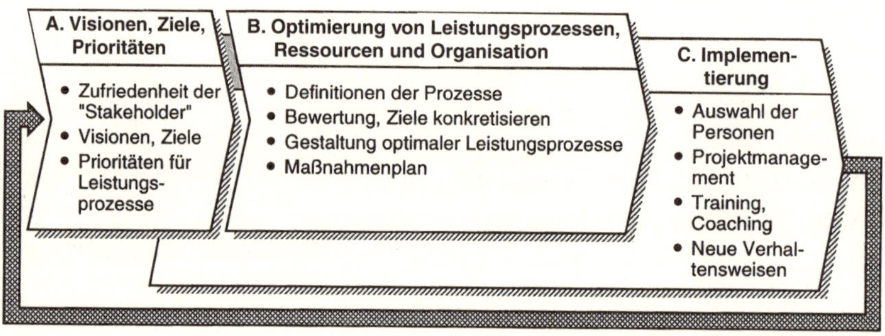

Abbildung 5: Der Weg zur Hochleistungsorganisation ist ein Fitnessprogramm in drei Phasen

2.1 Phase A: Visionen, Ziele, Prioritäten

In Phase A sind mit den Stakeholdern gemeinsam Visionen und Ziele über die Richtung/den Pfad zur Hochleistung zu entwickeln. Der Berater unterstützt diesen Prozeß als ein »Pfadfinder«, der moderiert und den aktiven Abgleich zwischen den Interessengruppen fördert.

Instrumente, die diese Aufgaben unterstützen, sind Workshops, Ideengenerierung und Brainstorming. Ergebnis der ersten Phase ist die Identifizierung der kritischen Leistungsprozesse und das Setzen der Prioritäten für die angestrebten Verbesserungen.

2.2 Phase B: Optimierung von Leistungsprozessen, Ressourcen und Organisation

Zentrales Instrument zur Hochleistung ist das Business Process Redesign, mit dessen Hilfe das detaillierte Reengineering durchgeführt wird. Die Optimierung von Leistungsprozessen, der Ressourcen und der Organisation erfolgt in vier Hauptschritten (vgl. Abbildung 6).

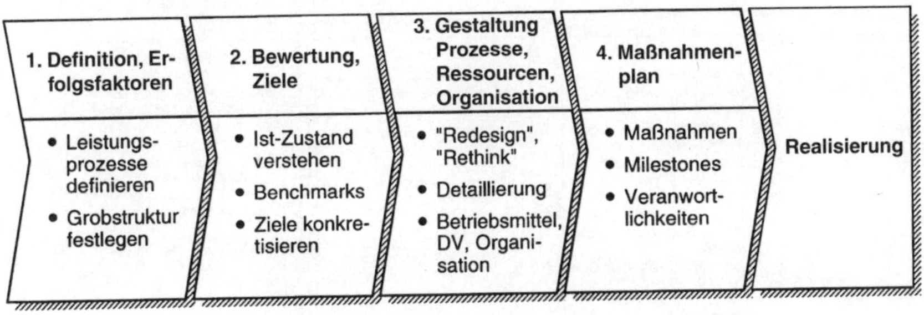

Abbildung 6: Die Optimierung von Leistungsprozessen, der Ressourcen und der Organisation erfolgt in vier Schritten

Zuerst werden die Leistungsprozesse definiert und die Grobstruktur festgelegt, anschließend die Prozesse analysiert und Ziele vereinbart. Das Instrument des Benchmarking bzw. der Best Practice hat sich in diesem Zusammenhang sehr bewährt und erlaubt den einzelnen Teams, sich auf realistische und verständliche Ziele zu einigen.

Der anschließende Schritt stellt den Kernprozeß in der Kette des Business Process Redesign dar. Es gilt, die Prozesse neu zu gestalten und die Ressourcen und die Organisation an den neuen kritischen Leistungsprozessen auszurichten.

Das Kern-Reengineering erfolgt entsprechend der Schritte 11, 12 und 13 der Abbildung 7. In Schritt 11, der Analyse des aktuellen Prozesses, sind zwei Aufgaben zu erfüllen: Detailuntersuchung & Datensammlung und Darstellung & Analyse der Prozesse. Bestandteile dieser Aufgaben sind ein Review bestehender Flow Charts und die Zusammenfassung der Ergebnisse nach Kosten, Zeit und Qualität sowie eine Darstellung von Problemfeldern. Schritt 12 beinhaltet den Entwurf des zukünftigen Prozesses. Die neuen Prozeßabläufe werden in ihrer Struktur und Durchläufigkeit dargestellt. Empfehlungen und Maßnahmen zur Bereitstellung der notwendigen Ressourcen sind auszuarbeiten. Die organisatorischen Auswirkungen und Anforderungen des neuen Leistungsprozesses müssen aufgezeigt und neue, passende Organisationsstrukturen entworfen werden. Hauptaufgabe in Schritt 13, der Planung der Implementierung, ist die Analyse der Auswirkungen. Als Ergebnis wird die Kosten-Nutzen-Analyse ausgearbeitet, außerdem sind Risikoprofile des neuen Leistungsprozesses zu erstellen und eine Auswahl des optimalen Redesigns vorzunehmen.

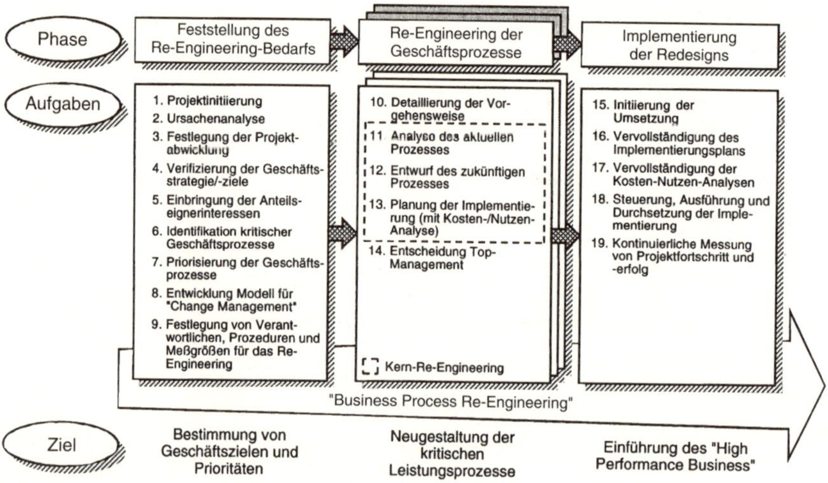

Abbildung 7: Reengineering von Leistungsprozessen – Vorgehen

Im abschließenden Hauptschritt der Leistungsprozeßoptimierung werden die Maßnahmen für die Realisierung geplant. Es werden zum einen Meilensteine zur zeitlichen Planung und Zielvorgabe vereinbart, zum anderen muß eine genaue Planung der Verantwortlichkeiten für die Realisierung und Implementierung der neuen Leistungsprozesse erfolgen.

2.3 Phase C: Implementierung

Vier Hauptbereiche bilden die Implementierungsphase:

- Auswahl der Personen, die für die Umsetzung verantwortlich sind,
- Projektmanagement mit einer klaren Struktur,
- Trainings- und Coaching-Programme,
- Neue Verhaltensweisen.

Von entscheidender Bedeutung für das Gelingen der Implementierung sind vor allem das Projektmanagement und das Change Management – die Institutionalisierung der neuen Verhaltensweisen. Sie stellen die »Schmiermittel« des »Motors« Business Process Redesign dar, ohne die die neuen Prozesse nicht ins Laufen kommen können.

2.3.1 Projektmanagement

Die Projekte werden mit Hilfe eines Projektsteckbriefes beschrieben. Dieser enthält folgende Punkte:

1. Problemstellung: Welche Problemstellung soll in dem Projekt bearbeitet werden?
2. »Vision of Success«: Welcher Zustand soll nach Abschluß des Projektes erreicht sein?
3. Vorgehen: Welche Arbeitsschritte müssen in welchen Zeiträumen zur Lösung des Problems gegangen werden?
4. Team: Welche Personen beteiligen sich, und wer ist verantwortlich?
5. Meßkriterien und Benchmarks: Woran kann der Erfolg des Projektes gemessen werden?

Diese klassische Form des Projektmanagements garantiert eine zielgerichtete Planung, Steuerung und Kontrolle aller Aktivitäten im Rahmen der Projektimplementierung.

2.3.2 Change Management – die heimlichen Spielregeln

Jedes Unternehmen hat neben den ausgesprochenen und dokumentierten Regelungen sogenannte – »Unwritten Rules of the Game« – unausgesprochene und inoffizielle Gesetzmäßigkeiten, die die Leistungs- und Kommunikationsprozesse im Unternehmen beeinflussen. Diese Regeln sind oft das größte Hindernis auf dem Weg zur Hochleistungsorganisation. Ein entscheidendes Anliegen und Ziel der Implementierung ist daher die Aufdeckung dieser ungeschriebenen Regeln. Sie müssen in geschriebene Regeln umgewandelt bzw. mit den Unternehmenszielen vereinbar gemacht werden. Insbesondere müssen dabei die zwangsläufig auftauchenden Konflikte zwischen den bestehenden geschriebenen und den sichtbar gemachten ungeschriebenen Regeln gelöst werden.

Change Management ist der Weg, dies zu tun und zu leisten, indem die Ursachen des Widerstandes beseitigt und nicht seine Symptome gemeistert werden.

3. Vorgehensweise zur Entwicklung einer Hochleistungsorganisation – Arthur D. Little moderiert den Prozeß

3.1 Der Einstieg: Workshop mit den Führungskräften

Der Einstieg in die Entwicklung der Hochleistungsorganisation erfolgt über einen gemeinsamen Workshop mit den Führungskräften über die Zusammenhänge zwischen Erfolgsfaktoren und Leistungsprozessen. Die als strategisch relevant erkannten Leistungsprozesse werden in bezug auf die Beiträge der einzelnen Leistungseinheiten und auf Schnittstellenvorgänge durchgehend durch das gesamte Unternehmen analysiert. Hieraus resultieren gemeinsam abgestimmte Problemdefinitionen und die Ernennung eines Kernteams aus Unternehmensmitarbeitern und Beratern.

3.2 Die Durchdringung: vom Problem zum Lösungsansatz

Das Kernteam bildet Projektgruppen zur Bearbeitung der einzelnen Leistungsprozesse. Die Schwachstellen bei den strategisch wichtigen Leistungsprozessen werden von diesen Gruppen einer detaillierten Ursachenanalyse unterzogen. Die Verbesserungsansätze, die Verbesserungspotentiale und der für die Umsetzung notwendige Ressourceneinsatz werden abgeschätzt. Das Kernteam konsolidiert die Ergebnisse und stellt ein erstes Projektportfolio von Vorhaben zur schrittweisen Verbesserung, zur Umstrukturierung (Reengineering) und zur Neukonzeption (Rethinking) zusammen. Aus den angedachten Maßnahmen wird ein prozeßübergreifendes Gesamtprogramm entworfen, das organisatorische Veränderungen, Informations- und Motivationsaufgaben und angestrebte Ergebnisse enthält. Die zu erwartenden Auswirkungen auf die Stakeholder und Funktionsbereiche werden dargestellt und mit den Gruppen diskutiert.

3.3 Pilotvorhaben: Erfolg erzeugt Erfolg

Aus dem Projektportfolio werden in Zusammenarbeit zwischen dem Kernteam und der Unternehmensführung einzelne Pilotprojekte ausgewählt, die besonders sichtbaren Erfolg in überschaubarer Zeit versprechen und eine hohe Signalwirkung aufweisen. Schon die Pilotprojekte müssen die Bedürfnisse der Stakeholder, der Kunden, Eigentümer und Mitarbeiter berücksichtigen. Es werden für die Pilotprojekte detaillierte Vorgehenspläne erstellt, die mit starker Unterstützung durch die Unternehmensführung umgesetzt werden. Die Erfahrungen und Ergebnisse werden bei den Stakeholdern zur Diskussion gestellt und in das Unternehmen »hinein« vermittelt.

3.4 Die Planung der Hochleistungsorganisation: alle ziehen mit

Aufbauend auf den Piloterfahrungen, werden weitere Lern- und Abstimmungsprozesse geplant und die Verantwortlichkeiten und Beiträge der einzelnen Leistungseinheiten zu den strategischen Leistungsprozessen bestimmt. Für die Organisationsentwicklung werden die vorzusehenden Umstrukturierungen, Schulungsmaßnahmen und Leistungsziele festgelegt und abgestimmt.

Für jeden strategischen Leistungsprozeß wird ein Verantwortlicher in der Unternehmensführung ernannt (»Process-Owner«), der mit einem permanenten, interdisziplinären Prozeßteam für die ständige Optimierung seines Leistungsprozesses zuständig ist. Für das Implementierungs-Controlling werden Benchmarks und Zeitziele festgelegt.

3.5 Der Wandel: tun und darüber reden

In der Implementierungsphase stehen das Kernteam und die Projektgruppen den involvierten Funktionsbereichen und Leistungseinheiten zur Seite, um das neue Verhalten und die neuen Spielregeln zu fördern und Konflikte auszuräumen. Sobald die Leistungsprozesse in der neu konzipierten Form funktionieren und die Kooperations- und Innovationsfähigkeit spürbar zunimmt, wird das »Neue« in Form von Veröffentlichungen, Informationsveranstaltungen und Einzelgesprächen an die Kunden kommuniziert. In enger Zusammenarbeit mit den Mitarbeitern werden die Aussagen über den Kundennutzen und die veränderte eigene Identität konzipiert und vermittelt. Abbildung 8 faßt die Aussagen des vorhergehenden Abschnitts zusammen.

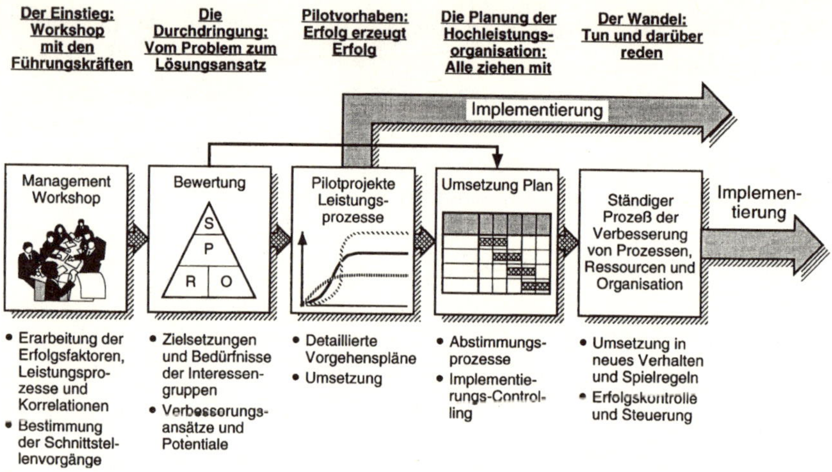

Abbildung 8: Wie man's macht – Arthur D. Little moderiert den Prozeß

4. Anwendungsvoraussetzungen und Grenzen

Anwendungsvoraussetzungen und Grenzen bei der Etablierung einer Hochleistungsorganisation müssen unter der Prämisse betrachtet werden, daß es sich bei einem solchen Projekt um einen Kulturwandel des Unternehmens handelt. Die Anwendungsvoraussetzungen lassen sich in Voraussetzungen genereller Natur und Voraussetzungen bezogen auf die einzelnen Bestandteile der Konzeption des Hochleistungsansatzes – nämlich Stakeholder, Prozesse, Ressourcen, Organisation – unterteilen.

Alle kulturellen Änderungsprozesse bedingen die Bereitschaft, Höhen und Tiefen gemeinsam mit den Betroffenen zu durchlaufen: das erste Hoch, nachdem Pilotprojekte innerhalb eines halben Jahres den ersten Nutzen für Kunden, Eigentümer und Mitarbeiter erbracht haben, das erste Tief, wenn die Teammitglieder den Aufwand bei der Umsetzung unterschätzt haben, etc. Insbesondere während der Durststrecken ist es wichtig, nicht das Vertrauen in den Erfolg des Kulturwandels zu verlieren. Nur so können neben den kurzfristigen Erfolgen der Pilotprojekte die mittel- und langfristigen Erfolge der weiteren Projekte und eine Verhaltensänderung sichergestellt werden.

Um den kulturellen Wandel zu fördern, sollte die Verantwortung für die Durchführung der Projekte und die Umsetzung der Projektergebnisse an die Projektgruppen delegiert werden.

Von seiten der Stakeholder ist die wesentliche Anwendungsvoraussetzung die volle Unterstützung der Etablierung der Hochleistungsorganisation.

Sowohl Top-, Bereichs- und Abteilungsmanagement als auch die Projektteammitglieder müssen von den Projekten überzeugt sein. Die einzelnen Projektgruppen sollten sich der Hilfe innerhalb des Unternehmens sicher sein. Ebenso sollten auch die Kunden über die Organisation und den Ablauf des Projekts informiert sein, damit sie die Möglichkeit haben, ihre Ideen mit einzubringen und somit zukünftige Änderungen mitzutragen.

Was für die Leistungsprozesse des Unternehmens gilt, gilt auch für die Prozesse innerhalb der Etablierung der Hochleistungsorganisation: Anfang, Ende und Verantwortlichkeiten müssen klar festgelegt sein. Die wichtigsten Prozesse hierbei sind:

- Ideensammlung, um die Basis für die Etablierung der Hochleistungsorganisation zu schaffen,
- Projektauswahl, um kurzfristige Erfolge für die einzelnen Stakeholder und langfristige Verhaltens- und Prozeßänderungen sicherzustellen,
- Projektdurchführung, um den einzelnen Projektleitern eine effiziente und effektive Projektdurchführung zu ermöglichen,
- Schulung, um die Akzeptanz und das Know-how für die Etablierung der Hochleistungsorganisation zu schaffen,
- Kommunikation, um die Erfolge sowohl intern als auch extern transparent zu machen und somit einen Schneeballeffekt zu initiieren,
- Controlling/Berichtswesen, um fortlaufend den Stand der Etablierung der Hochleistungsorganisation verfolgen zu können.

Kritisch bei den Ressourcen ist die Bereitstellung von motivierten, qualifizierten Mitarbeitern quer durch die Hierarchieebenen des Unternehmens sowohl für die eigentliche Projektorganisation als auch für die Besetzung der verschiedenen Projektteams. Es ist darauf zu achten, daß diese Hoffnungsträger des Unternehmens nicht durch eine Vielzahl von Aufgaben überlastet werden.

Von technologischer Seite hat es sich als hilfreich erwiesen, eine Projektmanagement-Software zum Controlling des Fortschritts der Projekte anzuschaffen.

Bei der Etablierung der Hochleistungsorganisation ist in der Anfangsphase der Aufbau einer Projektorganisation mit Lenkungsausschuß, Projektleitung und einzelnen Projektgruppen zu empfehlen. Bei der personellen Besetzung sollte ein Rotationsprinzip persönliche Karrierewege ermöglichen. Nach erfolgreicher Anfangsphase kann ein fester Arbeitsplatz für die Projektleitung geschaffen werden.

Die personelle Besetzung allein garantiert noch kein erfolgreiches Projekt. Es muß zusätzlich sichergestellt werden, daß die Motivation aller Beteiligten vorhanden ist. Der Einbezug der Projektergebnisse in die Beurteilung und eventuell die Entlohnung der Mitarbeiter sowie die Schaffung weiterer Anreize bilden hier Ansatzpunkte.

Auch muß gewährleistet sein, daß die »Rules of the game« (Verhaltensregeln für das Projekt) eingehalten werden.

Grenzen bei der Etablierung der Hochleistungsorganisation sind insbesondere in folgenden Bereichen zu sehen:

- Die strategischen Rahmenbedingungen sollten vorgegeben sein. Es ist demotivierend, Prozesse zu optimieren, die aufgrund von strategischen Entscheidungen innerhalb kurzer Zeit hinfällig sind.
- Die gedankliche Flexibilität aller Projektteilnehmer ist eine wichtige Voraussetzung, um die Verantwortung bei der Etablierung der Hochleistungsorganisation tragen zu können. Bei Unternehmen, die sich im Übergang von der Plan- zur Marktwirtschaft befinden, ist ein bei weitem intensiveres Coaching notwendig, um den Erfolg der Projekte zu gewährleisten.
- Die vermittelten Methoden sind keine Allheilmittel für jegliche Probleme. Weitere problemspezifische Lösungsmethoden sollten projektspezifisch zusätzlich gelehrt werden.
- Kritisch eingestellte Mitarbeiter sollten in der Anfangsphase nicht zu sehr involviert werden, um so einen Schneeballeffekt im Keim zu ersticken. Nach den ersten Erfolgen können diese kritisch eingestellten Mitarbeiter meist leicht überzeugt und sodann in neue Projekte eingebunden werden.

Die dargestellten Anwendungsvoraussetzungen und Grenzen zeigen, daß die Etablierung der Hochleistungsorganisation ein kontinuierlicher Prozeß ist. Ein Erfahrungsaustausch mit Unternehmen, die das gleiche Ziel verfolgen, hilft häufig, den eigenen Fortschritt besser beurteilen zu können. Gemeinsam kann dann festgestellt werden: »Der Weg zur Hochleistungsorganisation ist das Ziel.«

5. Fallbeispiele

5.1 Führender Anlagenbauer

Ein führendes Unternehmen des internationalen Anlagenbaus mit vier Kerngesellschaften und mehreren Tochtergesellschaften und Beteiligungen stand vor der Frage, wie die Wettbewerbsposition und die Ertragslage dauerhaft verbessert werden können. Das Problem lag in einem hart umkämpften, internationalen Anlagenbaumarkt, langen Anlagenbauzeiten, hohem Kostendruck und hohen Qualitäts- und Sicherheitsanforderungen.

Nach der klaren Formulierung der Unternehmensziele erwies sich eine deutliche Steigerung der Marktorientierung als dringend erforderlich. Für das Unternehmen waren die Auftragsakquisition und die eigentliche Auftragsdurchführung mit allen Phasen bis zur Inbetriebnahme die entscheidenden Leistungsprozesse. Die Neugestaltung dieser Prozesse führte zu einer deutlichen Senkung der Engineeringstunden und zur Steigerung der Qualität. Dabei stellte die Komplexität der Aktivitäten, mit Überlappungen und Parallelarbeiten in oft mehrjährigen Anlagenbauprojekten, eine echte Herausforderung für das Team dar. Die Neuorganisation der Marktbearbeitung und die Ausrichtung der EDV-Organisation und ihrer Systeme wurden konsequent auf die neuen Prozeßabläufe abgestimmt. Die wichtige Bereitstellung marktfähiger Technologie wurde vollkommen neu gestaltet. Der neue Planungsprozeß sichert durch zentrale Koordination aller Aktivitäten eine kontinuierliche Anpassung des Unternehmens an neue Chancen und Risiken in den einzelnen Geschäftsbereichen.

So konnten trotz deutlich gesteigerter Marktleistungen jährlich Finanzmittel in Höhe von über 10 Mio. DM für andere Ziele eingesetzt werden.

5.2 Hochleistungsorganisation auch in Behörden

Die Bearbeitungszeiten in einer deutschen Behörde waren außerordentlich lang. Die Kostenunterdeckung lag jedes Jahr in zweistelliger Millionenhöhe. Diese Probleme wurden besonders kritisch durch Gesetzesänderungen, die auch privaten Anbietern und Behörden anderer EG-Länder eine Marktteilnahme erlaubten.

Bei der Analyse stellte sich heraus, daß von den Kunden durchaus höhere Gebühren akzeptiert würden, wenn die Wartezeiten kalkulierbar und kürzer wären. Die Mitarbeiter galten in Teilbereichen als sehr kompetent, in anderen dagegen gab es weder heute noch in Zukunft einen Bedarf für die Behördenleistung. Während viele Mitarbeiter Überstunden leisteten, waren andere kaum beschäftigt. Eine Detailanalyse ergab, daß weniger als 30 % der Arbeitszeit den Auftraggebern belastet werden konnte.

Die Abläufe wurden völlig neu gestaltet. Die Behörde wird heute wie ein Unternehmen geführt. Mit Bearbeitungspools für die Antragstellung und den erforderlichen technischen Prüfungen sanken die Durchlaufzeiten von vier Monaten auf sechs bis acht Wochen. Dabei waren die Vorstellungen der Mitarbeiter die Grundlage für gemeinsam erarbeitete Qualifizierungs-, Vertretungs- und Umzugspläne. Die Flexibilität der Mitarbeiter wurde dadurch deutlich größer. Die Kosten können durch einen höheren und dennoch marktfähigen Stundensatz in absehbarer Zeit voll gedeckt werden.

5.3 Konsumgüterindustrie: Körperpflege für die Organisation

Ein Konsumgüterunternehmen entschied sich, die Organisation auf die zu erwartende schwierige Situation Mitte der 90er Jahre vorzubereiten. Ziel des Projektes mit Arthur D. Little war die Sicherung überdurchschnittlicher Erträge und Wachstumsraten durch:

- Verbesserungen und Verkürzungen der wesentlichen Leistungsprozesse, um die Anforderungen des eigenen Unternehmens und der Muttergesellschaft zu erfüllen,
- Abbau von Kommunikationsbarrieren zwischen den einzelnen Funktionen,
- Integration der Mitarbeiter in die Erarbeitung von Verbesserungen.

Funktions- und hierarchieübergreifende Arbeitsgruppen wurden definiert, um die identifizierten Schwachstellen anzugehen. Im Verlauf dieses Jahres konnten die Kommunikation und Zusammenarbeit deutlich verbessert, Planungsprozesse im Unternehmen um bis zu 50 % verkürzt und Bestände und Ausschußraten deutlich abgebaut werden. Inzwischen arbeiten ständig ca. 15 bis 20 Projektteams an umfangreichen Verbesserungen. Damit konnte das Unternehmen auch den Nachfrage-Boom aus den neuen Bundesländern ohne Schwierigkeiten gewinnbringend nutzen.

»Transforming the Enterprise«
Die nächste Generation des Business Process Engineering

Werner Kreuz

1. »Schockereignisse« ebneten den Weg für Business Process Reengineering

Mitte der 80er Jahre wurde der Konkurrenzdruck von seiten der japanischen Unternehmen speziell in Amerika, aber auch in Europa immer größer. Sie übernahmen die Marktführerschaft mit Preisen, die bis zu 30 % oder 40 % niedriger waren als die der Wettbewerber.

Doch Preisführerschaft allein hätte sicher nicht ausgereicht, etablierte Marktpositionen amerikanischer und europäischer Unternehmen vollständig zusammenbrechen zu lassen und japanischen Firmen die Marktdominanz in vielen Bereichen zu überlassen. Gleichzeitig gelang es den Japanern jedoch, im Vergleich zu ihren Wettbewerbern

- ihre Produkte und Dienstleistungen mit einer höheren Qualität anzubieten,
- ihren Service für den Kunden erheblich zu verbessern,
- ihre Innovations- und Reaktionszeiten signifikant zu verkürzen und
- ihre Mitarbeiter total auf die Erfüllung der Kundenwünsche auszurichten.

Der dadurch hervorgerufene dramatische Umsatzeinbruch und der Verfall der Wettbewerbsfähigkeit waren für viele Unternehmen ein Schockereignis und zugleich der Auslöser, der »Trigger Point«, um neue Wege zu suchen. Das Management betroffener Firmen erkannte schnell, daß mit marginalen Veränderungen und geringfügigen Verbesserungen die Konkurrenz nicht wieder eingeholt werden konnte, dazu war sie zu weit enteilt.

Zu dem Druck, den japanische Unternehmen durch ihre größere Leistungsfähigkeit ausübten, kam Anfang der 90er Jahre die weltweite Rezession hinzu. In dieser speziellen Situation waren die Führungskräfte bereit, von ihren gewohnten, traditionellen Denkweisen Abstand zu nehmen, die bisherigen Strukturen, Abläufe, Systeme und Verhaltensweisen grundsätzlich in Frage zu stellen und sämtliche Produktivitätsreserven auszuschöpfen.

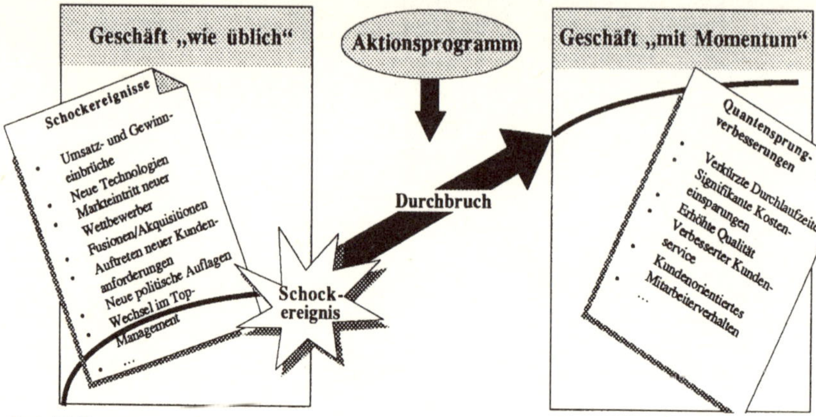

© A.T. Kearney

Abbildung 1: Schockereignisse

Erforderlich war deshalb ein Ansatz, der Quantensprung-Verbesserungen ermöglichte und kurzfristig zu meßbaren Ergebnissen führte. Dabei hat sich der Faktor Zeit als einer der entscheidenden Hebel zur Erreichung dieser Quantensprünge herausgestellt. Vielfältige Untersuchungen sowohl der administrativen Abläufe als auch derjenigen in der Produktion zeigen nämlich, daß von der Gesamtdurchlaufzeit beispielsweise eines Auftrages oder einer Reklamation zwischen 80 % und 90 % auf Wartezeit und nur 10–20 % auf die effektive Bearbeitungszeit entfallen.

Die großen Zeitverluste sind dabei primär nicht innerhalb der einzelnen Abteilungen zu beklagen, denn jede Führungskraft wird sehr darum bemüht sein, die Aktivitäten in ihrem Verantwortungsbereich zu optimieren. Vielmehr treten die größten Verzögerungen an den Schnittstellen zwischen den Abteilungen/Bereichen auf, weil

- die einzelnen Aktivitäten nicht aufeinander abgestimmt sind,
- unterschiedliche Bearbeitungsprioritäten vorgegeben werden,
- notwendige Informationen und ergänzende Erläuterungen nicht oder nur unzureichend weitergegeben werden,
- sich die nachfolgende Abteilung erst gründlich in die Materie einarbeiten muß,
- zuerst die Arbeitsergebnisse der vorgelagerten Abteilung intensiv kontrolliert werden, bevor eigene wertschöpfende Aktivitäten gestartet werden.

Vor diesem Hintergrund wurde mit Business Process Reengineering (BPR) ein Ansatz entwickelt, der in kürzestmöglicher Zeit einen Ausweg aus der wirtschaftlichen Krise verspricht und der ein Unternehmen vollständig neu

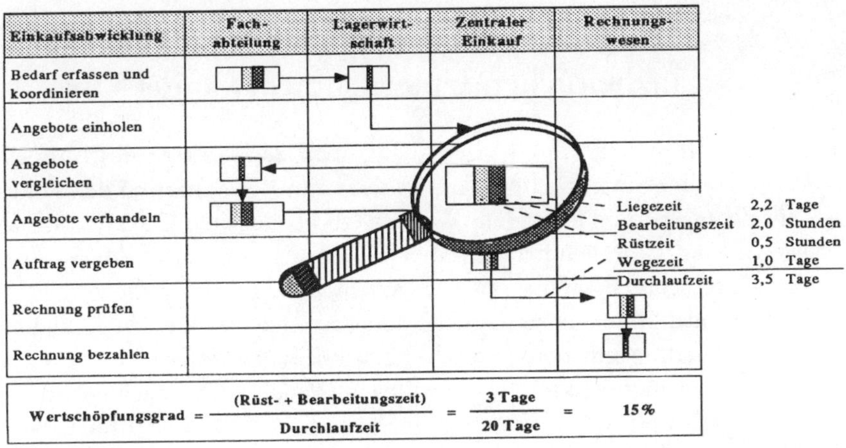

Abbildung 2: Wertschöpfende und nicht-wertschöpfende Aktivitäten

gestaltet. Die Neustrukturierung des Unternehmens erfolgt dabei horizontal, funktionsübergreifend entlang der wesentlichen Geschäftsprozesse und nicht mehr vertikal nach den Hauptfunktionen. Es wird also versucht, organisatorisch abzubilden, wie ein Unternehmen tatsächlich funktioniert, und gleichzeitig angestrebt, die Erfüllung der Kundenanforderungen als oberste Handlungsmaxime zu etablieren.

In den letzten Jahren ist eine Vielzahl von Beispielen aus Unternehmen veröffentlicht worden, die nur mit dem Reengineering von Prozessen Kosteneinsparungen von mehr als 50 % erzielt oder ihre Durchlaufzeiten bei steigender Qualität um bis zu 80 % verkürzt haben. Also liegt nichts näher, als auch im eigenen Unternehmen Business Process Reengineering durchzuführen. Man geht das Projekt genauso euphorisch an wie vor Jahren eine Gemeinkostenwertanalyse oder eine Zero-Base-Analyse. Doch der anfänglichen Begeisterung folgt häufig schon nach wenigen Monaten die Ernüchterung. Die Erfolge sind längst nicht so groß oder nachhaltig, wie es die Versprechungen glauben machen möchten. Erste, allerdings noch nicht repräsentative empirische Studien sprechen gar von einer Mißerfolgsrate von über 30 %.

Was sind die Ursachen hierfür? Zum einen lauert eine ganze Reihe von Fallen und Stolpersteinen bei der Projektdurchführung, und zum anderen lassen bisher die meisten Projekte zwei ganz entscheidende Voraussetzungen völlig außer acht: die Entwicklung einer kunden- und zukunftsorientierten Unternehmensvision sowie das Einschwören aller Mitarbeiter auf die Neuerungen und damit die Schaffung einer neuen Unternehmenskultur.

2. »Transforming the Enterprise« forciert den ganzheitlichen Unternehmenswandel

Mit »Transforming the Enterprise« (TTE) wird das Konzept des Business Process Reengineering erweitert. Anstatt wie beim Reengineering den Fokus nur auf die Gestaltung einer dem Wettbewerb überlegenen Organisation zu legen, wird das Unternehmen in seiner Gesamtheit – von der Strategie bis hin zur Unternehmenskultur – neu ausgerichtet. TTE forciert diesen Unternehmenswandel, indem es strategische und operative Aspekte der Geschäftsprozeßoptimierung mit den dazugehörigen kritischen unternehmenskulturellen Komponenten verknüpft, ohne die ein Wandel nicht machbar ist.

Aus der Erkenntnis, daß jeder einzelne Mitarbeiter von der Sinnhaftigkeit der Neuerungen überzeugt und umfassend auf sie vorbereitet werden muß, um den Kunden tatsächlich in den Mittelpunkt seines Denkens und Handelns zu stellen, erweitert TTE den Rahmen von BPR-Projekten um den Aspekt der notwendigen Verhaltens- und Kulturänderungen im Unternehmen. TTE führt somit zu einer grundlegenden Veränderung der Unternehmenskultur.

Die Mitarbeiter, unabhängig ob in Produktion, Marketing oder Controlling, müssen in allen ihren Aktivitäten von dem Gedanken des größtmöglichen Kundennutzens bei gleichzeitiger Maximierung des langfristigen Unternehmenserfolgs geleitet werden. Da sich jedoch die Kunden und deren Anforderungen ständig ändern, muß auch die neue Kultur von der Fähigkeit zum Wandel, zur Innovation und zur kontinuierlichen Verbesserung getragen sein.

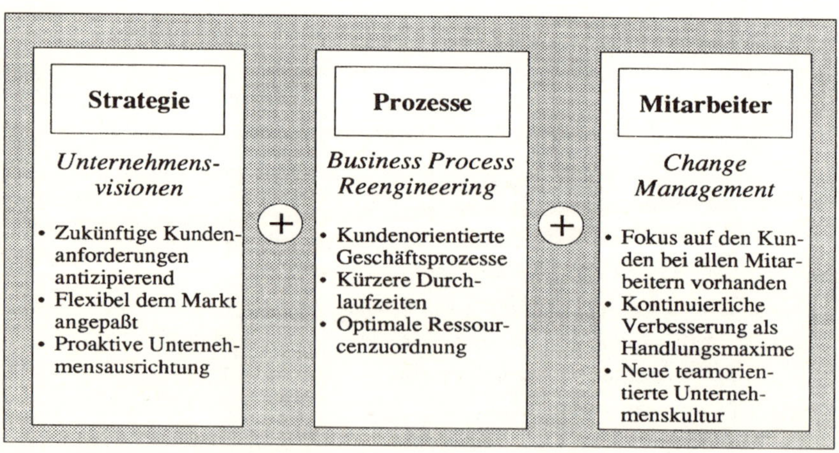

© A.T. Kearney

Abbildung 3: Elemente von »Transforming the Enterprise«

Die Weichen für diese Verhaltensänderungen müssen bereits zu Beginn der Prozeßoptimierung gestellt werden. Dazu ist es erforderlich, daß

- aus der Unternehmensvision Kriterien für die proaktive Unternehmensausrichtung abgeleitet werden,
- die Geschäftsprozesse konsequent auf die Erfüllung der Kundenanforderungen ausgerichtet werden und gleichzeitig
- der Change-Management-Prozeß zur Anpassung der Unternehmenskultur eingeleitet wird.

2.1. Die Unternehmensstrategie ist auf die zukünftigen Kundenanforderungen auszurichten

Erfolgreiche Unternehmen haben erkannt, daß Klarheit über die Unternehmensstrategie geschaffen werden muß, bevor mit dem Reengineering der Prozesse begonnen wird. Die Strategie muß in intensiven Brainstorming-Sitzungen aus der Unternehmensvision und den zukünftigen Kundenbedürfnissen abgeleitet werden.

Doch das Entwickeln einer Unternehmensstrategie durch das Topmanagement reicht allein nicht aus. Die neue strategische Ausrichtung muß den Führungskräften und Mitarbeitern vorgestellt und detailliert erläutert werden. Nur wenn dies überzeugend geschieht, kann sichergestellt werden, daß sich die Mitarbeiter damit identifizieren und die Strategie von allen getragen wird.

Bei der Ausrichtung der Unternehmensstrategie auf die Kundenanforderungen ist zu beachten, daß die kaufentscheidenden Faktoren von heute nicht unbedingt auch die von morgen sind. Während beispielsweise derzeit noch eine Beeinflussung des Käuferverhaltens bei einem spezifischen Produkt durch bessere Qualität, ausgereiftere Technik und kürzere Lieferzeiten möglich ist, wird künftig bei demselben Produkt eine Differenzierung vielleicht nur noch über eine bessere technische Beratung und umfassendere Serviceleistungen möglich sein.

Ein weiteres Problem ergibt sich dann, wenn die interne Einschätzung der Kundenanforderungen und der kritischen Erfolgsfaktoren des Marktes, beispielsweise durch den Verkaufsaußendienst oder die Marketingabteilung, nicht identisch mit den tatsächlichen Prioritäten der Kunden ist. Dies führt dann dazu, daß eine neue Strategie mit großem Aufwand erarbeitet wird, die in keiner Weise den Kundenvorstellungen entspricht. Beispiele aus der Praxis belegen sogar, daß mit einer Orientierung an weniger wichtigen kaufentscheidenden Faktoren das Gegenteil dessen erreicht wurde, was ursprünglich als Zielsetzung formuliert war, mit der Folge, daß der Unternehmenserfolg signifikant zurückging, anstatt zu wachsen.

Die Unternehmensstrategie muß daher so konzipiert sein, daß sie sich flexibel an die sich stetig verändernden Märkte und Kundenanforderungen anpaßt. Dadurch wird es möglich, daß das Unternehmen proaktiv statt nur reaktiv im Markt tätig ist. Diese Neuausrichtung der Unternehmensstrategie muß ihre Fortsetzung auf der operativen Ebene finden. Das bedeutet, daß in Analogie zur Strategie auch die Prozesse zukunfts- und kundenorientiert zu gestalten sind.

2.2 Geschäftsprozesse sind radikal und innovativ auf die Kundenanforderungen auszurichten

Ein Business Process oder Geschäftsprozeß läßt sich definieren als eine integrierte Folge von Aktivitäten, mit denen sowohl spezifische Kundenbedürfnisse als auch Unternehmensanforderungen erfüllt werden.

Typischerweise besitzt ein Unternehmen fünf bis zehn wichtige Geschäftsprozesse, die entscheidend zum Unternehmenserfolg beitragen. Auftragsabwicklung, Produktentwicklung, Reklamationsbearbeitung, Supply Management, After-Sales Service sind beispielsweise Prozesse, die für viele Unternehmen von hoher Bedeutung sind. Jedes Unternehmen hat jedoch sein Bündel von Geschäftsprozessen individuell festzulegen. Dabei sind branchenspezifische Unterschiede und unternehmensspezifische Prioritäten ausschlaggebend.

2.2.1 Ziele von Business Process Reengineering sind die Erzielung der Marktüberlegenheit und die nachhaltige Sicherung der Ertragskraft

Während in der Vergangenheit versucht wurde, die organisatorische Effizienz durch Optimierung des Ressourceneinsatzes und kontinuierliche Reduktion der verfügbaren Budgets weiter zu erhöhen, ist der Anspruch von TTE, die Organisation durch eindeutige Kundenorientierung so zu gestalten, daß sie im Wettbewerb überlegen ist. Beim »Reengineering« der Geschäftsprozesse bestimmen daher die Markt- und Unternehmensanforderungen wesentlich die zukünftige Organisation.

Gleichzeitig darf aber nicht der Fehler gemacht werden, beim Streben nach vollständiger Erfüllung der Marktanforderungen die strategischen Unternehmensziele und die Rentabilität des Unternehmens zu vernachlässigen.

© A.T. Kearney

Abbildung 4: Konzeptioneller Rahmen für Business Process Reengineering

2.2.2 Reengineering sollte bei den Schlüsselprozessen beginnen

Die simultane Neugestaltung sämtlicher Geschäftsprozesse würde einen zu hohen Aufwand an Ressourcen und Managementkapazität erfordern. Daher sind in einem ersten Schritt die Geschäftsprozesse entsprechend ihrer Bedeutung für die Erfüllung der Kundenanforderungen (Kundennutzen) und der unternehmensstrategischen Ziele (Unternehmenserfolg) in vier Kategorien zu klassifizieren:

- Schlüsselprozesse
- Prozesse mit Hebelwirkung
- Opportunistische Prozesse
- Unterstützende Prozesse

Für die Optimierung der einzelnen Prozeßarten sind unterschiedliche Ansätze erforderlich. Bei Schlüsselprozessen wie Auftragsabwicklung oder Produktentwicklung heißt das Gebot »Perfektionieren«, durch permanentes Messen an Weltklasse-Unternehmen (Benchmarking) sicherstellen, daß das eigene Unternehmen dem Kunden einen höheren Nutzen sichert als die Konkurrenz. Erfolgskriterium bei den Prozessen mit großer Hebelwirkung (wie der Beschaffungsprozeß) ist die genaue Kenntnis der wesentlichen Kosten-, Zeit- und Qualitätshebel.

Ansetzend an dem größten Hebel, ist der Nutzen für das eigene Unternehmen zu optimieren. Bei der Neugestaltung der opportunistischen Prozesse müssen differenzierte Kundenstrategien zugrunde gelegt werden. Beispiels-

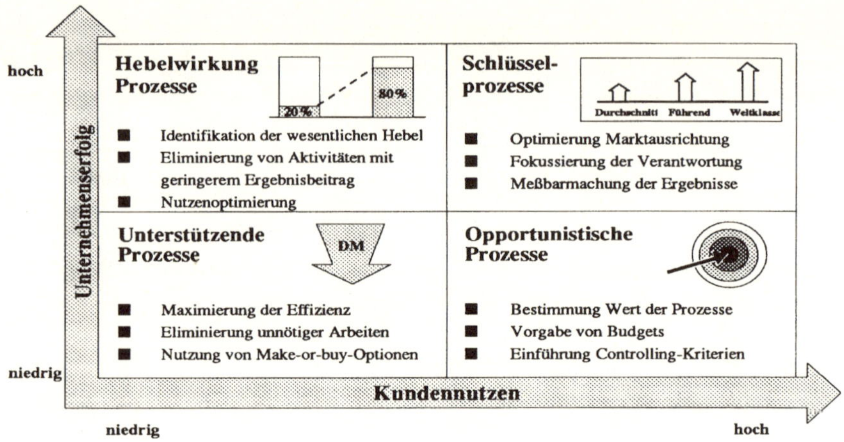

© A.T. Kearney

Abbildung 5: Klassifizierung der Geschäftsprozesse

weise hat ein Unternehmen wichtigen Kunden in jedem Fall Reparatur- oder Ersatzteilservice innerhalb von 24 Stunden garantiert, kleineren Einmalkunden wurde diese Leistung jedoch nur bei verfügbaren Kapazitäten geboten. Für unterstützende Prozesse, die weder einen signifikanten Beitrag zum Kundennutzen noch zum Unternehmenserfolg leisten, müssen dagegen sämtliche Möglichkeiten zur Kostensenkung einschließlich der vollständigen Fremdvergabe ausgeschöpft werden. Daher gibt es für sie nur eine Handlungsempfehlung »Minimierung der Kosten«.

Viele Firmen beginnen ihr BPR-Projekt bei der Personalabrechnung oder der Debitoren- und Kreditorenbuchhaltung, also ausgerechnet mit unterstützenden (Teil-)Prozessen. Da bei deren Neugestaltung das primäre Ziel die signifikante Reduzierung der Kosten ist, wird der BPR-Ansatz von vielen Mitarbeitern und der Arbeitnehmervertretung als ein – mit einem neuen Namen versehenes – verkapptes Kostensenkungsprogramm angesehen. Dementsprechend gering ist die Bereitschaft der Beschäftigten, bei der Neugestaltung der Prozesse innovative Lösungen zu entwickeln, deren einziges Ergebnis Rationalisierung, vielleicht sogar die Wegrationalisierung ihres eigenen Arbeitsplatzes ist.

Selbst wenn durch das Reengineering der unterstützenden (Teil-)Prozesse die von der Unternehmensleitung erwarteten Einsparungspotentiale realisiert werden konnten und das Management demgemäß von der Methodik überzeugt ist, werden sich die internen Widerstände spätestens dann formiert haben, wenn die Führung entschieden hat, in einem zweiten oder dritten Schritt die Schlüsselprozesse neu zu organisieren.

Es wird dann ein unverhältnismäßig hoher Aufwand erforderlich sein, um den Mitarbeitern glaubhaft zu machen, daß die Zielrichtung bei der Neugestaltung der Schlüsselprozesse nicht Kostensenkung, sondern Optimierung der Marktausrichtung ist. Trotz der Beteuerungen des Managements kann dann die einmal in den Köpfen verankerte negative Assoziation mit BPR nicht überwunden werden, und es gelingt nicht, die Mitarbeiter zu kreativem und innovativem Denken zu ermutigen.

Daher kann jedem Unternehmen, das beabsichtigt, seine Geschäftsprozesse neu zu gestalten, nur empfohlen werden,

- zuerst eine sorgfältige Klassifikation seiner Geschäftsprozesse vorzunehmen,
- ein oder zwei Schlüsselprozesse auszuwählen,
- unbedingt mit diesen den Reengineering-Prozeß zu starten,
- erst nach der erfolgreichen Neugestaltung der Schlüsselprozesse das Reengineering bei den Prozessen mit Hebelwirkung fortzusetzen und
- ganz zum Schluß die unterstützenden Prozesse anzugehen.

Für ein Unternehmen der chemischen Industrie wurde – abgeleitet aus der Unternehmensvision und der Unternehmensstrategie – in intensiven Brainstorming-Sitzungen mit dem Managementkreis das folgende Geschäftsprozeßportfolio entwickelt (vgl. Abbildung 6): Die Unternehmensleitung entschied sich dafür, das geplante umfassende unternehmensweite BPR-Vorhaben mit den drei Prozessen Auftragsabwicklung, Produktentwicklung und Beschaffung (Supply Management) auf den Weg zu bringen.

Als nach sechs Monaten eine erste Zwischenbilanz gezogen werden konnte, hatten die einzelnen Teams folgende wesentlichen Erfolge aufzuweisen:

- Die Auftragsdurchlaufzeit war von 6 Wochen auf weniger als 3 Wochen reduziert und weitere Maßnahmen waren eingeleitet worden, die eine Auslieferung der Produkte innerhalb von 7 Arbeitstagen garantieren sollten.
- Die Lieferzuverlässigkeit (Liefertermineinhaltung plus vollständige, fehlerfreie und qualitätsgerechte Lieferung) war von 64 % auf 92 % erhöht worden (Ziel: 100 %).
- Bei der Produktentwicklung waren über Simultaneous-Engineering-Ansätze mittels Delegation von Verantwortung und damit Beschleunigung der Entscheidungsfindung bei zwei ausgewählten Entwicklungsvorhaben Zeiteinsparungen von bis zu 50 % erzielt worden.
- Für ca. 50 % des gesamten beeinflußbaren Einkaufsvolumens waren in enger Kooperation zwischen Produktion, Technik und Einkauf die technischen Spezifikationen neu formuliert und an die Lieferanten weitergeleitet worden.

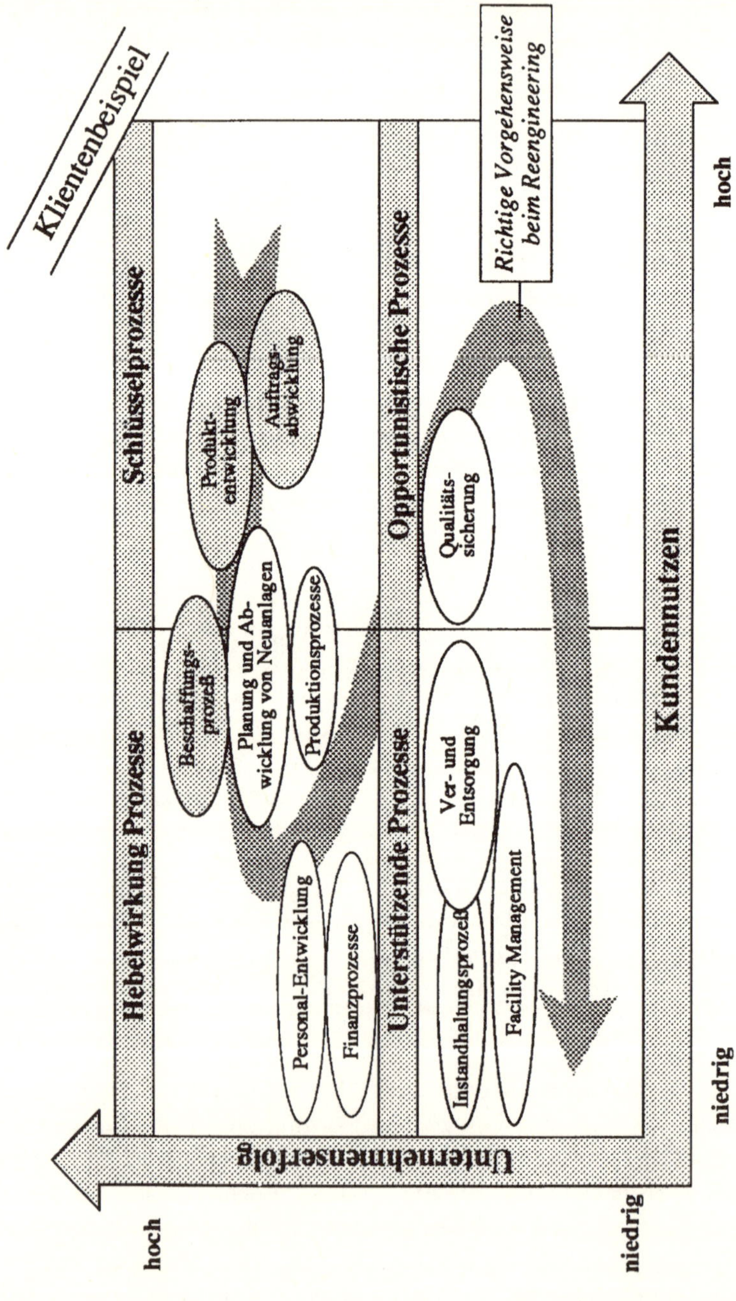

Abbildung 6: Geschäftsprozeßportfolio

© A.T. Kearney

Die bisher vorliegenden und zum Teil bereits verhandelten Angebote führten zur Reduktion der Materialkosten um insgesamt 8,6 %, mit einer Schwankungsbreite zwischen 2,4 % und 28,7 % je nach Materialgruppe.

Wie erwartet, beschloß das Unternehmen daraufhin, in einem zweiten Schritt die Produktionsprozesse (inkl. Instandhaltung), die Planung und Abwicklung von Investitionsvorhaben sowie die Finanzprozesse (einschließlich Controlling) in das Reengineering einzubeziehen.

2.3 Die neue Unternehmenskultur ist in den Köpfen der Mitarbeiter zu verankern

Selbst wenn die tatsächlichen Kundenanforderungen ermittelt sind, die Unternehmensstrategie eindeutig festgelegt ist, die Geschäftsprozesse optimal ausgewählt und auf die heutigen und zukünftigen Kundenanforderungen ausgerichtet sind, muß noch ein weiterer wesentlicher Schritt getan werden. Ohne die intensive Einbindung von Führungskräften und Mitarbeitern und ohne Änderung der Unternehmenskultur wird die Geschäftsprozeßoptimierung nicht erfolgreich sein. Und hier greifen die meisten BPR-Konzepte einfach zu kurz. TTE dagegen vollzieht den Transformationsprozeß nicht nur bei den Strategien, Strukturen, Prozessen und Systemen, sondern führt ihn konsequent zu Ende.

TTE schließ das Verhalten von Mitarbeitern und Führungskräften vollständig in den Umwandlungsprozeß ein, indem

- das Denken und Handeln aller Beschäftigten auf die Erfüllung der Kundenanforderungen ausgerichtet werden,
- das Streben nach kontinuierlicher Verbesserung zur täglichen Praxis wird und
- Erfolgsteams Teil der Strukturorganisation werden.

2.3.1 Die Kundenorientierung muß zur Handlungsmaxime aller Beschäftigten werden

Wenn Unternehmensstrategie und Geschäftsprozesse den Kunden und dessen Anforderungen in den Mittelpunkt rücken, müssen auch alle im Unternehmen Beschäftigten diesem Prinzip folgen. Kunde ist dabei nicht nur der, der die Produkte oder Dienstleistungen des Unternehmens kauft. Vielmehr müssen auch die internen Abnehmer in Zukunft als Kunden verstanden werden. So hat beispielsweise die DV-Abteilung ihre Serviceleistungen den Anforderungen der jeweiligen Fachabteilungen anzupassen, nicht umgekehrt. Denn diese sind die internen Kunden der DV-Abteilung.

Will ein Unternehmen die Kundenorientierung seiner Mitarbeiter erreichen, muß es ihnen Möglichkeiten zum selbstverantwortlichen Handeln bieten. Das heißt, ihnen müssen die notwendigen Kompetenzen zur raschen Erfüllung der Kundenanforderungen übertragen werden. Dadurch werden Entscheidungsprozesse erheblich verkürzt, und die Mitarbeiter können schneller und flexibler auf aktuelle Veränderungen reagieren. TTE sieht in jedem Mitarbeiter nicht den Verkäufer von Produkten an einen internen oder externen Kunden, sondern den kreativen Anbieter von Lösungen für Kundenprobleme. Kommunikation und Motivation müssen hierfür verbessert und die Barrieren in den Köpfen der Mitarbeiter abgebaut werden. Dies setzt eine grundsätzliche Veränderung des Management-Verhaltens voraus. Der Führungsstil muß kooperativ werden, Verantwortung ist dorthin zu verlagern, wo die Entscheidungen unmittelbar zu treffen sind, und die unternehmensweite Kommunikation darf nicht durch Barrieren behindert werden.

2.3.2 Kontinuierliche Verbesserung sichert die Wettbewerbsfähigkeit auch in der Zukunft

Kundenorientierung heißt im Idealfall, die Erwartungen interner/externer Kunden zu übertreffen und immer wieder zusätzlichen Nutzen zu bieten, um den Vorsprung im Wettbewerb zu bewahren. Dies ist nur möglich, wenn die Mitarbeiter Anregungen, die vom Kunden kommen, aufnehmen und die Produkte oder Dienstleistungen entsprechend anpassen.

Zu dieser kontinuierlichen Verbesserung sind Mitarbeiter immer dann bereit, wenn sie auch persönlich einen Vorteil davon haben. Dies gilt z. B. dann, wenn sie lästige Routinearbeiten durch Systemunterstützung auf ein Minimum reduzieren können, weil der Kunde seine Aufträge on-line erteilt oder der Lieferant die Bestellungen per Datenfernübertragung entgegennimmt, so daß sie sich stärker auf ihre Hauptaufgaben konzentrieren können. Will man Mitarbeiter durch finanzielle Anreize zu Verbesserungsvorschlägen motivieren, sollte man mit äußerster Vorsicht vorgehen. Denn es genügt nicht, lediglich einen Vorschlag zu machen, vielmehr sichert erst die dauerhafte Umsetzung der Vorschläge und des Gedankens der kontinuierlichen Verbesserung den langfristigen Erfolg des Unternehmens. Daher zeigen Maßnahmen, die das Prinzip der kontinuierlichen Verbesserung in der Unternehmenskultur verankern, mehr Wirkung.

2.3.3 TTE fördert Erfolgsteams anstatt Einzelkämpfer

Eine erhebliche Verbesserung der Wettbewerbsposition erreicht TTE auch dadurch, daß bereits bei der Prozeßoptimierung Teams als fester Bestandteil der Organisation verankert werden.

Dabei geht es um mehr als nur darum, Gruppen von Mitarbeitern zusammenzubringen. Es werden Erfolgsteams geschaffen. Mitarbeiter haben dort ein Maximum an Verantwortung für ihre Arbeitsergebnisse. Sie stehen mit den Kunden, seien sie intern oder extern, in direktem Kontakt und kennen deren Wünsche genau. Dadurch ist es diesem Unternehmen möglich, mit höchster Flexibilität proaktiv auf Veränderungen am Markt einzugehen.

Wesentlich für Erfolgsteams ist, daß sie sich den Geschäftsprozeß oder einen Teilprozeß tatsächlich zu eigen machen. Das Team entscheidet gemeinsam über die »Erfüllung« seines Prozesses innerhalb der vom Management gesetzten ehrgeizigen Ziele und des gegebenen Freiraumes, von der Gestaltung des Arbeitsablaufs über die Zuordnung und Nutzung der Ressourcen bis hin zur Setzung von Prioritäten.

Erfolgsteams bedeuten unbedingtes Engagement aller Involvierten. Als Ganzes haben sie das Wissen und die Erfahrung, um ihren (Teil-)Prozeß auszuführen. Jedes Team konzentriert sich auf sein Endprodukt, auf die meßbaren Ergebnisse einschließlich Menge, Qualität, Kosten und Zeit, die in ihrer Zielsetzung festgelegt worden sind.

Die Leistung von Erfolgsteams ist wegen ihrer direkten und eindeutigen Verantwortung, ihrer stärkeren Kundenorientierung und ihrer klaren Ergebnisorientierung beträchtlich höher als diejenige traditioneller, funktional-hierarchischer Abteilungen. Das »Wir-Gefühl« steigert die Zufriedenheit und damit die Motivation der Mitarbeiter. Die offene Teamatmosphäre verschafft den Teammitgliedern vielfältige Möglichkeiten, Initiative zu ergreifen und ihre Fähigkeiten weiterzuentwickeln.

In einer Erfolgsteam-Struktur kann die Unternehmensführung ebenfalls als strategisches Erfolgsteam betrachtet werden. Aufgabe dieses Teams ist es, die Unternehmensvision, die strategischen Ziele, die wichtigsten Leistungskennzahlen sowie das Beurteilungs- und Vergütungssystem zu entwickeln und zu vermitteln. Das strategische Erfolgsteam stellt die notwendigen (meist finanziellen) Ressourcen den übrigen Erfolgsteams zur Verfügung, unterstützt Initiativen, die über mehrere Prozesse hinweglaufen und den Gesamtunternehmenserfolg verbessern sollen. Es fungiert zudem als »Schiedsrichter« bei Konflikten zwischen den einzelnen Teams.

Damit unterscheiden sich die Aufgaben der Unternehmensführung bei der TTE-Lösung nicht allzu sehr von den bisherigen. Die Konsequenzen für die mittlere Führungsebene sind jedoch wesentlich dramatischer. Erfolgsteams brauchen kaum Kontrolle und Führung durch funktionale Abteilungen. Daher wird die Zahl der mittleren Führungskräfte stark abnehmen, und diejenigen, die bleiben, werden lediglich mit einer geringen formalen Macht ausgestattet sein.

3. Die Vision wird zur Realität

Der Weg vom funktional orientierten hin zum prozeßgetriebenen, teamorientierten Unternehmen ist nicht in wenigen Wochen zu erreichen. Denn das Verhalten der Mitarbeiter muß sich ändern, soll dieses neue Unternehmenskonzept mit Leben gefüllt werden. Und wie schwer Verhaltensänderungen zu realisieren sind, weiß jeder, der schon einmal versucht hat, Mitarbeitern zu vermitteln, daß das, was 20 Jahre lang seine Gültigkeit hatte, jetzt plötzlich außer Kraft gesetzt werden soll.

Es gibt daher drei entscheidende Voraussetzungen für eine erfolgreiche Neuausrichtung des Unternehmens:

- Ein Schockereignis muß die Richtigkeit der bisherigen Praxis völlig in Frage stellen, damit jeder Mitarbeiter die Notwendigkeit für Veränderungen sieht und einsieht.

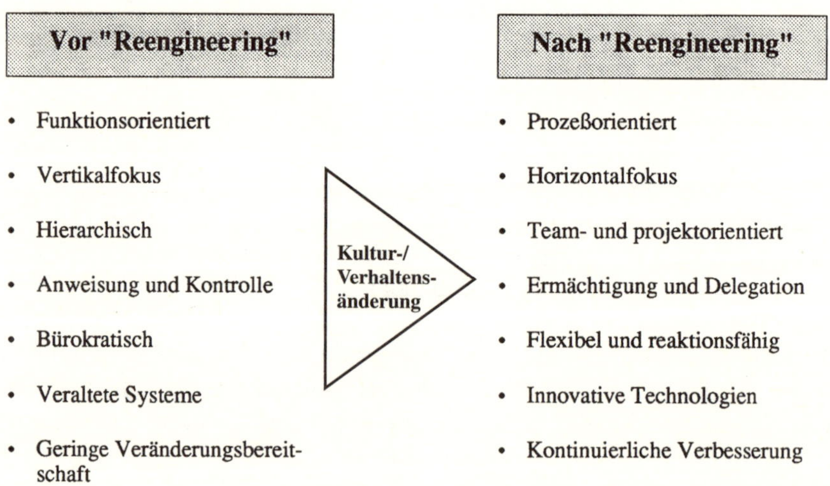

© A.T. Kearney

Abbildung 7: Weltklasse-Unternehmen

- Die Unternehmensleitung muß sich voll und ganz der neuen Organisationsform verpflichten und diese allen Mitarbeitern ausführlich kommunizieren.
- Das Topmanagement muß davon überzeugt sein, daß die Mitarbeiter zu optimaler Teamarbeit fähig sind, daß sie Freiräume als Ansporn verantwortungsvoll nutzen und daß sie sich weiterentwickeln, wenn ihnen dazu Gelegenheit geboten wird.

Sind diese Voraussetzungen erfüllt, wird TTE zum Erfolg führen. Führungskräfte und zukünftige Mitglieder der Erfolgsteams müssen so in Teamwork, kooperativem Führungsstil, zielorientierter Kommunikation und im Abbauen von (mentalen) Barrieren geschult werden, daß sie durch das Erleben »am eigenen Leib« und in ihrem praktischen Umfeld die Vorteile im Hinblick auf die zukünftige Unternehmensorganisation erkennen.

Erfahrungsgemäß ist der Transformationsprozeß nicht in kurzer Zeit zu schaffen. Es ist ein langer Weg bis zum Aufbau einer neuen Unternehmenskultur, der sich jedoch für das Unternehmen lohnt, das die Konkurrenz übertreffen möchte und dank hochmotivierter Mitarbeiter für die Zukunft die Reserven zu weiterer Leistungssteigerung nutzen möchte.

TTE ist vor allem Change Management. Es hat zum Ziel, die höchste Erfüllung von Kundenbedürfnissen durch alle Mitarbeiter sicherzustellen. Das bedeutet:

- Der Kundenbegriff ist auch intern für alle Mitarbeiter untereinander gültig.
- Meßgröße ist die Leistung der Besten und nicht der Durchschnitt.
- Aufgabe ist die gemeinsame und kontinuierliche Verbesserung von Prozessen statt Lösen von Problemen.
- Die Führung gibt den Mitarbeitern die notwendigen Kompetenzen zur Erfüllung der Kundenbedürfnisse.
- Die Entscheidungsprozesse sind »lean« und damit geeignet, schnell und flexibel auf Änderungen in den Kundenanforderungen reagieren zu können.

Damit wird TTE zu einem der Erfolgsgeheimnisse der Weltklasse-Unternehmen von morgen.

Maßgeschneidertes Reengineering
Ein pragmatischer Ansatz von Bain & Company

Roman Zeller

1. Reengineering ist hochaktuell, hochwirksam und hochgradig riskant. Doch der Erfolg ist steuerbar

Die Zahl der Unternehmen, die Erfahrungen mit Reengineering-Projekten sammeln, wächst ständig. Unter dem Schlagwort »Reengineering« wird allerdings eine große Palette von Verbesserungsprojekten zusammengefaßt: von Ablaufoptimierungen in isolierten funktionalen Bereichen bis hin zu massiven Restrukturierungen mit grundsätzlicher Neuausrichtung des Unternehmens, an denen bis zu 50 gleichzeitig arbeitende Reengineering-Teams beteiligt sind.

Solche Projekte können spektakuläre Verbesserungen erzielen, wie einige Beispiele aus unserer Beratungsarbeit zeigen:

- Senkung der Kosten in der Hauptverwaltung eines europäischen Pharmaunternehmens um 25 %,
- Verkürzung der Entwicklungszeit für Pharmazeutika um 30 % bei Halbierung des Entwicklungspersonals,
- Verkürzung der Neuproduktentwicklung und -einführung von 18 auf 6 Monate in einem global tätigen Konsumgüterunternehmen,
- Reduzierung der Vertragsdokumentation um 75 %, der Durchlaufzeit um 60 % und der Prozeßkosten um 50 % bei einem europäischen Telekom-Gerätehersteller.

Aber nicht immer steht am Ende der Projekte die dramatische Verbesserung bei Kosten, Qualität, Service und Geschwindigkeit, die sich ihre Initiatoren anfänglich versprochen haben. Vielmehr schwanken die Ergebnisse der Projekte ähnlich stark wie der Umfang der Anstrengungen. 70 % aller Reengineering-Bemühungen scheitern, wie Michael Hammer, der Protagonist des Ansatzes, zu bedenken gibt.

Im radikalen Anspruch des Reengineerings liegt zugleich sein Charme und der Ursprung für die häufigen Fehlschläge. Im folgenden wollen wir zunächst verdeutlichen, daß Reengineering ein inhaltlich grundsätzlich »machbares«, »steuerbares« Konzept ist. Danach stellen wir das typische Vorgehen von Bain & Company, dem Pionier der implementierungsorientierten Beratung, bei Reengineering-Projekten vor. Mit diesem Vorgehen wird einerseits sichergestellt, daß die inhaltlichen Schwerpunkte in einem Reengineering-Projekt richtig gesetzt werden. Andererseits gewährleistet der spezifische Bain-Beratungsansatz eine hohe Erfolgswahrscheinlichkeit bei der Implementierung.

2. Nicht jedes Management-Tool paßt für jedes Unternehmen. Dies gilt auch für Reengineering

In den letzten Jahren haben verschiedene Wellen von Management-Tools die Unternehmen erfaßt. Total Quality Management, Lean Management und Benchmarking mögen hier als Schlagworte genügen. Obwohl viele Konzepte von ihren Promotoren wie »Allheilmittel« angepriesen werden, ist de facto das Anwendungsspektrum sehr unterschiedlich. Einerseits sind im Verbreitungsgrad große Unterschiede zu bemerken, andererseits erweisen sich je nach Unternehmenssituation unterschiedliche Tools als geeignet und hilfreich. Da ähnliche Einschränkungen für Reengineering gelten, sollen zunächst einige wichtige Ergebnisse einer Studie vorgestellt werden, die Bain & Company zusammen mit The Planning Forum 1993 bei 500 US-Unternehmen durchgeführt hat.

Zunächst zum Verbreitungsgrad von Tools: In den Jahren 1989–1993 wurden bei den 500 US-Unternehmen die Tools Unternehmensleitbild, Customer Surveys und Total Quality Management am häufigsten eingesetzt (vgl. Abbildung 1).

Die Präferenzen der Unternehmen ändern sich jedoch mit der Zeit. So weicht der für 1994 geplante Einsatz von der bisherigen Struktur deutlich ab: Customer Surveys werden im »Zeitalter der Kundenorientierung« zum populärsten Instrument, Benchmarking und Reengineering gewinnen an Bedeutung, Total Quality Management fällt zurück (vgl. Abbildung 2).

Aber der Tool-Einsatz ist nicht überall gleich. Segmentiert man die Gruppe der 500 Unternehmen nach der Ertragslage, ergibt sich erwartungsgemäß ein deutlich anderes Bild: Unternehmen, die mit ihren finanziellen Ergebnissen sehr zufrieden sind, bevorzugen ganz andere Tools als solche, die sehr unzufrieden sind (vgl. Abbildung 3).

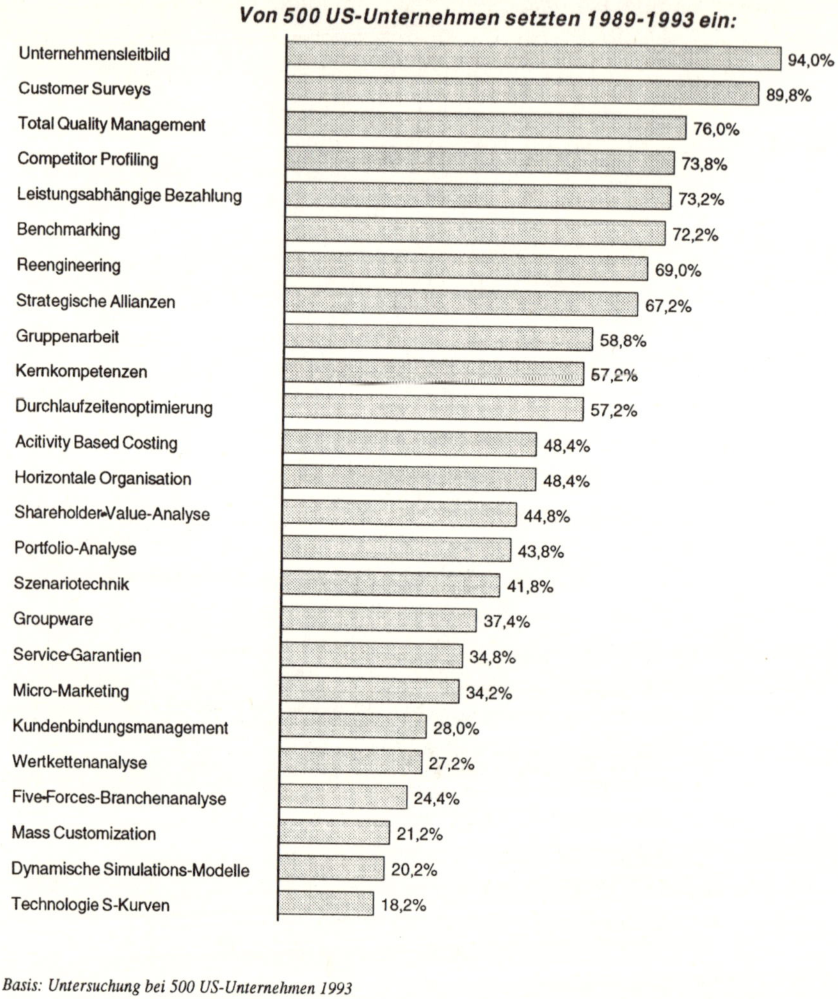

Abbildung 1: Die Popularität von Management-Tools ist sehr unterschiedlich

Der Einsatz verschiedener Management-Tools muß genau auf die Unternehmenssituation zugeschnitten werden. Selbstverständlich gilt das auch für Reengineering-Projekte. Der Anpassungsbedarf für ein Reengineering-Projekt ist sogar besonders hoch, da Reengineering aus mehreren Grundelementen besteht, die in sich jeweils eine Reihe von »Stellschrauben« beinhalten.

Rangfolge der meistbenutzten Tools

	1989-'93	1994	
Customer Surveys	2	1	
Unternehmensleitbild	1	2	
Benchmarking	6	3	↑
Reengineering	7	4	↑
Competitor Profiling	4	5	
Leistungsabhängige Bezahlung	5	6	
Total Quality Management	3	7	↓
Strategische Allianzen	8	8	
Gruppenarbeit	9	9	
Kernkompetenzen	10	10	

Basis: Untersuchung bei 500 US-Unternehmen

Abbildung 2: Die Popularität von Management-Tools verändert sich

Rangfolge der Zufriedenheit mit Management-Tools

	Unternehmen mit guter Ertragslage	Unternehmen mit schlechter Ertragslage
Portfolio Analyse	1	8
Micro Marketing	2	14
Horizontale Organisation	3	17
Dynamische Simulation	4	6
Durchlaufzeitenoptimierung	5	9
Customer Surveys	6	2
Leistungsorientierte Bezahlung	7	24
Unternehmensleitbild	8	16
Kernkompetenzen	9	22
Reengineering	10	4
Benchmarking	11	5
⋮	⋮	⋮
Activity Based Costing	24	1
Groupware	25	3

Basis: Untersuchung bei 500 US-Unternehmen

Abbildung 3: Unterschiedliche Unternehmenssituationen erfordern unterschiedliche Tools

3. Der Reengineering-Ansatz besteht aus vier konzeptionellen Grundelementen, die situationsspezifisch angepaßt werden müssen

Reengineering ist kein Einzelprodukt, sondern die Kombination verschiedener Ansätze bzw. Management-Tools. Jedes Beratungsunternehmen, das sich mit Reengineering beschäftigt, setzt die Ingredienzien in leicht unterschiedlicher Mischung ein und vermarktet seinen Ansatz mit leicht unterschiedlicher Betonung. Grundsätzlich finden sich aber in jedem Reengineering-Projekt vier Grundelemente:

1. Ein fundamentales Überdenken der Art und Weise, wie Arbeit erledigt wird (Ablauforganisation) mit dem Ziel deutlicher Verbesserungen bei Produktivität und Durchlaufzeiten.
2. Eine strukturelle Reorganisation (Aufbauorganisation), die typischerweise funktionale Hierarchien aufbricht und sie zum Teil in multifunktionale (»horizontale«) Teams überführt.
3. Neue Planungs-, Steuerungs- und Kontrollsysteme sowie Informationssysteme, wobei durch Einsatz höherwertiger Technologie eine Verbesserung von Datenverfügbarkeit und eine Vereinfachung der Entscheidungsfindung angestrebt wird.
4. Ein neues Wertesystem, das typischerweise die Kunden des Unternehmens in den Vordergrund rückt.

Sobald man Reengineering in diese Bestandteile zerlegt, wird klar, daß Unternehmen mit der Einführung bzw. der Veränderung der einzelnen Grundelemente eine zum Teil sehr lange Erfahrung haben: Die Ursprünge von Ablaufoptimierungen dürften wohl bei Frederik Taylor (1856–1915) zu suchen sein; theoretische Grundlagen für Aufbauorganisationen haben Henri Fayol (1841–1925), Alfred P. Sloan, jr. (1875–1966) und Peter Drucker (geb. 1909) gelegt; am Thema der Informations- und Kontrollsysteme hat Georg Siemens (1839–1901) gearbeitet; Grundgedanken zur Gestaltung des Wertesystems einer Organisation gehen zurück auf Hugo Muensterberg (1863–1916); und die Fokussierung auf Kunden wurde z. B. in den USA von Robert E. Wood (1879–1969) erfolgreich angewandt. Sogar in der nunmehr »neuen« Kombination der vier Grundelemente in der Form des Reengineering ist der Ansatz nicht neu. Jede der großen Beratungsgesellschaften betreibt diesen Typ von Veränderungsprozessen bereits seit vielen Jahren – wenn auch nicht unter dem Namen Reengineering.

Aufgrund dieser Erfahrungen sowie der Arbeit mit anderen Management-Tools kann man Gefahren aufzeigen, die bei der Durchführung von Reengineering-Projekten drohen. Folgende Grundregeln sollte das Management beim Einsatz einer solchen »Tool-Kombination« für eine gesamtheitliche Unternehmensreform beachten:

1. *Reengineering kann das Erreichen strategischer Ziele unterstützen, aber es ersetzt nicht eine klare Strategie.* Es ist es kein Fortschritt, weiterhin falsche Dinge zu tun, aber dabei immer effizienter zu werden. Unternehmen, die beim Reengineering erfolgreich waren, haben zunächst überzeugende strategische Visionen erarbeitet und dann Reengineering als Mittel eingesetzt, um das Erreichen der strategischen Ziele zu unterstützen.
2. *Reengineering schafft selten endgültige Lösungen, aber oft die künftig notwendige Anpassungsfähigkeit.* Märkte sind dynamisch, Kundenbedürfnisse und Wettbewerbsverhältnisse ändern sich. Auch nach einem Reengineering-Projekt verschwinden Probleme nicht. Neue werden auftauchen, und es entsteht neuer Anpassungsbedarf.
3. *Reengineering kann bei unvorsichtigem Einsatz leicht zur Überbeanspruchung der Organisation führen. Symptome sind:*
   - Lähmung der Organisation: Reengineering kann Arbeitsbeziehungen auseinanderreißen, kulturelle Eigenheiten entwerten und schnelles Zusammenspiel auf dem kleinen Dienstweg blockieren. Entscheidungsgeschwindigkeit und Risikobereitschaft sinken. Die Organisation ist gelähmt.
   - Vertrauensverlust: Arbeitnehmerschaft und Gewerkschaften versagen ihre aktive Mitarbeit, wenn sich hinter großen Ankündigungen von Reengineering nur die nächste Entlassungswelle unter Beibehaltung von Abläufen, Strukturen und Systemen verbirgt.
   - Zu langes Warten auf die neueste Technologie: Reengineering kann – bei unvorsichtigem Einsatz – brauchbare, aber suboptimale Systemlösungen durch konzeptionell perfekte Lösungen ersetzen, die auf dem Papier gut aussehen, aber nie wirklich umgesetzt werden. Die elegantesten Systemlösungen sind oft lange Zeit »kurz vor der Fertigstellung«, während die kontinuierliche Verbesserung der bestehenden Systeme stark vernachlässigt wird.
4. *Reengineering-Projekte müssen genau auf die Unternehmenssituation zugeschnitten werden.* Jeder Eingriff in die Aufbau- und Ablauforganisation, in die Systeme und in die Wertvorstellungen muß – will man die »Überbeanspruchung« und die anderen Fehlerquellen vermeiden – getrieben sein von der Unternehmensstrategie. Und Reengineering muß verankert sein in ei-

nem klaren, gemeinschaftlich verabschiedeten Verständnis der strategischen Ausgangslage, der Anforderungen des Marktes und des im Unternehmen auf Sicht Machbaren, der strategischen Ziele und der organisatorischen Problemzonen. Nur dann kann es erfolgreich sein.

4. Maßgeschneidertes Reengineering: die wichtigsten Projektinhalte

Jedes Reengineering-Projekt muß also auf die spezifischen Anforderungen des Unternehmens ausgerichtet werden. Im folgenden wird anhand des typischen vierstufigen Projektaufbaus von Bain-Reengineering-Projekten erläutert, durch welche Mechanismen diese Anpassung geleistet und wie gleichzeitig eine erfolgreiche Implementierung vorbereitet wird (vgl. Abbildung 4).

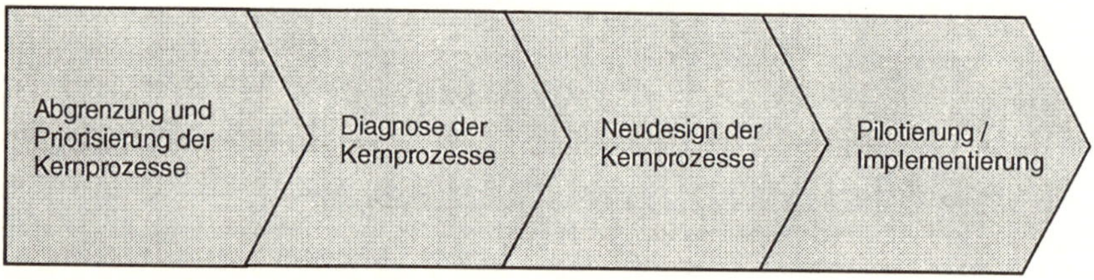

Abbildung 4: Phasen eines Reengineering-Projektes

4.1 Abgrenzung und Priorisierung der Kernprozesse

Ziel dieser Phase ist die schnelle, effiziente Identifikation der Kernprozesse und die Fokussierung der Projektarbeit auf die drei bis vier wichtigsten Prozesse, bei denen signifikante Verbesserungen erreicht werden können. Im einzelnen sind folgende Arbeitsschritte zu leisten:

- Aus der Gesamtstrategie des Unternehmens, den definierten Wettbewerbsvorteilen und den Anforderungen der Kunden sind diejenigen Prozesse abzuleiten, die für den Gesamterfolg entscheidend sind (»kriegsentscheidende Prozesse«).
- Für die Prozesse sind erste Leistungskennziffern zu definieren und zu mes-

sen, mit groben externen »Benchmarks« zu vergleichen und daraus Verbesserungspotentiale pro Prozeß abzuschätzen.

- In der Projektarbeit sollten nicht mehr als drei bis vier Prozesse gleichzeitig untersucht und neugestaltet werden. Für die nachfolgende detaillierte Analyse und Neugestaltung sollten nur diejenigen Prozesse ausgewählt werden, bei denen erhebliches Verbesserungspotential besteht (z. B. über 20 %ige Verbesserung bei Leistungskennziffern).
- Darauf aufbauend kann dann die für die folgenden Projektphasen gültige Projektorganisation (Team, Arbeitsschritte, Zeitplan) sowie die anzustrebenden Projektziele ausgearbeitet und verabschiedet werden.

Diese erste Phase erfordert neben einer Reihe von externen Analysen (Benchmarking) insbesondere intensive Management-Interviews und -Workshops zur Priorisierung und individuellen Zielvereinbarung pro Prozeß. Nachlässigkeit gerade in dieser Phase birgt die konkrete Gefahr des Scheiterns des Projektes.

Durch die Information der Mitarbeiter über das nunmehr laufende Unterfangen sowie die Auswahl der Projektteammitglieder setzt das Management wichtige Zeichen. Die Ernsthaftigkeit des Projektes und dessen nachhaltige Unterstützung durch das Topmanagement sollten nicht nur Lippenbekenntnisse bleiben, sondern dokumentiert werden durch aktive Teilnahme des Managements an wichtigen Schritten der Projektarbeit sowie die Entsendung der besten Mitarbeiter in das Projekt.

4.2 Diagnose der Kernprozesse

Inhalt dieser Phase ist eine detaillierte Analyse und Dokumentation der einzelnen Prozeßschritte, um eine gemeinschaftlich verabschiedete Faktensammlung zu erarbeiten, auf deren Basis dann präzise Ziele für die Neugestaltung des Ablaufs festgelegt werden können. Im einzelnen sind in dieser Phase folgende Arbeitsschritte zu leisten:

- Es sind vom Reengineering-Team Kundeninterviews durchzuführen, mit dem Ziel, die Leistungsanforderungen aus Kundensicht genau zu erfassen, wenn möglich zu quantifizieren und die Leistungsfähigkeit des Unternehmens mit derjenigen der Konkurrenten zu vergleichen. Ergebnis ist ein Verständnis des Wertschöpfungsbeitrags pro Prozeßschritt aus Kundensicht.
- In Interviewrunden mit den wichtigsten Prozeßbeteiligten und durch

Nachverfolgung von Geschäftsvorfällen werden Ablaufdiagramme (»Prozeßlandkarten«) zunächst grob erarbeitet und dann in den Problemzonen immer weiter detailliert. Zeit- und Mengengerüste werden erhoben, um die Kostenstrukturen zu bestimmen und Systemkosteneffekte abzuschätzen. Bei Problemzonen in den Abläufen werden detaillierte Ursachenanalysen angestellt.

- Ein detailliertes Benchmarking gegen Wettbewerber in der gleichen Branche und branchenfremde Unternehmen mit ähnlich gelagerten Prozessen erlaubt eine fundierte Abschätzung von anzustrebenden Verbesserungen. Es empfiehlt sich, nicht nur Kennzahlen zu vergleichen, sondern wo immer möglich persönliche Besuche bei Vergleichsunternehmen durchzuführen, um vor Ort die Hintergründe der unterschiedlichen Leistungsfähigkeit zu verstehen.
- Schließlich ist am Ende dieser Phase ein konkretes Zielbündel für die nachfolgende Neugestaltung des Prozesses festzulegen. Dazu sind die Möglichkeiten zur Leistungsverbesserung zunächst hinsichtlich ihrer Beiträge zur Gesamt-Zielerreichung und hinsichtlich der Schwierigkeit der Umsetzung zu bewerten und dann zu priorisieren. Schließlich müssen konkrete Ziele und Meilensteine pro Prozeß vereinbart werden.

Oft genug werden in dieser Phase sowohl Teammitglieder als auch das Management auf eine Verkürzung des Diagnosezeitraums drängen mit dem Argument, daß die Probleme bereits allseits bekannt seien. In diesem Punkt ist jedoch Vorsicht anzuraten, zumal die Diagnosephase nicht nur der vordergründigen Faktensammlung, sondern darüber hinaus noch weiteren für die Implementierung wichtigen Zwecken dient.

In der Diagnose läßt sich nämlich bereits ausloten, wie umfassend die Neugestaltung des Prozesses ansetzen muß. Hierzu ist es vor allem wichtig, die Randbereiche des Prozesses in die Untersuchung mit einzubeziehen. Das heißt zum Beispiel, daß sowohl die Linienfunktionen als auch die relevanten Stabsfunktionen (wie etwa Rechnungswesen oder EDV) mit einbezogen werden müssen. Ebenso wichtig ist es, die Diagnose auf die direkt operativ tätige Ebene zu konzentrieren, anstatt nur die Interpretation des Managements aufzunehmen.

Außerdem gilt es, in der Diagnosephase »Munition« zu sammeln, um später »Zweiflern« begegnen zu können. Hierzu ist vor allem eine solide Faktenbasis sinnvoll. Als Illustration für die Wichtigkeit eines solchermaßen implementierungsorientierten Vorgehens mag das Beispiel eines Reengineering-Teams gelten, das in der Implementierungsphase immer wieder die gleichen vier Schaubilder benutzte, um Mitarbeiter zu überzeugen. Das erste Schaubild zeigte ein Ablaufdiagramm des Ist-Prozesses mit seiner Vielzahl an Irrwegen. Das zweite Schaubild verdeutlichte, daß es für die meisten Entscheidungen mehrere Verantwortliche gab. Im dritten Schaubild wurden wohlbekannte Kunden und die von ihnen am Prozeß geäußerte Kritik aufgeführt. Das vierte Schaubild schließlich zeigte die unbefriedigende Ertragssituation.

Die Diagnosephase sollte zugleich als erste Gelegenheit genutzt werden, um die Arbeit des Projektteams auf breiter Ebene zu »verkaufen« und mögliche Widerstände zu erkennen und zu verstehen. Schließlich hilft dem Projektteam die gemeinsame Arbeit in dieser Phase, zu einem effizienten Team zu werden.

4.3 Neudesign der Kernprozesse

Ziel der dritten Phase ist, die Prozesse so radikal zu reformieren, daß tatsächlich ein Quantensprung bei den Leistungskennziffern erreicht werden kann. An ihrem Ende sollte ein Masterplan für die Einführung der neuen Prozesse vorliegen. Einige unmittelbare Verbesserungsansätze sollten sich bereits im Implementierungsstadium befinden. Im einzelnen sind folgende Arbeitsschritte zu leisten:

- Optionen für die Neugestaltung der Prozesse aufbauen. Dabei sind folgende Gestaltungsregeln zu beachten:
  - Schnittstellen und Weitergaben eines Geschäftsvorfalls eliminieren;
  - Arbeiten konsolidieren in wenigen Positionen, anstatt sie nach tayloristischem Vorbild zu zergliedern;
  - Systemkosten anstelle unmittelbarer Arbeitsschrittkosten optimieren;
  - schnelle und effektive Entscheidungsfindung ermöglichen (typischerweise »vor Ort«, nahe am Geschehen);
  - Komplexität der Abläufe reduzieren;
  - Informationstechnologie kreativ einsetzen.
- Optionen zur Neugestaltung hinsichtlich Kosten, Nutzen und Risiken bewerten, priorisieren und die geplante Einführung mit überzeugenden ökonomischen Vorteilen begründen.
- Detaillierte Projektpläne (Arbeitsschritte, Verantwortliche, Zeiten) zur Einführung der neuen Prozesse erarbeiten.
- Weniger komplexe organisatorische Veränderungen, die sofort implementiert werden können, identifizieren und für die Umsetzung aufbereiten.

4.4 Pilotierung und Implementierung

Ziel dieser Phase ist es, in einem Pilotlauf die Leistungsfähigkeit der wichtigsten neuen Prozesse unter Beweis zu stellen, damit Akzeptanz im Unternehmen zu schaffen und schließlich die breite Einführung aller neuen Prozesse vorzubereiten. Im einzelnen sind folgende Arbeitsschritte vorgesehen:

- Ein Pilotlauf wichtiger neuer Prozesse – im Wettbewerb gegen die alten Abläufe – ist vorzubereiten und durchzuführen.
- Auf Basis der Erfahrungen aus der Pilotierung müssen Prozeßanpassungen (»Feinschliff«) vorgenommen werden, die Einführung zeitlich und inhaltlich ausgeplant und der Anpassungsbedarf bei der Informationstechnologie geklärt werden.
- Mit Abschluß der Pilotierung und des Feinschliffs des Prozesses kann die Implementierung gestartet werden. Dabei werden
  - Aufgaben neu auf Positionen verteilt,
  - die Entscheidungsverteilung zwischen zentralen und dezentralen Entscheidungsträgern angepaßt und
  - Planungs-, Steuerungs- und Kontrollsysteme überarbeitet.
- Die Implementierung muß unterstützt werden durch kontinuierliche Kommunikation gemäß einem verabschiedeten Kommunikationsplan.

5. Maßgeschneidertes Reengineering: Unternehmensspezifisches Projektmanagement

In den beiden vorangegangenen Kapiteln wurde ein Überblick über die typischen Inhalte eines Reengineering-Projektes gegeben und jeweils aufgezeigt, wie das Management mit den Projektbeteiligten (d. h. Mitarbeitern und Beratern) in jedem Projektabschnitt eine Reihe inhaltlicher Feinabstimmungen des Projekts vornehmen muß. Diese situationsspezifischen Anpassungen alleine sichern aber noch nicht eine erfolgreiche Durchführung des Reengineering. Eine mindestens ebenso wichtige Rolle spielt das richtige Projektmanagement. Im folgenden Abschnitt werden Hinweise dafür gegeben, aus welcher Perspektive ein Reengineering-Projekt angegangen werden sollte und wie mit einem geeigneten Projektmanagement die erfolgreiche Implementierung vorbereitet werden kann.

5.1 Projektbeteiligte

Generell kann ein Reengineering-Projekt mit unterschiedlichen Ansätzen angegangen werden. Als Extrempunkte lassen sich ein reiner Top-down-Ansatz und ein partizipativer Ansatz unterscheiden (vgl. Abbildung 5). Beide Ansätze weisen eine Reihe von Vor- und Nachteilen auf.

Erfolgversprechende Reorganisationen sind unserer Erfahrung nach nur mit dem partizipativen Ansatz möglich. Gerade für die Reengineering-Projekte bietet sich ein partizipativer Ansatz an, da im Rahmen dieser Projekte z. B. sehr oft eine Optimierung der Funktionsverteilung auf dezentrale und zentrale Aufgabenträger sowie deren Zusammenspiel geleistet werden soll. Eine solche Optimierung der Aufgabenverteilung und der Abläufe kann aber nur dann ohne größere Widerstände umgesetzt werden, wenn alle betroffenen Organisationseinheiten an der Konzepterstellung beteiligt sind und gemeinsam Ergebnisse erarbeiten. Aus diesem Grund sollten gemischte Teams aus den verschiedenen Bereichen und Ebenen gebildet werden.

Für die Besetzung der Teams bei einem partizipativen Ansatz gelten erfahrungsgemäß folgende generelle Grundsätze:

- Das Team sollte aus den besten Mitarbeitern gebildet werden, die aufgeschlossen gegenüber Veränderungen, kreativ und hochmotiviert sein sollten.
- Die Schlüsselmitarbeiter müssen erfahren genug sein, um Entscheidungen empfehlen bzw. treffen zu können.

	Top-Down-Ansatz	**Partizipativer Ansatz**
Teambesetzung	• Besetzung der Projektteams durch Mitarbeiter aus Zentralabteilungen und Stäben	• Bildung von gemeinsamen Projektteams aus allen organisatorischen Einheiten
Vorteile	• Ziele des Top-Managements als Projektergebnis • Relativ einfacher Prozeß • Zeitersparnis	• Umfassende Berücksichtigung verschiedener Sichtweisen • Partizipation verhindert Widerstände und liefert Commitment • Partizipienten sind Multiplikatoren im Kommunikationsprozeß • Implementierungserfolg wahrscheinlicher
Nachteile	• Nur eine Sichtweise (Top-Management) einbezogen • Widerstand der Betroffenen • Konzept wird nicht von der "breiten Masse" mitgetragen und nicht gelebt	• Evtl. konfliktäre Ziele • Aufwendiger, komplexer Prozeß • Zeitaufwand u.U. höher

Abbildung 5: Top-down- versus partizipativer Ansatz

- Die Mitarbeit muß für die Besten eine echte Karrierechance darstellen.
- Die Teammitglieder müssen von einem Großteil ihrer sonstigen Aufgaben freigestellt werden.

5.2 Projektorganisation

Bei der Projektorganisation ist das enge Zusammenspiel einer Reihe von Gremien entscheidend, die jeweils unterschiedliche Aufgaben zu erfüllen haben (vgl. Abbildung 6).

Im Lenkungsausschuß werden die Projektergebnisse präsentiert und – falls möglich – zur Entscheidung vorgelegt. In der Projektkoordination werden Planungen und Einsätze der gemeinsamen Teams abgestimmt sowie sukzessive erarbeitete Ergebnisse sukzessive gesichtet und interpretiert.

5.3 Projektumsetzung

Die Implementierung sollte unmittelbar nach Konzepterstellung eingeleitet werden. Am Ende eines Reengineering-Projektes ist die Erwartungshaltung der Mitarbeiter in der Regel so hoch, daß umgehende Entscheidungen durch die Unternehmensführung erwartet werden. Außerdem sollte der Schwung in den dann eingespielten Projektteams aufrechterhalten werden.

Aus der Erfahrung bei großen Reengineering-Projekten haben sich für die erfolgreiche Umsetzung einige Regeln herauskristallisiert:

Die zehn Grundsätze der erfolgreichen Umsetzung einer Neuorganisation:

1. Ein überzeugtes und entschlossenes Topmanagement an der Spitze der Umsetzungsbewegung (Führungsstärke zeigen; weitreichende Entscheidungen und Veränderungen werden erwartet).
2. Unmittelbare Kommunikation von Zielen, Leitgedanken und Kernelementen der organisatorischen Neugestaltung an die Gesamtorganisation (positives Momentum schaffen, keine Verunsicherung aufkommen lassen).
3. Frühzeitige Überzeugung und Einbindung der zukünftigen Verantwortlichen, soweit bereits möglich (»Motoren des Wandels«).
4. Hochkarätiges Umsetzungsteam, besetzt mit operativ Verantwortlichen

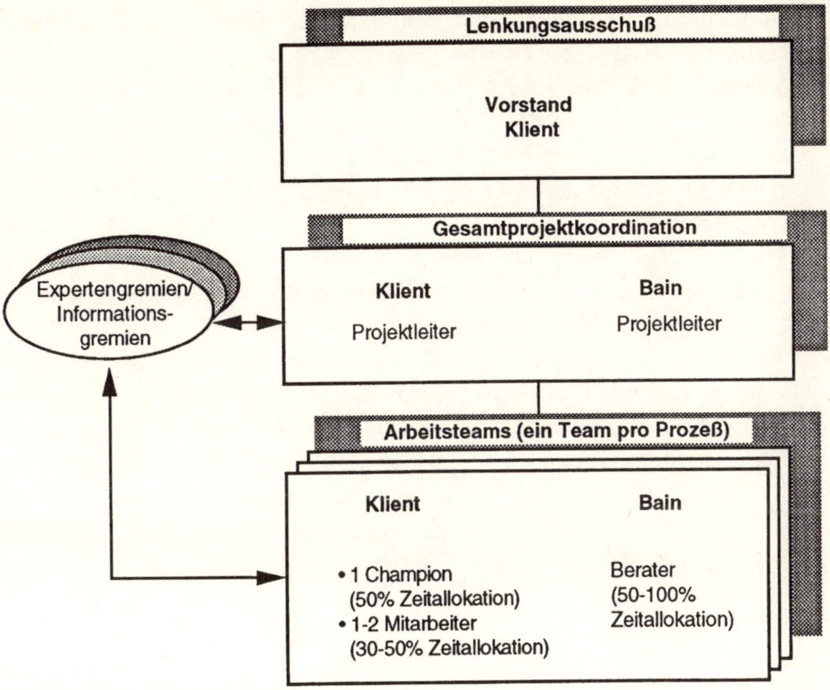

Gremien	Hauptaufgaben
Lenkungsausschuß	• Projektzielvorgabe • Endverantwortung für Projektergebnisse • Erfahrungsaustausch • Ansprechpartner und Ratgeber
Gesamtprojektkoordination	• Verantwortung für Projektinhalte und -fortschritt • Moderation/Projektmanagement • Strukturierung und Formulierung der Ergebnisse • »Coaching« von Projektmitgliedern • Übernahme von Projektaufgaben
Arbeitsteams	• Verantwortung für Projektmodule • Vorbereitung und Diskussion der Ergebnisse • Übernahme von Projektaufgaben
Zusätzliche Mitarbeiter	• Teilweiser Einbezug von – Fachabteilungen/operativen Einheiten – weiteren Mitarbeitern
Expertengremien/ Informationsgremien	• Regelmäßige Information über Projektfortschritt • Multiplikatoren

Abbildung 6: Beispielhafte Gremien in der Projektorganisation

und mit übergreifenden und unabhängigen Teammitgliedern zur Gewährleistung der Konzepttreue und der konstruktiven Umsetzung.

5. Straffes Projekt- und Zeitmanagement zur kontinuierlichen Aufrechterhaltung von Momentum und Umsetzungsdruck.
6. Bewußtsein schaffen und Verständnis zeigen für die zahlreichen Detailprobleme, Abstimmungserfordernisse und Feinoptimierungen im Umsetzungsprozeß.
7. Pragmatische, arbeitsfähige Startstrukturen schaffen (»Hauptsache anfangen«), gleichzeitig Status quo als Übergangslösung eindeutig klar machen und Verfestigungen entgegenwirken.
8. Kontinuierliches gegenseitiges Lernen durch kontrolliertes Querspielen von Umsetzungserfahrungen gewährleisten.
9. Einige rasche Erfolge erzielen und kommunizieren (»Erfolg schafft Erfolg«), Fehler und Rückschläge in Kauf nehmen.
10. In Zweifelsfragen immer die konsequentere und weiterreichende Lösung wählen (»Mut zum Wandel«, keine durchgreifende Änderung ohne kurzfristig unpopuläre Entscheidungen).

5.4 Fallstudie: Kernprozeß-Reengineering

5.4.1 Ausgangslage

Eine amerikanische Telekommunikationsgesellschaft sieht sich durch zunehmende Deregulierung und die revolutionäre Verbreitung neuer Medien (z. B. Multimedia und Information Superhighway) signifikanten Herausforderungen gegenübergestellt. Zum einen gilt es, in einem zunehmend härteren Wettbewerbsumfeld die Geschäftsprozesse in verstärktem Ausmaß auf den Kunden zu fokussieren. Zum anderen sind signifikante Einsparungen auf der Kostenseite notwendig, um ausreichend Cash-flow für die Investitionen in neue Medien und Technologien zu generieren.

Bain & Company arbeitet mit diesem Klienten seit ca. einem Jahr mit zehn Projektteams an der Verbesserung der Kernprozesse. Im folgenden soll am Beispiel des Geschäftsprozesses »Bereitstellung, Installation und Wartung von Telefonanschlüssen« das Vorgehen bei der Analyse und Umsetzung beschrieben werden. Der oben genannte Prozeß stellt mit ca. 8.000 Mitarbeitern einen signifikanten Arbeits- und Kostenblock dar, der in den letzten Jahren – trotz der Durchführung einer Vielzahl von Projekten (Total Quality Management etc.) – nicht entscheidend optimiert werden konnte.

5.4.2 Vorgehensweise

Das Unternehmen zeichnet sich durch eine inhärente Komplexität aus, die sowohl durch Technologie als auch durch die über Jahrzehnte gewachsene, regional stark zergliederte Organisationsstruktur bestimmt wird. Die Kultur des Unternehmens wird durch Mitarbeiter mit langer Firmenzugehörigkeit (im Durchschnitt 15–20 Jahre), ausgeprägtem Ressortdenken sowie fehlendem Kostenbewußtsein geprägt. Diese Charakteristika machten es notwendig, für den Klienten einen im obigen Sinne maßgeschneiderten Ansatz bei der Vorgehensweise zu wählen, der die organisatorischen und kulturellen Besonderheiten des Unternehmens explizit berücksichtigt.

Die Organisation war bislang in vier regionale, relativ unabhängig voneinander agierende Geschäftsfelder untergliedert. Die Herausforderungen für das Projektteam lagen aus diesem Grund darin, den Prozeß und die mit den Einzelaktivitäten dieses Prozesses assoziierten Kosten mit den jeweiligen regionalen Besonderheiten in einem für die spätere Analyse adäquaten Detaillierungsgrad darzustellen.

Das Projektteam führte in einer ca. sechswöchigen Analysephase ca. 100 Feldinterviews, 25 Fahrten mit Technikern und 10 Workshops (insbesondere zur Validierung der aufgenommen Prozesse) durch. Um Mitarbeiter des Unternehmens bereits in dieser frühen Projektphase intensiv einzubinden, wurden einige von ihnen aus den vier Geschäftsfeldern nach intensiver Schulung für die Durchführung der Interviews eingesetzt. Ferner wurden Daten über die Mengengerüste von Aktivitäten über die letzten Jahre aus verschiedenen Datenbanken zu einer einheitlichen Informationsbasis aggregiert. Diese Vorgehensweise sollte einerseits die für die Implementierung notwendige Unterstützung der regionalen Einheiten sicherstellen und andererseits beim Aufbau einer Datenbasis helfen, die es im weiteren Verlauf des Projektes erlauben sollte, Diskussionen auf einer rein datenorientierten Basis zu führen.

Die Daten der Ist-Aufnahme wurden in ein Activity-Based-Costing-Modell überführt. Der Wert dieses Modells lag insbesondere darin, daß es nun zum ersten Mal möglich war, die Kosten nach Wertschöpfungsstufen differenziert sowohl auf einer regionalen als auch auf einer aggregierten Stufe darzustellen. Damit konnten die echten Kostentreiber dieses Kernprozesses identifiziert werden. Ferner gelang es dem Team, die bis dahin vorherrschende Betrachtung des Unternehmens nach Funktionen sowie die Unterscheidung zwischen Innendienst und Außendienst durch eine aktivitätsorientierte Sichtweise des Geschäftes zu ersetzen.

In den weiteren Phasen des Projektes wurden durch die Identifizierung von

Kundenbedürfnissen und die Durchführung von Wettbewerbsuntersuchungen externe Anforderungen an die Organisation definiert.

Die Kernerkenntnisse der Analysephase lassen sich wie folgt zusammenfassen:

- Starke Fokussierung auf interne Prozesse,
- hoher Anteil an nicht-wertschöpfenden Aktivitäten,
- starke funktionale Spezialisierung.

In der anschließenden Konzeptionierungsphase wurden die Lösungsansätze in drei Kategorien unterschieden:

1. »Prozeßoptimierungen«,
2. »signifikante Prozeßveränderungen« und
3. »Prozeßneugestaltung«.

Während in Reengineeringprojekten oftmals Computertechnologie als ein Kernelement der neugestalteten Prozesse eingesetzt wird, konnten in der bestehenden Situation die Systeme nur mittelfristig angepaßt werden. Daher mußten Lösungen erarbeitet werden, die weitestgehend systemunabhängig sind.

Die obige Untergliederung ermöglichte es, das Projekt in verschiedenen parallel laufenden Phasen fortzuführen. Mit der Implementierung der »Prozeßoptimierungen« wurde sofort nach Beendigung der Konzeptionierungsphase begonnen (»Quick Hits«). »Signifikante Prozeßveränderungen« basieren auf den existierenden Prozessen und haben einen eher evolutionären Charakter. Die »Prozeßneugestaltung« baut auf einer radikalen Neudefinition der Prozesse auf und hat primär revolutionären Charakter.

»Prozeßoptimierungen« und »signifikante Prozeßveränderungen« schaffen bereits in einer frühen Phase des Projektes durch die Generierung von organisatorischen Verbesserungen und Einsparungen das Momentum für den Reengineering-Prozeß. Die »Prozeßneugestaltung« muß hingegen als endgültiges Ziel des Projektes gesehen werden und erfolgt typischerweise in einem mittelfristigen Zeitrahmen.

Mit dem skizzierten Vorgehen wurde neben einer Reihe von deutlichen Ablaufbeschleunigungen und -vereinfachungen auch noch ein Einsparungspotential von ca. 400 Mio. Dollar erzielt, das sich wie folgt auf die drei Kategorien aufteilen läßt:

»Prozeßoptimierungen«:	ca. 80 Mio. $
»Signifikante Prozeßveränderungen«:	ca. 200 Mio. $
»Prozeßneugestaltung«:	ca. 120 Mio. $.

Mit der maßgeschneiderten Feinsteuerung von unterschiedlichen konzeptionellen Ansätzen innerhalb eines Reengineering-Projektes kann – wie im obigen Beispiel – das volle Potential von Verbesserungen in einem Unternehmen realisiert werden. Voraussetzung ist allerdings, daß die verschiedenen konzeptionellen Bestandteile des Reengineering genau auf die spezielle Unternehmenssituation zugeschnitten werden.

Reengineering aus Management-Sicht

Thomas Herp, Stefan Brand

1. Das eigentlich Neue an »Business Reengineering«

Die Spielregeln des unternehmerischen Wettbewerbs kennen keinen Stillstand. Während der letzten zehn Jahre war ihre Entwicklung dramatischer denn je, wobei drei vormals eherne Gesetze der Unternehmensführung auf den Kopf gestellt wurden:

- Von der Funktion zum Prozeß: Die über lange Zeit gelernte und geübte vertikale Funktion oder Disziplin hat dem horizontalen Fluß der Wertschöpfung durch das Unternehmen als entscheidende Bestimmungsgröße für den Geschäftserfolg Platz gemacht.
- Von der Positionsstrategie zur Fähigkeitsstrategie: Nicht mehr die produkt-/marktbezogene Betrachtung allein, sondern die dahinterstehenden Vorteile in der inneren Leistungskraft und Beweglichkeit bilden die tatsächliche Basis für dauerhaft erfolgreiches unternehmerisches Handeln.
- Vom Anweisungsrecht zur Führungsverantwortung: Nicht mehr die Einsatzoptimierung vorhandener Ressourcen und das Management durch Anweisung schaffen die überlegene Leistungsplattform, sondern die glaubhaft vorgelebte Entwicklung von Fähigkeiten zur Schaffung von Kundennutzen.

Reengineering heißt, dieser dramatischen Veränderung der Wettbewerbsspielregeln gezielt und mit der geforderten Geschwindigkeit zu begegnen. Damit geht Reengineering weit über Prozeßoptimierung und Kostensenkung hinaus, beschreitet neue Wege im »Wie«, in der Breite, Tiefe und Geschwindigkeit, mit der Unternehmen ihre Geschäftsprozesse revolutionieren.

Reengineering betrifft jedes Unternehmen. Wer in seiner Industrie zuerst handelt, bietet bald schnellere Reaktionszeiten, niedrigere Kosten und besseren Service. Er steigert Umsätze, Marktanteile und Gewinnspannen. Firmen, die erst später und dann meist unter Zugzwang folgen, haben zumindest massive Schwierigkeiten, in den rasanten Wettlauf wieder mit Erfolg einzusteigen.

2. Der spezifische Ansatz der Boston Consulting Group

Während des letzten Jahrzehnts konnten zahlreiche unserer Klienten beweisen, daß die überlegene Beherrschung von Prozessen eine ertragreiche Quelle von Wettbewerbsvorteilen ist. Auf der Basis von mehreren hundert Einzelprojekten haben wir unseren eigenen spezifischen Ansatz entwickelt. Unser Verständnis von Reengineering bezieht sich nicht auf das reine Reparieren von Teilfunktionen. Für uns bedeutet Reengineering das erfolgreiche Suchen und Nutzen von Wegen zur Schaffung von überlegenem Kundennutzen und Wettbewerbsvorteilen. Reengineering zielt für uns auf eine dauerhafte Erhöhung des Unternehmenswertes entlang aller entscheidenden Dimensionen: Geschwindigkeit, Wachstum, Preisgestaltung und Erhöhung der Kosteneffizienz.

Unternehmen können Reengineering-Programme um so rascher und erfolgreicher durchführen, je klarer das Verständnis der Hauptleistungsprozesse und ihrer jeweiligen Bedeutung im Wettbewerb ist. Dies erfordert individuelle Programme und keine Standardantworten. Unternehmensspezifisch muß die Sicht von außen nach innen aufgebaut werden, d. h., im Vordergrund stehen die Betrachtung aus der Kundenperspektive, Vergleiche mit dem Wettbewerb, das Lernen von den besten Beispielen, das Denken im Gesamtsystem und das ständige Fragen nach dem Warum.

Konkret zielt der BCG-Ansatz auf folgende Kernpunkte ab:

1. *Reengineering muß Kundennutzen schaffen.* Ein rein kostenorientierter, intern motivierter Ansatz wird in seiner Verwirklichung wenig mehr erreichen als zusätzliche Arbeitslosigkeit. Nicht die Minimierung von Kosten, sondern die Optimierung von Werten ist die Zielgröße.
2. *Reengineering zielt auf Prozesse, nicht Funktionen.* Erfolgreiche Reengineering-Programme leben von Menschen, die über Ressortgrenzen hinaus sehen und handeln. Reengineering fordert Offenheit und hat kein Interesse an der Beibehaltung des Status quo als Selbstzweck. Gute Reengineering-Teams konzentrieren sich nicht darauf, was bereits funktioniert, sondern auf das, was es zu ändern gilt.
3. *Reengineering über traditionelle Grenzen hinaus.* Ausgangspunkt und gleichzeitig Endpunkt aller Anstrengungen ist der Kunde, vom Verstehen seiner Bedürfnisse bis zu deren Befriedigung. Nur die ungeteilte Perspektive des Kunden bietet die Chance, die entscheidenden Hebel für durchschlagende Leistungssteigerungen zu finden (s. Abbildung 1).

So versteckten beispielsweise bis vor wenigen Jahren Milliken, ein Textilproduzent, Warren

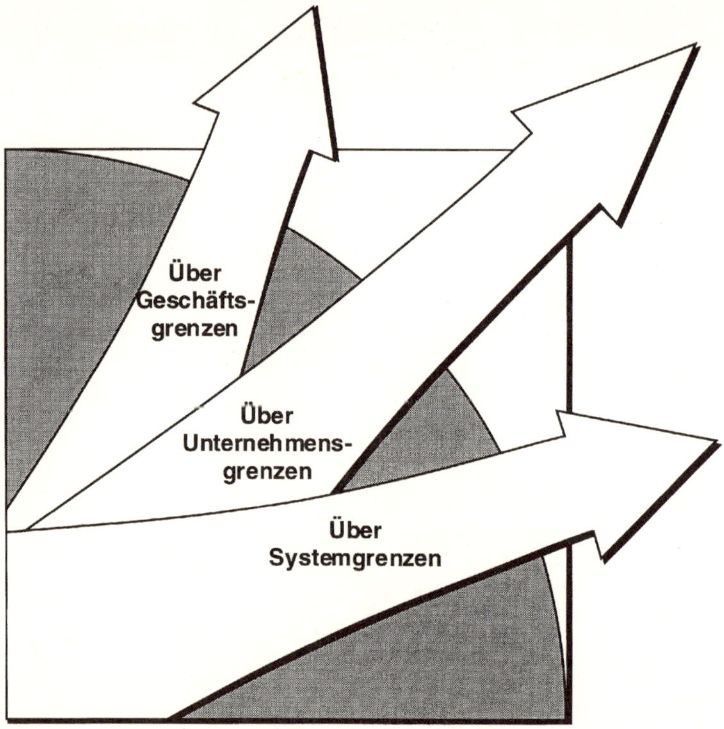

Abbildung 1: Reengineering bricht mit traditionellen Grenzen*

* © Boston Consulting Group für sämtliche Abbildungen dieses Beitrags.

Featherbone, ein Hersteller von Kinderkleidung, und die Mercantile Department Stores ihre Kostenstrukturen und Gewinnquellen sorgsam voreinander, versuchten, Risiken aufeinander abzuschieben, und begrenzten die Kommunikation untereinander auf das vermeintlich Erforderliche. Aber der Druck der Importe bei gleichzeitig rückläufiger Marktnachfrage brachte sie schließlich dazu, gemeinsam über ihren Geschäftserfolg nachzudenken. In gemeinsamer Arbeit fanden sie Arbeitsfelder mit interessantem Potential zur Steigerung der Gesamteffektivität:

- Jedes Glied innerhalb der Kette – Stoffe, Kleidungsproduktion, Handel – hielt in nicht unerheblichem Umfang Lagerbestände vor, um sich selbst gegen Lieferengpässe zu schützen.
- Fiel die Nachfrage nach Kinderkleidung zyklisch zurück, versuchten alle Beteiligten zu vermeiden, auf Ladenhütern sitzenzubleiben, und schnitten entsprechend ihre Bestellungen beim Zulieferanten zurück. Lange Reaktionszeiten und eine langsame und vorsichtige Kommunikation miteinander verschärften dieses Problem.
- Entsprechend führten dann die bereits als unvermeidbar anerkannten Sonderverkäufe (um Überbestände noch so weit wie möglich zu vermarkten) zu erhöhtem Kostendruck auf die vorgelagerten Teile der Lieferkette.

In ihrem neuen Verständnis als Partner überarbeiteten die Gesellschaften ihre Planungs-,

Produktions-, Nachbestellungs- und Logistiksysteme. Sie erreichten dadurch eine neue Form des Warennachzugs mit deutlich verkürzten Zyklen. Mercantile beispielsweise gab seine Informationen über die Endverkäufe direkt an Warren Featherbone und Milliken weiter. Die Belieferung erfolgte in einer höheren Frequenz, in kleineren Losgrößen und mit erhöhter Präzision. Lagerbestände auf jeder Ebene wurden durch das Prinzip der gläsernen Bücher reduziert. Durch eine Veränderung der Sichtweise hin zu einem gemeinsamen Wettbewerbsauftritt als gesamte vertikale Geschäftskette kamen sie zu beeindrukkenden Resultaten: steigende Gesamtgewinne, eine Reduktion der Verkäufe zu Sonderpreisen im Einzelhandel auf ein Drittel des Industriedurchschnitts und schließlich deutliche Marktanteilsgewinne gegen Importware.

4. *Reengineering fordert Meßgrößen – und Konsequenzen daraus.* Was gemessen wird, wird getan: So lautet eine geflügelte Managementweisheit. Die Auswahl und Nutzung der geeigneten Meßgrößen, um die Leistungsfähigkeit in den Geschäftsprozessen zu erfassen und nachverfolgen zu können, ist einer der entscheidendsten Punkte für die Erfolgssteuerung von Reengineering-Programmen.
5. *Reengineering heißt Verhaltensänderung.* So einfach es klingen mag: Veränderungsmanagement heißt über weite Strecken das Management von Befürchtungen und Ängsten innerhalb der Belegschaft. Erfolgreiches Reengineering muß auch diese Herausforderungen bestehen. Eine klare Sprache, Konsequenz und Konsistenz und immer wieder Überzeugungsarbeit sind die entscheidenden Elemente dabei.
6. *Reengineering führt zu neuen Managementprozessen.* Unternehmen, die Reengineering-Programme rein auf operative Abläufe beschränken und möglichst rasch hinter sich bringen wollen, können sich den damit verbundenen Aufwand im Grunde bereits von Anfang an ersparen. Reengineering verändert Geschäftsprozesse – und dazu gehört auch die Art, wie im Unternehmen Entscheidungen getroffen und Führungsaufgaben gelöst werden.

3. Reengineering gezielt durchführen

3.1 Reengineering: die Voraussetzungen

Sicherlich bietet ein erprobter Ansatz eine nicht zu unterschätzende Sicherheit im Vorgehen. Noch wichtiger aus unserer Sicht ist jedoch die Klärung der Frage, ob das betroffene Unternehmen die Voraussetzungen geschaffen hat, die für ein erfolgreiches Reengineering-Projekt erforderlich sind. Abbildung 2 gibt einen Überblick über die relevanten Prüfpunkte im Gesamtablauf.
Die konsequente und ehrliche Beantwortung dieser Fragen stellt sicher, daß

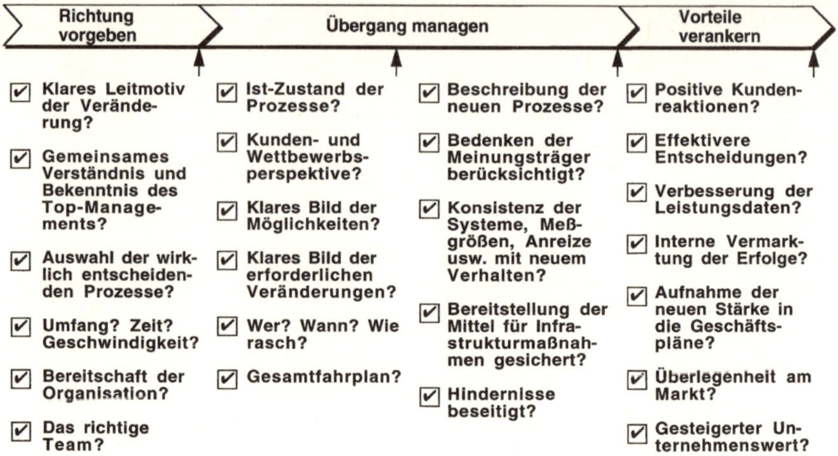

Abbildung 2: Die Prüfpunkte im Gesamtablauf

Hindernisse rechtzeitig erkannt werden. Alles weitere ist dann Sache der richtigen Vorbereitung und Anpassung an die jeweilige Ausgangssituation und der konsequenten Führung des Gesamtprogrammes.

3.2 Die Projektvorbereitung

3.2.1 Umfang, Zweck und Ziele festlegen

Die Unternehmensführung muß die Richtung vorgeben. Bevor die Gesamtorganisation involviert wird, muß über folgende Fragen Klarheit herrschen:

- Welchen Kundennutzen soll die Veränderung schaffen?
- Welche Zielmärkte sollen bevorzugt bedient werden?
- Welche Fähigkeiten müssen dazu erworben oder ausgebaut werden?
- Wie stark ist der Wettbewerbsdruck: Geht es ums Überleben oder darum, eine Führungsposition auszubauen?
- Welches sind die wichtigsten Meßgrößen, und welche Zielwerte sollen erreicht werden?

3.2.2 Den wahren Kundennutzen erkennen

Der »Kundenentdeckungsprozeß« beantwortet fünf für die Kundenbeziehungen kritische Fragen:

- Womit verdient der Kunde Geld?
- Welche Strategie verfolgt der Kunde, und wie setzt er sie in konkrete Maßnahmen um?
- Welche operativen Themen sind im Geschäft des Kunden von besonderer Bedeutung?
- Was haben wir oder können wir entwickeln, um unseren Kunden Wettbewerbsvorteile zu verschaffen?
- Welche Produkte, Dienstleistungen oder Ideen müssen wir unseren Kunden konsequenterweise anbieten?

3.2.3 Der wettbewerbliche Vergleich

Reengineering ohne wettbewerblichen Vergleich gleicht einem Blindflug ohne Instrumente. Unternehmen müssen sich ihrer Fähigkeiten und ihrer strukturellen Position im Konkurrenzvergleich bewußt sein, um die jeweiligen Stärken und Schwächen abschätzen zu können. Ohne diese Transparenz ist ein erfolgreiches Reengineering ein Glückstreffer, eine gravierende Fehlinvestition von Kraft, Zeit und Geld die Regel.

3.2.4 Die Motivationslage der Mitarbeiter offenlegen

Die entscheidenden Dimensionen sind einfach: Es geht um das Wissen, Wollen und Können in der Organisation. Entlang dieser Dimensionen werden die »internen Glaubensbekenntnisse« erkennbar, treibende und blockierende Kräfte lassen sich trennen. Als Daumenregel kann man davon ausgehen, daß 10 % der Mitglieder der Organisation Veränderungen rückhaltlos unterstützen werden. 30 % werden sich dem Prozeß anschließen, wenn man ihnen eine ausreichende Erklärung und Begründung hierfür bietet. 30 % sind neutral, sie werden sich in der Regel der Mehrheit anschließen. Die verbleibenden 30 % sind negativ eingestellt. Unter diesen letzteren werden sich Mitarbeiter befinden, die sich gegen jede Veränderung sträuben, unabhängig davon, wie sorgfältig der Gesamtprozeß gesteuert wird.

3.2.5 Die wichtigsten Grundsatzentscheidungen treffen

Der Vorstand muß in zwei Bereichen kritische Grundsatzentscheidungen treffen: Fokus und Umfang des Reengineering-Projekts. Welche Bereiche des Unternehmens sollen einbezogen werden? Welche Prozesse, welche Geschäfte? Wie radikal soll Reengineering sein? In jedem Unternehmen laufen drei Arten von Prozessen ab: Prozesse, die unmittelbar Kundennutzen schaffen, Managementprozesse und unterstützende Prozesse. Der intelligente Fokus auf die jeweils entscheidenden Prozesse und damit der Verzicht auf ein ungezieltes Breitbandprogramm ist eine der ersten Klippen, die es zu umschiffen gilt.

Dazu ein Beispiel: Vor zwei Jahren begann ein Telekom-Unternehmen ein Reengineering-Projekt mit der Definition von 34 Prozessen. Ein Jahr später waren Hunderte von Prozeßanalysen mit umfangreicher Dokumentation erstellt, ohne daß substantielle Ergebnisse erzielt werden konnten. Ein Fortschritt wurde erst erreicht, als das Unternehmen sich auf drei Aspekte konzentrierte, die tatsächlich aus Kundensicht entscheidend waren.

Allerdings stehen einige Unternehmen vor der Herausforderung, mehrere ineinander verzahnte Prozesse gleichzeitig angehen zu müssen: Unternehmen mit historisch gewachsenen Informationssystemen, die ihre Gesamtausrichtung radikal ändern wollen oder auch mit einem plötzlichen Umbruch im Wettbewerb konfrontiert sind.

In diesen Fällen bedarf es eines besonders straffen Projektmanagements mit hoher Transparenz über die Einzelmaßnahmen und intensivster, lateraler Kommunikation. Reengineering ist hier eine Managementherausforderung der ersten Kategorie. Speziell in komplexen Reengineering-Programmen hilft folgende Einteilung, Kräfteverschleiß zu vermeiden:

Grundlegende Prozeßneugestaltung, z. B. das umfassende Redesign eines Entwicklungsprozesses, um die Entwicklungsgeschwindigkeit zu halbieren;

- gezielte Prozeßverbesserung, z. B. die Implementierung verbesserter, meist auch vereinfachter Umsatzprognosesysteme, um die Leistungsfähigkeit der Logistik zu erhöhen;
- Unterstützende Prozeßstabilisierung, z. B. die Einführung eines neuen Meßsystems zur Überwachung eines Produktionsprozesses, der bereits gut funktioniert.

3.3 Die Reengineering-Organisation

Führung und Teamstruktur sind zwei wichtige Instrumente, um den natürlichen Widerstand gegen jedes Reengineering zu überwinden (vgl. Abbildung 3). Bei allen Besonderheiten des Einzelfalls erfordert dies immer:

- eine Führungskraft, die die Gesamtverantwortung für das Gesamtprogramm übernimmt;
- ein Reengineering-Team, das den Prozeß steuert und die Einzelteile zusammenführt;
- mehrere Aufgabenteams, die für spezifische Prozesse neue Lösungen erarbeiten;

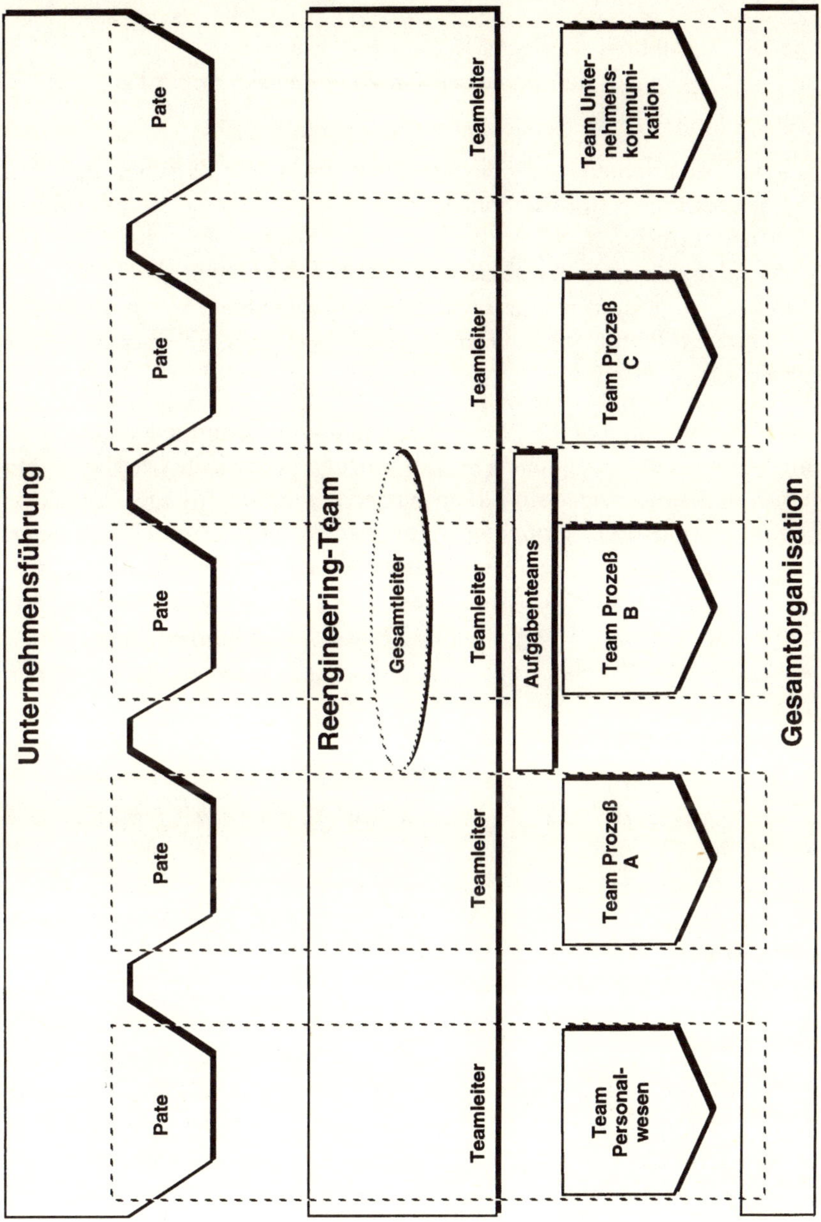

Abbildung 3: Die Reengineering-Organisation

- die breite und professionelle Unterstützung aus den Bereichen Unternehmenskommunikation und Personalwesen.

Speziell im Fall breit angelegter Reengineering-Programme sind *unterstützend dedizierte Teams* aus den Bereichen Unternehmenskommunikation und Personalwesen gefordert:

- Keine Nachrichten sind schlechte Nachrichten. Die Organisation benötigt einen ständigen Informationsfluß, um die Gerüchteküche zum Verstummen zu bringen.
- Personalveränderungen, Versetzungen, Beförderungen und Entlassungen müssen zügig und professionell gehandhabt werden, was nur von einem erfahrenen Personalteam geleistet werden kann, das von Beginn an involviert ist.

Die *Aufgabenteams* werden bereichsübergreifend zusammengestellt und damit betraut, einen konkreten Prozeß umzugestalten. Alle beteiligten Funktionen und Abteilungen sind darin vertreten, und in der Regel wird auch ein Mitarbeiter der EDV-Abteilung mitwirken. Zwei Voraussetzungen müssen jedoch gegeben sein: Die Teams müssen *mit* den existierenden Machtstrukturen des Unternehmens arbeiten und nicht gegen sie. Zum zweiten müssen sie von erfahrenen und angesehenen Teamleitern geführt werden.

3.4 Der Projektablauf

Klassischerweise steht am Beginn eine Analyse der derzeitigen Prozesse. Die wichtigsten Aktivitäten werden in ihrem Ablauf dargestellt, Material und Informationsflüsse werden erfaßt, um die Schwachstellen zu identifizieren. Systemkosten, Zeit, Fehlerraten, Verzögerungen durch Nachbesserungen, Engpässe, Lagerbestände usw. werden gemessen.

Die eigentliche Umgestaltung der Prozesse folgt danach mit der Setzung von neuen Leistungszielen, die Kundennutzen schaffen und darauf gerichtet sind, die Konkurrenz übertreffen. Die Teams müssen einen Mittelweg zwischen Kreativität und Pragmatismus finden. Effektiv arbeitende Teams verbinden »Tabula-rasa«-Ansätze mit marginalen Verbesserungen aus der bestehenden Organisation heraus. Die Funktionsfähigkeit der Vorschläge muß sichergestellt werden, indem die Vorteile quantifiziert und in einem Prototyp getestet werden. Dabei gelten folgende Leitlinien:

- Nicht unmittelbar wertschaffende Tätigkeiten eliminieren. Es gilt der Leitsatz: »Es gibt nichts Unproduktiveres, als die Dinge effizienter zu gestalten, die man am besten überhaupt nicht tun sollte.«

- Aufgaben integrieren und zusammenführen. Eine fragmentierte Tätigkeitsstruktur schafft zusätzliche Schnittstellen, die koordiniert werden müssen, Informationsflüsse verursachen und häufig lange Rückkoppelungen erfordern.
- Entscheidungsverantwortung näher an den Kunden heranführen. Mitarbeiter, die die Kundenbedürfnisse am besten kennen, können die schnellsten Entscheidungen treffen.
- Prozesse an den Bedürfnissen individueller Kundengruppen ausrichten.
- Prozesse über die Unternehmensgrenzen ausdehnen und Kunden und Lieferanten mit einbeziehen. Doppelarbeit entsteht dort, wo zwischen Kunden und Lieferanten starre Grenzen bestehen. Kunden- und Lieferantenprozesse können durchaus ineinander verzahnt werden.
- Parallelisierung der Tätigkeiten.
- Synchronisiertes Vorgehen. Wichtige Prozesse müssen mit anderen Prozessen, die parallel ablaufen, so koordiniert werden, daß auf beiden Seiten der Fortschritt der jeweiligen Partner bekannt ist.
- Aufwand in den Anfangsphasen steigern.

Eine bewußt geführte Integration der Einzelmaßnahmen stellt sicher, daß das System als Ganzes optimiert wird. Die verschiedenen Organisationsvorschläge für die Einzelprozesse müssen überprüft, getestet und schließlich in abgestimmter Form fest verankert werden.

Während dieser Integrationsphase verwenden sowohl das Reengineering-Team als auch die Aufgabenteams einen Großteil ihrer Zeit auf formale und informale Kommunikation. In regelmäßigen, kurzen Abständen werden Analyseergebnisse präsentiert, Erfahrungen ausgetauscht und neue Ideen vorgestellt. Die in den Frühphasen erarbeitete Dokumentation wird nochmals überdacht und modifiziert. Dieser Kommunikationsprozeß wird sich positiv auf die spätere Umsetzung auswirken. Die Mitarbeiter bekommen das Gefühl, daß sie auf dem richtigen Weg sind, und sehen, daß ihre Tätigkeit sich in ein größeres Ganzes einfügt.

Häufig arbeiten nun EDV-Experten mit, die an Spezifikationen für neue Systeme arbeiten oder neue Informationssysteme entwerfen. Die Teams beschreiben das alte System, erläutern die neue Prozeßorganisation und machen Vorschläge für notwendige Investitionen. Die kritischen Investitionen werden bereits in dieser Phase identifiziert, spezifiziert und freigegeben.

3.5 Hilfsmittel und Instrumente

3.5.1 Meßgrößen

In jedem Einzelfall sind die traditionell eingesetzten Meßgrößen bei einem Unternehmen zu durchleuchten und insbesondere dann zu überarbeiten, wenn

- der bisherige Fokus auf internen Kosten- und Effizienzzielen liegt und extern orientierte Größen zur Kundenzufriedenheit und Wettbewerbsfähigkeit zurückstehen;
- die Kontrolle des intern erbrachten Leistungseinsatzes und nicht die Qualität und Akzeptanz des Ergebnisses beim Kunden die Hauptaufmerksamkeit erfährt;
- zwar Funktionen bzw. Abteilungen mit den von ihnen abgedeckten Teilaspekten des Geschäftes abgebildet sind, der Prozeß mit den übergreifenden Leistungszielen jedoch vernachlässigt bleibt.

Für alle diese Fälle ist die Definition neuer, prozeßorientierter Meßgrößen ein wichtiger Schritt des Reengineering (vgl. Abbildung 4). Diese müssen

- die Perspektive der Kunden widerspiegeln;
- die Leistung des Gesamtunternehmens vom Kundenbedürfnis bis zu dessen Befriedigung messen;
- die für die Erfüllung der Kundenwünsche entscheidenden Fähigkeiten erfassen;

Produktentwicklung
- Zeitbedarf von der Produktidee bis zur Markteinführung
- Anteil neu eingeführter Produkte am Gesamtsortiment
- Anteil an Ersteinführungen im Markt

Kundenservice
- Absolute Lieferzeiten
- Anteil pünktlicher Lieferungen
- Antwortzeiten
- Anzahl Garantiefälle

Produktion u. Auftragsabwicklung
- Durchlaufzeit
- Wertschöpfungszeit in Prozent der Durchlaufzeit
- Lagerumschlag
- Präzision ("First-pass yield")

Entscheidungsprozeß
- Anzahl involvierter Abteilungen/ Mitarbeiter
- Zeitbedarf für Entscheidungen
- Wartezeit auf Entscheidungen
- Entscheidungsklarheit

Abbildung 4: Prozeßorientierte Meßgrößen

- Produkt- und Prozeßleistung gleichermaßen beleuchten;
- über Kosten hinaus Zeit und Qualität berücksichtigen;
- mit vernünftigem Aufwand zu erfassen sein;
- allgemein verstanden und akzeptiert werden.

3.5.2 Informationstechnologie

Informationstechnologie kann sowohl Hebel als auch Werkzeug für ein gezieltes Reengineering sein. Nicht selten aber ist Reengineering umgekehrt auch eine Möglichkeit, bisher als unumstößlich geltende Begrenzungen installierter Systemlösungen zu überwinden.

Reengineering erschließt die Möglichkeiten moderner Informationstechnologie – weitaus seltener gilt hingegen der Umkehrsatz. Ein gutes Beispiel dafür liefert ein europäischer Finanzdienstleister, der sich aufgrund der aufwendigen, gleichzeitig aber auch überalterten Systembasis gravierenden Wettbewerbsnachteilen ausgesetzt sah. Jeder Plan zur Erneuerung der informationstechnologischen Plattform scheiterte jedoch an den damit verbundenen immensen Kosten für Hard- und Software, die sich bei allen erreichbaren Effizienzsteigerungen im Rahmen der bestehenden Geschäftsabläufe ökonomisch nicht darstellen ließen. Erst ein unternehmensweites, tatsächlich grundlegendes Überdenken der Geschäftsprozesse in Form eines Reengineering-Programms schuf die Plattform, die das Potential einer neuen Infrastruktur zur Entfaltung brachte und damit alle früheren Rentabilitätsrechnungen auf den Kopf stellte.

Frühere Berechnungen ohne ein grundlegendes Reengineering hatten einem informationstechnologischen Generationswechsel unter günstigsten Umständen einen Effekt von 150 Mio. DM durch Effizienzsteigerungen innerhalb der bestehenden Abläufe zugestanden – und damit die dafür erforderliche Gesamtinvestition in fünffacher Höhe fragwürdig erscheinen lassen. Die Veränderung der Grundannahmen durch das Reengineering führte zu einem radikal neuen Bild und machte aus einem vermeintlich zweifelhaften Geschäft eine höchst attraktive Investition.

4. Erfolge nachhaltig sichern

4.1 Die Grundprinzipien ständig wiederholen

Schon während des laufenden Reengineeringprozesses ist das Management gefordert, die entstandene Energie durch folgende Maßnahmen in dauerhaft verankerte Vorteile umzusetzen:

- Die Orientierung der Organisation an Prozessen irreversibel machen, funktionale Blockaden ausräumen, Aufgaben- und Stellenbeschreibungen ändern und überkommene Regelwerke abschaffen, die neuen Meßgrößen nutzen.
- Sprachregelungen verändern. Es muß klar werden, daß altgewohnte Lösungen überwunden werden – und verblüffend stark wirken neue Begriffe und Kommunikationswege.
- Die Verhaltensweise der Unternehmensführung muß die neuen prozeßorientierten Ansätze widerspiegeln. Ein Rückfall in frühere Verhaltensmuster oder gar eine Glorifizierung der Vergangenheit in diesem Kreis wäre fatal.

4.2 Aktive Kommunikation

Aktive Kommunikation ist unerläßlich, um die Reengineering-Gedanken dauerhaft in der Organisation zu verankern. Je offener die Aussagen, um so stärker die Kommunikationswirkung; Unsicherheiten und Schwierigkeiten sollten genauso klar kommuniziert werden wie Erfolge. Unklare oder vage Botschaften hingegen erzeugen ein Vakuum, das blitzartig mit Gerüchten und Spekulationen aufgefüllt wird. Und, wie ein Vorstand bemerkte, »genau dann, wenn Sie es bereits satt haben, immer das gleiche zu sagen ..., beginnt die Organisation, Ihnen zuzuhören und Ihnen zu glauben.«

4.3 Unternehmensweite Umsetzung

Die wahren Schwierigkeiten beginnen dann, wenn Ergebnisse von Mitarbeitern erwartet werden müssen, die am eigentlichen Reengineering-Projekt nicht beteiligt waren. Das »Not-invented-here«-Syndrom, in gutem Glauben vorgetragene Meinungsunterschiede und auch aktiver Widerstand sind zu überwinden. Soweit wie möglich sollten die Erfolgsbedingungen der Aufgabenteams wiederholt werden: ein bis zwei erstklassige Mitarbeiter in jedem Bereich, einige Mitarbeiter, die für diese Aufgabe freigestellt werden, persönliche Patenschaften einer angesehenen Führungsperson und die notwendige Kommunikationsunterstützung.

In dieser Phase sind es oft Kleinigkeiten, vermeintlich triviale Details in einem großangelegten Projekt, die das Gesamtprogramm bis zum völligen Stillstand verlangsamen können. Keine rationalen Argumente, quantitativen Analysen, Drohungen oder Anweisungen werden die Organisation auch nur einen Millimeter bewegen, solange die Überzeugung vorherrscht, daß z. B. »der Wasserkopf mal wieder überlebt« oder »bei der nächsten Beförderung doch alles beim alten bleibt«.

Die Unternehmensführung muß die Notwendigkeit für Veränderungen noch stärker bekräftigen, die unterstützenden Kräfte sammeln und die begonnenen Maßnahmen aktiv vorantreiben. Unabhängig davon, wie erfolgreich dies geschieht, wird sich die Moral innerhalb des Unternehmens in Abhängigkeit von den Erfolgen und Rückschlägen einzelner Teilprojekte auf- und abbewegen. Viele Reengineering-Programme scheitern hier, da das notwendige Beharrungsvermögen nicht aufgebracht wird – es bleibt dann wenig mehr als eine neue Anekdote für diejenigen, die schon von Anfang an wußten, daß sich außer dem Namen des Programms nichts ändern würde.

4.4 Personalfragen

Sobald das Unternehmen jedoch überzeugt ist, daß die Führung es tatsächlich ernst meint, beginnt die Angst um Positionen und Arbeitsplätze. Doch sollte die Bereitschaft der Mitarbeiter nicht unterschätzt werden, sich selbst bei einem geplanten Personalabbau zu engagieren, wenn durch ein gezieltes Reengineering die strategische Position des Unternehmens nachhaltig verbessert werden kann. Kommt es zu spürbaren Schritten, so gibt es nur einen richtigen Ansatz:

- Offen und ehrlich kommunizieren: Die Gerüchteküche muß ausgetrocknet werden.
- Auf die Hintergründe eingehen: Ein französisches Unternehmen, das in den Konzernzentralbereichen einen Personalabbau um 30 % vornehmen mußte, überzeugte die Gewerkschaften durch die Logik der detaillierten Prozeßdokumentationen, die von den Aufgabenteams erarbeitet wurden.
- Die erforderlichen Maßnahmen rasch bekanntgeben und verwirklichen: Aus dem gleichen Grund, aus dem sich chirurgische Operationen nicht

über Monate hinziehen dürfen, sollten personelle Maßnahmen nicht zur Hängepartie werden.

4.5 Überführung in neue Managementprozesse

Ohne Verankerung in den Managementprozessen wird Reengineering nicht dauerhaft wirken können.

- Neue Planungsprozesse: Die meisten Unternehmen kennen Planungs- und Budgetierungsmechanismen, die sich bisher zweckmäßigerweise an den bestehenden Aufbaustrukturen orientieren. Mit der Ausrichtung auf Geschäftsprozesse rückt dieser Ansatz eindeutig in den Hintergrund. In einer Neugestaltung muß das kundenorientierte Denken die treibende Philosophie sein, den Hauptleistungsprozessen eindeutig die Vorfahrt vor den Einzelfunktionen eingeräumt werden.
- Neue Unterstützungssysteme: Über die enge datentechnische Definition hinaus müssen von der Arbeitsanweisung bis zur Investitionsbewilligung, von der Aufbausystematik der Stücklisten bis zum Regelwerk für Forschungsprojekte die über Jahre gewachsenen, meist im Detail nur noch den jeweiligen Sachbearbeitern bekannten Detailprozeduren durchforstet werden. Diese Aufgabe ist fraglos mühsam im negativsten Sinne des Wortes – aber es sind bereits großangelegte Reengineering-Programme an den Rand des Scheiterns geraten, nur weil Teile der Administration die Wirkung neu gestalteter Prozesse verhinderten.
- Neue Führungsrollen und Führungsverhalten: Die Führungskräfte in Unternehmen sind daran gewöhnt, ihre Aufgabe im Sinne von Überprüfung und Genehmigung zu verstehen. Das Management wird aber zunehmend gebraucht, um mit seiner Autorität die Hindernisse zu beseitigen, die sich den neu gestalteten Hochleistungsprozessen in den Weg stellen.

4.6 Reengineering und danach

Der inzwischen bereits weithin bekannte Satz »Das einzig Sichere ist die Veränderung« beschreibt das erste Paradigma der Führung prozeßgetriebener Organisationen: die Fähigkeit, sich als Führungskraft selbst laufend für Neuerungen offenzuhalten und gleichzeitig die eigene Organisation ständig weiter voranzutreiben.

Unmittelbar damit verbunden ist das zweite Paradigma einer veränderten, verstärkten Fähigkeit zur Zusammenarbeit. Dies beschränkt sich nicht nur auf die dazu grundlegenden Persönlichkeitsmerkmale, sondern geht weit in das Feld des Fachlichen hinein. Führungskräfte in prozeßgetriebenen Organisationen müssen in der Lage sein, die unterschiedlichsten Disziplinen auch außerhalb des eigenen Erfahrungsschwerpunktes zumindest soweit zu verstehen, daß eine effektive Kommunikation und damit ein Zusammenfließen der einzelnen Spezialbeiträge zu einem gemeinsamen Fortschritt sichergestellt ist.

Das dritte Paradigma ist das Denken und Handeln mit Wirkung über die eigenen Unternehmensgrenzen hinaus. Prozeßgetriebene Organisationen werden zunehmend mit ausgewählten Partnern als gesamte Wertschöpfungs- und Lieferkette am Markt auftreten. Sie werden die Belange vor- und nachgelagerter Stufen mit ins Kalkül ziehen und aus der Perspektive einer weitreichenden Verantwortung für das Gesamtsystem entscheiden.

5. Die Ergebnisse: Zeitrahmen und Beispiele

Typischerweise werden Resultate in drei Schüben erzielt, wobei der Zeitrahmen vom Umfang und von der Komplexität der Gesamtveränderung abhängt. (In Abbildung 5 sind drei Beispiele zusammengefaßt.)

- Der erste Schub resultiert aus sogenannten »Quick Hits«. Die gründliche Bestandsaufnahme am Beginn des Reengineering-Prozesses führt praktisch immer zu unmittelbar umsetzbaren Verbesserungen auch innerhalb der gegebenen organisatorischen Voraussetzungen.
- Der zweite Schub kommt beim »Einschalten« der neuen Prozesse. Bisher getrennte Einzelmaßnahmen werden nun miteinander vernetzt, die Lei-

Umfang des Programmes	Schub 1: Quick hits	Schub 2: Umstellung	Schub 3: Verankerung
• Reengineering des Innovationszyklus in einem DM-300-Mio.-Unternehmen der Konsumelektronik	2-4 Monate	3-6 Monate	9-18 Monate
• Reengineering des gesamten Auftragsabwicklungsprozesses bei einem großen Anlagenbauer	2-6 Monate	6-9 Monate	12-24 Monate
• Reengineering des Gesamtunternehmens im Bereich der Finanzdienstleistungen	2-9 Monate	9-15 Monate	18-36 Monate

Abbildung 5: Ergebnisse und Zeitrahmen in drei beispielhaften Reengineering-Programmen

stungsfähigkeit der so entstehenden Prozesse wird gemessen und offengelegt.

- Der dritte Ergebnisschub kommt als Prämie für die weitere, konsequente Führung. Die dauerhafte Verstärkung der Vorteile durch Reengineering erfordert qualitative Investitionen in Führungs- und Unterstützungsprozesse.

In allen entwickelten Wirtschaftszonen finden sich Unternehmen, die Reengineering-Projekte eindrucksvoll in herausragende Geschäftsresultate übersetzen konnten. Drei von ihnen seien stellvertretend genannt:

- AT & T Consumer Products gelang es nach einem massiven Reengineering des Produktentwicklungsprozesses, die Marktführerschaft in den USA zurückzuerobern und auf eine dauerhaft profitable Basis zu stellen. Innerhalb von zwei Jahren erreichte die Gesellschaft diese Marktposition mit einer Reduktion der Kosten um 20 % und einer Verkürzung der Entwicklungszeiten bis zur Marktreife um rund ein Drittel bei einer gleichzeitigen Ausweitung des Produktangebotes um den Faktor 4.
- Daiichi, ein im intensiven japanischen Wettbewerb außergewöhnlich erfolgreiches Einzelhandelsunternehmen, hat seine Prozesse auf eine möglichst zeitnahe Informationsverbindung zwischen Kunden und Angestellten ausgerichtet. Heute liegen 70 % des Umsatzvolumens bei den Wiederholungskäufen, die Preisrealisierung liegt zehn Prozentpunkte über der des Wettbewerbs, und die Umschlagshäufigkeit im Warenbestand übersteigt den der Konkurrenz um den Faktor 5.
- ABB startete in Europa das wohl umfassendste und ehrgeizigste Leistungssteigerungsprogramm mit einem Reengineering von mehreren hundert Geschäftseinheiten. In wenig mehr als 18 Monaten zeigten sich die ersten Erfolge in Form von halbierten Lieferzeiten, Produktivitätssteigerungen um rund 50 %, eines verdoppelten Kapitalumschlags und einer Erhöhung der Kapitalrendite im zweistelligen Bereich.

Allerdings zeigt die Praxis der bekanntgewordenen Reengineering-Vorhaben neben diesen Glanzlichtern auch ein nicht unerhebliches Maß an Fehlschlägen. Nach Schätzungen mehrerer Quellen geht rund die Hälfte aller in Angriff genommenen Reengineering-Programme im Grunde völlig daneben, am häufigsten aus folgenden Gründen:

- Falsche Richtung: Das Ausrufen einer strategischen Priorität gibt einem Reengineering-Programm noch lange keinen strategischen Gehalt. Auch viel Geld und das beste Team können die notwendige Ausrichtung auf Kundennutzen und Wettbewerbsvorteil nicht ersetzen.
- Technokratisch angesetzt: Reengineering von Geschäftsprozessen ist kein

EDV-Problem. Sicherlich spielt die Nutzung der modernen Informationstechnologie in jedem Unternehmen eine wichtige Rolle, doch Hard- und Software ersetzen kein Verhalten, sind bestenfalls Beitrag zur Lösung und nicht die Lösung selbst.
- Halbherzig durchgeführt: Von allen und für alles wird die volle Unterstützung des Topmanagements als Erfolgsvoraussetzung genannt – bei Reengineering ist dies tatsächlich erforderlich.

Richtig und konsequent durchgeführt, ist Reengineering dagegen ein wirksames Mittel zur Schaffung dauerhafter Wettbewerbsvorteile. Und auch hier gilt die unternehmerische Spielregel: Nur wer rechtzeitig beginnt, kann zu den Gewinnern zählen.

Business Process Redesign
Der Ansatz von Booz • Allen & Hamilton

Torsten J. Gerpott, Gerd Wittkemper

1. Prinzipielles Anliegen und Einordnung des BPR-Ansatzes

1.1 Prinzipielles Anliegen

Nach Time-based und Lean Management sowie der »Virtualisierung« von Unternehmen wird in populärökonomischen Presseartikeln und Büchern im deutschen Sprachraum etwa ab Ende 1993 (mal wieder) ein »neuer« Managementansatz propagiert: »Business Process Reengineering« heißt das Rezept, das über eine radikale Neugestaltung von Geschäftsprozessen dramatische Kosten-, Zeit- und Qualitätsverbesserungen erreichen will (vgl. z. B. Gatermann/Krogh 1993; Gatermann 1994; Dangel 1994; Lamparter 1994). Eine peniblere Durchsicht der seriösen betriebswirtschaftlichen Fachliteratur offenbart jedoch, daß Fragen einer prozeßorientierten Organisationsgestaltung bereits seit langem diskutiert werden (s. wegweisend Gaitanides 1983). Auch ein Blick auf Reorganisationsprojekte, die Booz • Allen & Hamilton (BA & H) in Europa und den USA seit der zweiten Hälfte der 70er Jahre durchgeführt hat, zeigt, daß BA & H bereits seit mehr als 15 Jahren für Klienten Problemlösungen erarbeitet hat, die man heute wohl als »Reengineering« bezeichnen würde. Ungeachtet aller Vielfalt im Detail besteht der gemeinsame Problemnenner dieser Projekte darin, daß Klientenunternehmen ihre Strukturen und Abläufe auf die Optimierung einzelner organisatorischer Teileinheiten ausgerichtet haben. Ein Denken in Geschäftsprozessen, an deren Ende ein zufriedener Kunde steht, fehlt weitgehend. Geschäftsaufgaben, die das Zusammenwirken verschiedener (funktionaler) Teileinheiten erfordern, werden nicht hinreichend schnell, kostengünstig und in exzellenter Qualität bewältigt. Unzufriedene Kunden und nicht wettbewerbsfähige Kosten bzw. Preise und in der Folge Marktanteilsverluste sowie Rentabilitätseinbußen lassen sich auch auf derartige Organisationsmängel zurückführen.

Um solche organisatorischen Unzulänglichkeiten zu beheben, setzt BA & H seit vielen Jahren einen mit dem Begriff *Business Process Redesign (BPR)* gekennzeichneten Beratungsansatz ein. Dabei ist unter BPR ein systematisches, ganzheitliches Konzept zur tiefgreifenden Veränderung eines Unternehmens zu verstehen, mit dem strategisch fundierte Verbesserungen bei aus Kundensicht sehr wichtigen Geschäftsprozessen des Unternehmens herbeigeführt werden. Unter *Geschäftsprozessen* hat man sich hier mit Gaitanides (1983, S. 65) Abfolgen von Aktivitäten vorzustellen, die »... in einem logischen inneren Zusammenhang [dadurch] stehen«, daß sie im Ergebnis zur Erstellung eines an Kunden vermarktbaren Produktes führen sollen (vgl. a. Dangel 1994, S. 32; Hammer/Champy 1993, S. 3, 35). Vermarktbare »Outputs« von Prozessen können materielle oder immaterielle Produkte (Dienstleistungen) sein. Beispiele für Geschäftsprozesse sind etwa die Entwicklung eines neuen Produktes oder die Bearbeitung einer Kundenreklamation. Der BPR-Ansatz von BA & H kann zwar vom Prinzip her auf alle Arten von Geschäftsprozessen angewendet werden; die eindrucksvollsten Verbesserungen sind allerdings bei *Dienstleistungsprozessen* in großen und mittleren Unternehmen zu erreichen, die über die Grenzen von Organisationseinheiten hinweg das gesamte Unternehmen oder wesentliche Unternehmensteile betreffen und zudem durch technologische Randbedingungen nur sehr begrenzt »determiniert« sind. Solche Prozesse findet man auch und gerade in produzierenden Industrieunternehmen, da dort ein stetig steigender Mitarbeiteranteil mit unterstützenden Dienstleistungsaufgaben betraut wird (z. B. Marktforschung). Die dem BA & H-Ansatz zugrunde gelegte Sichtweise von Geschäftsprozessen basiert auf der Leitidee, daß jegliche Art der Prozeßorganisation eine konsequente Ausrichtung der Arbeitsschrittfolgen eines Unternehmens auf die Anforderungen seiner *Kunden* in den Vordergrund rücken muß. »Kunden« sind dabei keineswegs nur Abnehmer eines Produktes am Markt, sondern auch unternehmensinterne Stellen.

1.2 Einordnung

Der BPR-Ansatz sollte nicht als *eine* neue Reorganisationsmethode mißverstanden werden. Er stellt vielmehr die Integration eines Bündels bewährter und neuer Managementtechniken zur tiefgreifenden Verbesserung von wettbewerbsentscheidenden Geschäftsprozessen dar (vgl. a. Müri 1994, S. 27). BPR impliziert zuallererst, daß die in einem Unternehmen vorgefundenen

Prozesse/Prozeßteilschritte kritisch auf ihren Wertschöpfungsbeitrag *hinterfragt* werden und daß *gleichberechtigt* von vorneherein organisations-, personal- und technologiebezogene Verbesserungsmöglichkeiten mit in die Betrachtung einbezogen werden. Um diesen ganzheitlichen, nicht allein (ingenieur-)technisch motivierten Veränderungsanspruch des BPR-Ansatzes zu verdeutlichen, sprechen wir auch ganz bewußt vom »Redesign« und nicht vom »Reengineering« von Prozessen.

Charakteristisch für den BPR-Ansatz ist weiter, daß die Ausrichtung von Geschäftsprozessen auf Kundenanforderungen *nicht* einseitig durch Betonung von isolierten Einzelkriterien – wie etwa Zeit beim Time-based Management oder Kosten bei Gemeinkostenwertanalysen – erfolgt. Der BPR-Ansatz zeichnet sich nämlich dadurch aus, daß er dazu beiträgt, immer *alle* Eckpunkte des »magischen Zieldreiecks Qualität – Kosten – Zeit« ganzheitlich unter Berücksichtigung der spezifischen Unternehmensstrategie und -situation im Auge zu behalten. Dabei ist es u. E. verfehlt, zu behaupten, daß mit Redesign-Projekten immer und überall eine »business revolution« (Hammer/Champy 1993) angestrebt werden müsse. Redesign-Konzepte, bei denen das gesamte Unternehmen »auf der grünen Wiese« neu entworfen wird, mögen zwar auf dem Papier spektakuläre Erfolge erzielen (vgl. etwa Hammer/Champy 1993, S. 2–3; Greengard 1993, S. 47 f.); für die Praxis sind sie jedoch unbrauchbar, da sie nicht zu Lösungen führen, die in komplexen Großunternehmen implementierbar sind. Hingegen hat der BPR-Ansatz von BA & H in vielen Projekten ebenfalls *erhebliche* (wenn auch nicht immer »revolutionäre«) Verbesserungspotentiale in den Geschäftsprozessen von Unternehmen verschiedenster Branchen erschlossen. Dieser Erfolg erklärt sich nicht zuletzt dadurch, daß der BPR-Ansatz eine Implementierungsphase beinhaltet, in der das theoretisch Wünschbare mit dem praktisch gerade noch Machbaren abgestimmt wird und man auch dem besonderen kulturellen und mitbestimmungsrechtlichen Kontext von Unternehmen außerhalb der USA Rechnung trägt (vgl. zur Notwendigkeit einer länderspezifischen Anpassung US-amerikanischer Reengineering-Ansätze auch Lamparter 1994; Petro 1994).

2. Schritte des BPR-Ansatzes von Booz • Allen & Hamilton

Der BPR-Ansatz umfaßt 10 Schritte mit spezifischen Aufgaben, die im Einzelfall natürlich auf die jeweilige Unternehmenssituation zugeschnitten werden müssen (s. Booz • Allen & Hamilton 1993). Aus Abbildung 1, die diese

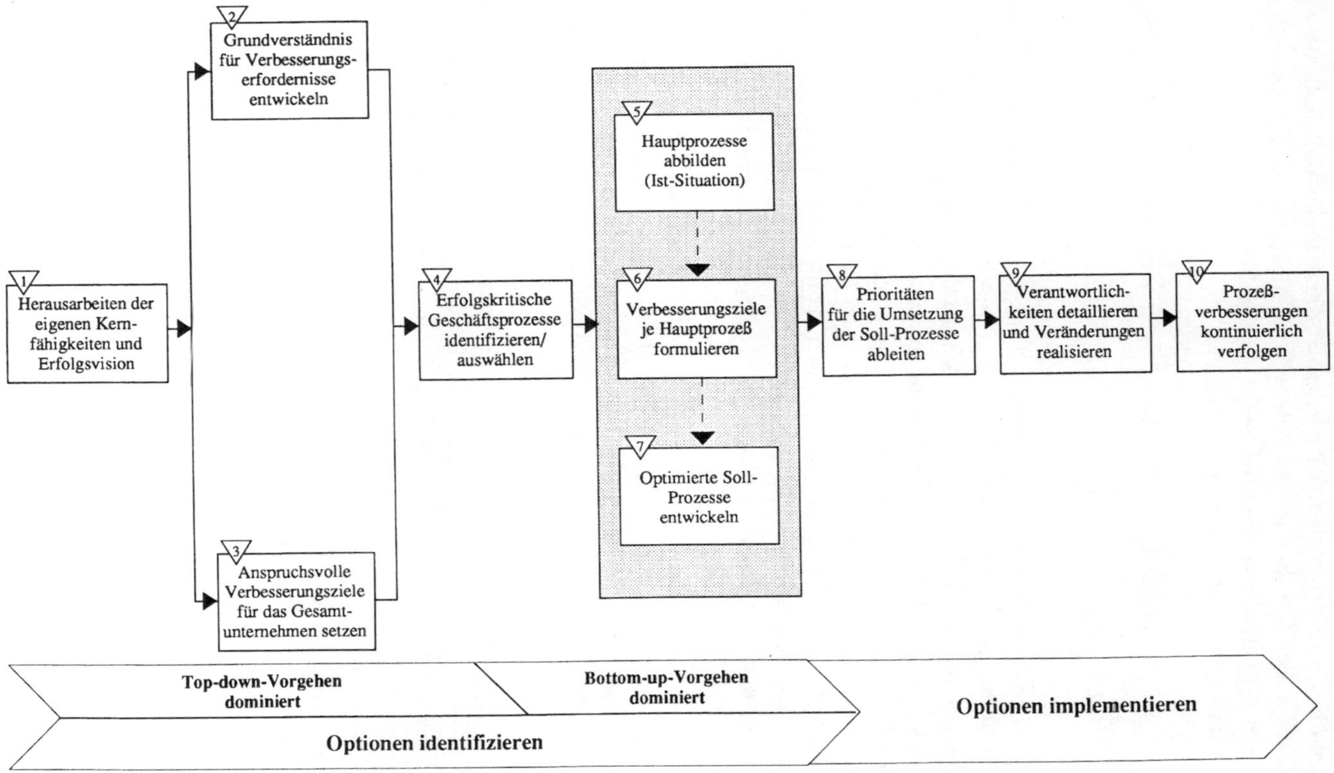

Abbildung 1: Business-Process-Redesign-Ansatz von Booz • Allen & Hamilton im Überblick
Quelle: Booz • Allen & Hamilton (1993), Übersetzung durch die Verfasser

im folgenden profilierten 10 Schritte zeigt, ist zu erkennen, daß der BA & H-Ansatz neben der Top-down-Entwicklung von »Blaupausen« für bessere Prozesse auch Aspekte der oft mühseligen, aber letztlich erfolgsentscheidenden Bottom-up-Umsetzungsarbeit mit einbezieht.

2.1 Herausarbeiten der eigenen Kernfähigkeiten und Erfolgsvision

Projekte zur Geschäftsprozeßverbesserung bringen nachhaltige und tiefgreifende Resultate nur hervor, wenn sie auf einem soliden Wissen hinsichtlich der strategischen Möglichkeiten und der Vision des Unternehmens aufbauen. Beispielsweise sind für ein Maschinenbauunternehmen, das auf Basis seiner Fähigkeit zur kostengünstigen Produktion großer Mengen von Standardmaschinen eine Führungsposition auf allen Triade-Märkten anstrebt, z. T. ganz andere Geschäftsprozesse erfolgskritisch als für einen Maschinenbauer, der auf der Grundlage seiner Fähigkeit, rasch kundenindividuelle Maschinen zu entwickeln, die extremen Leistungsanforderungen gerecht werden, Dominanz in einer Marktnische in Europa und den USA erreichen will. Der BPR-Ansatz sieht daher in einem ersten Schritt vor, die vorhandenen Geschäfte und Prozesse des Unternehmens auf übergreifende Stärken, die auch als *Kernfähigkeiten* bezeichnet werden (s. Prahalad/Hamel 1990), hin zu analysieren. Derartige Kernfähigkeiten lassen sich anhand von drei Kriterien identifizieren:

- *Marktzugang:* Kernfähigkeiten ermöglichen den Zutritt zu einem *weiten* Spektrum an Produkt-Kunden-Feldern.
- *Imitierbarkeit:* Kernfähigkeiten lassen sich von anderen Unternehmen nur *schwer* nachahmen, da sie in einem sich zumeist über viele Jahre erstreckenden Lernprozeß erworben werden und dann »quasi automatisch« vom eigenen Unternehmen beherrscht werden.
- *Kundennutzen:* Kernfähigkeiten verändern aus Kundensicht sehr *wichtige* Produktmerkmale.

Ein Beispiel soll diese abstrakte Charakterisierung von Kernfähigkeiten anschaulicher machen: So kann Canon die Kernkompetenz der Integration von Optik-, Bildverarbeitungs-, mikroprozessorgestützter Steuerungs- und Feinmechanik-Technologien zugeschrieben werden. Diese Kernfähigkeit ermöglicht es dem Unternehmen, sehr erfolgreich auf (scheinbar) unterschiedlichen Märkten für Kameras, Kopierer, Laserdrucker und Bildscanner zu arbeiten.

Das Herausarbeiten von eigenen Kernfähigkeiten *zusätzlich* zur Analyse von Marktanforderungen ist unverzichtbar, da (a) ansonsten die »Marschrichtung« für die Auswahl von Geschäftsprozessen und für die Priorisierung von Ansatzpunkten zur Prozeßoptimierung fehlt sowie (b) *allein* eine Orientierung von Geschäftsprozessen an aktuellen Kundenbedürfnissen zur langfristigen Erfolgssicherung nicht ausreicht. Kundenbedürfnisse können sich nämlich schnell ändern, und neue Kundensegmente lassen sich z. T. erst durch innovative eigene Angebotsmerkmale erschließen. Methodische Hilfsmittel zur Präzisierung der eigenen Kernfähigkeiten sind Profile der materiellen und immateriellen Ressourcen in den Geschäften/Funktionen eines Unternehmens und Wertschöpfungskettenanalysen, die auf der Grundlage »harter« Finanzdaten und »weicher« Informationen aus Interviews im Unternehmen und am Markt zu erstellen sind. Neben einer Profilierung der aktuellen Kernfähigkeiten beinhaltet der erste BPR-Schritt auch die Fixierung einer Erfolgsvision. Eine solche Vision entwirft eine einfach vermittelbare Vorstellung davon, in welchen Marktarenen man künftig auf welche Weise erfolgreich sein will. So wurde in einem medizintechnischen Unternehmen zu Beginn eines BPR-Projektes vom Vorstand die Vision formuliert, daß das Unternehmen weltweite Führerschaft in zwei Marktsegmenten durch schnelle Bereitstellung technologisch solider Geräte zu extrem niedrigen Kosten erreichen will.

2.2 Entwicklung eines Grundverständnisses für Verbesserungserfordernisse

Aufbauend auf einer Klärung der eigenen Kernfähigkeiten und Erfolgsvision wird im zweiten BPR-Schritt ein Grundverständnis für die Bereiche entwikkelt, in denen das Unternehmen losgelöst von organisatorischen Grenzen erhebliche Verbesserungen erzielen muß. Beispielsweise stellte BA & H in einem Chemieunternehmen fest, daß bei der Genehmigung einer Investition in Höhe von 15 000 DM sieben Instanzen mit 32 Arbeitsschritten involviert waren und die Genehmigung im Durchschnitt nach acht Wochen erfolgte. In einem Mineralölunternehmen erfuhren wir, daß die Akquisition und Eröffnung eines neuen Tankstellenstandortes 24–40 Monate dauerte, wobei mehr als 150 Personen mit über 90 Arbeitsschritten an dem Prozeß beteiligt waren und die Prozeßkosten sich auf mehr als 300 000 DM beliefen (ohne Kosten für den Grundstückskauf und den Aufbau der Tankstelle!).

Um ein Grundverständnis für potentielle Verbesserungsfelder auf Gesamtunternehmensebene zu erreichen, sollte man auf verschiedene Datenquellen zurückgreifen. Besonders hilfreich sind hier Kundenmeinungen, Äußerungen von Wettbewerbern, Interviews mit neuen Unternehmensmitarbeitern, Tätigkeitsstatistiken und stark aggregierte Kennzahlen aus dem Rechnungswesen/der Kostenrechnung. Dabei kommt es auch darauf an, einen Überblick dahingehend zu gewinnen, welches die *wesentlichen* quantitativen und qualitativen Kriterien sind, anhand deren Verbesserungserfordernisse konkretisiert werden sollen. Zumeist erfordern signifikante Verbesserungen die simultane Berücksichtigung von Zeitkriterien (z. B. Durchlaufzeiten), Kostengrößen (inkl. Kostentreibern), Kapazitätsindikatoren (z. B. Personalzahlen) und Output-Merkmalen (z. B. Anteil der korrekt zusammengestellten Kundensendungen), um sich ein tiefergehendes Verständnis der Veränderungserfordernisse zu erarbeiten. Bei der Informationsgewinnung ergeben sich als »Nebenprodukt« auch Hinweise auf die allgemeine Veränderungsbereitschaft im Unternehmen. Ein frühes Verständnis dieser Bereitschaft bzw. zu erwartender Widerstände ist hilfreich, da so rechtzeitig Informations- und Beteiligungsstrategien auf die spezifischen Koalitionen von »Stakeholder-Gruppen« eines Unternehmens zurechtgeschnitten werden können.

2.3 Setzen von Verbesserungszielen für das Gesamtunternehmen

Um über alle Hierarchieebenen und Abteilungsgrenzen des Unternehmens hinweg deutlich zu machen, daß das Unternehmen insgesamt durch BPR merklich verändert und in seiner Wettbewerbsfähigkeit vorangebracht werden soll, hat es sich bewährt, daß das Topmanagement schon *vor* einer Betrachtung *einzelner* Geschäftsprozesse ehrgeizige Verbesserungsziele für das Gesamtunternehmen setzt. Ganz in diesem Sinne veröffentlichte etwa BMW sein Ziel, die Entwicklungszeit für neue Pkw-Modelle um mehr als 50 % zu verringern (Lamparter 1994, S. 23). Das Topmanagement des oben erwähnten Mineralölunternehmens setzte die Vorgabe, daß die Zeitspanne für die Akquisition und Eröffnung neuer Tankstellenstandorte um mindestens zwei Drittel gegenüber dem Ist-Wert auf weniger als acht Monate zu senken sei und zudem die Prozeßkosten um mindestens 50 % zu reduzieren seien. Solche ambitionierten Ziele haben die Funktion, eine »produktive Unruhe« bei Führungskräften und Mitarbeitern hervorzurufen. Sie verdeutlichen weiter, daß kreative, bereichsübergreifende Lösungsvorschläge gefordert und gefördert werden.

Die Verbesserungsziele für das Gesamtunternehmen sollten längerfristig angelegt sein und sich auf wenige zentrale wettbewerbsrelevante Größen wie

Produktivität, Durchlaufzeit, Produkt- und Servicequalität, Stückkosten etc. beziehen. Vorteilhaft ist es, wenn die Gesamtziele durch analytische Überlegungen oder durch Benchmarking-Resultate begründet werden. Analytisch lassen sich Kostensenkungsziele beispielsweise durch eine Überlegung erklären, die herausarbeitet, um wieviel (Prozent) die eigenen Kosten reduziert werden müssen, um bei einer erwarteten Kapazitätsauslastung von 80 % und durchschnittlichen jährlichen Preisrückgängen von 5 % mindestens ein ausgeglichenes Betriebsergebnis zu erzielen. Beim Benchmarking werden Verbesserungsziele aus einem systematischen Vergleich des eigenen Unternehmens mit möglichst leistungsstarken anderen Unternehmen abgeleitet (vgl. Gerpott 1994). So ermittelte BA & H bei einem Betreiber von Telekommunikationsnetzen, daß dieser in jedem Jahr fast 50 % seines Umsatzes für Netzinfrastrukturinvestitionen aufwendete, während Vergleichsunternehmen in anderen Ländern Investitionsquoten aufwiesen, die im Mittel deutlich unter 25 % vom Umsatz lagen (s. Gerpott/Pospischil 1993, S. 380). Auch mit diesen Benchmarking-Resultaten begründete der Vorstand des Netzbetreibers ehrgeizige Investitionsverringerungsziele in Höhe von mehreren Milliarden DM pro Jahr. Angesichts eines solchen Ziels begannen Führungskräfte und Mitarbeiter sehr rasch, »altbewährte Praktiken« zu hinterfragen und intensiv nach kreativen Lösungen zur grundlegenden Umgestaltung der »Fabrik« des Telekommunikationsnetz-Betreibers zu suchen.

2.4 Identifikation erfolgskritischer Geschäftsprozesse

Nachhaltige Verbesserungen der Leistungen eines Unternehmens lassen sich eher erreichen, wenn man die Managementressourcen auf die Modifikation einiger weniger, für die Kernfähigkeiten des Unternehmens zentraler Geschäftsprozesse konzentriert (Faustregel: höchstens 6 Prozesse). Zur Identifikation derartiger Schlüsselprozesse sind zunächst alle Geschäftsprozesse eines Unternehmens grob zu profilieren. Hierbei muß man mit erheblichen Schwierigkeiten rechnen, da diese Prozesse aus Organisationsstrukturbildern nur schwer direkt ablesbar sind (s. a. Gaitanides 1983, S. 74 f.). Durch die gezielte Spezifikation der unternehmensexternen und -internen Kunden und des an sie gelieferten »Produktes« (Prozeßende) sowie des Auslösers von leistungserstellenden Aktivitäten (Prozeßbeginn) lassen sich jedoch die Geschäftsprozesse der meisten Unternehmen weitgehend vollständig abbilden. So wird der Prozeß »Kundendienst« bei einem Hersteller von Waschmaschinen durch den Kundenanruf (Prozeßbeginn) und durch das Endprodukt »instandgesetzte Waschmaschine/Leistungsabrechnung« (Prozeßende) abgegrenzt. Je nach Umfang/Komplexität der Unternehmensaufgaben und je nach Betrachtungsgenauigkeit werden in BPR-Projekten typischerweise zwischen 20 und 30 funktions-/geschäftsfeldübergreifende und -interne Einzelprozesse aufgelistet. Aus dieser Liste werden dann diejenigen Prozesse ausgewählt, die besondere Bedeutung für die Bewältigung von Verbesserungsanforderungen bzw. die Erreichung von Verbesserungszielen auf Gesamtunternehmensebene haben. Hierzu werden sämtliche Prozesse unter Rückgriff auf Kundenaussagen und historische betriebswirtschaftliche Daten im Hinblick auf zwei Kriterien eingestuft (vgl. Abbildung 2):

- *Kundenrelevanz:* Wie bedeutend ist der Prozeß für die Erfüllung von wichtigen Kundenanforderungen?
- *Prozeßverbesserungserwartung:* Wie groß ist der Verbesserungsbedarf/Problemdruck bei dem Prozeß, und wie groß sind die Chancen, Prozeßveränderungen implementieren zu können?

Die höchste Priorität erhalten die Prozesse mit hoher Kundenrelevanz und

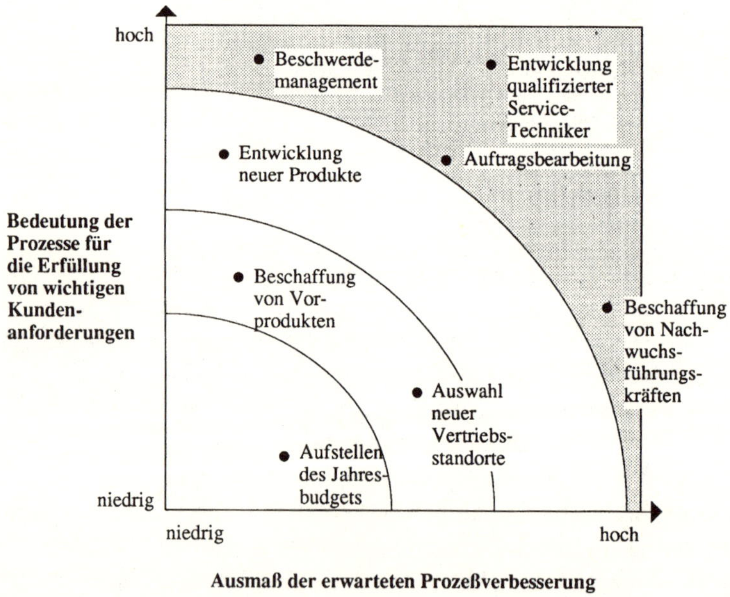

Abbildung 2: Bewertungsmatrix zur Priorisierung von Geschäftsprozessen.
Zur Illustration der Anwendung der Matrix wurden acht Prozesse exemplarisch positioniert.
In der Praxis kann eine solche Positionierung nur unternehmensspezifisch erfolgen.
Quelle: Booz • Allen & Hamilton

Verbesserungserwartung. BPR-Projekte beschränken sich zumindest in der ersten Phase auf die Optimierung der (wenigen) Prozesse mit den höchsten Prioritäten.

2.5 Abbildung der Hauptprozesse

Zur Verbesserung der Hauptprozesse ist zunächst ein genaues Verständnis der aktuellen Prozeßschritte und -kennwerte erforderlich. Hierzu wird für jeden Prozeß ein Ist-Profil erstellt, in dem prozeßbezogene Kundenerwartungen, Einzelaktivitäten innerhalb eines jeden Prozeßschrittes, beteiligte Organisationseinheiten, Entscheidungsträger und -inhalte, zeitliche Prozeßaspekte, prozeßbezogene Ressourcenbindungs- und Kostendaten sowie Outputmerkmale von Prozeßschritten (Service- und Qualitätsniveaus) dokumentiert werden. Hinsichtlich des erforderlichen Detaillierungsgrades bei der Profilierung der Ist-Prozesse läßt sich nur schwer eine generelle Aussage treffen (vgl. Gaitanides 1983, S. 80–83). Im Zweifelsfall sollte auf eine stark disaggregierte Profilierung verzichtet werden und ein substantielles Verständnis dahingehend, inwieweit ein Geschäftsprozeß die Kernfähigkeiten und Erfolgsvision des Unternehmens stützt, in den Vordergrund gerückt werden. Bereits beim »mapping« der Hauptprozesse wird auf mögliche Ineffizienzen geachtet, um Hinweise auf Verbesserungspotentiale zu erhalten. Wichtige Anhaltspunkte zur Einschätzung der Prozeß(in)effizienz sind dabei:

- Kundenaussagen zu Prozeßschwachstellen,
- Beurteilung der Prozeß(in)effizienz durch beteiligte Mitarbeiter,
- Wertschöpfungshöhe der einzelnen Prozeßschritte,
- Zahl der Schnittstellen/Ansprechpartner zum/für den Kunden,
- Zahl der Prozeßschritte/der beteiligten unterschiedlichen Organisationseinheiten,
- Zahl der Stellen/Abteilungen, die ähnliche Arbeiten durchführen.

Abbildung 3 verdeutlicht am vereinfachten Beispiel der Auftragsbearbeitung eines Maschinenbauunternehmens, wie BA & H Prozeßschritte typischerweise profiliert. Das Ist-Prozeßprofil in Abbildung 3 offenbart sofort die hohe Zahl der an der Auftragsbearbeitung beteiligten organisatorischen Einheiten und deutet auf das Fehlen eines integrierten IV-Systems zur Auftragsabwicklung hin. In dem bereits mehrfach erwähnten Fall des Mineralölherstellers benötigten wir sogar ganze 20 DIN-A3-Seiten, um den Prozeß der Akquisition und Eröffnung neuer Tankstellenstandorte darstellen zu können.

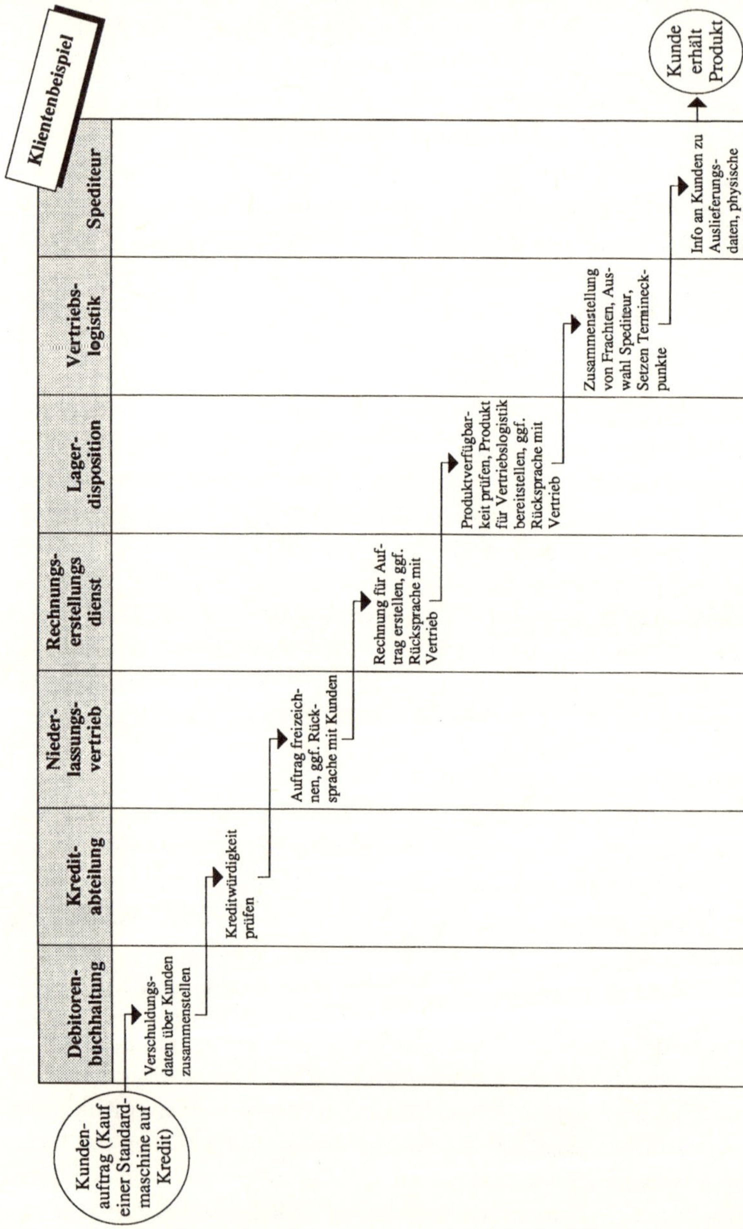

Abbildung 3: Ist-Prozeßprofil der Auftragsbearbeitung in einem Maschinenbauunternehmen
Quelle: Booz • Allen & Hamilton

2.6 Formulierung von Verbesserungszielen je Hauptprozeß

Ausgehend von den Ist-Profilen und aufgezeigten Ineffizienzen für jeden Hauptprozeß sind operationale Verbesserungsziele zu fixieren, die sich zwar nicht auf den gleichen Indikator wie die in Schritt 3 für das Gesamtunternehmen formulierten Ziele beziehen müssen, wohl aber die Erreichung der Oberziele für das Gesamtunternehmen unterstützen sollten. Ziele können sich auf einen kompletten Hauptprozeß (z. B. Auftragsbearbeitung) oder aber auf einzelne Prozeßschritte (z. B. Erstellung von Rechnungen für Aufträge) beziehen. Als Zielinhalte sollten *simultan* Zeit-, Kosten- und Qualitätskriterien verwendet werden, um eine einseitige Ausrichtung der Prozeßverbesserungsbemühungen mit möglicherweise unerwünschten Nebenwirkungen für den Unternehmenserfolg zu verhindern. Die Ziele müssen erhebliche, aber noch realistische Verbesserungen für einen Hauptprozeß fordern, um einen Anstoß für weitreichende Veränderungen im Unternehmen zu geben. So wurde für den Prozeß der Auftragsbearbeitung des Maschinenbauunternehmens in Abbildung 3 das Ziel gesetzt, die Durchlaufzeit von 15 Arbeitstagen auf ein bis zwei Arbeitstage zu verringern und zudem die Prozeßkosten bei gleichbleibender Fehlerquote der Auftragszusammenstellung gegenüber dem Ist-Niveau um 70 % zu senken. Bei der Formulierung prozeßbezogener Verbesserungsziele hat sich der Rückgriff auf Ergebnisse von Benchmarking-Analysen ebenfalls bewährt (vgl. oben Schritt 3 u. Gerpott 1994), weil Benchmarking zur Bereitstellung von Fakten führt, die deutlich machen, welche Prozeßleistungsniveaus bereits von anderen Organisationseinheiten innerhalb des eigenen Unternehmens, Wettbewerbern oder Unternehmen aus anderen Branchen erreicht werden. Ein derartiger Nachweis hilft zusätzlich, die Überzeugung hinsichtlich der Notwendigkeit anspruchsvoller Verbesserungen im eigenen Unternehmen zu wecken.

2.7 Entwicklung der optimierten Soll-Prozesse

In diesem Schritt wird für jeden Hauptprozeß eine »Blaupause« entwickelt, die im Detail aufzeigt, welche Mitarbeiter/Organisationseinheiten zukünftig unter Rückgriff auf welche technischen Hilfsmittel welche Einzelschritte/-entscheidungen übernehmen sollen, um die Zeit-, Kosten- und Qualitätsziele für einen Geschäftsprozeß erreichen zu können (vgl. auch Dangel 1994, S. 33). Abbildung 4 beschreibt sieben, von BA & H in vielen BPR-Projekten genutzte »Hebel« zur Erreichung optimierter Prozesse. Die Lösungen reichen von einem

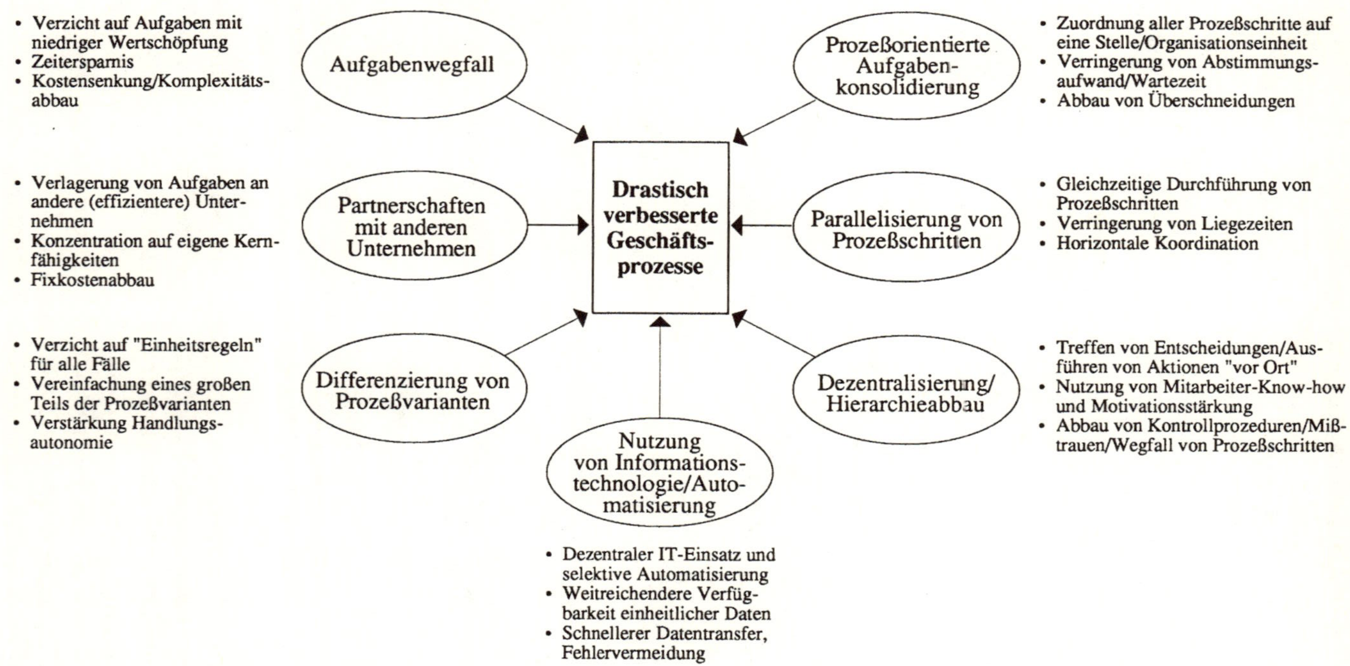

Abbildung 4: Lösungsansätze bei der Entwicklung optimierter Soll-Prozesse
Quelle: Booz • Allen & Hamilton

Aufgabenwegfall bis zu einer (strategischen) Partnerschaft mit effizienteren anderen Unternehmen. Vielfach ist es sinnvoll, mehrere der genannten Lösungsansätze zur Prozeßoptimierung *gleichzeitig* anzuwenden. Die Auswahl und Konkretisierung von im Einzelfall wirksamen Lösungen setzt die Einbindung der betroffenen Mitarbeiter und Führungskräfte voraus, um deren Expertenwissen und Ideenreichtum in die Prozeßoptimierung einfließen zu lassen. Eine solche Einbindung kann man über zwei bis drei ein- bis zweitägige Workshops pro Hauptprozeß erreichen, in denen die Betroffenen gemeinsam mit dem Berater ein detailliertes Soll-Profil für einen Hauptprozeß entwickeln und dokumentieren.

Eine besondere Rolle bei der Optimierung von Geschäftsprozessen spielt der Einsatz von Technologie, vor allem von prozeßunterstützender Informationstechnologie (IT), da Prozeßverbesserungen oft auch signifikante Veränderungen von IT-Systemen erfordern. Dabei forciert der BPR-Ansatz aber losgelöst von am Markt verfügbaren IT-Lösungen zunächst die Entwicklung eines optimierten Soll-Prozesses. Erst anschließend werden dann (informations-)technologische Veränderungsnotwendigkeiten/-möglichkeiten spezifiziert, um die Gestaltungsspielräume für die Geschäftsprozeßoptimierung nicht einseitig und zu früh durch herstellerspezifische Technologielösungen einzuschränken.

2.8 Ableitung von Prioritäten für die Umsetzung der Soll-Prozesse

Mit diesem Schritt wird die Implementierungsphase von BPR-Projekten eröffnet (vgl. Abbildung 1). Bei der Ableitung von Prioritäten für die Umsetzung der Soll-Prozesse geht es darum, die organisationsstrukturellen, personellen und kommunikativen Maßnahmen genau zu umreißen, die unter Berücksichtigung der Ist-Situation im Unternehmen zur dauerhaften Verankerung der verbesserten Prozesse geeignet erscheinen. Insbesondere ist es auch Teil von Schritt 8 – ungeachtet des Ausmaßes der Einbindung von Führungskräften und Mitarbeitern in die BPR-Schritte 1 bis 7 –, zusätzlich zu bestimmen, welche Inhalte an welche Zielgruppen über welche Medien wann kommuniziert werden sollen (Ausweitung der bisherigen aktiven Kommunikationspolitik). Eine reine Prozeßveränderung führt oft nur zu kurzfristigen Verbesserungen, wenn sie nicht durch *strukturelle* Anpassungen in der Verteilung von Aufgaben, Kompetenzen und Verantwortung, in der Besetzung von Schlüsselpositionen und in den eingesetzten Führungs- und Steuerungssystemen flankiert wird. So blieb bei einem Mobilfunkunternehmen die Einführung von Produktmanagementprozessen trotz guter »Blaupausen« so lange weitgehend wirkungslos, bis die Neubesetzung der Position des Geschäftsführers mit Produktmanagementverantwortung durch einen charismatischen unternehmensexternen Manager erfolgte. Dieser Manager nahm dann schnell die erforderlichen strukturorganisatorischen Klarstellungen vor, so daß anschließend die neuen Prozesse für das Produktmanagement erfolgreich umgesetzt werden konnten.

Die Priorisierung erfolgt auf der Basis einer Einschätzung der erwarteten Maßnahmeneffekte, der erforderlichen Ressourcen, der Implikationen für die Mitarbeiter, des zu erwartenden Trainingsaufwandes und der zur Verfolgung des Umsetzungserfolges zur Verfügung stehenden Kontrollsysteme. Umsetzungsmaßnahmen, denen nach unseren Erfahrungen in fast allen BPR-Projekten hohe Priorität eingeräumt wird, sind die Einführung von (1) Prozeßverantwortlichen, (2) veränderten Erfolgsmeß- und Anreizsystemen, die die Vergabe von Belohnungen an prozeßorientierte Leistungskriterien (z. B. durchschnittliche Wartezeit eines Kunden bis zur Beantwortung einer telefonischen Anfrage) knüpfen, und (3) Trainingsprogrammen zur Vermittlung prozeßrelevanter neuer Fähigkeiten an die Mitarbeiter (z. B. kundenorientiertes Kommunikationsverhalten). Ergebnis des achten Schrittes ist die Fixierung der Veränderungsmaßnahmen mit der höchsten Priorität, ihrer Anfangs- und Endpunkte, von Meilensteinen sowie von Hauptverantwortlichen. Beispielsweise ergab sich für den Prozeß der Akquisition und Eröffnung neuer Tankstellenstandorte des Mineralölunternehmens, daß die Fremdvergabe der Grundstückssuche und -kauftransaktionen an eine überregionale Maklergesellschaft als wichtigster Implementierungsschritt anzusehen war. Hinzu kam dann die Einsicht, daß eine Verringerung des Einflußnahme der Unternehmenszentrale auf den Entscheidungsprozeß durch Veränderung der Kompetenzen von mittleren Führungskräften in den Regionalvertretungen schnell in Angriff genommen werden sollte.

2.9 Detaillierung von Verantwortlichkeiten und Realisierung der Veränderungen

In dieser Phase werden die zuvor entwickelten Implementierungspläne für Veränderungen in die Tat umgesetzt; es erfolgt also der Anstoß der eigentlichen Geschäftsprozeßveränderungen. Hierzu müssen die Verantwortlichen für jeden Hauptprozeß weitere Führungskräfte und Mitarbeiter gewinnen, die die Verantwortung für bestimmte Prozeßteile übertragen bekommen. Im Rahmen detaillierter Zeitpläne und Budgets setzen letztere dann wiederum die angedachten Prozeßveränderungen um. Die Implementierung wird begleitet durch ein aktives Kommunikationsprogramm (s. o.), das die Ablaufänderungen für jede Organisationseinheit erklärt und begründet sowie mit dem neuen Prozeß einhergehende Anpassungen der Aufgaben, Kompetenzen, Verantwortung und erforderlichen Qualifikationen in den individuellen Tätigkeitsbereichen betroffener Mitarbeiter transparent macht. Ein solches Programm, das konstruktiv auf Ängste der Mitarbeiter eingehen will, erfordert neben dem Einsatz von schriftlichen Medien (z. B. »BPR-Newsletter«) den Rückgriff auf »interaktive« Medien, wie Workshops und Abteilungsdiskussionen mit den betroffenen Mitarbeitern zu Fach- und Führungsthemen im Zusammenhang mit den neuen Geschäftsprozessen. Im deutschen Kontext ist insbesondere auch eine Einbindung der Mitarbeitervertretungen in BPR-Projekte bereits lange vor der Realisierung von Prozeßveränderungen erstrebenswert – und zwar unabhängig von der Auslegung betriebsverfassungsrechtlicher Beteiligungsgebote (vgl. §90, Nr. 3 und §111, Nr. 4 und 5 BetrVG). Eine rechtzeitige, vorbehaltlose Einbindung erleichtert es nämlich, die Mitarbeitervertreter von der marktbedingten Notwendigkeit drastischer Prozeßverbesserungen zu überzeugen, unberechtigtes Mißtrauen zu vermeiden und gemeinsam nach sozial verträglichen Lösungen für Personalprobleme verbesserter Prozesse zu suchen.

2.10 Kontinuierliche Verfolgung der Prozeßverbesserungen

Eine der größten Herausforderungen von BPR-Projekten liegt darin, sicherzustellen, daß nach den ersten Veränderungsschritten weitere Verbesserungsanstrengungen nicht relativ schnell aufgegeben werden. Um dieser Herausforderung gerecht zu werden, sieht der letzte Schritt des BPR-Ansatzes von BA & H vor, fortlaufend Transparenz über den Implementierungsstatus zu schaffen und gleichzeitig zusätzlichen Handlungsbedarf, der sich erst während der Umsetzung von Prozeßverbesserungsmaßnahmen ergibt, aufzudekken. Hierzu ist dem »BPR-Office« eines Unternehmens ein rasch anwendbares PC-gestütztes Kennzahlensystem bereitzustellen, das abbildet, inwieweit die Prozeßverbesserungsziele bereits erreicht wurden. Derartige Systeme können zwar auch die *Fremdkontrolle* von Prozeßverantwortlichen/-beteiligten durch das Management unterstützen. Viel wirksamer ist jedoch, daß sie bei dezentraler, zeitnaher Datenverfügbarkeit für die Führungskräfte und Mitarbeiter »vor Ort« eine *Eigenkontrolle* der Verbesserungen, Hinweise auf »best practices« in anderen Unternehmensbereichen/Prozessen und auf Schwachstellen ermöglichen. Eine solche Eigenkontrollmöglichkeit ist neben der fortdauernden Unterstützung der BPR-Vorhaben durch das Topmanagement eine unabdingbare Voraussetzung dafür, daß fundamentale kundenorientierte Prozeßverbesserungen im Unternehmen zu einem *Dauerthema* werden.

3. Beispielhafte Ergebnisse aus BPR-Projekten

Um die signifikanten Erfolge zu verdeutlichen, die Unternehmen verschiedenster Branchen durch Anwendung des BPR-Ansatzes erzielen konnten, soll hier exemplarisch auf Ergebnisse aus vier BA & H-Projekten hingewiesen werden:

- Bei einem Hersteller von Telekommunikations-Hardware haben wir die Optimierung von Geschäftsprozessen im Logistikbereich begleitet. Das BPR-Projekt führte u. a. zu einer deutlichen Absenkung der Fertigungslagerbestände und damit der Lagerkosten um 20 %.
- Durch die grundlegende Neustrukturierung der wichtigsten Geschäftsprozesse eines Anlagen- und Maschinenbauunternehmens konnte mit Unterstützung von BA & H die Zahl der Prozeßschritte um durchschnittlich 30 %, die Anzahl der abteilungsübergreifenden Schnittstellen in einem Prozeß im Mittel um knapp 50 % und die Anzahl der Prozeßschritte um durchschnittlich 43 % verringert werden. Diese Veränderungen führten bei jedem Prozeß zu erheblichen Qualitäts-, Kosten- und Zeitverbesserungen.
- In einem Energieversorgungsunternehmen konnten wir in einem BPR-Projekt zusammen mit dem Klienten durch die Neugestaltung der Zusammenarbeit zwischen den Mitarbeitern des Personalwesens in der Konzernzentrale und in den Tochtergesellschaften die durchschnittliche Bearbeitungszeit für typische Personalaufgaben (z. B. Einstellung von Mitarbeitern) um 35 % reduzieren; gleichzeitig war es möglich, die Zahl der Mitarbeiter im Personalwesen der Konzernzentrale um 40 % zu verringern.
- Bei einem Betreiber von Telekommunikationsnetzen entwickelte BA & H zusammen mit Klientenmitarbeitern Vorschläge, die aufzeigten, wie die Bereitstellungszeiten für neue Telefonanschlüsse von durchschnittlich 25 Arbeitstagen auf weniger als zehn Arbeitstage verringert werden konnten. Etwa 75 % der Prozeßverkürzung ließen sich dabei durch direkt umsetzbare organisatorische Maßnahmen (z. B. vereinfachte Zuständigkeiten, Fax-Einsatz zur Informationsübermittlung) erzielen; lediglich für ein Viertel der Prozeßverkürzung war die aufwendigere Einführung eines systemgestützten Auftragsbearbeitungssystems notwendig.

Da BA & H schon vor vielen Jahren – lange bevor die Reengineering-Welle einsetzte – damit begonnen hat, gemeinsam mit Klienten prozeßorientierte Organisationslösungen zu entwickeln, ließe sich diese Liste von *signifikanten* Verbesserungen infolge von BPR-Projekten erheblich verlängern. Statt dessen wollen wir jedoch abschließend wichtige Randbedingungen aufzeigen, die das Erfolgsniveau von BPR-Projekten wesentlich beeinflussen.

4. Erfolgsvoraussetzungen von BPR-Projekten

Die durch BPR erzielbaren Verbesserungseffekte hängen keineswegs nur von der »technisch-sachlogischen Perfektion« des Ansatzes, sondern auch und gerade davon ab, inwieweit im spezifischen Einzelfall bestimmte »weiche« Erfolgsvoraussetzungen erfüllt sind. Fünf derartigen Randbedingungen sollte nach unseren Erfahrungen besondere Beachtung geschenkt werden:

1. *Sichtbare Unterstützung des BPR-Projektes durch das Topmanagement.* Diese Randbedingung impliziert, daß (a) die Vorstands-/Geschäftsleitungsmitglieder die persönliche Verantwortung für die Erreichung von anspruchsvollen Prozeßoptimierungszielen übernehmen und (b) mindestens ein Mitglied des Topmanagement-Teams als »BPR-Champion« die Prozeßreorganisation aktiv mitprägt.
2. *Integrierte Klienten-Berater-Teams.* Um die im Unternehmen vorhandene Expertise zu nutzen und die Akzeptanz von Veränderungen zu fördern, schlägt BA & H in BPR-Projekten fast immer »gemischte« Teams vor, in denen Berater mit Klientenmitarbeitern eng zusammenarbeiten. In diese Teams sollte das Topmanagement hochqualifizierte und -motivierte Unternehmensmitarbeiter entsenden, um Veränderungsplänen die notwendige »personelle Schubkraft« zu verleihen. Dabei ist bei BPR-Projekten, die alle wesentlichen Bereiche/Funktionen eines größeren Unternehmens einschließen, typischerweise eine Entsendungsdauer von 3 bis 9 Monaten für die Erarbeitung von Verbesserungsoptionen (s. Schritte 1 bis 7 in Abbildung 1) und von 3 bis 6 Monaten für die Optionsumsetzung (s. Schritte 8 bis 10 in Abbildung 1) erforderlich. Insbesondere in der Implementierungsphase ist anzustreben, daß das Unternehmen den Berater nur noch als »coach« nutzt und selbst zum Promotor von Prozeßveränderungen wird. Über die Einrichtung eines integrierten BPR-Teams hinaus sollte in allen Schritten von BPR-Projekten auf eine *enge Zusammenarbeit des Teams mit den Linienkräften, die nicht direkt im Team vertreten sind*, hingearbeitet werden (vor allem durch Interview- und

Workshop-Programme), um »Betroffene zu Beteiligten« zu machen. Bei Spezialfragen (z. B. Systemunterstützung für die Materialflußverfolgung) hat es sich bewährt, einzelne Linienmitarbeiter als »experts to the team« formal als zum erweiterten Mitgliederkreis des BPR-Teams gehörig auszuweisen.

3. *Frühe Hinzuziehung von Informationstechnologie-Experten.* Zur Sicherstellung einer angemessenen Nutzung moderner IT-Möglichkeiten im Rahmen von BPR-Lösungen sollten unternehmensinterne und -externe Wissensträ-

	Methoden						
BPR-Schritte	Ressourcenprofile	Wertkettenanalysen	Interviews im Markt	Interviews im Unternehmen	Workshops	Benchmarking	Prozeßkostencontrolling
1. Kernfähigkeiten/Erfolgsvision herausarbeiten	√	√	√		√		
2. Verbesserungserfordernisse verstehen		√	√				
3. Verbesserungsziele für das Unternehmen setzen				√	√	√	
4. Geschäftsprozesse auswählen			√	√			
5. Hauptprozesse abbilden				√	√		
6. Verbesserungsziele für Prozesse formulieren					√	√	√
7. Soll-Prozesse entwickeln		√		√	√	√	
8. Umsetzungsprioritäten setzen				√	√		√
9. Prozeßveränderungen realisieren					√		
10. Prozeßveränderungen verfolgen					√		√

Abbildung 5: Einsatz wichtiger Methoden während der Schritte des BPR-Ansatzes
Quelle: Booz • Allen & Hamilton

ger, die über umfangreiche Erfahrungen beim Entwurf von Software- und Hardware-Architekturen zur Unterstützung effizienter Geschäftsprozesse verfügen, bereits bei der Identifizierung der Optionen (d. h. spätestens ab BPR-Schritt 4) in das BPR-Team eingebunden werden. Entsprechend muß die Verfügbarkeit prozeßbezogener IT-Expertise bei der Hinzuziehung externer Berater ein wesentliches Auswahlkriterium darstellen.

4. *Pilotorientiertes Vorgehen.* Um schnell überzeugende Wirkungen von BPR im Unternehmen aufzeigen zu können, ist es zumeist sinnvoll, in einem ersten Schritt nur ein oder zwei besonders wichtige Geschäftsprozesse zu optimieren, um erst dann die Reorganisation der übrigen Hauptprozesse eines Unternehmens anzugehen.
5. *Methodenpluralität.* Quantensprünge bei der Verbesserung von Qualitäts-, Kosten- und Zeitmerkmalen von Geschäftsprozessen lassen sich i. d. R. nur erzielen, wenn Ist- und Soll-Prozesse auf Basis umfangreicher Datensammlungen aus verschiedenen Blickwinkeln betrachtet werden. Um diese Perspektivenvielfalt zu fördern, ist der Einsatz eines weiten Spektrums unterschiedlicher Methoden während der einzelnen Schritte des BPR-Ansatzes notwendig (s. Abbildung 5).

5. Epilog

BPR ist kein völlig neuer Ansatz zur Unternehmensführung, sondern ein Reorganisationskonzept, das die intelligente Integration mehrerer Managementinstrumente mit einer expliziten Ausrichtung auf Geschäftsprozesse beinhaltet. Das »Intelligenzniveau der Integration« und damit die Stärke der BPR-Verbesserungseffekte resultieren dabei einmal aus dem Zusammenführen des Wissens von Topmanagern, Linienführungskräften und Fachexperten des Klienten, die den Willen zur Verbesserung der Geschäftsprozesse losgelöst von bisherigen Strukturen und »Erbhöfen« mitbringen, auf der einen Seite und von erfahrenen Beratern, die die Klientenindustrie und möglichst auch das Klientenunternehmen selbst sehr gut kennen, auf der anderen Seite. Die *fachliche* Kompetenz der BPR-Träger ist aber keine hinreichende Bedingung, um nachhaltige Prozeßverbesserungen zu erreichen. Zusätzlich erforderlich ist, daß sowohl die mit BPR-Themen betrauten Unternehmensmitarbeiter als auch die Berater über ein hohes Maß an *sozialer Kompetenz* verfügen, die es ihnen ermöglicht, ein Klima des Vertrauens zu erzeugen, welches für tiefgreifende Wandlungsprozesse notwendig ist. Gerade diese soziale Qualifikation wird in der Unternehmenspraxis oft zu wenig beachtet, wenn es darum geht, eigenes Personal und einen Berater für BPR-Teams auszuwählen.

Literatur

Booz • Allen & Hamilton (1993): *Business Process Redesign: An Owner's Guide*, New York.

Dangel, J.W. (1994): *Business Process Reengineering: Radikale Umgestaltung von Geschäftsprozessen*, in: io Management Zeitschrift, 63. Jg., Nr. 5, S. 31–33.

Gaitanides, M. (1983): *Prozeßorganisation*, München.

Gatermann, M. (1994): Reengineering: Jeder fünfte fliegt, in: manager magazin, 24. Jg., Nr. 4, S. 196–198.

Gatermann, M./Krogh, H. (1993): *Reengineering: kurzer Prozeß, in: manager magazin*, 23. Jg., Nr. 12, S. 177–213.

Gerpott, T.J. (1994): *Intelligentes Benchmarking als Mittel zur Neuausrichtung an Wettbewerb und Markt*, in: Booz • Allen & Hamilton (Hrsg.), Gewinnen im Wettbewerb, Stuttgart, S. 51–78.

Gerpott, T.J./Pospischil, R. (1993): *Internationale Effizienzvergleiche der DBP Telekom*, in: Schmalenbachs Zeitschrift für betriebswirtschaftliche Forschung, 45. Jg., S. 366–389.

Greengard, S. (1993): *Reengineering: Out of the Rubble*, in: Personnel Journal, Vol. 72, No. 12, S. 48B–48Q.

Hammer, M./Champy, J. (1993): *Reengineering the Corporation*, New York.

Lamparter, D. (1994): Die Umkehr der Manager, in: DIE ZEIT, Nr. 15 (8. April), S. 23–24.

Müri, P. (1994): *Prozeßorientierung – der Schlüssel zum neuen Management*, in: io Management Zeitschrift, 63. Jg., Nr. 5, S. 27–30.

Petro, F.A. (1994): *Reengineering II: Made in Japan*, in: Insights Quarterly, Vol. 6, No. 1, S. 4–17.

Prahalad, C.K./Hamel, G. (1990): *The Core Competence of the Corporation*, in: Harvard Business Review, Vol. 68, No. 3, S. 79–91.

Zur Praxis prozeßorientierter Unternehmensgestaltung

Von der Analyse bis zur Umsetzung

Michael Nippa, Jochen Klemmer

Reengineering ist ein Denk- und Methodenansatz zur umfassenden Reorganisation von Unternehmen unter besonderer Hervorhebung einer grundlegenden Prozeß- und Kundenorientierung. Damit ist Reengineering im Grunde nichts Neues. Selbst Hammer betont, daß er bereits seit nahezu 20 Jahren Reengineering-Projekte durchführe (vgl. Randall 1993, S. 18). Das gilt dann auch für unsere Beratungsgruppe, die bereits seit Jahren Prozesse und den Markt in den Vordergrund ihrer Beratungs- und Forschungsprojekte stellt, sowie für andere Organisationsberater.

Wie unsere Umfrage und die kritische Analyse der verfügbaren Veröffentlichungen zeigen, umfaßt Reengineering mehr oder weniger zahlreiche Gedankenansätze, Methoden und Verfahren: Total Quality Management, Time-based Management, Lean Management oder auch kontinuierliche Verbesserungsprozesse sowie grundsätzliche Erwägungen zum Projektmanagement. Reengineering läßt sich vergleichen mit einem Medikamenten- oder Instrumentenkasten, dessen vielfach altbekannte Mittel von den Unternehmensärzten je nach Herkunft verschieden verordnet und verabreicht werden. Dr. Hammer & Co. bevorzugen den nicht allzu zimperlichen Umgang mit dem Patienten und behandeln Todkranke wie auch Kerngesunde mit den gleichen Mitteln (Hammer/Champy 1993, S. 34). Anders die Kollegen der DV-technischen Zunft. Hier gilt es, den Patienten vorab so zu präparieren, daß die zu verkaufenden Prothesen, Implantate und Herzschrittmacher auch akzeptiert werden.

Aus unserer Sicht gehören zu einer erfolgreichen Behandlung, sei es Kur oder Operation, neben dem notwendigen Handwerkszeug das Wissen um deren sachgemäße Anwendung, langjährige Erfahrungen, nicht zuletzt ein gehöriges Stück Einfühlungsvermögen in die Situation sowie der Mut, dem Patienten auch in der manchmal langwierigen und für Rückfälle anfälligen Rehabilitationsphase beizustehen.

Diese Grundsätze haben wir, im übertragenen Sinn, bei der Konzeption unseres Methodenansatzes »Business Process Streamlining (BPS)« angewendet.

1. Typische Unternehmenskrankheiten – eine Problemschau

Letztlich sind es natürlich immer externe Gründe, die dafür verantwortlich zu machen sind, wenn die Ergebnisse eines Unternehmens zu wünschen übrig lassen. Die Kunden kaufen auf einmal die Produkte nicht mehr, verlangen sogar Preisreduktionen, wenden sich anderen Anbietern zu oder haben ständig Sonderwünsche. Auf nichts ist mehr Verlaß: Der Wettbewerb wird immer härter, neue Konkurrenten treten auf, alte Wettbewerbsfaktoren gelten von heute auf morgen nicht mehr. Die Ruhe ist dahin, alles ist ganz anders als früher, alles ändert sich heute viel schneller.

Vergessen Sie diese Ausreden. Es ist an Ihrem Unternehmen, neue Produkte zu entwickeln, in neue Märkte vorzudringen, die Kosten drastisch zu senken, den Wettbewerb mit neuen Spielregeln zu überraschen oder so hohe Markteintrittsbarrieren zu errichten, daß der Zugang zu Ihren Pfründen vor Drittanbietern sicher ist.

Betrachtet man vor diesem Hintergrund die aktuelle Misere nicht weniger deutscher Unternehmen und Verwaltungsorganisationen, so zeigt sich, daß diese unseres Erachtens vielfach an folgenden typischen Problemen kranken:

- Dem Verlust des Dienstleistungsgedankens, der Kundenorientierung, sei es unternehmensintern oder -extern.
  »Unsere Einkaufsabteilung braucht manchmal Wochen, um für uns zeitkritische Bestellungen zu bearbeiten.« »Die haben noch gar nicht gemerkt, daß es uns nicht mehr in erster Linie um den Preis, sondern um Lieferzeit und -treue geht.« »Kundenanfragen werden bei uns nach dem Buchbinder-Wanninger-Prinzip bearbeitet: Erst mal für unzuständig erklären und weiterleiten.«
- Über Jahre gewachsene Organisationsstrukturen und -abläufe, die sich mehr durch Nischen, Sofaecken und Separées denn durch eine Ausrichtung an den Marktbedürfnissen auszeichnen:
  »Gegen den Willen unserer verdienten Abteilungsleiter können wir eine konsequente Produktsegmentierung nicht einführen. Wir müssen wohl die Pensionierung abwarten.« »Die Stabsstelle hat man vor sieben Jahren vorübergehend eingerichtet, jetzt beschäftigen sie sich selbst.«
- Ein immer noch viel zu hoher Grad der Arbeitsteiligkeit, der naturgemäß zu prozeßbehindernden Schnittstellen führt:

»Die Auftragsabwicklung läuft bei uns über mindestens elf Schreibtische – da müssen ja Fehler passieren.« »In unser Produktentwicklungsteam sind achtzehn Gruppen und sieben Abteilungsinteressen zu integrieren, und wenn man sich nicht einigen kann, müssen die Chefs ran. – Kein Wunder, daß wir viel Zeit mit Abstimmungen verlieren.« »Die Bearbeitung einer Dienstreiseabrechnung kostet bei uns häufig mehr als die Reise selbst.«

- Nicht mehr zeitgemäße Anreizsysteme und Karrierepfade sowie Führungsformen, die bei verringerten Hierarchieebenen besonders kritisch werden: »Die Verantwortung wird uns insbesondere bei Flops übertragen – und dann natürlich rückwirkend. Wir würden das ja noch akzeptieren, wenn wir die notwendigen Kompetenzen bekämen.« »Kontinuierliche Verbesserungsprozesse eignen sich nicht nur für uns Arbeiter – das Management könnte auch permanent verbessert werden.« »Die Chancen, in unserem Unternehmen aufzusteigen, werden mit jeder eliminierten Hierarchiestufe geringer.«
- Datenverarbeitungs- und Kommunikationssysteme, die mangels Flexibilität und ob ihrer Abschreibungsdauer die notwendigen Anpassungen von Strukturen und Prozessen behindern oder verzögern: »Mit der Neugestaltung unserer Arbeitsabläufe sollten wir warten, bis in zwei Jahren das neue Abwicklungsverfahren produktiv läuft.« »Den Ist-Ablauf brauchen Sie nicht mehr zu verbessern, das wird mit der geplanten neuen Software sowieso ganz anders.« »Sonderauswertungen sind leider nur begrenzt möglich, aber dafür haben wir die Standardlisten jetzt tagesgenau.«

Nun sind diese Probleme natürlich weder vollständig noch für jedes Unternehmen zutreffend; sie verhindern aber, daß man sich allzu sehr wundert, in Projekten festzustellen, daß beispielsweise

- 94 % der Auftragsabwicklungszeit eines Maschinenbauunternehmens Liege- und Wartezeiten sind;
- knapp 25 % des Personalaufwandes in der Vorentwicklung eines Serienproduzenten auf die Koordination unterschiedlicher Abteilungsinteressen und auf die Projektauftragsformulierung entfallen;
- die Bearbeitung einer Praktikanteneinstellung in einem Werk der Automobilindustrie mehr kostet als die Vergütung für das 6-Wochen-Praktikum;
- eine Stelle in der Versicherungssachbearbeitung die Fehler der vorangegangenen Stelle ausmerzen muß und dies 2,5 mal so viel kostet wie eine sofortige, sorgfältige Arbeit;
- zwar 92 % aller Bestellungen in einem weltweiten Fertigungsverbund automatisch verarbeitet werden, die restlichen 8 % jedoch einer teilweise abenteuerlichen Klärungsarie anheimfallen.

Vermutlich sind Ihnen ähnliche Ineffizienzen bekannt. Konsequenterweise stellt sich daher die Frage, warum diese dann dennoch nicht beseitigt werden, warum innerbetriebliche Verbesserungsvorschläge in einem so fruchtbaren Umfeld ein Schattendasein führen.

Die Beantwortung dieser Fragen führt geradewegs zu den organisatorischen Veränderungsbarrieren, den Gummiwänden und Betonpfeilern jeder Organisation.

Einige Stichworte mögen diese Barrieren veranschaulichen:

- organisatorisches Beharrungsvermögen;
- Denken in Kopfzahlen und Machterhaltungstriebe;
- DV-Technik als alleinige Problemlösung;
- die Beweislast der ökonomischen Vorteilhaftigkeit liegt bei der neuen Organisationslösung und nicht bei der alten;
- hinsichtlich Problemursache und -beseitigung wird immer auf vor- oder nachgelagerte Funktionen verwiesen;
- Berater zeigen bestechende Konzepte auf, die Umsetzung obliegt (erliegt?) den betroffenen Funktionsbereichen;
- die Aufmerksamkeit des Topmanagements konzentriert sich auf die Konzept- und weniger die Umsetzungsphase;
- in Problemsituationen dominieren persönliche Schuldzuweisungen. Die Herausforderung, Veränderungen gemeinsam zu meistern, wird verweigert;
- Risikoscheu oder gar Risikoaversion auf allen Hierarchiestufen.

Die prozeßorientierte Neugestaltung der Unternehmensorganisation ist eine Möglichkeit zur Überwindung dieser Barrieren. Sie muß allerdings einer Denkhaltung folgen, die den Schwerpunkt auf die Beseitigung der tatsächlichen Problemursachen und Veränderungshemmnisse sowie die nachhaltige Umsetzung von Konzepten legt.

2. Methodenkonzeption und Zielsetzung von Business Process Streamlining

Business Process Streamlining (BPS) stellt die Optimierung von Geschäftsprozessen in den Mittelpunkt der Organisationsgestaltung, ohne dabei Synergiepotentiale oder die Nutzung gemeinsamer Ressourcen aus dem Auge zu verlieren. Streamlining zielt ab auf die Beseitigung von flußbehindernden Ekken und Auswüchsen bzw. die Erhöhung der Beweglichkeit von Prozessen und Strukturen. Dieses stromlinienförmige Ausrichten der Unternehmung an Markt- und Kundenerfordernissen kann einen einzelnen oder mehrere Prozesse zum Gegenstand haben.

Kernziel von BPS ist es, die Geschäftsprozesse einer Unternehmung an die Bedürfnisse externer bzw. interner Kunden anzupassen und diese in bezug auf die Zieldimensionen Zeit, Kosten und Qualität effizienter zu gestalten. Dabei versteht sich BPS als zirkulärer Prozeß, der – vergleichbar, aber nicht identisch mit dem Total Quality Management – im Denken und Handeln der Mitarbeiter institutionalisiert werden muß.

Reengineering-Projekte bzw. Maßnahmen zur prozeßorientierten Unternehmensgestaltung können vielfältige Ausprägungen haben. In einem Projekt zur Überprüfung und Fundierung von Segmentierungsentscheidungen spielten die Logistik- und Fertigungsprozesse eine entscheidende Rolle. Ihre Erfassung, Darstellung und Analyse stellte jedoch andere Anforderungen an die methodische Vorgehensweise als Projekte, bei denen wir beauftragt wurden, den Produktentwicklungsprozeß zu verkürzen oder – in einem anderen Fall – die internen Aufgaben und Prozesse einer Rechnungswesen-Abteilung erst zu systematisieren, um dann die kritischen Prozesse neu zu gestalten.

BPS besteht aus einem »Pre-Check«, der üblicherweise bereits im Rahmen der Auftragskonkretisierung durchgeführt wird, sowie drei unabhängigen, jedoch aufeinander aufbauenden Modulen (vgl. Abbildung 1).

2.1 »Layout« des Reengineeringprojekts – »Pre-Check«

Der »Pre-Check« dient der inhaltlichen Konkretisierung des Prozeßgestaltungsprojekts und überprüft, ob die zur Aufgabenerfüllung und Zielerrei-

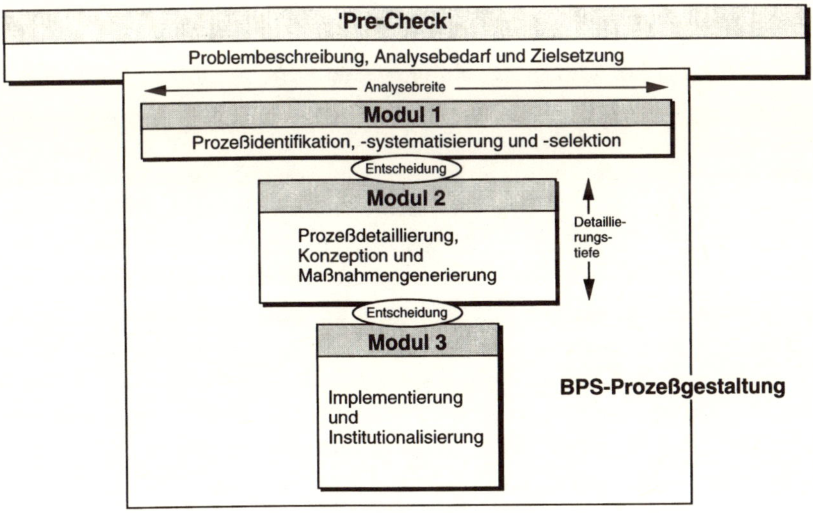

Abbildung 1: BPS-Grundkonzeption

chung notwendigen Informationen, z. B. in Form von internen Strategiepapieren, Projektberichten oder Marktforschungsdaten, vorliegen. Wie Beispiele zeigen, ist es in vielen Fällen gar nicht notwendig oder sinnvoll, ausufernde Analysen zu betreiben. Der »Pre-Check« vermeidet damit einerseits, daß mit Kanonen auf Spatzen geschossen wird, andererseits stellt er sicher, daß man nicht im Hawaii-Hemdchen zur Polarexpedition aufbricht, d. h., daß radikale Veränderungen ohne die erforderliche Fundierung und Absicherung auf Basis einer Analyse des Unternehmenspotentials, der Unternehmensstrategie oder des Wettbewerbsumfeldes erfolgen (vgl. auch Abbildung 2). Der »Pre-Check« ermöglicht es also, flexibel auf verschiedene Aufgabenstellungen zu reagieren.

Zusätzlich zu diesen mehr inhaltlichen Aspekten dient der »Pre-Check« auch der Klärung der Rahmenbedingungen des Projekts sowie der Vorbereitung der Projektarbeit. Dazu gehört z. B., Promotoren zu identifizieren, Mitarbeiter zu informieren und die Projektorganisation sicherzustellen. Hierzu ist schon lange vor der Reengineering-Diskussion an vielen Stellen so viel generell Richtiges geschrieben worden, daß wir auf eine nähere Erläuterung verzichten wollen. Es gehört unseres Erachtens zum Handwerkszeug interner oder externer Organisatoren.

2.2 Geschäftsprozesse identifizieren, systematisieren und selektieren – Modul 1

Während auf allgemeine Aspekte des Projektmanagements in aller Breite eingegangen wird, vermissen Praktiker Hilfestellungen dazu, wie Prozesse »identifiziert«, abgegrenzt und in Beziehung gesetzt werden können. Oftmals wird von Geschäfts-, Wertschöpfungs-, Primär- und Sekundärprozessen gesprochen, ohne daß deutlich gemacht wird, was damit gemeint ist. Weitere Defizite liegen bei der Wahl der Detaillierungstiefe sowie dem Selektionsmechanismus, anhand dessen aus der Vielzahl der Prozesse diejenigen ausgewählt werden können, deren Verbesserung am dringlichsten ist. Die inhaltliche Projektarbeit der prozeßorientierten Unternehmensgestaltung beginnt daher mit der Definition und Grobanalyse der Geschäftsprozesse. Egal, ob ein gesamtes Unternehmen, ein Werksbereich, eine Abteilung oder der Auftragsabwicklungsprozeß verändert werden soll – Ausgangspunkt der Analyse und Gestaltung ist immer die Aufgabe, der Zweck, die Zielsetzung. Bei Betrachtung eines Produktionsbetriebs läßt sich beispielsweise differenzieren in primäre Aufgaben (z. B. Fertigung Produkt A, B, C; Kundendienst, Produktentwicklung) und sekundäre Aufgaben (wie z. B. Bereitstellung Personal-, Material- und Kapitalressourcen; Marketing etc.). Diese Aufgabengruppen können beliebig unter-

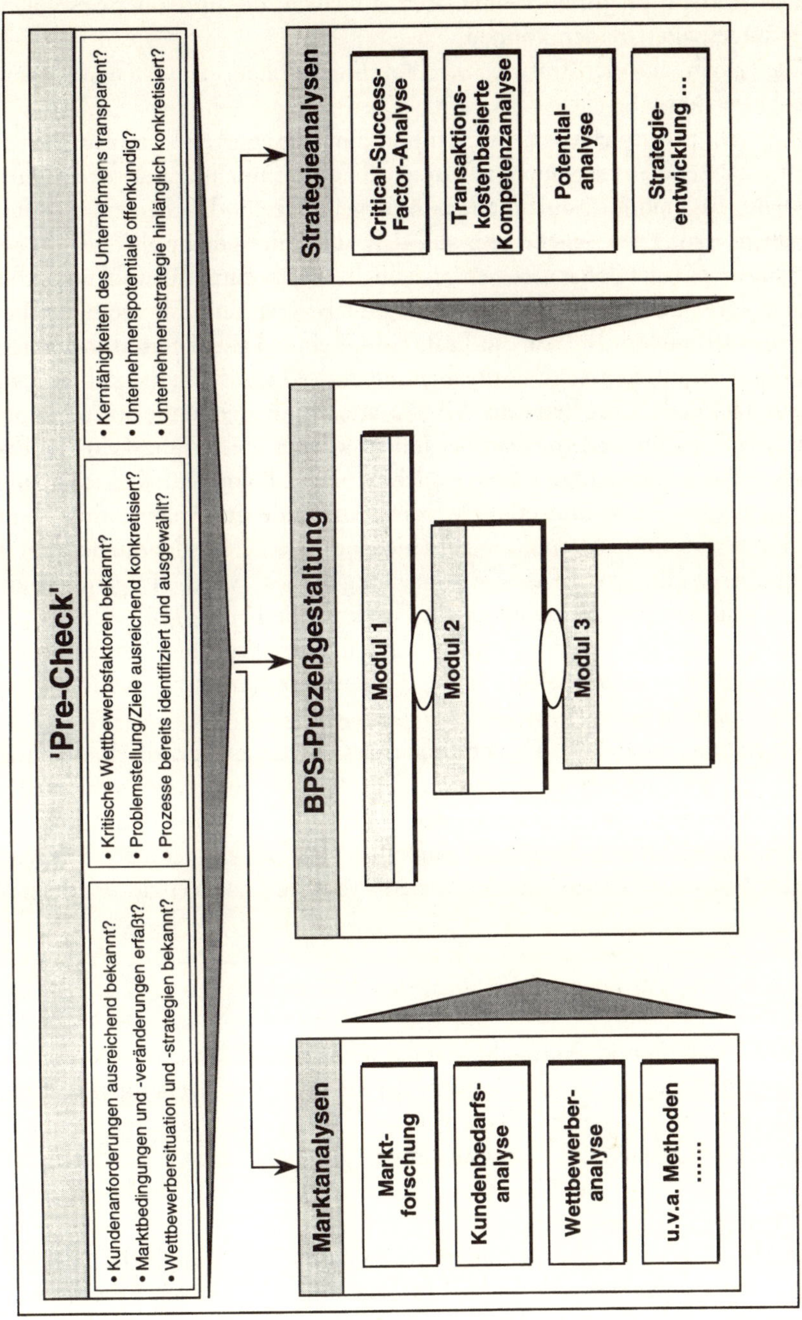

Abbildung 2: Konzeption und Funktion des »BPS-Pre-Check«

gliedert werden bis hin zu elementaren Aufgaben, die sinnvollerweise nicht mehr aufgespaltet werden können.

Wie erfolgt nun der Transfer zur Prozeßidentifikation, -systematisierung und -bewertung?

Man steht prinzipiell vor dem Dilemma, einen geeigneten Kompromiß zwischen Analysetiefe und -breite zu finden. Dies hat uns unter anderem dazu veranlaßt, BPS modular aufzubauen. Im Regelfall reicht dabei eine dreistufige Aufgaben- bzw. Prozeßgliederung aus, d.h., daß nicht mehr als etwa 30 bis 40 Prozesse parallel betrachtet werden sollten, um zu einer Auswahl von 3 bis 4 Prozessen zu gelangen, die detaillierter zu analysieren sind. Ein methodischer Kern des BPS-Moduls 1 ist die Erarbeitung einer Prozeß-Struktur-Matrix. Dazu sind die differenzierten Aufgaben respektive Prozesse in die Zeilen- und die mit der Bearbeitung betrauten Organisationseinheiten in die Spaltenköpfe einer Matrix zu übertragen. Darüber hinaus können Bewertungskriterien der Prozesse, die bei den Kunden bzw. Abnehmern eine besondere Wertschätzung haben, aufgenommen und erfaßt werden. Am Ende der Analysearbeit steht eine Prozeß-Struktur-Matrix, die verschiedene Zwecke erfüllt. Zunächst gibt sie auf übergeordnetem Level eine Vorstellung darüber, welche Organisationseinheiten in den Prozeß involviert sind und welche Leistungen bei welchem personellen Ressourcenbedarf erbracht werden. Diese Ergebnisse können dann in eine weitere, von uns Selektions- und Fokussierungsmatrix genannte Darstellung überführt werden.

Als wichtige zusätzliche Dimensionen bzw. Kriterien sind die Bedeutung des Prozesses/Prozeßergebnisses für das Unternehmen bzw. den betrachteten Bereich zu erfassen und dem erwarteten Verbesserungspotential gegenüberzustellen (vgl. Abbildung 3). Darauf aufbauend können nun 3 bis 4 kritische Prozesse (Quadrant A) selektiert werden, die vorrangig zu »reengineeren« sind.

2.3 Im Kern der prozeßorientierten Reorganisation – Modul 2

Das BPS-Analyse- und -Maßnahmenmodul hat primär zum Ziel, die Verbesserungspotentiale, die in grober Form bereits in Modul 1 erkannt wurden, detailliert herauszuarbeiten. Dazu sind ggf. alternative Verbesserungsmaßnahmen zu erarbeiten, zu bewerten und vergleichend nebeneinanderzustellen. Dabei sind mögliche Umsetzungsbarrieren sowie Maßnahmen zu deren Beseitigung herauszuarbeiten.

Um diese Ziele zu erreichen, sind zusammen mit Teammitgliedern der betrachteten Organisation und unter Einbeziehung von Kunden bzw. Abnehmern zwei prinzipielle Vorgehensweisen einzuschlagen: erstens der klassische

Prozeß-Kapazitäts- und Bewertungsmatrix

	Prozesse	Org.einheiten Abt. 1 8/1	......	Ref. n 4/1	Bewertungskriterien MA-Kap.	DLZ (ø)	Kd.-beurt.	Anteil Stand.
P1	Bearb. Kd.anfrage	15%	......	12%	4,6	3,5	4,1	60%
P2	Angebotserstellung			5%				
P3	Angebotserläuterung			10%		14		
P4	Auftragsverhandlung	25%		......				
P5	Auftr.einsteuerung						2,3	
P6	Auftragsdisposition	......						
P7	Konstruktion				32,4			75%
	......							
Pn	Rechnungsprüfung			......	2,1			
	Σ	100%		100%		125		

Selektions- und Fokussierungsmatrix

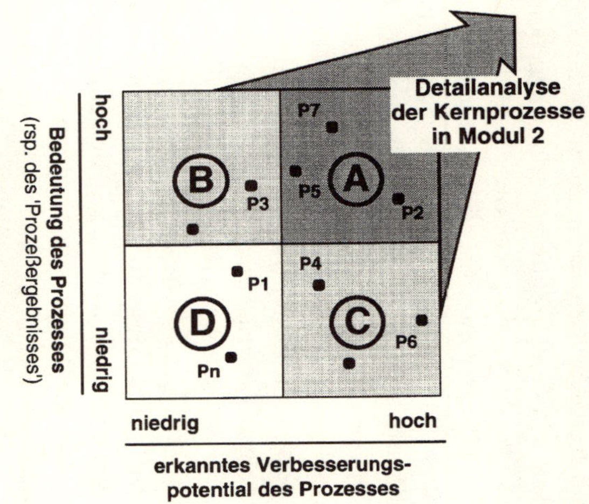

Abbildung 3: Systematisierung und Auswahl kritischer Prozesse

Analyseansatz, der auf Basis der Erarbeitung der Problemursachen sukzessive Maßnahmen und Konzepte entwickelt; zweitens der auch schon seit längerem bekannte Ansatz des »Idealkonzepts«, der weitgehend losgelöst von existierenden Beschränkungen völlig neue Gestaltungswege geht – sozusagen die »Planung auf der grünen Wiese«. Da weder der klassische Ansatz ohne kreative und innovative Verbesserungsideen noch das Idealkonzept ohne Bezug zum Ist-Zustand auskommt, empfehlen wir ein kombiniertes Vorgehen, das sich bereits vielfach bewährt hat.

Wir halten es generell für sinnvoll, sich zunächst mit dem Ist-Ablauf zu beschäftigen. Prozesse lassen sich beschreiben anhand des Auslösers, Anstoßes (z. B. Kundenanfrage, Monatsende), ihrer Inputs (z. B. Informationen, Personal), der Arbeitsschritte bzw. Aktivitäten im Zeitablauf (z. B. im Netzplan), der Unterstützungsmittel (z. B. Computer), der Merkmale des Outputs (z. B. Angebot, Monatsbericht). Hinsichtlich der Bestimmung des Outputs und der weiteren Vorgehensweise ist es wichtig, den Kunden bzw. Abnehmer des Prozesses zu identifizieren und dessen Anforderungen und Wünsche frühzeitig einfließen zu lassen.

Gemeinsam mit den Prozeßbeteiligten wird der Prozeß (Best – Real – Worst Case!) Schritt für Schritt aufgenommen, dargestellt und analysiert (vgl. das Beispiel in Abbildung 4). Dabei werden operationale Zeit-, Kosten- und Qualitätsmeß- bzw. -zielgrößen (z. B. Bindung von Personalressourcen, Durchlaufzeiten, Leistungsgrad als Verhältnis von Bearbeitungszeit zu Liege- und Transportzeiten, First Pass Yield und Ausschußquoten) erfaßt.

Die Schwachstellenliste entsteht vor dem Wissens- und Erfahrungshintergrund, daß und wie man es besser machen könnte. Im Konzeptionsteil sind dann Aufgaben, Prozesse bzw. Strukturen erstens radikal in Frage zu stellen (»Rethinking«), zweitens im gegebenen Falle aufbauorganisatorisch anders zu verankern (»Restructuring«) und drittens ablauforganisatorisch zu optimieren (»Reengineering«). Insbesondere im Reengineering-Part, der sich in unserem Begriffsverständnis eindeutig dem Überdenken und Restrukturieren unterordnet, sind auch DV-technische Konzepte zu verbessern und zu optimieren. Die Konzeptionsfolge Rethinking – Restructuring – Reengineering führt unter folgenden Bedingungen zu radikal neuen Strukturen und Prozessen und den gewünschten Effektivitäts- und Effizienzsteigerungen:

- »Handverlesene« Teammitglieder,
- größtmögliche Aufmerksamkeit des Managements,
- Verzicht auf »Tabubereiche«,
- Identifizierung von Umsetzungsbarrieren,
- Implementierungscontrolling.

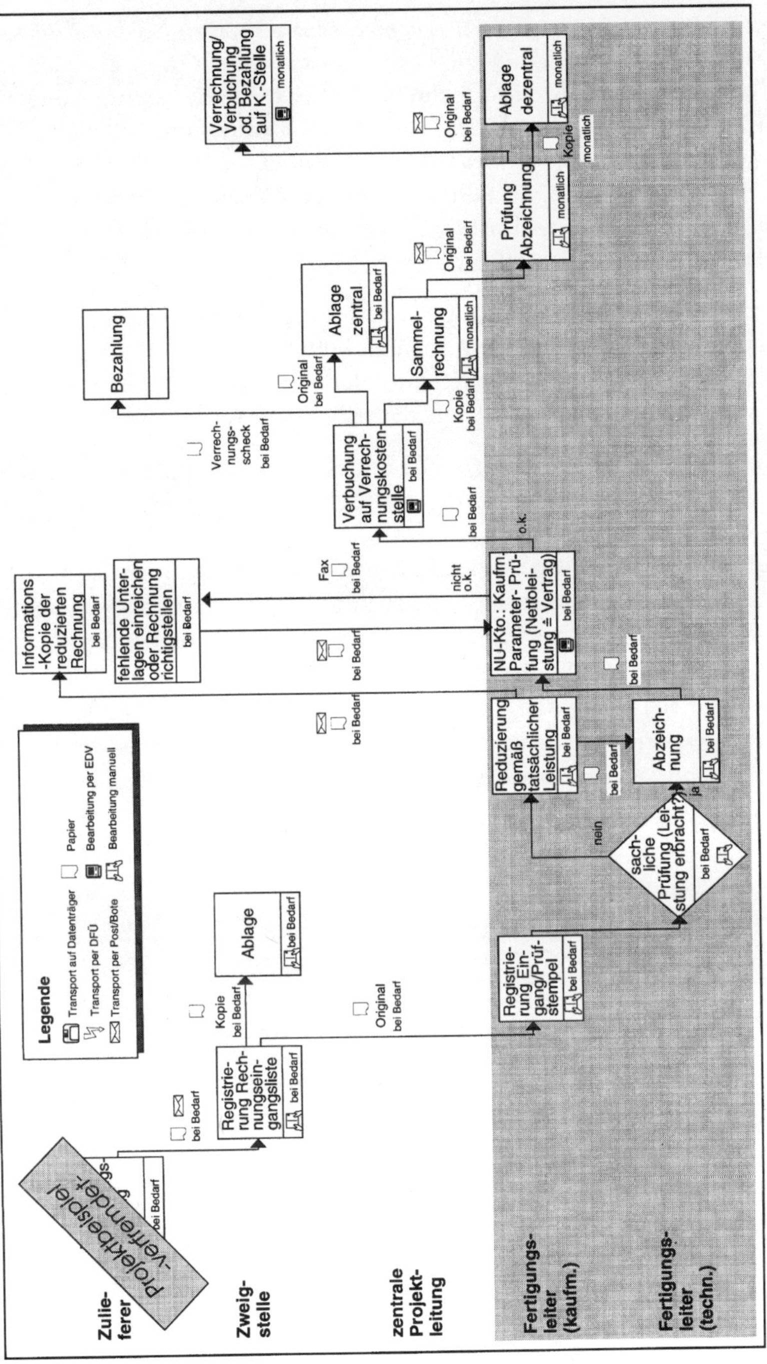

Abbildung 4: Detaillierte Prozeßerfassung (Projektbeispiel)

2.4 Erfolge realisieren – gemeinsam umsetzen – Modul 3

Im Rahmen des BPS-Moduls 3 sind die verabschiedeten Konzepte und Maßnahmen konsequent umzusetzen. Das Prozeß-Streamlining soll nicht als einmaliges Projekt »abgehakt« werden, sondern muß – wie in Abbildung 5 prinzipiell dargestellt – in einen permanenten Verbesserungsprozeß münden, der auch ohne externe Unterstützung fortgeführt wird. So ergeben sich als Ziele des Implementierungs- und Institutionalisierungsmoduls:

- eine reibungsarme Umsetzung der Effizienzsteigerungsmaßnahmen,
- die Ingangsetzung eines permanenten Verbesserungsprozesses sowie
- die Stabilisierung und Verstetigung der Veränderungen, um »Rückfälle« bzw. neue »Wucherungen« zu erkennen und zu verhindern.

Um diese Ziele zu erreichen, sind eine Reihe von Bedingungen zu beachten und entsprechende Voraussetzungen zu schaffen. Wichtigster Erfolgsgarant für die prozeßorientierte Neugestaltung des Unternehmens ist eine permanente Aufmerksamkeit des Managements. Der Implementierungsprozeß ist als Projekt zu planen, zu steuern und zu kontrollieren. Es ist notwendig, (Prozeß-)Verantwortliche zu benennen, einen möglichst detaillierten Umset-

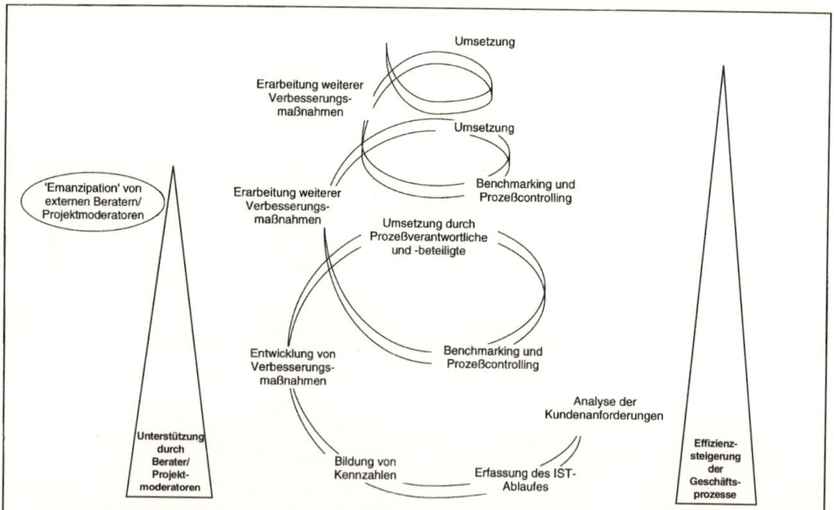

Abbildung 5: Implementierung und Institutionalisierung eines permanenten Verbesserungsprozesses

zungsplan zugrunde zu legen, Meilensteine zu definieren und regelmäßig den Stand der Umsetzung zu kontrollieren.

Die im Rahmen der Analyse- und Konzeptphase erarbeiteten Meßgrößen der Prozeßeffizienz sind ggf. um weitere Controlling- und Benchmarking-Kennzahlen zu erweitern. Die permanenten Prozeßverbesserungen sind zu erfassen sowie – das wird leider allzu häufig vergessen – darzustellen und zu kommunizieren. Dies gilt im übrigen auch für radikal neue Geschäftsprozesse. Bei der Einführung neuer Informations- und Kommunikationssysteme hat sich unser Ansatz, »Anwenderzirkel« zu initiieren, bewährt. Diese Idee läßt sich auch bei prozeßorientierten Reorganisationsprojekten anwenden. Interessierte Mitarbeiter formieren auf freiwilliger Basis kleine Teams, tagen in selbst gewähltem Rhythmus und besprechen sowohl aktuelle Umsetzungsprobleme als auch weitere Ansatzpunkte zur Prozeßverbesserung. Dadurch können die Verankerung des Prozeßgedankens wie auch die Verdeutlichung des individuellen Beitrages zur Verbesserung der Prozeßeffizienz intensiviert werden.

Im Rahmen des Implementierungs- und Institutionalisierungsmoduls sollte auch eine Ausbreitungsstrategie entwickelt werden, anhand deren die konkrete Übertragung des erarbeiteten Grundwissens auf benachbarte, vor- oder nachgelagerte bzw. auch ähnliche Prozesse in anderen Unternehmensbereichen betrieben wird.

Die Rolle der Berater wandelt sich vom konzeptionellen Vordenker, der ggf. Erfahrungswissen aus anderen Unternehmen einbringen kann, hin zu einem Coach, der u. a. das Team bzw. die Prozeßbeteiligten motiviert (Katalysator) sowie auftretende Barrieren beseitigen hilft (Moderator). Generell muß es das Ziel des Unternehmens sein, sich in diesem Prozeß Schritt für Schritt von Beratern zu »emanzipieren«, d. h. die Verantwortung für die Fortentwicklung des einmal verinnerlichten Prozeßgedankens und der konsequenten Kundenorientierung den Prozeßverantwortlichen und -mitarbeitern zu übertragen.

3. Anwendungsvoraussetzungen und -grenzen von BPS

Es liegt fast in der Natur der Sache, daß so umfassende Methoden wie die des Business Process Reengineering für nahezu alle organisatorischen Problemstellungen in nahezu allen Unternehmen, aber auch öffentlichen Verwaltungen angewendet werden können. Allerdings sind im Hinblick auf wesentliche organisatorische Fragestellungen klare Anwendungsgrenzen zu erkennen. So lassen sich mit diesem Ansatz nur bedingt Lösungen erarbeiten zur optimalen Standortstruktur, zur Kooperationsstruktur auf unterschiedlichen Märkten, aber auch zur Beantwortung der Frage, welche unternehmerischen Funktionen eher zentral, welche eher dezentral anzusiedeln sind.

Bezogen auf die prozeßorientierte Unternehmensgestaltung sehen wir weniger eine Einschränkung der Vorgehensweise als die Gefahr, daß an verschiedenen Stellen Prozesse – ggf. in Eigenverantwortung der Funktionsverantwortlichen – ohne »Generalbebauungsplan«, ohne übergeordnete Gesamtsicht, optimiert werden, was zu einer suboptimalen Lösung für das Gesamtunternehmen führen kann. Insbesondere die Berücksichtigung von Synergiepotentialen bei der Nutzung knapper Ressourcen kann bei weitgehenden Segmentierungsansätzen, bei Konzepten des »Unternehmens im Unternehmen«, ein Problem darstellen. Die derzeit von allen Seiten attackierten *Funktionsbereichsfürsten* werden dann womöglich ersetzt durch *Prozeßfürsten.*

Ein Allheilmittel ist Reengineering sicher nicht, vor einem überzogenen Reengineering- bzw. Prozeßaktionismus ist zu warnen. Werden Sie sich zunächst Ihrer tatsächlichen Probleme bewußt, um darauf aufbauend die richtige Strategie und Methode zu wählen. Am Beispiel des bis zuletzt so aktuellen Lean Management kann dies nachvollzogen werden. Heute mehren sich kritische Stimmen – auch in Japan. So sagt Professor Shimizu von der Universität Okayama auf die Frage, warum sich Toyota vom Prinzip der Lean Production verabschiedet: »Die Produktion war zu mager geworden. Man braucht, um im Bild zu bleiben, mehr ›Fett‹.« (Shimizu 1994, S. 20)

4. Beispiele für erfolgreiche Ansätze prozeßorientierter Unternehmensgestaltung

4.1 Streamlining von Logistikprozessen

Unternehmen mit globalen Vertriebs-, Entwicklungs- und Fertigungsaktivitäten stehen vor dem Problem der optimalen Dislozierung ihrer Standorte und der Ausbildung einer effizienten Logistik.

Zur Stärkung der Wettbewerbsposition in europäischen Stammländern bzw. zur Unterstützung der Expansionsstrategie in High-Tech-Märkten sowie in den sich neu bildenden Märkten setzte sich das Management eines unserer Kunden zum Ziel, die weltweite Teile- und Komponentenzulieferung unter Prozeßgesichtspunkten zu optimieren.

Ausgangssituation

Vorgeschaltete Markt- und Wettbewerbsanalysen mit intensiven Konsultationen der regionalen Vertreter hatten folgende logistische Problemfelder offenbart:

- Unterdurchschnittliche Logistikleistungen: Neben sehr langen Lieferzeiten, die deutlich über Vergleichswerten (Benchmarking) von Drittanbietern lagen, und einer schlechten Liefertreue wurde von den Kunden, d. h. Prozeßabnehmern, insbesondere die Lieferqualität bemängelt.
- Überdurchschnittliche Logistikkosten: Obwohl die Kosten der gesamten Logistikkette nur in Ansätzen bekannt waren, konnten sie an Beispielen verdeutlicht werden. Die regionalen Vertriebsstellen mußten aufgrund der schlechten Logistikleistung verärgerten Kunden preisliche Zugeständnisse machen, oder es wurden Aufträge storniert. Expreßlieferungen führten zu erhöhten Transport- und Frachtkosten, zusätzliche Sicherheitsbestände zu einer erhöhten Kapitalbindung und Verwurfsrisiken. Am auffälligsten waren die Wechselbeziehungen zwischen dem vermeidbaren Planungs-, Steuerungs- und Kontrollaufwand und der organisatorischen Komplexität.

Nicht realisierte Umsätze und hohe Logistikkosten belasteten zunehmend die Ergebnissituation.

Nach mehreren aufwendigen, vor allem langwierigen, aber letztlich erfolglosen Versuchen, die erkannten Probleme mit Hilfe neuer bzw. nachgebesserter Datenverarbeitungssysteme, der Standardisierung und Optimierung von Arbeitsschritten in einzelnen Organisationseinheiten sowie durch gutes Zureden oder Appelle an die Beteiligten zu beseitigen, war die Zeit reif für einen grundsätzlicheren Ansatz.

Vorgehen

Um die weltweite Logistikleistung zu verbessern und insbesondere die Effizienz der unternehmensinternen transnationalen Versorgung zu steigern, sollten alternative organisatorische Konzepte mit dem Ziel einer stärkeren Prozeß- und Kundenorientierung erarbeitet werden.

Um dies zu erreichen, wurden im Rahmen einer knapp sechsmonatigen Projektarbeit zunächst die logistischen Abwicklungsprozesse identifiziert, systematisiert und dargestellt. Die im Zuge der Prozeßerfassung zugeordneten Mitarbeiterkapazitäten und DV-Verfahren bildeten unter anderem die Grundlage zur Abschätzung von Prozeß- bzw. Funktionskosten wie auch der

Arbeitszeitverteilung ausgewählter Organisationseinheiten. Dabei ergab sich beispielsweise, daß das mittlere Management den Anteil an Routinetätigkeiten erheblich unterschätzt hatte: Tatsächlich lag er beim zweifachen des dem Topmanagement berichteten Wertes.

Auch die detaillierte Erfassung von Bearbeitungs- und Durchlaufzeiten wird häufig in Frage gestellt. Eine Groberfassung sei ausreichend bzw. man solle doch lieber gleich den gesamten Ist-Ablauf über Bord werfen und sofort mit der Neugestaltung beginnen. Wir meinen, daß eine systematische Bestandsaufnahme insbesondere bei schnittstellenübergreifenden Prozessen nach wie vor nicht ohne eine gewisse Detaillierungstiefe auskommen kann. So weichen beispielsweise erfahrungsgemäß die Angaben der Funktionsverantwortlichen über Durchlaufzeiten zum Teil drastisch von den tatsächlichen Zeiten ab. Das liegt zum einen daran, daß statistische Durchschnitts- oder Idealzeiten genannt werden und zum anderen gerade die zeitfressenden Liege-, Abstimmungs- und Nacharbeitungszeiten an den Gruppen- bzw. Abteilungsgrenzen vernachlässigt werden. Im konkreten Fall erwies sich die anhand von Stichproben ermittelte reale 90 %-Durchlaufzeit (Zeit, in der 90 % aller Lieferpositionen ihren Empfänger erreichen) als doppelt so lang wie die aus den Angaben der unterschiedlichen Organisations- und Verantwortungsbereiche aufsummierte Zeitspanne (vgl. Abbildung 6).

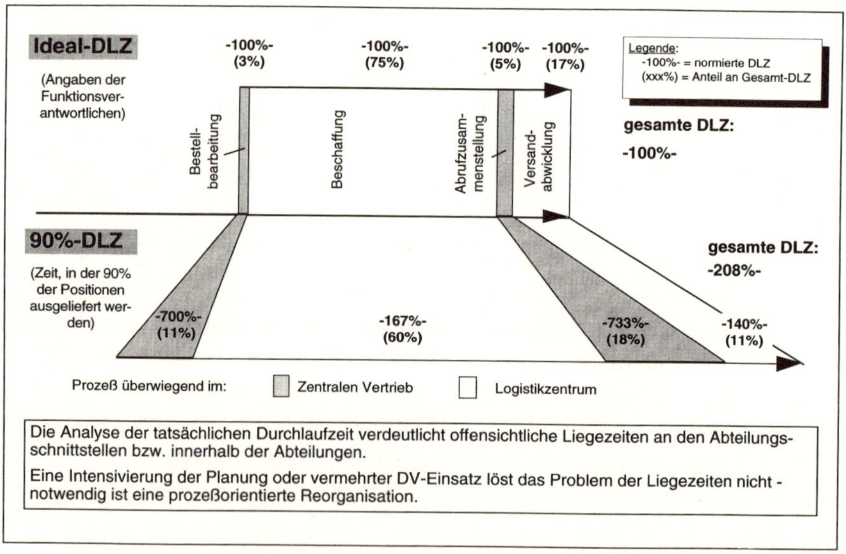

Abbildung 6: Durchlaufzeiten für die Teile-Abwicklung

Im Zuge der Zertifizierung von Organisationsstrukturen und -prozessen, z. B. nach ISO-Normen, wird darauf hingewiesen, daß alle Prozesse bereits detailliert erfaßt und beschrieben seien, eine Bestandsaufnahme daher völlig unnötig sei. Unseren Erfahrungen nach wird hiermit nur ein weiterer Schutzwall vor marktbedingten Anpassungsprozessen errichtet. Nicht die Analyse der Regelabläufe, sondern die intensive Durchdringung der Ausnahmefälle birgt Hinweise auf enorme Effizienzpotentiale. Im konkreten Fall wurden ca. 94%, d. h. etwa 11000 Positionen der Bestellungen eines Landes automatisch, elektronisch und DV-unterstützt abgewickelt. Die restlichen 6%, d. h. etwa 700 Positionen, die aufgrund unterschiedlicher Ursachen zu Sonderfällen wurden, führten zu einem überproportional hohen Koordinationsaufwand und Verzögerungen im Abwicklungsprozeß.

Insbesondere die Tatsache, daß ausdrücklich die vorhandenen organisatorischen Zuordnungen unter Prozeßgesichtspunkten in Frage gestellt werden sollten und wurden, führte nicht gerade zu einer Projektsituation, bei der alle Beteiligten an einem Strang ziehen konnten oder wollten. Im Vordergrund stand daher das Sammeln und Zusammenfügen von Mosaiksteinen in Form von objektivierbaren oder objektivierenden Daten zur Fundierung einer Sachentscheidung in einem von Meinungen und heuristischem Erfahrungswissen geprägten Umfeld.

Maßnahmen und Ergebnisse

Obwohl es von dem einen oder anderen Beteiligten und Betroffenen gerne gesehen worden wäre, lag der Schlüssel zum Erfolg, d. h. zu einer nachhaltigen Verbesserung der betrachteten weltweiten Logistikprozesse, nicht in einem Mehr an Datenverarbeitung oder Planung, sondern primär in einer prozeßorientierten Reorganisation. Damit waren allerdings wesentliche Veränderungen der Organisationsstruktur zur Schaffung einer einheitlichen Prozeßkompetenz und -veranwortung verbunden. Das führte auch zu einer Neuzuordnung von Aufgaben und Mitarbeitern und schuf dadurch ausreichend Konfliktstoff. Erst auf der Basis des vorgeschlagenen integrierten Abwicklungsprozesses, der gleichzeitig eine Segmentierung nach Teile- bzw. Komponentenarten und die Bildung von Renner- und Speziallinien vorsieht, lassen sich weitere Maßnahmen wie z. B. die Verbesserung der Planung oder der Datenverarbeitungsunterstützung sinnvoll realisieren.

Wir wollen nicht verhehlen, daß derartige organisatorische Veränderungen auch immer ein Risiko für das Unternehmen bedeuten, welches ehemals erfolgreiche gegen zunächst nur erfolgversprechende zukünftige Strukturen und Abläufe eintauscht. Der Berater tut sich mit Ratschlägen und Konzepten leichter, er muß selten auslöffeln bzw. umsetzen, was er eingebrockt bzw. konzipiert hat – obwohl sich die Zeiten hier erfreulicherweise ändern. Eine wichtige Teamempfehlung war daher, den Übergang zur neuen Logistikorganisation unter Inkaufnahme eines verspäteten Returns schrittweise zu gestalten. Begonnen wurde mit einigen ausgewählten Ländern, denen nach Auswertung erster Erfahrungen dann Schritt für Schritt weitere Länder folgen.

Die Summe der Maßnahmen verringert – nach vollständiger Umsetzung – die Lieferzeiten um 80 %, erhöht die Liefertreue von unter 75 % auf über 95 %, senkt die Abwicklungskosten um 20 % und die Kapitalbindungskosten um mehr als 30 %.

Wichtiger als diese zumeist erst im Verlauf des Umsetzungsprozesses realisier- und überprüfbaren Rationalisierungspotentiale erscheint es uns, als Projektergebnis und -erfolg herauszustellen, daß eine bis in das Topmanagement hinein sehr emotional geführte Diskussion über die beste organisatorische Lösung auf der Basis von Fakten einer gemeinsamen Entscheidung zugeführt werden konnte. Die schrittweise Umsetzung der Maßnahmen in einem gut vorbereiteten Umfeld führt zu einer Verringerung von Hierarchieebenen, zu einer stärkeren Kunden- und Prozeßorientierung sowie einer definierten Prozeßkompetenz und -verantwortung, die die beliebte Praxis des Verweisens auf die Unzulänglichkeiten vor- und nachgelagerter Funktionen überwindet.

4.2 Streamlining interner Planungs- und Budgetierungsprozesse

Die fortschreitende Dezentralisierung der Geschäftsverantwortung in vielen Unternehmen spiegelt sich häufig im Planungs- und Budgetierungsverständnis noch nicht wider. So werden beispielsweise unternehmerisch verantwortlichen Konzerngesellschaften nach wie vor mehrfach pro Jahr Unmengen von höchst detaillierten Plandaten abverlangt, deren Generierung, Zusammenfassung und vor allem interne Abstimmung in aller Regel zu erheblichem Aufwand führen, ohne daß dem ein ausreichender Nutzen gegenüberstünde.

Ausgangssituation

Eine erste Problemanalyse der Planungs- und Budgetierungszyklen eines Konzernbereichs verdeutlichte folgende Kernprobleme:

- Zu lange Durchlauf- bzw. Vorlaufzeiten,
- erheblicher Personalaufwand,
- unzureichende Planungsqualität.

Die mit hohem Aufwand erarbeiteten und über mehrere Hierarchieebenen abgestimmten Planungen waren häufig veraltet und ungenau, die Planungs- und Budgetierungsprozesse ineffizient.

Vorgehen

Zielsetzung des Projektes war die grundlegende Analyse der Planungs- und Budgetierungsprozesse und die darauf aufbauende Erarbeitung von Maßnahmen zur nachhaltigen Effektivitäts- und Effizienzsteigerung.

Die Analyse der Planungsprozesse anhand von im Team erarbeiteten Bewertungs- bzw. Zielgrößen zeigte, daß die Hauptursachen für Ineffizienzen in der starken sequentiellen Zersplitterung der Planung, der übermäßigen vertikalen wie horizontalen Arbeitsteilung sowie der inkompatiblen DV-Systeme mit zahlreichen Medienbrüchen und hoher Dateninkonsistenz zu suchen waren.

Neben der Abschätzung von Effizienzsteigerungspotentialen der Teilprozesse unter Verwendung einer Prozeß-Struktur-Matrix wurde deren »Bedeutung für die Steuerung der Geschäftstätigkeit« ermittelt. Dabei sollten die Geschäftsverantwortlichen der vier Hierarchieebenen diejenigen Daten benennen, die sie, unabhängig von zentralen Anforderungen, zur Steuerung des eigenen Verantwortungsbereichs planen würden. Die Ergebnisse machten deutlich, daß neben Daten, die für alle Ebenen hohe Relevanz besitzen, unter erheblichem dezentralen Personalaufwand Daten wie beispielsweise die bilanzielle Auswirkung von Investitionen geplant werden, die ausschließlich auf Gesamtspartenebene von Interesse sind.

Anhand der Kriterien »Effizienzsteigerungspotential« und »Bedeutung für die Geschäftssteuerung« wurden die Teilplanungsprozesse mit Hilfe der Selektions- und Fokussierungsmatrix in A-, B-, C- und D-Prozesse differenziert. Gleichzeitig wurden bereits erarbeitete Sofortmaßnahmen angestoßen.

Bevor unter Einbeziehung der in Zusammenarbeit mit dem Management definierten Prozeßverantwortlichen sowie weiterer Prozeßbeteiligter und Nutzer der Planungsoutputs Soll-Prozesse erarbeiten wurden, mußten die vorhandenen Grobanalysen einiger A-Prozesse weiter detailliert werden.

Durch systematischen Vergleich der Ist- und Soll-Prozesse wurden folgende Realisierungsbarrieren identifiziert:

- Absicherungsmentalität verschiedener Stellen,
- mangelnde Kenntnis über Bedarf der anfordernden Stellen,
- unzureichende DV-technische Planungsunterstützung,
- mangelndes Planungs-Know-how auf dezentraler Ebene.

Zur Überwindung dieser Barrieren wurden folgende Maßnahmen erarbeitet:

- Anpassung der Planungsdetaillierung auf tatsächliche Nutzerbedürfnisse,
- Institutionalisierung verbindlicher »deadlines« für Planänderungen,
- weitgehende Integration und Parallelisierung der Planungstätigkeiten und Teilprozesse,
- Entlastung der zeitsensiblen Prozesse von nicht-zeitkritischen Aktivitäten,
- Konzentration der jeweiligen Planungsdaten und -verantwortung bei den steuernden Stellen,
- Sicherstellung von Planungs-Know-how durch Schulung dezentraler Planer,
- Entwicklung anforderungsadäquater Planungs- und Berichterstattungs-Tools.

Die Implementierung der erarbeiteten Maßnahmen erfolgt derzeit in Zusammenarbeit mit den Prozeßverantwortlichen sowie involvierten Mitarbeitern. Um die Implementierungserfolge transparent zu machen, ist die Entwicklung eines Prozeßcontrolling-Systems geplant. Die Ergebnisse des Prozeßcontrolling sollen von den Prozeßverantwortlichen sowohl dem Management als auch den beteiligten Planern in regelmäßig stattfindenden Workshops vorgestellt werden. Diese Workshops dienen darüber hinaus als Plattform für die Neu- und Fortentwicklung von Verbesserungsmaßnahmen und die permanente Anpassung der Planungsabläufe an veränderte Anforderungen.

Parallel zur Maßnahmenumsetzung wird unter Einbeziehung von Mitarbeitern der DV-Abteilung ein Konzept zur Optimierung der DV-technischen Unterstützung erarbeitet.

Ergebnisse

Die bislang generierten Maßnahmen führten, wie in Abbildung 7 für einen Planungszyklus beispielhaft dargestellt, zu einer Halbierung des Planungsaufwands und einer Reduzierung der Durchlaufzeiten um annähernd 75 %.

Neben der Zeitverkürzung von Teilphasen wirkten sich die Integration und Parallelisierung von Planungstätigkeiten und -teilprozessen sowie die Reduzierung der Arbeitsteilung positiv auf Aktualität, Konsistenz und Genauigkeit der Daten aus. Eine zusätzliche Effizienzsteigerung ist von der derzeit intern betriebenen Anpassung der DV-Systeme zu erwarten.

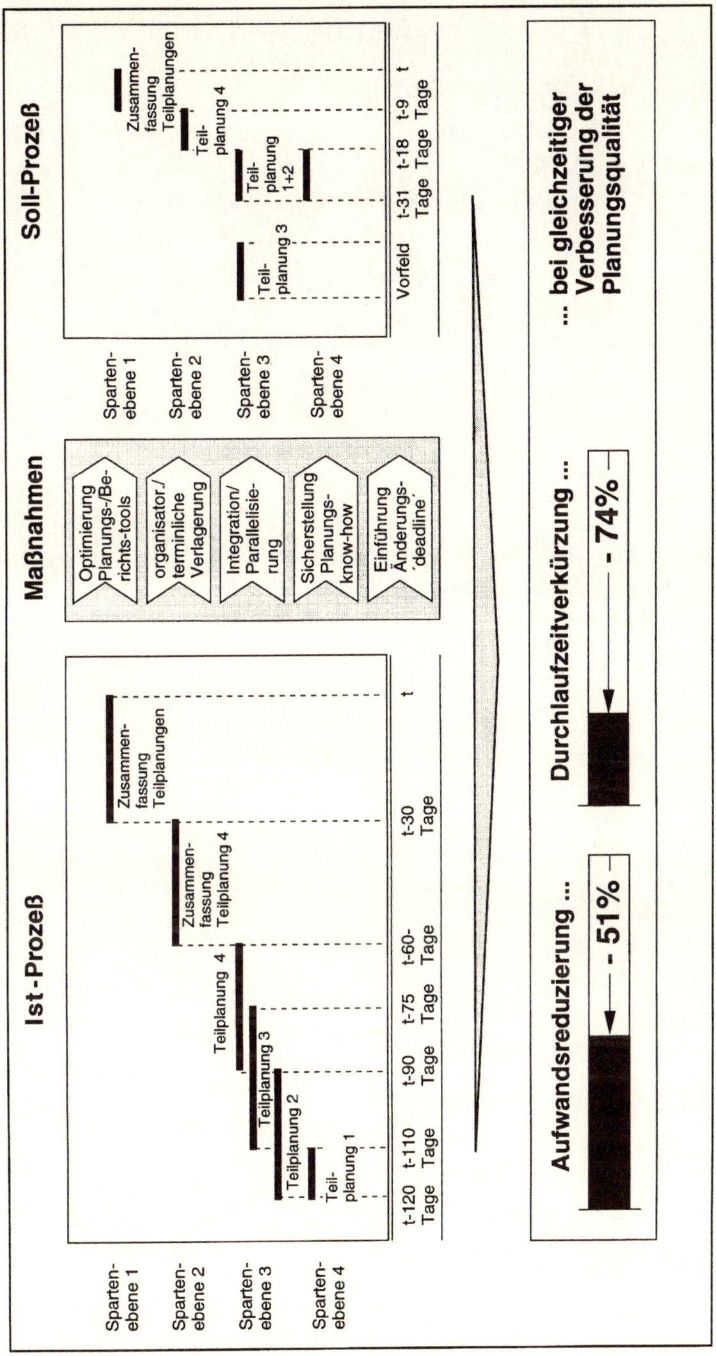

Abbildung 7: Streamlining eines Planungsprozesses (Projektbeispiel)

Literatur

Hammer, M./Champy, J. (1993): *Reengineering the Corporation,* New York.

Randall, R. (1993): *The Reengineer, Interview mit M. Hammer,* in: Planning Review 3(1993), S. 18–21.

Shimizu, K. (1994): *Japan – Das Ende des Toyotismus,* Interview, in: Manager Magazin 8(1994), S. 20–25.

Geschäftsprozeßoptimierung
Der neue Weg zur marktorientierten Unternehmensorganisation

Wolfgang Dernbach

1. Das Unternehmen im Spannungsfeld zwischen Kunde und Wettbewerb

Flexibilität, Zeit, Kosten und Innovationskraft sind die entscheidenden Erfolgsfaktoren, an denen Unternehmen sich heute messen lassen müssen. Zum Dreh- und Angelpunkt künftigen Erfolges wird mehr und mehr die Kundennähe und damit die Fähigkeit, das gesamte Unternehmen bedingungslos marktorientiert auszurichten. Die organisatorische Leistungsfähigkeit eines Unternehmens erhält damit einen wesentlich höheren Stellenwert als in der Vergangenheit. Erkannt haben dies inzwischen die meisten Unternehmen. Doch zwischen dem hehren Anspruch, den Markt wieder konsequent ins Zentrum aller unternehmerischen Aktivitäten zu stellen, und der im Alltag vorzufindenden Praxis klafft eine große Lücke. Die zurückliegende Rezession hat es deutlich gemacht: Die traditionellen Strategien und Konzepte, die wohlfundierten Ansätze und Verhaltensweisen, mit denen es in der Vergangenheit immer wieder gelang, erfolgreich zu sein, greifen in den meisten Branchen nicht mehr so recht.

Das Umfeld und die Spielregeln des Wettbewerbs haben sich im Verlauf der vergangenen Monate – insbesondere in den Krisenbranchen – noch einmal verschärft. Kaum verwundern kann es da, daß in Unternehmen unterschiedlichster Größe und Branchenzugehörigkeit zahllose, zum Teil massive Maßnahmenprogramme eingeleitet wurden, um mit den geänderten, verschärften Wettbewerbsbedingungen fertig zu werden. Zwei Ansätze – so scheint es – kommen dabei vorrangig zum Zug:

- Pauschale Kostensenkungsprogramme, verbunden mit einem radikalen Personalabbau,

Die traditionellen Einzelkonzepte greifen zu kurz

Zur Bewältigung der Krise wurden bisher überwiegend isolierte Einzelmaßnahmen in Angriff genommen. Diese halfen kurzfristig, den ärgsten Problemdruck zu lindern. Ihre Wirkung blieb aber insgesamt hinter den Erwartungen zurück. Zu befürchten ist außerdem, daß ein solches "Herumdoktern" an Symptomen auf der Basis isolierter Einzelkonzepte nach der Linderungsphase wieder zu einer Verschlechterung der Situation beiträgt.

Organisationskonzepte	Technologiekonzepte	Managementprinzipien/-konzepte	Instrumente und Methoden
• Simultaneous Engineering	• Vorgangsintegration	• Teamkonzepte (KAIZEN / CIP/KVP)	• Life-Cycle-Costing (LCC)
• Kunden-Nutzen-Management	• Standardanwendungs-Software	• Total-Quality-Management (TQM)	• Prozeßkostenrechnung
• Strategisches Einkaufs-Management	• Computer-Integrated-Manufacturing (CIM)	• Zielkostenmanagement	• Unternehmensmodellierung
	• Executive-Information-System (EIS)	• Fertigungsgerechtes Produkt-Design	• Optimale Leistungstiefe
	• Work-flow-/Workgroup-Management	• Projektmanagement	• Produktstrukturierung
		• Total-Cycle-Time (TCT)	• GWA / FKA
		• Zeitoptimierung	• ZBB
		• Verhaltenstraining	
		• JIT	

Abbildung 1: Traditionelle Einzelkonzepte zur Steigerung der Leistungsfähigkeit von Unternehmen

- die mehr oder minder konsequente Umsetzung isolierter Einzelkonzepte, die häufig mit einem geradezu missionarischen Eifer verfolgt werden (vgl. Abbildung 1).

Ohne Zweifel führen viele dieser Maßnahmen zu einer Verbesserung der aktuellen Situation. Auch sind sie durchaus geeignet, kurzfristig den ärgsten Problemdruck zu lindern. In Sanierungsfällen mag ein radikaler Kostenschnitt gar das einzig richtige Rezept sein. Andererseits zeigt die Alltagspraxis aber immer wieder, daß bei den meisten Unternehmen eine solche Linderung nicht von Dauer ist und erst recht nicht zu einer grundlegenden Problembeseitigung beiträgt. Pure Kostensenkungsmaßnahmen wie auch die isolierte Verfolgung von Einzelkonzepten erweisen sich meist sehr schnell als ein »Herumdoktorn« an Symptomen, ohne zu durchschlagenden Erfolgen zu führen. Wie die Praxis nachdrücklich zeigt, muß man davon ausgehen, daß sich nach einer kurzen Phase der Linderung die gleichen Probleme wieder einstellen oder gar noch verschärfen.

2. Das traditionelle Managementkonzept – ein Hindernis für durchgreifende Reformen

Daß diese Maßnahmen zur Steigerung der organisatorischen Leistungsfähigkeit zumeist nicht zu durchschlagenden Erfolgen führen, hängt eng mit dem traditionellen, funktionalen Managementkonzept zusammen, das in aller Regel Leitlinie und konzeptioneller Überbau der aktuellen Reorganisationsmaßnahmen ist. Dieses früher sicher richtige Organisationsprinzip hat sich überlebt. Und selbst Verbesserungen wie die Abgrenzung strategischer Geschäftseinheiten, die Einführung von Profit- oder Cost-Center-Konzepten, Ansätzen des Management by Objectives oder auch die Etablierung funktionsübergreifend arbeitender Teams haben lediglich den Lebenszyklus dieses Konzeptes verlängert, nicht aber die Zweifel an dessen grundsätzlicher Tauglichkeit für die Bewältigung der aktuellen und künftigen Probleme ausräumen können.

Das Nachfolgekonzept ist seit langem bekannt. Dieses ganzheitliche oder systemorientierte Managementkonzept betrachtet die Organisation nicht nach Funktionen, die durch das Topmanagement zu einer Gesamtleistung koordiniert werden, sondern als ein Bündel von Fähigkeiten, die weitgehend Selbststeuerungsprinzipien unterliegen. Kernpunkte dieses Konzeptes sind:

- Die Aufgaben werden nach marktrelevanten Leistungen anstatt nach Funktionen strukturiert (geschäftsprozeß-orientierter Ansatz).
- Verantwortung und Verantwortlichkeiten werden nach diesen Leistungskategorien abgegrenzt.
- Planung/Steuerung und Ausführung erfolgen innerhalb einer Einheit (Regelkreis).
- Die Koordination erfolgt durch Vereinbarung controlling-fähiger Ziele.

Ganzheitlichkeit bedeutet bei diesem Konzept, daß alle organisatorischen Regelungen und Ressourcen, die zur Erbringung einer definierten Leistung notwendig sind – also Strukturorganisation, Ablauforganisation, Planungs- und Steuerungssysteme, personelle Ressourcen, Maschinen und Anlagen, Informationen, Finanzen etc. –, zusammenhängend als Einheit zu gestalten und zu optimieren sind. Maßstab hierfür sind definierte und controlling-fähige Leistungsziele und Zielvereinbarungen. Dabei ist es unerheblich, ob für die Erbringung der Leistung und damit auch für die Erreichung der Ziele nun eine einzelne Person oder ein Team verantwortlich ist. Die in Abbildung 1 aufgeführten Einzelkonzepte zur Verbesserung der organisatorischen Leistungsfähigkeit sind im Rahmen dieses ganzheitlichen Ansatzes nicht als Patentlösungen, sondern schlicht und einfach als überdenkenswerte Ideen für mögliche Lösungen anzusehen. Das ganzheitliche Managementkonzept bildet dabei den ideellen Überbau.

Tatsächlich ist die immer wieder erhobene Forderung nach einer Delegation der Verantwortung erst mit einem solchen geschäftsprozeßorientierten Ansatz umsetzbar. Erst durch die Übertragung der Verantwortung für eine definierte, zu erbringende Leistung und durch vereinbarte Leistungsziele kann eine Delegation über Zielvereinbarungen und ohne den Umweg über die Hierarchieebenen erfolgen. Die heutigen Flexibilitätsanforderungen des Marktes lassen sich dadurch entscheidend besser erfüllen. Das funktionale Managementkonzept dagegen kann Leistungen nur an der obersten Unternehmensebene tatsächlich messen. Wegen der diesem Konzept immanenten hierarchischen Koordinationsprinzipien wird es den heutigen Flexibilitätsanforderungen nicht mehr gerecht. Es ist ein Kind seiner Zeit: der früheren Anbietermärkte, in denen Produkte weniger verkauft als vielmehr verteilt wurden. Die in Abbildung 1 aufgeführten moderneren Organisationsansätze gleichen denn auch dem Einbau des Verbrennungsmotors in das Fahrgestell einer Pferdekutsche im vorigen Jahrhundert: Der neue Antrieb brachte zwar Verbesserungen in der Fortbewegung, die Erfolge blieben jedoch zunächst bescheiden, weil das Fahrgestell nicht auf die nun mögliche Geschwindigkeit ausgerichtet war. Erst die spätere Gesamtabstimmung zwischen Fahrgestell, Motor und Bremssystem, also ein ganzheitliches Konzept, brachte den durchschlagenden Erfolg.

3. Die Diebold-Reengineering-Methode: »Geschäftsprozeßoptimierung«

Diebold hat auf der Basis dieses ganzheitlichen Ansatzes bereits Ende der 80er Jahre eine Methode entwickelt, die sich nicht nur branchenübergreifend als stabil erwiesen hat, sondern auch mit den seit kurzem aus dem Reengineering-Bestseller von Hammer/Champy bekannt gewordenen Quantensprüngen in der Verbesserung der organisatorischen Leistungsfähigkeit aufwarten kann. Nach rund 60 im Kundenauftrag durchgeführten GPO-Projekten wissen wir, daß beim Übergang von einem funktionalen zu einem geschäftsprozeßorientierten Managementkonzept Kostensenkungspotentiale von 20 bis 40 % die Regel und bei Durchlauf- und Reaktionszeiten eine Reduzierung von bis zu 70 % möglich sind (Abbildung 2).

Die von Diebold entwickelte Methode der Geschäftsprozeßoptimierung (GPO) zielt auf ein deutlich höheres Niveau organisatorischer Leistungsfähigkeit und nicht nur auf bloße Produktivitätssteigerungen. Die Methode wird von Diebold bereits seit 1988, also längst bevor die Lean Management-Diskussion hierzulande einsetzte, in Reorganisationsprojekten genutzt. Mittlerweile liegen Erfahrungen aus rund 60 GPO-Projekten in den unterschiedlichsten Branchen vor. Die seit kurzem mit viel "Medien-Rummel" aus den USA herüberschwappende Welle des "Reengineering" bzw. der "Business Transformation" ist also weder neu noch in ihren Wirkungen revolutionär.

GPO-Projekt	Ergebnisse
Kreditbearbeitung Geschäftsbank	• Reduzierung der Durchlaufzeiten um 70% • Reduzierung der Bearbeitungszeiten um 35%
Anlagenbauer	• Reduzierung der Lieferzeiten von 12 auf 3 Monate im Konzept, auf 10 Wochen tatsächlich • Senkung der Gemeinkosten um 30% im Konzept, um 45% tatsächlich • Halbierung der Betriebskosten in der Informatik
Kraftwerksbauer	• Reduzierung der Dauer zur Abgabe eines Angebotes von 6 Wochen auf eine Woche • Reduzierung/Aufschub der Investitionen in die Informationstechnik um mehrere Millionen Mark
Produktentwicklung Telefonbau-Firma	• Halbierung der Produktentwicklungszeiten bei höherem Ausstoß
Geschäftsbank	• Reduzierung der Berichte von rund 300 auf ca. 100 • Halbierung der Kosten für die Berichtsaufarbeitung (ca. 2% der Gesamtkosten)
Geschäftsbank (1. Stufe)	• Nachweis der Kosten für die Bearbeitung einer Scheckkarte (knapp 100,- Mark bei Gebühren von 10,- Mark)
Bundesweit vertretener Mineralölhändler	• Reduzierung der Kosten für die Finanzbuchhaltung um 70% • Reduzierung der Forderungsausfälle um 80% • Beseitigung interner Beschwerden wegen Lieferstops
Stahlhersteller und Maschinenbauer	• Reduzierung der DV-Kosten um 30%
Konsumgüterhersteller	• Reduzierung der Overheads in der Fertigung um 50% • Senkung der DV-Kosten in der Fertigung um 60%

Abbildung 2: GPO-Methodik: Projekte und Ergebnisse

Warum erweist sich jedoch dieser Übergang zum geschäftsprozeßorientierten Management-Konzept als das Schlüsselproblem und als Katalysator, um die Wettbewerbsfähigkeit dramatisch zu verbessern ? Wie kommt diese Hebelwirkung zustande?

Die Wirkung kommt zustande, weil die Geschäftsprozesse ausgehend von den Erfolgsfaktoren für die Leistung beim Kunden neugestaltet werden. Wie das geschieht, soll nachfolgend kurz beleuchtet werden, da so das veränderte Managementkonzept und das Unternehmensmodell erkennbar werden.

3.1 Strukturierung der Leistungen gegenüber den Kunden

In einem ersten Schritt werden die Leistungen gegenüber den Kunden abgegrenzt. Ein Geschäftsprozeß umfaßt alle Aktivitäten, die zu einer solchen Leistung gegenüber den Kunden führen – unabhängig davon, welche Organisationseinheiten daran beteiligt sind.

Entscheidend ist aber weniger das Denken in Prozessen, das seit Mitte der 80er Jahre propagiert wird, als vielmehr das Erfordernis, darauf aufbauend die Organisation der Geschäftsabwicklung zu gestalten. Es geht mit anderen Worten darum, aus der Geschäftprozeßstruktur die Organisationsstruktur, die Führungs- und Steuerungssysteme, Arbeitsabläufe, personelle Anforderungen, den Informationsbedarf, die Informatik-Unterstützung oder den Bedarf an technischen Einrichtungen und Anlagen optimal abzuleiten. Mehrere Aspekte leiten sich aus dieser Kernfrage ab:

- Die Qualität der Leistung wird an konkreten Leistungszielen gemessen. Entscheidend sind quantitative Leistungsziele, die einen Wettbewerbsvorteil zum Nutzen des Kunden erlauben, z. B. eine Reduzierung der Lieferzeit von 12 Monaten auf drei, eine Fehlerrate von Null und eine Lieferzuverlässigkeit von 99,9 %, die Senkung der Gemeinkosten um 35 % oder der Einzelkosten um 20 %.
- Ausgehend von diesen Leistungszielen, wird der gesamte Geschäftsprozeß unabhängig von Organisationseinheiten, Standorten oder bisherigen »Herzogtümern« neu gestaltet. Die Zusammenarbeit aller Beteiligten in Teams, die Gesamtleistung gegenüber dem Kunden und nicht sektorale Teilleistungen stehen im Mittelpunkt. Verschwendung von Ressourcen wird systembedingt minimiert.
- Zuständigkeiten werden für solche Leistungen oder Geschäftsprozesse insgesamt festgelegt. Die Verantwortung wird einer Person oder einem Team zugewiesen. Im Idealfalle deckt sich die GP-Verantwortung mit den Or-

Der Geschäftsprozeß wird insgesamt simultan optimiert, indem die Auswirkungen von Verbesserungsideen und -konzepten auf die relevanten Einflußgrößen und die organisatorische Leistungsfähigkeit durchgespielt werden.

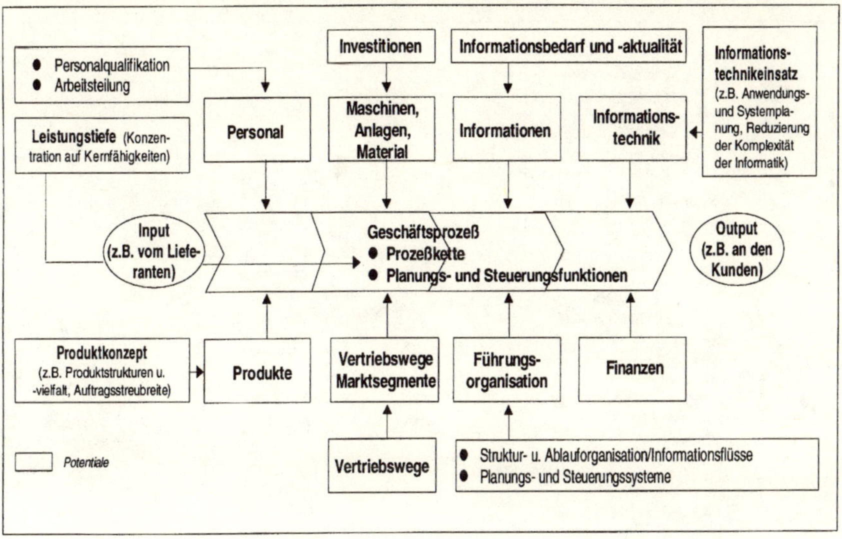

Abbildung 3: Einflußgrößen auf die Ergebnisse eines Geschäftsprozesses

Das Diebold-Geschäftsprozeßmodell ist ein Denkmodell zur Entwicklung unternehmensspezifischer Geschäftsprozeßmodelle. Es ordnet alle Aufgaben marktrelevanten Leistungen und damit Geschäftsprozessen zu.

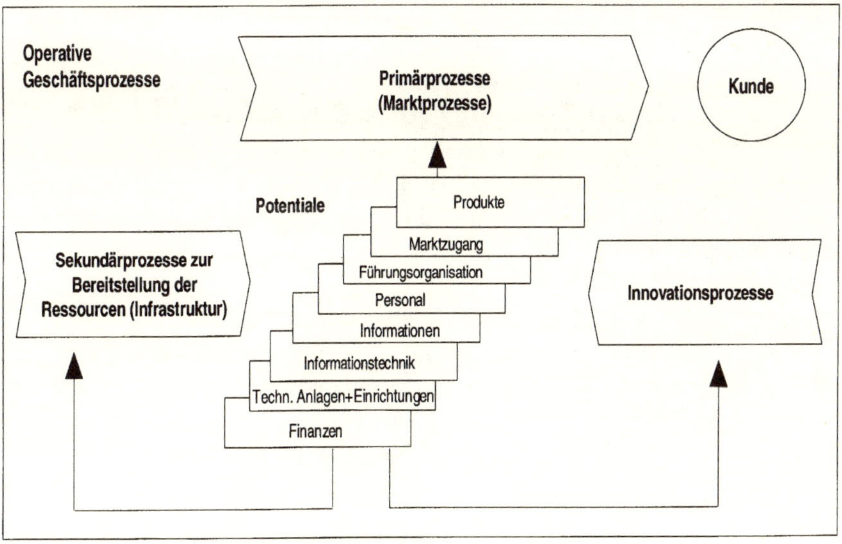

Abbildung 4: Das Diebold-Geschäftsprozeßmodell

Zwei Geschäftsprozeßtypen sind zu unterscheiden:
- Operative Prozesse
- Managementprozesse.

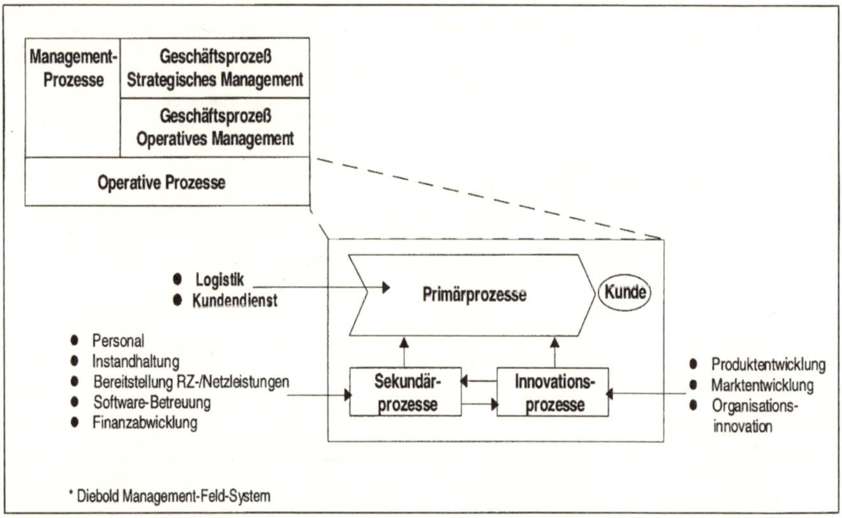

Abbildung 5: Geschäftsprozeßtypen im Diebold-Geschäftsprozeßmodell

ganisationsstrukturen. Oft entsprechen die Organisationseinheiten jedoch Kompetenzzentren, die eine kritische Masse voraussetzen. In diesem Fall wird die Kompetenz über das Team eingebracht. Für die Leistung insgesamt ist jedoch der GP-Verantwortliche zuständig.

- Optimierung oder Redesign bedeutet also Suche nach Lösungsansätzen, um die Leistungsziele besser zu erreichen. Dazu werden alle Einflußgrößen auf die Ergebnisse eines Geschäftsprozesses einbezogen, d. h. personelle Qualifikation, Strukturorganisation, Führungs- und Steuerungsinstrumente, Ablauforganisation, Aktualität und Qualität von Informationen, Informationstechnik-Unterstützung oder technische Einrichtungen (vgl. Abbildung 3)
- Das neue GP-orientierte Unternehmensmodell entsteht, indem man – ausgehend von den Primärleistungen gegenüber den Kunden oder den Marktleistungen – Sekundär- oder Infrastruktur-, Innovations- und Managementprozesse abgrenzt. Die Organisationsstruktur ist in diesem Konzept nur eine Einflußgröße (vgl. Abbildungen 4 und 5).

3.2 *Differenzierung nach Geschäftsfeldern und Geschäftsebenen*

Zwangsläufig kommt es im Rahmen der Strukturierung der Leistungen und damit der Abgrenzung von Geschäftsprozessen zu einer Differenzierung nach Geschäftsfeldern und innerhalb der Geschäftsfelder nach Geschäftsarten. Dabei kann es sich handeln um

- einzelne Produkte, die sich bezüglich ihrer Abwicklung oder Kostenstruktur von den anderen unterscheiden,
- Vertriebswege, die jeweils mit spezifischen Aktivitäten verbunden sind,
- einzelne Wertschöpfungsstufen.

Entscheidend ist jeweils: Diese Leistungskategorien unterscheiden sich hinsichtlich der Erfolgsfaktoren im Markt und/oder ihrer Kostenstruktur. Entsprechend ist ihre Optimierung auf die spezifischen Anforderungen hin zu gestalten.

Das GP-orientierte Managementkonzept stellt damit die Leistung gegenüber dem Kunden in den Mittelpunkt der gesamten Unternehmensorganisation. Unterschiedliche Leistungstypen müssen an jeweils vergleichbaren der Wettbewerber gemessen werden – und nicht an internen Zuständigkeiten.

Die Durchführung einer GPO führt damit systematisch zu einem Höchstmaß an Kundenorientierung. Bei einer GPO ist die Organisationsstruktur ein *Resultat* des Managementkonzeptes und nicht seine *Basis*.

Bei einem Redesign aller Geschäftsprozesse kommt es vor allem auf zwei Schwerpunkte an:

- Kurzfristig ist das Schwergewicht auf die operative Abwicklung, die zur eigentlichen Leistung gegenüber den Kunden führt (z. B. Auftragsabwicklung, Kundenbetreuung), sowie auf alle Prozesse zu legen, die dazu die Infrastruktur bereitstellen (z. B. Personalwesen, Finanzen, Informationstechnik). Die konsequente Optimierung dieser Prozesse führt zu deutlichen Leistungsverbesserungen und zu einer Senkung der Kosten, indem – abhängig natürlich von den Kriterien, die für das betreffende Unternehmen wichtig sind – zum Beispiel die Reaktionszeiten gegenüber dem Kunden reduziert, der Kundenservice und die Qualität verbessert, Lieferzeiten gesenkt und die Kosten für die gesamte Abwicklung (Gemeinkosten) deutlich reduziert werden.
- Mittelfristig kommt es zusätzlich darauf an, die Innovationsprozesse kundenorientiert zu gestalten, d. h. Innovationsschwächen zu beseitigen.

Während bei einer Konzentration auf die direkte Leistungsabwicklung gegenüber dem Kunden kurzfristig Wettbewerbsvorteile erzielbar sind, entscheiden die Erfolge beim Redesign der Innovationsprozesse darüber, ob das Unternehmen mittelfristig überlebt. Die Innovationsprozesse schaffen die Voraussetzung für die strategische Neuorientierung. Ohne ein Redesign auch der Innovationsprozesse ist eine dauerhafte Wende kaum zu schaffen.

4. Implementierung der Veränderungsprozesse als integrierte Führungsinstrumente

Bei den Management-Instrumenten, die auf isolierten Einzelkonzepten basieren, herrscht eine Vielfalt unterschiedlicher Ansätze, Methoden und Vorstellungen. Teilweise basieren sie auf dem funktionalen, teilweise auf dem ganzheitlichen Managementansatz. Teilweise überschneiden sie sich, oder es handelt sich um Synergien bzw. Homonyme. Eine klare Systematik als Ordnungsmodell, an dem die Eignung nach dem ganzheitlichen Konzept verifiziert werden kann oder das eine Einordnung erlaubt, ist daher zwingend erforderlich.

Die Diebold-Methodik der Geschäftsprozeßoptimierung (GPO) liefert eine solche Ordnungssystematik, indem ein Handlungsrahmen in Form institutionalisierter Veränderungsprozesse definiert wird. Diese Veränderungsprozesse erlauben es, unterschiedliche konzeptionelle Ideen und Einflußgrößen einzuordnen. Gleichzeitig beschreibt dieser Handlungsrahmen integrierte Führungsinstrumente, um das Denken in permanenten Anpassungen zu stärken. Drei solcher Veränderungsprozesse sollten institutionalisiert werden:

- Ein struktureller Veränderungsprozeß zum mehr oder weniger radikalen Umbau der Geschäftsabwicklung, um sich wandlungsreichen Märkten anzupassen;
- ein kontinuierlicher Veränderungsprozeß zur permanenten Anpassung in inkrementalen Schritten, um die Organisation der Geschäftsabwicklung jeweils an die Marktsituation anzupassen; und
- ein Prozeß »Integriertes strategisches Management«, um die Strategie auf alle Wettbewerbsaspekte auszuweiten.

Beim dritten Veränderungsprozeß handelt es sich um eine integrierte strategische Planung, die alle Wettbewerbsfaktoren einbezieht. Die beiden anderen

Konzepte beziehen sich ausschließlich auf den Wettbewerbsfaktor »Organisation der Geschäftsabwicklung«.

4.1 Veränderungsprozeß »Integriertes strategisches Management«

Traditionelle Strategiekonzepte konzentrieren sich auf Marktaspekte und die Unternehmensstruktur. Begrenzt werden einzelne Ressourcen wie Personal berücksichtigt. In letzter Zeit wird vermehrt vorgeschlagen, auch die Ermittlung des Unternehmenswertes auf Basis des freien Cash-flows einzubeziehen.

Die heutige strategische Lücke »Organisatorische Leistungsfähigkeit« kommt bei den traditionellen Strategiekonzepten zu kurz. Angesichts der Bedeutung dieses Wettbewerbsfaktors müssen entsprechende Konzepte erweitert werden. Wie das geschehen kann, ist an dem integrierten Strategiekonzept von Diebold erkennbar (Abbildung 6). Es ist insbesondere dadurch gekennzeichnet, daß die organisatorische Geschäftsabwicklung als einer der Wettbewerbsfaktoren als Teilstrategie in die Strategieentwicklung integriert ist. Damit werden zwei Ziele verfolgt:

- Integrierte Auslegung aller Einflußgrößen auf die organisatorische Leistungsfähigkeit. Die Teilstrategien für das Führungskonzept, für Personalpolitik, Informationstechnik, Investitionen in Maschinen und Anlagen sowie für die Wertschöpfungstiefe werden damit aufeinander abgestimmt;
- Überprüfung der Realisierbarkeit der Markt- und Wettbewerbsstrategie, indem Voraussetzungen und die Gestaltung der Organisation der Geschäftsabwicklung analysiert werden.

Grundlage dieser integrierten Strategieplanung sind Szenarien alternativer Konzepte zur Organisation der Geschäftsabwicklung auf Basis des firmenspezifischen Geschäftsprozeßmodells. Mit diesen Szenarien werden – wie Beratungsbeispiele zeigen – auf der Ebene der Unternehmensleitung aufeinander abgestimmte Schwerpunkte zur Gestaltung der Organisation der Geschäftsabwicklung erzwungen. Eine solche Schwerpunktbildung erfolgt heute noch viel zu selten. Konsequenz ist, daß immer wieder einschlägige Patentrezepte favorisiert werden, die – unkoordiniert umgesetzt – zu einer Verzettelung der Kräfte führen.

Das Geschäftsprozeßmodell erleichtert unabhängig von der existierenden Organisationsstruktur eine gemeinsame Sicht des Unternehmens. Existierende strategische Planungskonzepte sollten entsprechend durch das Konzept »Organisation der Geschäftsabwicklung« ergänzt werden.

Strategische Planung als Führungskonzept setzt ein Gesamtkonzept mit integrierten, aufeinander abgestimmten Handlungsprogrammen voraus. Bei der strategischen Planung handelt es sich um einen iterativen Prozeß, mit dem ermittelt wird, wie und ob die strategischen Ziele realisierbar sind. Selbst strategische Ziele können sich daher ändern.

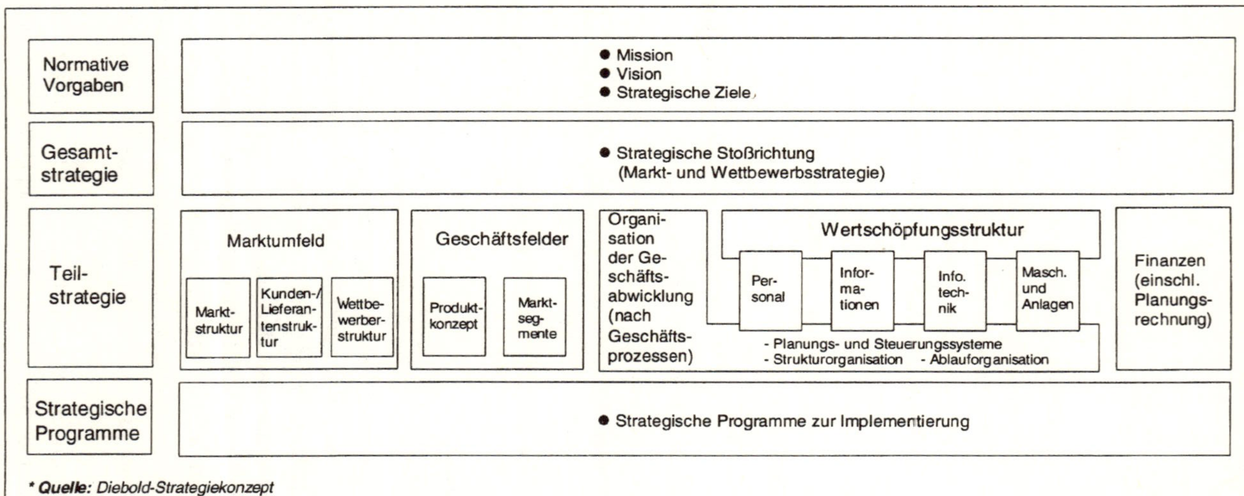

Abbildung 6: Das integrierte Strategiekonzept von Diebold: Ordnungssystematik für eine ganzheitliche, integrierte Strategische Planung

4.2 Veränderungsprozesse zur Anpassung der Organisation

Die traditionellen Organisationskonzepte zielten auf eine Stabilität für eine längere Zeit. Wurde die Organisationsstruktur einmal festgelegt, so galt sie für lange Zeit als stabiles Element für die gesamte Geschäftsabwicklung. Die Arbeits- oder Ablauforganisation konnte sich nach und nach einpendeln.

Bei dem ganzheitlichen, systemorientierten Managementansatz dagegen ist als stabiles Element lediglich die Prozeßstruktur zu betrachten, die eine logische Aufgabenstruktur darstellt. Die Struktur der Primärprozesse ändert sich durch Strategieänderungen, wenn neue Märkte angegangen werden oder neue Produkte ins Programm übernommen werden.

Wie die Arbeitsorganisation konkret aussieht, hängt von den jeweiligen Kombinationen der gewählten Potentiale wie Mitarbeiterqualifikation, Maschinen und Anlagen, Informationstechnik, Organisationsstruktur bzw. von den Arbeitsabläufen ab: Gelingt es, durch ein verbessertes DV-Programm oder eine vereinfachte Arbeitsablauforganisation die Prozeßleistung zu verbessern, wird die Struktur des Prozesses nicht berührt, jedoch die Leistungsfähigkeit verbessert. Gerade das Konzept der kontinuierlichen Verbesserung beruht auf dieser Stabilität der Prozeßstruktur, wobei jedoch die Ressourcen und die Hilfsmittel zur Ausführung bestimmter Aufgaben permanent den neuesten Erkenntnissen und Ideen angepaßt werden.

Ebenso wie bei der traditionellen, auf langfristige Stabilität ausgelegten Organisationsstruktur sind nach dem systemorientierten Managementkonzept strukturelle Veränderungen nur in großen Abständen möglich. Notwendig sind sie immer dann, wenn Marktveränderungen, neue Technologien oder neue überlegene Ideen die Rahmenbedingungen und Wettbewerbsfaktoren verändern – eine Situation, die heute bereits gegeben ist. Diese strukturellen Veränderungen werden durch die Methodik der Geschäftsprozeßoptimierung (GPO) im engeren Sinne erreicht. In der Zwischenzeit – bis zu einer erneuten Änderung der Rahmenbedingungen – ist jedoch über einen kontinuierlichen Verbesserungsprozeß (KVP) sicherzustellen, daß neue Ideen zur Stärkung der Wettbewerbsposition schnell implementiert werden können. Die Geschäftsprozeßoptimierung (GPO) i. e. S., die fundamentale strukturelle Änderungen zum Ziel hat, ist also um ein Prozeßcontrolling für permanente Verbesserungen zu ergänzen. GPO und Prozeßcontrolling sind eng miteinander verknüpft und müssen als integrierte Führungssysteme implementiert werden.

Diese Integration zu einem Führungsinstrument ist einer der wesentlichen Erfolgsfaktoren im Management von Veränderungen. Die vor dem Unternehmen liegenden Herausforderungen müssen ja im wesentlichen mit den vorhandenen Mitarbeitern bewältigt werden. Vorstellungen, die neuen Strukturen durch den Austausch von Mitarbeitern mit Leben zu füllen, bauen in aller Regel auf nicht erfüllbaren Prämissen auf. Verhaltensänderungen im Management und bei den Mitarbeitern sind daher Grundvoraussetzung, wenn mittels Business Reengineering Quantensprünge in der Verbesserung der Leistungsfähigkeit erzielt werden sollen. Diese Verhaltensänderungen sind jedoch nicht schlagartig durch einen »big bang«, sondern nur in kleinen Schritten erreichbar.

5. Maßnahmen zur Sicherstellung schneller Ergebnisse durch Geschäftsprozeßoptimierungen sowie zur Sicherstellung permanenter Verbesserungen

Mit der Geschäftsprozeßoptimierung (GPO) i. e. S. wird zuerst die strategische Richtung festgelegt, um ein – auf ein gemeinsames Ziel hin gerichtetes – Veränderungsmanagement zu erreichen. Das Ergebnis ist ein abgestimmtes Konzept des Top- und mittleren Managements. Workshops mit der Unternehmensleitung zur Entwicklung von Szenarien und mit dem mittleren Management zur Entwicklung von Ideen und zur Weiterentwicklung des Konzepts stehen im Mittelpunkt. Das Projektteam, das für das Vorhaben gebildet wird, ist lediglich der verlängerte Arm des Managements. Es analysiert Konsequenzen der Ideen und Szenarien, die in den Workshops entwickelt wurden. Ebenso werden Geschäftsprozeßstruktur und Leistungsziele auf Basis strategischer Überlegungen in Workshops mit der Unternehmensleitung präzisiert. Die aus diesen Überlegungen resultierenden Konsequenzen werden in einem weiteren Workshop vorgestellt und diskutiert mit dem Ziel, zu erkennen, ob mit diesen Vorstellungen die definierten Leistungsziele erreicht werden können. Davon ausgehend müssen neue Ideen solange generiert werden, bis die Leistungsziele tatsächlich erreicht werden können. Das Gesamtkonzept entsteht mithin iterativ in einem intensiven Dialog zwischen mittlerem und Topmanagement.

Ein solches gemeinsam erarbeitetes und damit auch akzeptiertes Handlungsprogramm ist Voraussetzung für schnelle Anfangserfolge. Es ist aber nicht ausreichend für dauerhafte Veränderungen. Zwar fördert es eine hohe Akzeptanz und die Motivation der Mitarbeiter durch Mitsprache sowie den Rückgriff auf deren Kompetenz. Nachhaltige Verhaltensveränderungen setzen allerdings die Institutionalisierung eines kontinuierlichen Veränderungsprozesses voraus. Lernen – als wesentliche Grundvoraussetzung für Verhaltensänderungen – verlangt Rückkoppelungseffekte über Ergebnisse von Maßnahmen.

Als erster Schritt im Rahmen der Implementierung ist daher ein Instrument zum Prozeßcontrolling zu installieren. Monatliche Controlling-Informationen dürfen sich daher nicht länger nur auf die Kosten der jeweiligen Kostenstellen beschränken, sondern müssen auch Prozeßkosten und Prozeßleistungen umfassen, wie etwa Lieferzuverlässigkeit, Reaktionszeiten, Reklamationsraten. Alle vorher bereits definierten Leistungsziele der Geschäftsprozesse müssen in den Katalog der Controlling-Informationen eingebunden werden. Nur wenn eine solche Rückkoppelung funktioniert, wenn Sanktionsmechanismen implementiert sind und die Leistungsziele im Rahmen der jährlichen Strategieplanung jeweils eingepaßt werden, können Veränderungen auf Dauer erreicht werden.

Die Erfahrungen aus den rund 60 GPO-Projekten, die Diebold bislang durchführen konnte, belegen, daß neben diesen instrumentellen Voraussetzungen noch einige weitere Maßnahmen notwendig sind, um schnelle Veränderungen zu gewährleisten und eine permanente Anpassung an wechselnde Marktverhältnisse sicherzustellen:

- Das Management muß die Verhaltensänderung konsequent vorleben und den Prozeßverantwortlichen die notwendigen Freiräume im operativen Geschäft einräumen. Die Implementierung von Selbststeuerungsprinzipien auf Basis von Geschäftsprozessen führt zu einem veränderten Führungskonzept: Der Prozeßmanager als Verantwortlicher für die Leistung eines Prozesses ist quasi als Unternehmer zu betrachten, der an den Leistungszielen gemessen wird. Die Unternehmensleitung muß sich daher aus operativen Einzelentscheidungen heraushalten. Dies verlangt sicherlich bei vielen Topmanagern ein gehöriges Maß an Überwindung. Die Erfahrungen aus den Beratungsprojekten zeigen aber, daß ohne ein solches Verhalten, das im übrigen auch klar und ausführlich im Unternehmen kommuniziert werden muß, das notwendige unternehmerische Denken unterhalb der Topmanagement-Ebene nicht erwartet werden darf.
- Die Neuausrichtung muß sich in einer zum Teil radikal geänderten Strukturorganisation widerspiegeln. Die neuen Zuständigkeiten sind durch die Ernennung von Prozeßmanagern zu dokumentieren. Die Bedeutung dieser Voraussetzung, mit der Neuausrichtung auch die vorhandene Führungsorganisation anpassen zu müssen, wird in der Praxis häufig unterschätzt. Wenn ein Unternehmen sich bzw. seine Geschäftsprozesse neu nach den Anforderungen der Märkte ausrichtet, sind davon naturgemäß

immer mehrere Organisationseinheiten der alten Struktur betroffen. Ohne dann Zuständigkeiten neu zu vergeben, läuft ein Unternehmen Gefahr, daß hoffnungsvolle Konzepte versanden – obwohl vorher bereits Konsens über die generelle neue Stoßrichtung erzielt wurde. Teams reiben sich auf – an neu auftretenden Problemen in der Tagesarbeit ebenso wie an Kompromissen, die geschlossen werden, um trotzdem voranzukommen, oder an Widerständen, die sich an unvermeidlichen – und daher bisweilen willkommenen – Lücken des Konzepts im Detail entzünden. Erlahmende Initiativen, abnehmende Motivation und Zweifel an der Richtigkeit des Konzepts sind häufig die Folge. Werden hingegen die Zuständigkeiten sofort neu vergeben, liegen auch die Verantwortlichkeiten für die Anpassungen im Detail fest.
- Ein Gesamtprojekt-Manager muß schon in der Anfangsphase als »Lokomotive« und Garant für die Einhaltung des skizzierten Weges etabliert werden. Dieser Punkt hat sich als weitere wesentliche Voraussetzung für schnelle und dauerhafte Erfolge bewährt. Der Gesamtprojekt-Manager hat die Aufgabe, als Vertreter des Topmanagements die Einhaltung des skizzierten »goldenen Weges« sicherzustellen. Als eine Art »Lokomotive« muß er bei aufkommender Lähmung der Bemühungen neu motivieren, absehbare Frustrationen bei der Überwindung der Widerstände abbauen und durch permanentes Predigen der »Vision« und der bereits erzielten Erfolge den Garanten für die Erreichbarkeit des Zieles symbolisieren. Zu seinen Aufgaben gehört es auch, ggfs. Korrekturen am Konzept oder der personellen Besetzung vorzunehmen.

Durch diese Maßnahmen wird die Basis geschaffen, um Veränderungen in der Organisation der Geschäftsabwicklung in Angriff nehmen zu können. Den Geschäftsprozessen entsprechend werden Teams gebildet, denen Mitarbeiter aus allen Ebenen angehören, um Detaillösungen nach den konzeptionellen Vorgaben zu erarbeiten und zu implementieren. Der jeweilige Prozeßmanager ist der Auftraggeber. Training und Schulung der Mitarbeiter, permanente Rückkoppelung der erzielten Erfolge auf Basis des Prozeßcontrollings und Motivation aus der erfolgreichen Durchführung der Maßnahmen schaffen einen Regelkreis, der Lerneffekte erzeugt und sukzessive das Verhalten ändert. Dieses taktische Vorgehen hat sich in einer Vielzahl von Projekten als erfolgreich erwiesen – vor allem, weil es gelang, durch eine Reihe schneller Anfangserfolge nach Bereinigung der Struktur ein Signal dafür zu geben, daß Veränderungen gewollt und realisierbar sind.

Die wesentliche Erfolgsvoraussetzung in jedem Projekt ist aber, daß die personelle Besetzung stimmt. Eine der wichtigsten Aufgaben für das Topmanagement besteht denn auch darin, in bestehenden Organisationen potentielle Multiplikatoren mit positiver Einstellung ausfindig zu machen, zunächst punktuell »revolutionäre Zellen« mit ausgeprägter Vorbildwirkung auf allen Hierarchie-Ebenen zu implementieren, diese aufzuklären, zu sensibilisieren, zu motivieren und zu unterstützen, um schließlich die gewünschte Tiefen- und Breitenwirkung zu erzielen.

Aus Sicht des Unternehmensberaters bestätigen die Praxisfälle, daß die Methode nach dem Prinzip der positiven Lawineneffekte eine hohe Erfolgsquote aufweist. Eine gezielte Unterstützung der »revolutionären Zellen« muß mindestens so lange erfolgen, bis die erwartete »Massenbewegung« eintritt. Erst dann ist damit zu rechnen, daß sich nicht nur graduelle Erfolge einstellen, sondern regelrechte »Quantensprünge« vollzogen werden.

6. Fazit

In fast allen Unternehmen läßt sich die organisatorische Leistungsfähigkeit drastisch verbessern. Die Potentiale sind vorhanden, sie müssen nur aktiviert werden. Die bisherigen Erfahrungen mit der von Diebold entwickelten Methode der Geschäftsprozeßoptimierung belegen zweifelsfrei, daß hier ein Instrument vorhanden ist, das dem Anspruch gerecht wird, selbst Quantensprünge in der Verbesserung der organisatorischen Leistungsfähigkeit zu erzielen.

Es handelt sich bei diesem Ansatz um ein zielorientiertes Führungskonzept, dessen Leistungskategorien allein von den Anforderungen des Marktes her abgeleitet werden. Seine wesentlichen Charakteristika sind:

- Anstatt wie traditionell nach Funktionen werden die Unternehmensaufgaben nach marktorientierten Leistungen strukturiert. Alle Aktivitäten, die zu dieser Leistung führen, bezeichnet man bei dieser Philosophie als Geschäftsprozeß.
- »Controlling-fähige«, von den spezifischen Marktanforderungen abgeleitete Ziele sind der Maßstab, an dem sich die Ausführung dieser Leistungen orientiert. Die Abgrenzung der Verantwortung erfolgt nach diesen Leistungskategorien (Einheit von Verantwortung für einen Geschäftsprozeß und der hierzu notwendigen Entscheidungskompetenz).

Im Kern liegt dem Ansatz damit die gleiche Management-Philosophie zugrunde, wie sie Hammer/Champy in ihrem Bestseller zum Business Reengineering vertreten. Die methodischen Grundlagen von Reengineering und Geschäftsprozeßoptimierung (GPO) sind synonym. Dies zeigte auch ein Erfahrungsaustausch zwischen Diebold und James Champy 1991 bei Diebold in Eschborn. Das Konzept der Geschäftsprozeßoptimierung (GPO) liefert dem Management ein Vorgehenskonzept, das die organisatorische Leistungsfähigkeit in einem zukunftsorientierten Kraftakt und auf Dauer zu einem überlegenen Wettbewerbsfaktor werden läßt. Gleichzeitig stellt es ein Instrumentarium zur Verfügung, um das traditionelle, funktionale Managementkonzept schrittweise abzulösen und somit verkrustete, nicht mehr zeitgemäße Denkmuster und Verhaltensschemata langsam in neue Richtungen zu lenken. Ohne Zweifel sind Situationen vorstellbar, in denen früher bewährte Ansätze wie drastische Kostenschnitte oder Radikalmaßnahmen unvermeidlich sind. Das gilt vor allem in eindeutigen Sanierungsfällen. Verfügt ein Unternehmen jedoch über wettbewerbsfähige Produkte und ist auch Stärke in den einzelnen Marktsegmenten gegeben, so stiften diese traditionellen Ansätze häufig mehr Schaden als Nutzen. Eine Restrukturierung auf Basis des ganzheitlichen, systemorientierten Managementkonzepts und ihre Realisierung nach dem Konzept der Geschäftsprozeßoptimierung (GPO) erlauben jedoch gezielte chirurgische Schnitte an der richtigen Stelle. Gleichzeitig wird dadurch die gesamte Geschäftsabwicklung marktorientiert optimiert – ohne die bei den traditionellen Radikalmaßnahmen bekannten Motivationsverluste hinnehmen zu müssen.

Literatur

Bleicher, Knut: *Das Konzept Integriertes Management,* 2., rev. u. erw. Aufl., Frankfurt/New York 1992

Diebold-Studie. *Fit aus der Krise – Hat die deutsche Wirtschaft die richtigen Weichen gestellt?* Eschborn 1994

Hammer, Michael/Champy, James: *Business Reengineering. Die Radikalkur für das Unternehmen,* Frankfurt/New York 1993 (Originalausgabe: Reengineering the Corporation, New York 1993)

Womack, James P./Jones, Daniel T./Roos, Daniel: *Die zweite Revolution in der Autoindustrie,* 8. Aufl., Frankfurt/New York 1994

Aufsätze in: *Kompetenz. Das Diebold Management Journal:*

Dernbach, Wolfgang: *Wettbewerbsvorteile durch strategische Neuorientierung der Führungsorganisation,* Nr. 7/Oktober 1989 ders.: *Warum Sie Ihr Organisationskonzept überdenken sollten,* Nr. 11/November 1990

ders.: *Warum Sie Ihrer DV eine Abmagerungskur verschreiben sollten,* Nr. 13/Mai 1991

ders.: *Komplexitätsreduzierung – Wie Sie Ihre Reaktions- und Kostenflexibilität zurückgewinnen können,* Nr. 15/November 1991

ders.: *Schlank und flexibel – Wie Sie die Organisation als wichtigste Waffe im Wettbewerb einsetzen,* Nr. 17/Juni 1992

ders.: *Rezession als Chance – Feuerprobe für die Informatik,* Nr. 20/März 1993

ders.: *Warum Sie die Rezession für eine grundlegende Restrukturierung Ihrer Informatik nutzen sollten,* Nr. 21/ Mai 1993

ders.: *Management-Konzepte: Warum Sie mit Rezepten von gestern die Krise nicht bewältigen können,* Nr. 23/Dezember 1993

Erben, Harro/Sempf, Ulrich: *Organisatorische Neuausrichtung: So werden Sie schlagkräftiger als die Konkurrenz,* Nr. 10/September 1990

Joas, Harald: *Geschäftsprozeßoptimierung – Ein neuer Ansatz zur Verbesserung von Leistungs- und Kostenstrukturen in der Finanzdienstleistung,* Nr. 9/Mai 1990

Plate, Jürgen: *Schneller, schlanker, besser – Warum Sie GPO und KAIZEN brauchen,* Nr. 20/März 1993

Plate, Jürgen/Nagel, Peter: *Zulieferindustrie: Durch Reengineering die Fitness wiedergewinnen,* Nr. 24/März 1994

Plate, Jürgen/Sempf, Ulrich: *Reengineering in der Praxis II: Mit professionellem Prozeß-Controlling die Organisation auf Kurs halten,* Nr. 23./Dezember 1993

Sempf, Ulrich: *Die entschlackte Organisation – Empfehlungen zur Optimierung Ihrer internen Leistungsfähigkeit,* Nr. 16/Februar 1992

Business Reengineering
Ein Ansatz der Roland Berger & Partner GmbH

Albrecht Crux, Andreas Schwilling

1. Zielsetzung und Prinzipien des Business Reengineering

1.1 Ansatzpunkte und Ziele

National und weltweit unterliegen die Markt- und Wettbewerbsbedingungen einem drastischen Wandel – einem Wandel, der mit einer noch nie dagewesenen Geschwindigkeit erfolgt. Zahlreiche externe und interne Einflußfaktoren bedingen die Notwendigkeit zum »Management of Change«:

- Globalisierung und Deregulierung der Märkte,
- Vertiefung der internationalen Arbeitsteilung,
- differenzierende Umweltschutzauflagen,
- Veränderung der Innovationsgeschwindigkeit/verkürzte Produktlebenszyklen,
- neue Kommunikationstechniken,
- Zeit, Kosten, und Qualität als Leistungsmerkmale unterliegen drastisch erhöhten Kundenanforderungen.

Ein guter Teil der Ratlosigkeit, die sich in der Debatte zum Wirtschaftsstandort Deutschland widerspiegelt, läßt sich darauf zurückführen, daß den aktuellen Herausforderungen nicht mehr mit strategischen, organisatorischen und operativen Einzelmaßnahmen allein zu begegnen ist, sondern vielmehr ein radikales Umdenken im Management von Unternehmen gefordert ist. Business Process Reengineering (BPR) ermöglicht einen solchen Wandel zu kundennahen, prozeßorientierten Unternehmen mit der Fähigkeit zum »Management of Change«.

Ziel des Business Process Reengineering ist es, die wesentlichen Geschäftsprozesse eines Unternehmens grundlegend zu überdenken und neu zu gestalten. Schlüsselprozesse werden neu definiert, um eine deutliche Verringerung der Prozeßkosten und Durchlaufzeiten sowie Verbesserungen von Qualität und Service zu erzielen. Das Ergebnis ist ein effizient arbeitendes Unternehmen, das schnell und flexibel auf Kundenwünsche reagiert. Als Beispiele für Geschäftsprozesse, in deren Abwicklung eine Vielzahl von Organisationseinheiten involviert sind und die immer wieder Gegenstand des Reengineering sind, lassen sich die Produktentwicklung, die Auftragsakquisition, die Auftragsabwicklung und die Logistik nennen.

1.2 Das Konzept von Roland Berger & Partner

Roland Berger & Partner verstehen Business Reengineering (BPR) als eine Methode zur Umsetzung der Lean-Management-Philosophie, die den Kundennutzen bzw. die Qualität der Leistungen für den Markt als höchste Priorität und den Mitarbeiter als kritischen Erfolgsfaktor ansieht. Lean Management findet seinen Niederschlag in einer schlanken, durch Teamarbeit, schnelle Kommunikation, flache Hierarchien und Prozeßorientierung gekennzeichneten Organisation. Zwar decken sich die Ziele des BPR teilweise mit jenen anderer Methoden des Lean Management, aber dennoch sticht BPR in zweierlei Hinsicht hervor. Im Gegensatz z. B. zum Just-in-Time-Konzept oder zum Simultaneous Engineering betrachtet BPR die gesamte Wertschöpfungskette des Unternehmens und schließt den Verwaltungsbereich mit ein. Darüber hinaus ist es im Gegensatz zum ebenfalls prozeßorientierten Total Quality Management und zu anderen auf inkrementalen Veränderungen basierenden Methoden ein wesentlich radikalerer Ansatz zur Verwirklichung des Lean Management. Bestehende Prozesse werden nicht durch eine Vielzahl kleiner Schritte auf Basis des Ist-Zustands optimiert, sondern vielmehr durch »zero base redesign« gestaltet, d. h., Abläufe werden durch die Beteiligten quasi »auf der grünen Wiese« völlig neu entwickelt. Die durch den Wandel zur prozeßorientierten Organisation erzielbaren Effekte hinsichtlich Zeit, Kosten und Qualität sowie Mitarbeitermotivation sind vielfach belegt. Die Durchführung setzt Vision, nachvollziehbare Methodik, konsequente Steuerung des Wandels (Change Management) und kontinuierliche Kommunikation über Ziele und Inhalte des Wandels voraus.

Das Business Reengineering erfolgt bei Roland Berger & Partner gezielt über fünf Hebel:

1. Abläufe konsequent am Kundennutzen orientieren (externe oder interne Kunden);
2. nichtwertschöpfende Aktivitäten eliminieren, Prozesse verkürzen;
3. moderne Technologien der Informationsverarbeitung (IV) zur Prozeßveränderung einsetzen;
4. isolierte Arbeitsschritte zu sinnvollen Aufgabeneinheiten zusammenführen;
5. Prozeßverantwortung in der Organisation verankern und über Kennzahlen steuern.

Diese fünf Hebel machen den Unterschied von BPR zu traditionellen ablauforganisatorischen Projekten deutlich. Bis gegen Ende der 80er Jahre wurden Prozesse vor allem unter dem Aspekt der Effizienzsteigerung und weniger unter Kundengesichtspunkten optimiert. Die Möglichkeiten der EDV zur Prozeßoptimierung existierten noch nicht im heute gegebenen Umfang. Zudem wurden die Abläufe lediglich innerhalb bestehender, häufig funktionaler Strukturen verbessert und nicht wie bei BPR über Organisationsgrenzen hinweg neu entwickelt.

Die Erfahrung aus zahlreichen bei RB & P durchgeführten Reengineering-Projekten hat gezeigt, daß diese von einem Programm des kulturellen Wandels begleitet werden sollten. Die Mitarbeiter müssen nicht nur im Hinblick auf die bevorstehenden Veränderungen vorbereitet und geschult werden, sondern sie sind auch ein bislang unzureichend ausgeschöpftes Potential für kontinuierliche Prozeßverbesserungen während und nach der Implementierung neuer Prozeß-Designs. Der Wandel der Unternehmenskultur (Cultural Change) bildet daher einen zentralen Bestandteil der Reengineering-Methode von Roland Berger & Partner.

2. Projektmethodik

Roland Berger & Partner gehen in ihren Projekten in vier Phasen vor, begleitet durch ein zeitgleich ablaufendes Cultural-Change-Programm (vgl. Abbildung 1). Die Phasen I – III umfassen die konzeptionelle Arbeit, in der die Ist-Prozesse analysiert und die neuen Prozeß-Designs entwickelt werden. Sie sind naturgemäß abhängig von der Komplexität der Geschäftsprozesse, erstrecken sich jedoch in der Regel über ca. sechs Monate. Für die Implementierung sind wiederum als Faustgröße 6 bis 12 Monate zu veranschlagen. Das Cultural-Change-Programm beginnt idealerweise in Phase I und dauert je nach Anzahl der zu informierenden und zu trainierenden Mitarbeiter sowie

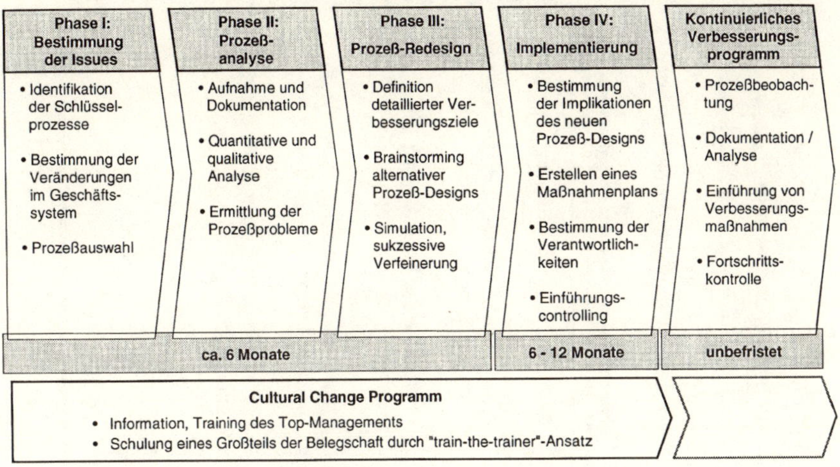

Abbildung 1: Projektmethodik
Quelle: Roland Berger & Partner

dem Umfang des Schulungsprogramms bis zum Ende der Implementierung (Phase IV). Ein Programm zur kontinuierlichen Herausbildung von Prozeßverbesserungen, das in der Regel durch den Klienten selbst mit moderativer Unterstützung durch den Berater praktiziert wird, sollte nach Abschluß der Implementierung folgen.

Dynamisches »Benchmarking« bildet einen integralen Bestandteil der Methodik (vgl. Abbildung 2). Für die einzelnen Phasen des Projektes werden jeweils Daten und prozeßorientierte Informationen über die Ergebnisse und die optimale Gestaltung bestimmter Prozesse bei Wettbewerbern und in anderen Industrien (»best practices«) gesammelt. Das »Chancen-Benchmarking« dient als Maßstab zur Messung der Leistungen des Klienten im Ist-Zustand und als Hilfsmittel bei der Definition erster Prozeßziele, während das »Prozeß-Benchmarking« einen Leitfaden für die Neugestaltung der Prozesse bildet. Im folgenden werden die einzelnen Phasen eines Reengineering-Projektes erläutert.

2.1 Phase I: Bestimmung der Issues

In der ersten Phase des Projektes verfolgen Roland Berger & Partner einen pragmatischen Ansatz, der sich direkt an den Anforderungen des Klienten orientiert und auf oftmals vorhandene Vorarbeiten aufbaut. Den wesentli-

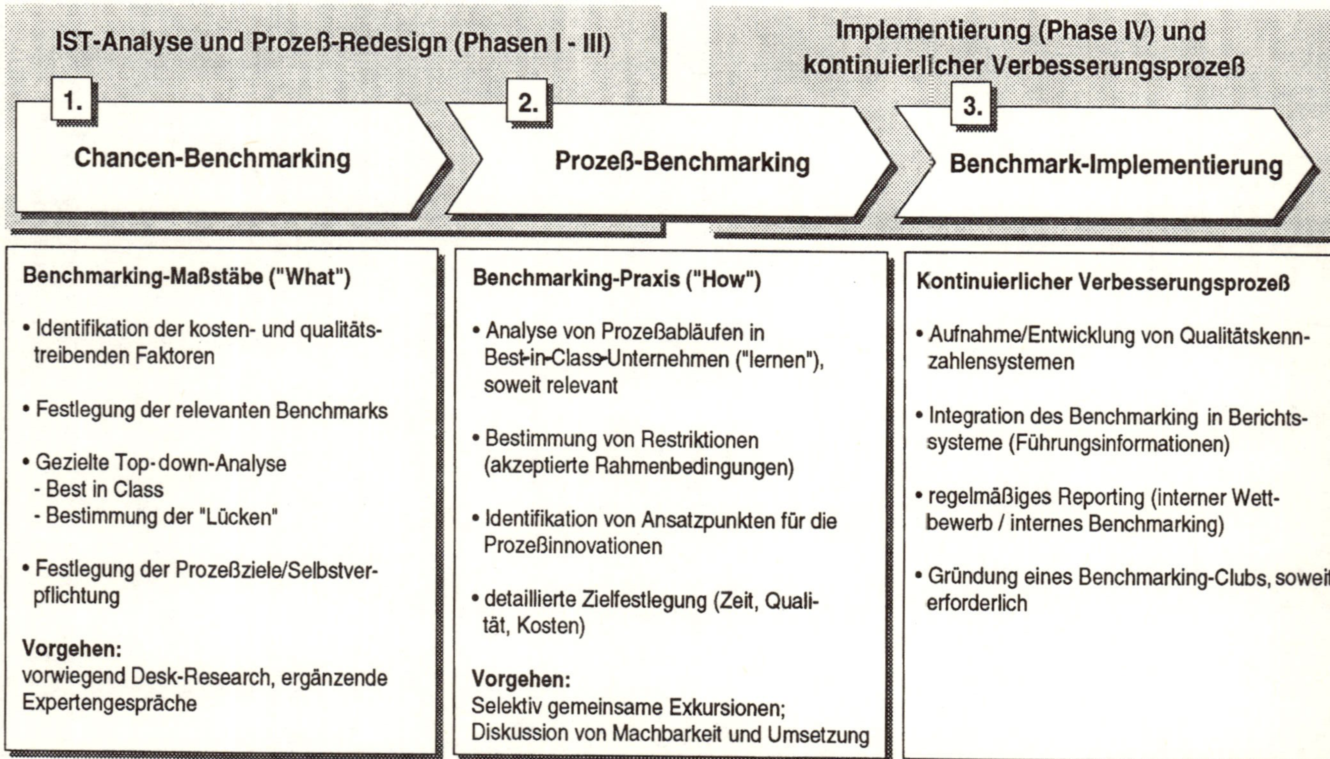

Abbildung 2: Dynamisches Benchmarking
Quelle: Roland Berger & Partner

chen Inhalt dieser Phase bildet die Bestimmung der Prozesse, die einem Reengineering unterzogen werden sollen. Dazu werden zunächst die Schlüsselprozesse der Branche bzw. des Unternehmens bestimmt. In der Versicherungsbranche sind dies beispielsweise die Leistungsbearbeitung oder die Antragsproduktion und -bearbeitung. In das BPR-Projekt werden dann diejenigen Schlüsselprozesse einbezogen, die die Kundenzufriedenheit und den Unternehmenserfolg stark beeinflussen und bei denen ein großer Handlungsbedarf zur Prozeßneugestaltung besteht. Zur Auswahl dieser Prozesse müssen mehrere Fragen beantwortet werden:

- Welche Prozesse müssen aufgrund von Veränderungen im Geschäftssystem überdacht werden?
- Welche Prozesse beinhalten den engsten Kundenkontakt und haben den größten Einfluß auf die Zufriedenheit des Kunden?
- In welchen Prozessen arbeitet das Unternehmen weniger kundenorientiert oder ineffizienter als seine Wettbewerber?
- Welche Prozesse ohne externe Kunden bestimmen erheblich den Unternehmenserfolg?
- In welchen Prozessen treten Probleme, wie z. B. Qualitätsmängel oder Zeitverzögerungen, offen zutage?

Zur Beantwortung dieser und weiterer Fragen führen Roland Berger & Partner eine gezielte Bestandsaufnahme beim Klienten und Interviews mit dem Management durch. Die Veränderungen im Geschäftssystem werden durch eine Umfeldanalyse ermittelt, während das Benchmarking für den Vergleich der Prozesse des Klienten mit denen relevanter Wettbewerber bzw. prozeßbezogen ausgewählter Best-in-class-Unternehmen eingesetzt wird.

Den Abschluß dieser Phase bildet die Festlegung der neu zu gestaltenden Prozesse in Absprache mit dem Topmanagement. In der Regel geben Roland Berger & Partner ihrem Klienten die Empfehlung, sich auf einige »High-impact«-Prozesse (i. d. R. zwei bis vier) zu konzentrieren. Größere Reengineering-Projekte bereiten einen kaum noch zu bewältigenden Aufwand in der Implementierung. Hat das Management schon eine genaue Vorstellung über einen oder mehrere Prozesse entwickelt, die in einem BPR-Projekt untersucht werden sollen, so reduziert sich der Umfang der Arbeiten für die Prozeßauswahl in dieser ersten Phase dementsprechend. Gleichzeitig mit der Auswahl der Prozesse definieren Topmanagement und Berater erste Prozeßziele. Diese sollen den Reengineering-Teams, d. h. den aus Klientenmitarbeitern und Beratern zusammengesetzten BPR-Projektgruppen, als grober Leitfaden bei ihrer Arbeit dienen und vorgeben, ob die Optimierung z. B. primär auf Qualitätssteigerungen oder Kostensenkung hinwirken soll.

2.2 Phase II: Prozeßanalyse

In dieser Phase werden die Prozesse zunächst vollständig aufgenommen. In zahlreichen Workshops und vertiefenden Einzelgesprächen erfaßt das Team die Aktivitäten im Prozeß, ihre Bearbeitungsdauer, die gebundene Mitarbeiterkapazität, die durchführenden Organisationseinheiten, die Material- oder Informationsflüsse sowie die gegebenenfalls vorhandene EDV-Unterstützung. Zusätzlich stellen die Teammitglieder den gesamten Prozeß in einem Überblick dar und gewinnen so ein gemeinsames Verständnis der vorhandenen Abläufe.

Anhand dieser Dokumentation der Prozesse können die wesentlichen Probleme identifiziert werden. Doppelarbeiten, übermäßige Abstimmungsprozeduren zwischen Abteilungen, Schnittstellenprobleme, unklare Verantwortungen, eine zu große Dauer einzelner Aktivitäten oder Prozeßblöcke etc. werden häufig erst jetzt deutlich. Beispielsweise wurde in der Analyse der Antragsbearbeitung für eine Lebensversicherung eine starke Arbeitsteilung festgestellt. Vertrieb, Niederlassungen und Zentrale waren teilweise mehrfach hintereinander in den Prozeß involviert – eine Vielzahl papierintensiver Schnittstellen mit einer langen Bearbeitungsdauer als Folge.

Des weiteren kann das Team anhand der Dokumentation für jede Aktivität beurteilen, ob diese für den Kunden einen Wert schöpft. Dies ist bei der Weiterleitung des Antrags zwischen den Organisationseinheiten in dem oben angeführten Beispiel des Antrags für eine Lebensversicherung offensichtlich nicht der Fall. Die selektive Anwendung von Kennzahlen kann zusätzlichen Aufschluß über Prozeßprobleme geben. Dabei können sowohl allgemeine Kennzahlen, z. B. Fehlerrate oder Anteil wertschöpfender Tätigkeiten, als auch prozeßspezifische Größen, wie beispielsweise die Produkteinführungsrate, die Entwicklung des Prozesses über mehrere Jahre hinweg, den Abstand zum Wettbewerb verdeutlichen. Den Abschluß der Arbeiten in dieser Phase bildet die systematische Sammlung und Diskussion aller Schwachstellen im Prozeß, die dem Team deutlich vor Augen führen, welche Abläufe und Aktivitäten im neuen Prozeßdesign vermieden bzw. modifiziert werden müssen. Das Team definiert hier außerdem erste Verbesserungsmaßnahmen, die bereits vor der Implementierung des neuen Ablaufs durchgeführt werden können, um frühzeitige Ergebnisse zu erzielen. Diese sogenannten »early wins« machen im Unternehmen bereits früh den Erfolg des Reengineering deutlich, entziehen den Kritikern des Projektes die Argumentationsgrundlage und erleichtern damit die spätere Implementierung der neuen Prozeß-Designs.

2.3 *Phase III: Prozeß-Redesign*

Die Neugestaltung der Prozesse beginnt mit der Definition detaillierter Verbesserungsziele. Wurde in Phase I eine grobe Zielsetzung festgelegt, so werden hier operative Ziele, wie z. B. eine Verringerung der Durchlaufzeit um 30 % oder eine Verringerung der Fehlerrate auf Null, gesetzt. Als Leitfaden zur Quantifizierung der Ziele dienen dabei zwei Quellen: Erstens liefert das Benchmarking, wie oben erläutert, Informationen über Prozesse bei Wettbewerbern und »best practices« in anderen Industrien. Zum zweiten entwickelt das Team in einem Brainstorming eigene Gedanken über bestmögliche Lösungen losgelöst vom Ist-Zustand. Die konkreten und quantifizierbaren Verbesserungsziele ergeben sich dann aus der Differenz (dem sogenannten »gap«) zwischen den bestmöglichen Leistungen und dem Ist-Zustand.

Das eigentliche Redesign, d. h. Neugestalten der Schlüsselprozesse, wird in fünf Arbeitsschritten durchgeführt, die in Abbildung 3 dargestellt sind. Damit sich das Team dabei bewußt von den herkömmlichen Abläufen löst, werden in Schritt 1 in einem Brainstorming Hypothesen zur Prozeßabwicklung gebildet. Diese können u. a. aus einer veränderten Arbeitsteilung zwischen dem Unternehmen und seinen Lieferanten bzw. Kunden oder einer verstärkten Parallelisierung von Tätigkeiten bestehen, die bislang sequentiell abgearbeitet wurden.

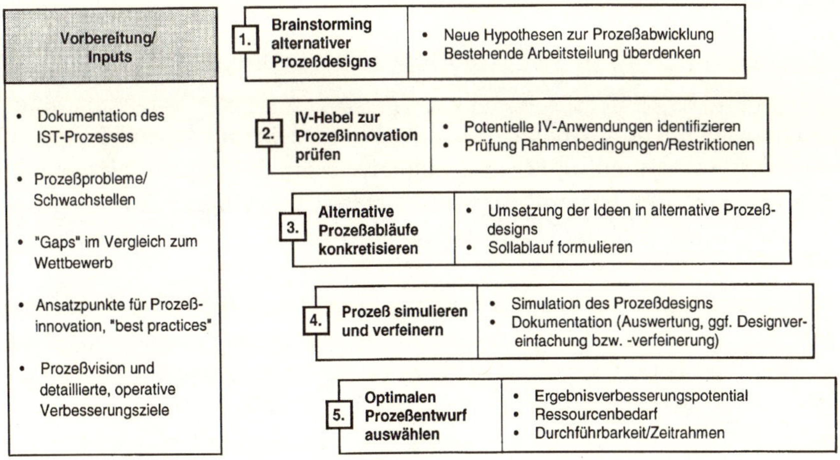

Abbildung 3: Prozeß-Redesign
Quelle: Roland Berger & Partner

Der zweite Arbeitsschritt beabsichtigt ebenfalls ein Loslösen vom Ist-Prozeß, indem die Möglichkeiten zur Prozeßinnovation durch EDV identifiziert werden. Das Reengineering-Team überprüft dann gemeinsam mit den in das Team eingebundenen Experten die Anwendbarkeit der DV für den Prozeß und bewertet die Möglichkeiten zur Prozeßveränderung. »Decision-Support«-Systeme beispielsweise erlauben bei Versicherungen eine stärkere Dezentralisierung im Abschluß von Policen, indem Außendienstmitarbeiter mit notwendigen Informationen und Entscheidungshilfen ausgestattet und damit die Anzahl notwendiger Rückfragen mit der Zentrale drastisch reduziert werden. Andere Effekte der EDV können unter anderem ein verbesserter Informationsaustausch zwischen den Organisationseinheiten, die Koordination gleichzeitig ablaufender Tätigkeiten oder beleglose Abläufe sein.

In den Arbeitsschritten 3 bis 5 werden Hypothesen zu alternativen Prozeßdesigns konkretisiert, simuliert, bewertet und sukzessive verfeinert. Zunächst werden in verschiedenen Workshops die in den ersten zwei Schritten gesammelten Ideen zu Prozeßvarianten gebündelt und auf großen Schaubildern dokumentiert. Diese Prozeßvarianten werden anschließend Simulationen unterzogen. Nach mehreren Simulationsdurchgängen, in denen häufig einzelne Prozeßvarianten wegfallen, wird zwischen den noch verbliebenen Alternativen entschieden. Diese Entscheidung erfolgt anhand organisatorischer Kriterien, einer Einschätzung des Ressourcenbedarfs für die Umsetzung sowie der in den Simulationen festgestellten Zielerreichungsgrade.

2.4 Phase IV: Implementierung

Nach der möglichst unabhängig vom Ist-Zustand durchgeführten Neugestaltung der Prozesse muß nun ein detaillierter Migrationsplan entwickelt werden, der den Weg zur Soll-Organisation beschreibt. Dazu untersucht das Team zunächst die Implikationen des neuen Prozeßdesigns. Einen wesentlichen Aspekt bilden dabei die Veränderungen in der Aufbauorganisation, die zur Verankerung des neuen Prozesses erforderlich sind. Eine bestehende funktionale Organisation kann durch eine Prozeßorganisation überlagert werden, beispielsweise indem derjenige Leiter eines Funktionsbereichs zusätzlich die Verantwortung über einen Schlüsselprozeß erhält, der fachlich den größten Beitrag zur Optimierung des Prozesses leisten kann. Die Einführung einer reinen Prozeßorganisation ist eine denkbare Variante, impliziert jedoch die tiefgreifendste Form der Reorganisation. Die Ermittlung der Vor- und Nachteile dieser verschiedenen Möglichkeiten zur aufbauorganisatorischen Umsetzung des Prozeßdesigns ist eine wesentliche Aufgabe für das Team. In dieser Bewertung liegt eine wesentliche Wertschöpfung des Unternehmensberaters, der die Realisierbarkeit anhand seiner Erfahrungen bzgl. Branche, Erfolgsfaktoren, konventioneller Abläufe, Prozeßorganisationen, Management-Anforderungen etc. beurteilen und die notwendigen Voraussetzungen definieren kann.

Das neue Prozeßdesign wirkt sich naturgemäß auch auf das Planungs- und Controllingsystem aus. Die Unternehmensplanung und -budgetierung sollte sich nach einem Reengineering an den Prozessen orientieren, damit die angestrebte Kundenorientierung sichergestellt wird. Das gilt auch für das Berichtswesen, das die Prozeßleistung erfassen und dokumentieren soll, um Prozeßprobleme zu identifizieren und Anreize für weitere Verbesserungen zu geben.

Einer genauen Untersuchung bedarf auch die EDV-Infrastruktur, die der neue Prozeß erfordert und die im Zuge des Prozeß-Redesigns bereits betrachtet wurde. Zunächst muß das notwendige EDV-System mit Hilfe von EDV-Spezialisten geplant werden. Dabei muß das Team die jetzige Infrastruktur in die Untersuchung mit einbeziehen und überprüfen, wie die vorhandenen Systeme zur Unterstützung des neuen Ablaufs eingesetzt werden können.

Wesentliche Implikationen hat das neue Prozeßdesign ebenfalls für die Mitarbeiter, z. B. in bezug auf die notwendige Qualifikation. Viele Mitarbeiter erhalten mehr Verantwortung bzw. ein breiteres Aufgabenspektrum, für das sie durch Schulungsprogramme qualifiziert werden müssen. Zusätzlich müssen die Kriterien zur Leistungsmessung der Mitarbeiter und die Anreizsysteme anpaßt werden, damit tatsächlich Prozeßleistung gemessen und gefördert wird.

Nachdem die Implikationen des neuen Prozeßdesigns genau untersucht worden sind, entwickelt das Team einen detaillierten Maßnahmenplan zur Implementierung. Die gesamte Reorganisation und die Entwicklung der neuen Systeme werden in einzelne Stufen unterteilt, für die wiederum Arbeitsschritte, Prioritäten, Termine und die Verantwortlichen bestimmt werden. Bestandteil dieses Maßnahmenplans sollten Pilotprojekte sein, in denen das neue Design vor unternehmensweiter Implementierung einem Praxistest unterzogen wird.

2.5 Cultural-Change-Programm

Erfolgreiches Reengineering setzt ein Umdenken bei den Mitarbeitern voraus, die auf den bevorstehenden Wandel vorbereitet werden müssen. Die Inhalte eines darauf ausgerichteten Trainingskonzepts bestehen zu einem großen Teil aus der Vermittlung der grundlegenden Prinzipien des Lean Managements, die durch das BPR-Projekt verwirklicht werden sollen. Beispielsweise werden die Mitarbeiter im Hinblick auf Kundenorientierung, Teamarbeit, Prozeßverantwortung, Führungsprinzipien und Entscheidungsabläufe in der neuen Organisation geschult. Gleichzeitig werden sie von Beginn an umfassend über die Zielsetzung und den Fortgang des Projektes informiert. Je deutlicher und glaubwürdiger dabei der Handlungsbedarf zur Prozeßoptimierung dargestellt wird, umso geringer wird der Widerstand der Belegschaft gegen die einschneidenden Veränderungen durch das Projekt ausfallen. Außerdem wird so die Bereitschaft gesteigert, aktiv durch Verbesserungsvorschläge zur Prozeßoptimierung beizutragen.

Die Inhalte der Trainingsprogramme sind auf die verschiedenen Zielgruppen im Unternehmen ausgerichtet. Für das obere Management wird besonderer Wert auf das neue Führungsverständnis sowie die Prozeßverantwortung gelegt. Da das mittlere Management in der Regel am stärksten von dem BPR-Projekt betroffen ist, muß ihm im Cultural-Change-Programm besondere Beachtung geschenkt werden. Ziel der Schulung ist hier, Ängste vor den Ergebnissen des Projektes und Widerstände gegen das Vorgehen abzubauen.

Die Durchführung des Programms fällt ebenfalls für die einzelnen Zielgruppen unterschiedlich aus. Für das Topmanagement werden Workshops durch die Trainer von Roland Berger & Partner durchgeführt, in denen die Schulungsinhalte im Rahmen einer Gruppendiskussion vermittelt werden. Für die restlichen Mitarbeiter muß mit einem anderen Durchführungsmodus gearbeitet werden. Wesentlich für den Erfolg des Cultural-Change-Programms und damit des gesamten Projekts ist die Anzahl der geschulten Mitarbeiter. Eine umfassende Verhaltensänderung bei einer möglichst großen Zahl von Mitarbeitern verursacht einen hohen Aufwand, dem Roland Berger & Partner durch einen »Train-the-trainer«-Ansatz begegnen. Ausgesuchte Mitarbeiter des Klienten werden dabei zu Trainern ausgebildet. Die Vorteile dieses Ansatzes liegen nicht nur in einem niedrigeren externen Aufwand für den Klienten, sondern auch in der Möglichkeit, durch den Multiplikatoreffekt innerhalb relativ kurzer Zeit eine große Anzahl an Mitarbeitern – in Großkonzernen mehrere tausend – schulen zu können.

2.6 Kontinuierliches Verbesserungsprogramm

Nach erfolgter Implementierung darf die Prozeßoptimierung nicht zum Stillstand kommen. Die deutlichsten Effekte der Prozeßverbesserung resultieren aus der radikalen Neugestaltung der Prozesse – deren erfolgreiche Implementierung vorausgesetzt. Anschließend sollte jedoch die Initiierung eines kontinuierlichen Verbesserungsprozesses (KVP) dafür sorgen, daß das Prozeßdesign nicht starr bleibt, sondern kontinuierlich weiter optimiert wird und sich den Entwicklungen des Umfeldes anpaßt. Eine wesentliche Quelle für den KVP bilden Verbesserungsvorschläge der Mitarbeiter, die im Cultural-Change-Programm geschult worden sind.

Hinweise auf Verbesserungen gibt außerdem die laufende Betrachtung der Wettbewerbsaktivitäten und des allgemeinen Umfeldes. Vor allem Veränderungen in den Kundenanforderungen sollten die Prozeßverantwortlichen ständig zur Überprüfung und Anpassung »ihres« Prozesses bewegen. Zudem sollte die Prozeßleistung mittels eines Kennzahlensystems gemessen werden, damit Prozeßprobleme rechtzeitig erkannt werden.

Bei dem KVP handelt es sich um einen geregelten Kreislauf, der sich aus mehreren Arbeitsschritten zusammensetzt. Der erste Schritt besteht in der Beobachtung und Infragestellung der Ist-Abläufe anhand der beschriebenen Informationsquellen. Die Ist-Abläufe werden anschließend dokumentiert und im Hinblick auf Schwachstellen analysiert. Es werden Verbesserungsmaßnahmen definiert, durchgeführt und anhand ihrer Effekte bewertet. Mit der Erreichung des prozeßbezogenen Soll-Zustands schließt sich der Kreislauf, und die Beobachtung der Ist-Abläufe setzt wieder ein.

3. Zusammenarbeit mit dem Klienten

3.1 Projektvorbereitung

In der Vorbereitung legt das Topmanagement des Klienten in Zusammenarbeit mit Roland Berger & Partner die Zielsetzung und den Umfang des BPR-Projekts fest. Hierbei wird unter anderem bestimmt, in welchen Geschäftsbereichen des Unternehmens das Reengineering durchgeführt wird. Nach der Diskussion des Projektes mit dem Vorstand oder Geschäftsführer, der das Reengineering initiieren möchte, muß die Unterstützung des Projektes durch das gesamte Topmanagement sichergestellt werden. Nach der Entwicklung eines groben Projektzeitplans werden die Teammitglieder des Kunden ausgewählt. Diese Auswahl ist insofern erfolgskritisch, als dabei darauf geachtet werden muß, daß hochqualifizierte, im operativen Tagesgeschäft oft schwer abkömmliche Mitarbeiter für das Projekt identifiziert und motiviert werden.

3.2 Projektorganisation

Der einschneidende Charakter eines BPR und die vielfältigen oben geschilderten Aufgaben machen eine umfangreiche Projektorganisation erforderlich (vgl. Abbildung 4). Diese Projektorganisation kann im Laufe der Phase I allmählich durch Benennung der Mitglieder der Reengineering-Teams gebildet werden, da in diesem frühen Projektstadium die Berater die relevanten Mitarbeiter des Klienten nur selektiv hinzuziehen.

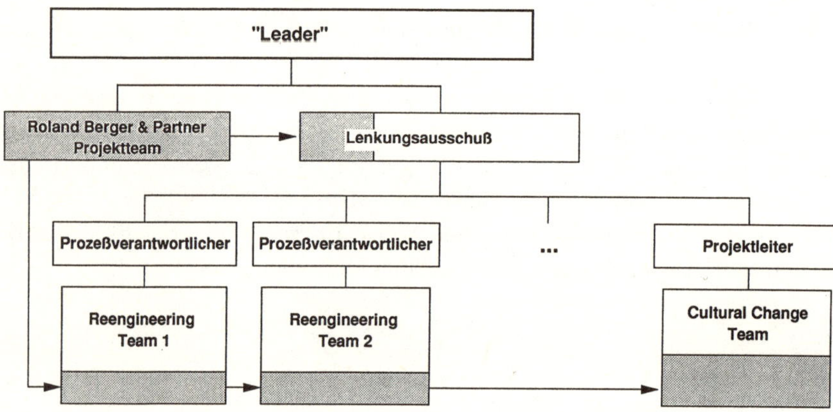

Abbildung 4: Projektorganisation
Quelle: Roland Berger & Partner

Eine Schlüsselfigur im Projekt bildet naturgemäß der Leader (Visionär), der das Projekt initiiert, fördert und die wichtigsten Mitglieder des Teams benennt. Die Steuerung des gesamten Projekts obliegt dem Lenkungsausschuß, einer Gruppe von Führungskräften, welcher die gesamte Reengineering-Strategie des Unternehmens festlegt, die Reengineering-Aktivitäten für die verschiedenen Prozesse koordiniert und als Ratgeber für die einzelnen Teams fungiert. Das eigentliche Reengineering ist Sache der sogenannten Reengineering-Teams, die jeweils verantwortlich einen der neu zu gestaltenden Prozesse übernehmen. Jedes Team sollte aus etwa acht bis zehn Mitgliedern bestehen, die fast alle aus dem Unternehmen stammen und zu einem großen Teil auch Tätigkeiten in dem Prozeß bearbeiten, den sie im Projekt untersuchen. Die Teammitglieder sollten komplementäre Fähigkeiten besitzen und

60 bis 100 % ihrer Zeit dem Projekt widmen können. Eine hochqualifizierte Führungskraft, die im Tagesgeschäft eine der in den Prozeß involvierten Funktionen lenkt, wird als Prozeßverantwortlicher benannt und nimmt die Projektleitung für das Reengineering-Team wahr.

Roland Berger & Partner sind sowohl im Lenkungsausschuß als auch in den einzelnen Reengineering-Teams vertreten. In jedes Team wird mindestens ein Berater entsandt. Größer ist die Anzahl an Beratern im Cultural-Change-Team, das parallel zu den Reengineering-Teams arbeitet und die Mitarbeiter trainiert.

3.3 Arbeitsteilung Berater/Klient

Die oben geschilderte Projektorganisation impliziert eine andere Aufgabenverteilung als in einer Vielzahl traditioneller Projekte, die von Unternehmensberatern durchgeführt werden. Traditionell erarbeitet ein Team von Beratern eine Problemlösung für den Klienten und ist nur zum Teil an der Implementierung beteiligt. In einem BPR-Projekt dagegen arbeitet der Unternehmensberater enger mit dem Klienten zusammen und tritt überwiegend als Moderator und »Coach« auf. Die Teammitglieder des Klienten übernehmen den größeren Teil der Projektarbeit, weil sie einerseits beste Kenntnisse über den Prozeß besitzen, andererseits die Teamarbeit im Projekt schon einen ersten Schritt in Richtung prozeßorientierter Zusammenarbeit darstellt.

Diese Arbeitsteilung zwischen den Mitarbeitern des Unternehmens und den Beratern hat sich in den Projekten bestens bewährt. Die Teammitglieder des Klienten bringen Fachkompetenz, die Kenntnis der formellen und informellen Informationsgeflechte sowie Verständnis und Aufmerksamkeit für die Probleme vor Ort mit ein. Außerdem führt ihre Einbindung zu einer höheren Akzeptanz des Projekt-Teams im Unternehmen, als dies bei einem rein externen Team der Fall wäre. Der Unternehmensberater liefert die genaue Kenntnis von Projektmethodik, Hilfsmitteln und Projektmanagement, zudem bringt er Erfahrungen aus zahlreichen BPR-Projekten, Organisations-Know-how und Branchenkenntnis mit.

4. Besonderheiten in der Anwendung

4.1 Voraussetzungen für den Projekterfolg

Gerühmt werden BPR-Projekte wegen der durch sie erzielbaren außergewöhnlichen Effekte bezüglich Zeit, Kosten und Qualität. Verschwiegen wird gerne, daß ein großer Teil der Reengineering-Ansätze nicht oder nur partiell von Erfolg gekrönt ist. Ursachen liegen u. a. in der Unterschätzung der Komplexität eines solchen Vorhabens, mangelnder Kompetenzausstattung der Reengineering-Teams, fehlender Kommunikation über Inhalte und Ziele des Reengineering auf breiter Basis und dem Beharrungsvermögen in bestehenden Strukturen. Roland Berger & Partner weisen ihre Klienten auf die Erfolgsfaktoren in BPR-Projekten hin bzw. tragen mit die Verantwortung für deren Verwirklichung. Die acht Erfolgsfaktoren wurden zum Teil bereits erwähnt, sollen hier allerdings noch einmal in einem Überblick dargestellt werden.

1. Das Reengineering muß von einem Umdenken der Mitarbeiter begleitet werden.
2. Das Topmanagement muß das Projekt aktiv unterstützen.
3. Die Notwendigkeit zum Handeln muß klar kommuniziert werden.
4. Die Mitglieder der Projektorganisation müssen hochqualifiziert sein und komplementäre Fähigkeiten besitzen.
5. Beim Redesign muß radikal mit Mut zur Veränderung vorgegangen werden.
6. Durch frühzeitige Maßnahmen zur Prozeßoptimierung müssen »early wins« erzielt werden.
7. Für die Implementierung müssen klare Verantwortlichkeiten geschaffen werden.
8. Die eingesetzte Projektmethodik muß bewährt sein.

Diese acht Punkte müssen zur Handlungsmaxime von Lenkungsausschuß, Reengineering-Teams und Unternehmensberatern werden, um den Erfolg des Projektes sicherzustellen.

4.2 Grenzen der Anwendung

Reengineering ist ein zur Zeit sehr beliebter Projektansatz, allerdings kein Allheilmittel. BPR-Projekte lassen sich grundsätzlich in allen Industrien durchführen, sind jedoch im wesentlichen auf eine Problemstellung beschränkt, nämlich auf die Verbesserung der Wettbewerbsfähigkeit des Unternehmens durch erhöhte Kundenorientierung und Effizienz in den Prozessen. Bei anderen Fragestellungen muß eine andere Projektmethodik angewendet werden. Aufbauorganisatorische Umstrukturierungen etwa können in der Regel schlecht mit Prozeß-Reengineering verknüpft werden. Denken zum Beispiel Unternehmen daran, eine Divisionalisierung durchzuführen und in den Divisionen direkt eine Organisation auf Basis neugestalteter Prozesse zu verwirklichen, so ist dies aus zweierlei Gründen wenig erfolgversprechend. Erstens können in der Regel nicht genügend Prozesse neu gestaltet werden, um an ihnen den Aufbau der gesamten Division auszurichten. Zum zweiten würde die ohnehin immense Komplexität eines BPR-Projektes noch um die Komponente der Divisionalisierung erweitert und damit schwer bewältig- und kommunizierbar. Ähnliche Probleme ergeben sich auch bei anderen aufbauorganisatorischen Projekten, wie zum Beispiel der Einführung einer neuen Regionalorganisation.

Auch für einen kurzfristig erforderlichen Turn-around wird Reengineering manchmal als zielführend betrachtet, was jedoch nur sehr bedingt zutrifft. In einem »Sanierungsfall« ist Reengineering zu langsam, da die »early wins« erst nach mehreren Monaten erzielt werden können und die Implementierung der neuen Prozeßdesigns sich über ein Jahr erstreckt. Ein BPR-Projekt ist außerdem zu wenig umfassend, da es auf wesentliche Prozesse fokussiert ist, die Probleme im Sanierungsfall meist jedoch viel breiter gestreut sind. Dementsprechend sollte in solchen Situationen ein Reengineering erst dann durchgeführt werden, wenn sich das Unternehmen durch ein kurzfristiges Restrukturierungsprogramm der akuten operativen Probleme entledigt hat. Zur Wiederherstellung der langfristigen Wettbewerbsfähigkeit und zur Sicherung des Unternehmenserfolgs macht die Prozeßoptimierung anschließend Sinn.

5. Ergebnisse in der Praxis

Erfolgreiche BPR-Projekte verbessern die Zielgrößen Prozeßdauer, Kosten und Qualität der betrachteten Prozesse deutlich. Die Ursachen für Verringerungen des Zeitbedarfs liegen z. B. im Wegfall ganzer Prozeßschritte, in einem Weniger an Doppel- und Nacharbeiten sowie Kontrollinstanzen, in der Reduktion von Liegezeiten oder in der Parallelisierung bislang sequentiell abgearbeiteter Tätigkeiten. Dadurch sinken auch die Prozeßkosten. Qualitätssteigerungen schließlich sind unter anderem eine Folge der einfacheren Prozeßorganisation, klarer Kommunikation und verbesserter Motivation der Mitarbeiter.

Wie oben erläutert, gibt es zwei Arten von Resultaten: »Early wins« und Ergebnisse durch die Implementierung des neuen Prozeßdesigns.

5.1 »Early wins«

Mit der Behebung von Prozeßproblemen kann bereits in Phase II nach ihrer Identifikation begonnen werden, so daß erste Effekte teilweise zwei bis drei Monate nach Projektstart auftreten. Diese frühen Projekterfolge erleichtern die spätere Implementierung des neuen Prozeßdesigns. Die Beispiele für solche »early wins« sind vielfältig und basieren in der Regel auf offenkundigen Schwachstellen. So konnte die Sparte »Gesundheitsprodukte« eines Großkonzerns innerhalb von vier Monaten 90 % der Kosten für die Erstellung der Preislisten einsparen. Daß die Preislisten zu umfangreich waren, zu häufig neu erstellt wurden und in unnötig vielen Varianten existierten, war beim kritischen Hinterfragen im Zuge der Prozeßanalyse festgestellt worden. In einem anderen Fall konnte die Vertriebsabteilung eines Stahlherstellers für das Projektgeschäft mehrere Tage in der zeitkritischen Angebotserstellung einsparen, indem geringe Systemmodifikationen vorgenommen wurden, ein Laserdrucker für die Abteilung gekauft wurde und sie damit nicht mehr auf die Ausdrucke des Zentraldruckers warten mußte. Da der Zentraldrucker in einer anderen Stadt stand, wurden so u. a. zwei Tage Postlaufzeit eingespart. Beide Beispiele machen offensichtlich, daß »early wins« Nebeneffekte sind, die keine ausgefeilte Redesign-Methode voraussetzen.

5.2 Mittel- und langfristige Ergebnisse

Ein bis zwei Jahre nach Projektstart werden die mittel- und langfristigen Effekte eines erfolgreichen Reengineering-Projekts deutlich. Abbildung 5 veranschaulicht das Beispiel eines Unternehmens aus dem Anlagenbau, bei dem neben einer fünfzehnprozentigen Kostenreduktion Bestände und Auftragsdurchlaufzeit zwischen Mitte 1992 und Mitte 1994 halbiert wurden. Bis Ende 1993, d. h. eineinhalb Jahre nach Projektbeginn, waren Bestände und Durchlaufzeit bereits um ein Drittel verringert worden. Daraus resultieren indirekte Effekte wie z. B. gesteigerte Wettbewerbsfähigkeit, höhere Kundenzufriedenheit oder Umsatzsteigerungen, die noch nicht quantifiziert worden

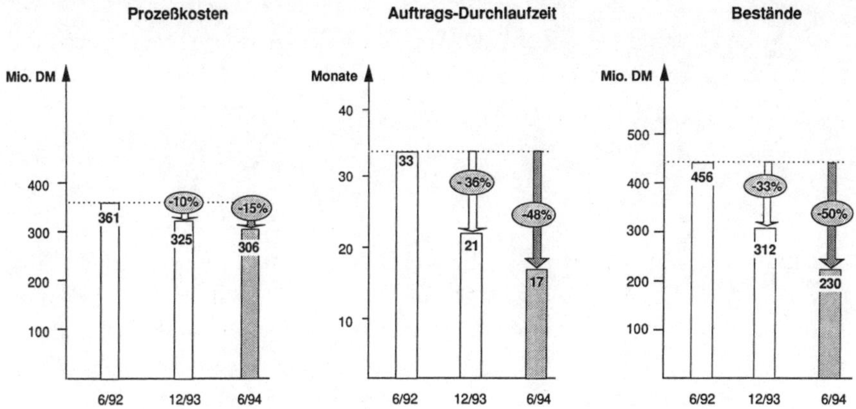

Abbildung 5: Ergebnisse eines BPR-Projekts
(Beispiel: Auftragsabwicklung im Anlagenbau)
Quelle: Roland Berger & Partner

sind, gleichwohl aber die Hauptergebnisse des Projektes darstellen. Zusätzlich bereichert das Reengineering das Arbeitsumfeld für eine Vielzahl von Mitarbeitern durch Job-enlargement, wachsende Kompetenzen und Eigenverantwortung sowie einen stärkeren Umfang an Teamarbeit. Dadurch steigt die Motivation der Arbeitnehmer, die – gekoppelt mit dem kontinuierlichen Verbesserungsprogramm – ein weiteres Potential zur Prozeßoptimierung in den folgenden Jahren sind.

Die enge Zusammenarbeit zwischen dem Klienten und Roland Berger & Partner ist ein wesentlicher Grund für den Projekterfolg. Die Problemlösung wird nicht nur gemeinsam mit dem Klienten erarbeitet, sondern er wird auch bei der Implementierung maßgeblich unterstützt.

Das Ausmaß der Ergebnisse, die diejenigen traditioneller Reorganisations-Projekte übertreffen, erklärt das große Interesse an Business Reengineering und die Welle von BPR-Projekten. Angesichts der ständigen Veränderungen im Markt- und Wettbewerbsumfeld ist BPR sicherlich einer der wirksamsten Projektansätze, um im Rahmen eines Managements des Wandels wettbewerbsfähig und erfolgreich zu bleiben bzw. zu werden. Dementsprechend werden sich BPR-Projekte vor allem in Europa, wo sie bisher noch selten so konsequent durchgeführt werden wie in den USA, weiterhin steigender Beliebtheit erfreuen.

TEIL C

REORGANISATIONSBEISPIELE AUS DER PRAXIS

Zum Stand der prozeßorientierten Unternehmensgestaltung in Deutschland

*Arnold Picot, Markus Böhme**

1. Theorie und Praxis der prozeßorientierten Unternehmensgestaltung

1.1 Wettbewerb der Konzepte

Das Angebot an Konzepten zur prozeßorientierten Unternehmensgestaltung ist beträchtlich und tendenziell steigend, wie die aktuelle Veröffentlichungswelle zeigt. Es ist relativ heterogen und in vielen Facetten bekannt: Ideen und Ansätze aus den Bereichen Lean Management (vgl. z. B. Womack/Jones 1994), TQM (vgl. z. B. Deming 1982) u.v.a. werden häufig unter neuen »Markennamen« wie *Reengineering* (vgl. z. B. Hammer/Champy 1994 oder The Boston Consulting Group 1993) oder *Core Process Redesign* (vgl. z. B. Kaplan/Murdock 1991) vermarktet. Besonders aktiv zeigen sich in dieser Hinsicht Beratungsunternehmen, die prozeßorientierte Konzepte schnell in Beratungsprodukte umgesetzt und damit nicht nur die angesprochenen »Markennamen«, sondern auch die anwendungsnahe Fachdiskussion in Deutschland geprägt haben. Während die Angebote augenscheinlich zahlreich verfügbar und bekannt sind, ist über Nachfrager und Anwendung wenig bekannt. Die Konzepte sind in der Regel aus den USA importiert, genauso wie der Großteil der in den Veröffentlichungen angeführten Erfolgsbeispiele.

1.2 Offene Fragen der Praxis

Lassen sich die angesprochenen Konzepte und Lösungen ohne weiteres auch in deutschen Unternehmen anwenden, oder ist dies sogar schon großflächig

* Die Autoren danken Herrn Dipl.-Inform. Ansgar Gründler für die Unterstützung bei der Durchführung und Grundauswertung der Primärerhebung.

geschehen? Veröffentlichungen über Projekte in deutschen Unternehmen beschränken sich bisher auf wenige Einzelfälle. Aus zahlreichen Unternehmenskontakten wissen wir, daß viele deutsche Unternehmen über das Thema »Prozeßorientierte Unternehmensgestaltung« nachdenken, einige haben schon konkrete Projekte gestartet. Nach einer Studie der Unternehmensberatung Droege & Comp. wollen sich 75% der deutschen Unternehmen zukünftig entlang Ihren Geschäftsprozessen organisieren. Aber nur 4% sollen bereits konkrete Projekte gestartet haben (vgl. o.V., 1993). Über Art und Umfang der Anwendung in deutschen Unternehmen ist offensichtlich wenig bekannt.

Daher scheint uns eine empirische Felderhebung notwendig, die aus dem Blickwinkel der Leitung deutscher Unternehmen Stellung zu folgenden Fragen nimmt:

- Wie verstehen deutsche Unternehmen die angeboten Konzepte, wie ordnen sie diese ein?
- In welcher Form werden derartige Konzepte schon im Unternehmen angewendet?
- Wie erfolgreich sind die bisherigen Anwendungserfahrungen und welche Erfolgsbarrieren sind zu beobachten? [Nach einer amerikanischen Untersuchung (Hall/Rosenthal/Wade 1993) wird lediglich ein Viertel aller Reengineering-Projekte erfolgreich umgesetzt – mit anderen Worten, drei Viertel scheitern.]

1.3 Empirische Untersuchung

Diese Fragestellungen liegen der im folgenden dargestellten, detaillierten Untersuchung in deutschen Großunternehmen zugrunde, die von Anfang März bis Anfang Mai 1994 von der BPU Betriebswirtschaftliche Projektgruppe für Unternehmensentwicklung GmbH gemeinsam mit dem Institut für Organisation der Ludwig-Maximilians-Universität München – Prof Dr. A. Picot – durchgeführt wurde.

Im Mittelpunkt der Untersuchung stehen Großunternehmen. Damit soll jedoch nicht zum Ausdruck gebracht werden, daß sich Konzepte der prozeßorientierten Unternehmensgestaltung in mittelständischen Unternehmen nicht anwenden ließen. Im Gegenteil – gerade deutsche Mittelständler werden häufig auch international als prozeßorientierte Vorbildunternehmen herausgestellt (vgl. z.B. Peters 1992, S. 528 ff.). Wir haben uns aus zwei Gründen auf Großunternehmen konzentriert. Erstens haben viele Mittelständler ihre Organisationsstruktur schon immer konsequent an den Leistungsprozessen ausgerichtet und schon mangels Größe und Komplexität auf starke funktionale Spezialisierung und steile Hierarchien verzichtet. In Großunternehmen sind die Organisationsstrukturen im Laufe ihrer Entwicklung häufig genau in diese Richtung gewachsen. Wir nehmen daher an, daß Großunternehmen im Moment häufiger aktuellen Handlungsbedarf dahingehend verspüren, durch prozeßorientierte Gestaltungsprojekte radikale Veränderungen zu bewirken. Nicht zuletzt deswegen stehen Projekte häufig unter dem Ziel, den Vorteil der Größe mit Vorteilen kleinerer Einheiten zu verbinden (vgl. Frese 1993). Zweitens weist die Befragung der Großunternehmen einen Effizienzvorteil auf. Um einen vergleichbar hohen Anteil der nationalen Wertschöpfung abzubilden, müßte eine unverhältnismäßig große Zahl von Mittelständlern befragt werden. Großunternehmen beherbergen in der Regel eine Vielzahl von Geschäften und damit Geschäftsprozessen, und genau auf der Ebene von Geschäften und Geschäftsprozessen setzt auch die Untersuchung an, so daß die Aussagen prinzipiell auch für Mittelständler gelten dürften. Um einen Überblick über das Verständnis und die ersten Erfahrungen des Topmanagements bezüglich prozeßorientierter Unternehmensgestaltung zu bekommen, haben wir deshalb die Leitungen der größten deutschen Unternehmen schriftlich befragt.

Es wurden Unternehmen mit Sitz in der Bundesrepublik angeschrieben, die 1992 im Konzern folgende Kriterien erfüllten:

- Industrie-, Handels- und Dienstleistungsunternehmen mit einem Umsatz von über 3 Mrd. DM oder einer Beschäftigtenanzahl von mindestens 8000 Mitarbeitern.
- Banken mit einer Bilanzsumme von über 30 Mrd. DM oder einer Beschäftigtenanzahl von mindestens 3000 Mitarbeitern.
- Versicherungen mit Prämieneinnahmen von über 2 Mrd. DM oder einer Beschäftigtenanzahl von mindestens 3000 Mitarbeitern.

Soweit Tochterunternehmen diese Kriterien selbständig erfüllten, wurden sie ebenfalls in die Untersuchung einbezogen. Um eine breite Branchenabdekkung zu erreichen, wurden zusätzlich die – nach Klassifikation der Wirtschaftswoche – jeweils zehn größten Unternehmen jeder Branche einbezogen, soweit diese nicht ohnehin schon nach den oben definierten Kriterien ausgewählt worden waren (vgl. Behrens 1993). Gleichzeitig wurden reine Finanzholdings ohne operative Aktivitäten aus der Selektion eliminiert. Aus diesen Kriterien ergab sich eine Grundgesamtheit von 424 befragten Unternehmen. Von den 136 eingegangenen Fragebögen konnten 95 vollständig ausgewertet und damit in die Untersuchung einbezogen werden. Damit ergibt sich eine verwertbare Rücklaufquote von 22,4 %. Angesichts der Tatsache, daß die meisten Großunternehmen kaum mehr in der Lage sind, die an sie gerichtete Flut von An- und Umfragen zu bewältigen und sich daher nur noch sehr selektiv – wenn überhaupt – an entsprechenden Vorhaben beteiligen, ist dies eine erfreulich hohe Beteiligung. Zusammen mit dem von vielen befragten Unternehmen geäußerten Interesse an den Ergebnissen der Untersuchung unterstreicht dies die Praxisrelevanz der Thematik (Abbildung 1).

Die Qualität der im folgenden dargestellten Befunde wird unserer Einschätzung nach maßgeblich durch die breite und repräsentative Branchenabdeckung und die fachliche und hierarchische Stellung der in den Unternehmen befragten Mitarbeiter gestützt.*

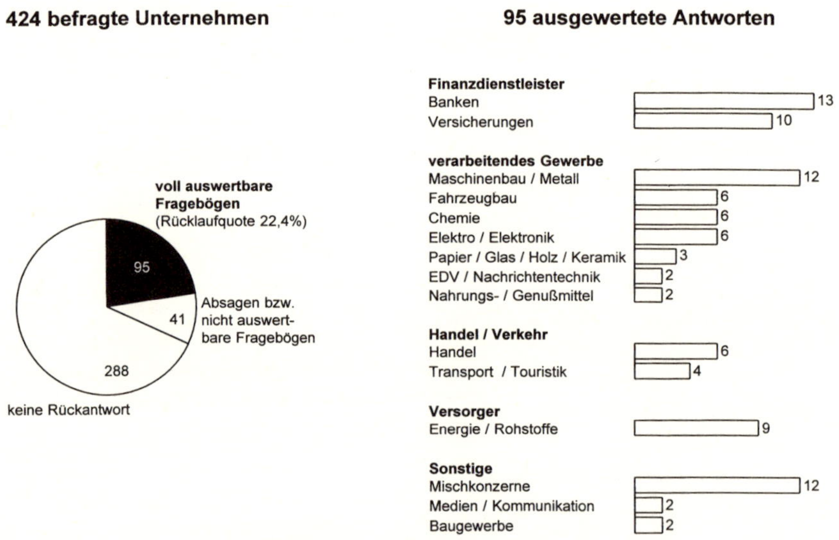

Abbildung 1: Empirische Basis der Untersuchung
Quelle: BPU

2. Prozeßorientierte Unternehmensgestaltung: Schlagwort oder Konzept?

Bevor Konzepte der prozeßorientierten Unternehmensgestaltung umgesetzt werden können, müssen sie zuerst von potentiellen Anwendern – den Unter-

---

* Die Hypothese einer systematischen Abweichung der in die Untersuchung einbezogenen Unternehmen zur Branchenverteilung der angeschriebenen Grundgesamtheit wurde im χ^2-Test verworfen. Die Position der ausfüllenden Mitarbeiter wurde in den Fragebögen klar benannt, teilweise wurden telefonische Nachfragen durchgeführt.

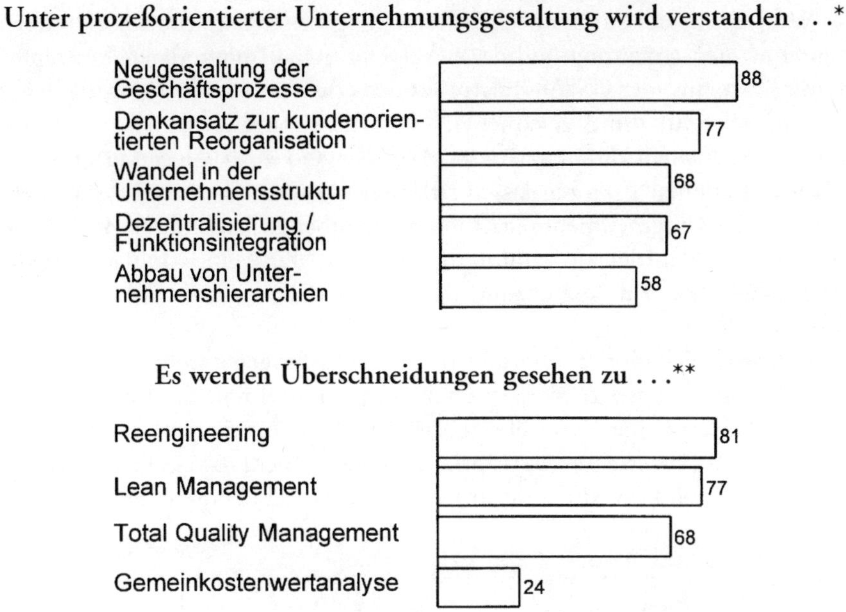

* Nennungen mit »trifft überwiegend zu« oder »trifft voll zu« (n=95)

** Nennungen mit »starke Überlagerung« oder »sehr starke Überlagerung« (n=95)

Abbildung 2: Verständnis der prozeßorientierten Unternehmensgestaltung
Quelle: BPU

nehmensleitungen – aufgenommen, verstanden und akzeptiert werden. Wie Abbildung 2 zeigt, wurden die Kerngedanken des Prozeß-Redesigns aus Kundensicht ganz überwiegend bejaht. Zwei Drittel der Befragten schlossen jedoch auch aufbauorganisatorische Konsequenzen mit ein, die Strukturen des Unternehmens verändern und Hierarchien abbauen – ein Faktor, der in den Beraterkonzepten häufig prominent herausgestellt wird (vgl. z. B. Ostroff/Smith 1992).

Reengineering wird demzufolge zwar in engem Zusammenhang mit prozeßorientierter Unternehmensgestaltung gesehen (knapp 60 % der Befragten sehen sogar ein sehr starke Überlagerung), jedoch nicht als deren Synonym. Lean Management und Total Quality Management (TQM) werden mit gewisser Abstufung als mehr oder weniger stark verwandt angesehen – eine sehr starke Überlagerung sehen hier knapp 40 % der Befragten. Dagegen wird prozeßorientierte Unternehmensgestaltung nur in Einzelfällen als herkömmliche Methode zur Kostensenkung betrachtet, wie die deutlich geringeren Überschneidungen mit dem Konzept der Gemeinkostenwertanalyse (GWA) zeigen.

Während in der summarischen Bewertung die Inhalte prozeßorientierter Unternehmensgestaltung und deren Verwandtschaft mit anderen Konzepten – mit Ausnahme der GWA – relativ ähnlich erscheinen und Abstufungen nur graduell erkennbar sind, zeichnet eine Betrachtung auf Ebene jedes einzelnen Unternehmens ein differenzierteres Bild. Anhand einer Clusteranalyse* der oben diskutierten Faktoren lassen sich drei Grundverständnisse der prozeßorientierten Unternehmensgestaltung herausarbeiten (Abbildung 3). Sie finden sich auch in der anwendungsorientierten Managementliteratur wieder und dienen dort zur Abgrenzung verschiedener Reengineering-Ansätze (vgl. Metzen 1994).

Offensichtlich gibt es unterschiedliche Auffassungen darüber, wie weitreichend prozeßorientierte Konzepte sein können. Mehr als die Hälfte der befragten Unternehmen betrachtete sowohl Maßnahmen zur Neugestaltung der Geschäftsprozesse und zur Optimierung einzelner Prozeßschritte (Dezentralisierung/Funktionsintegration) als auch prozeßübergreifende Themen

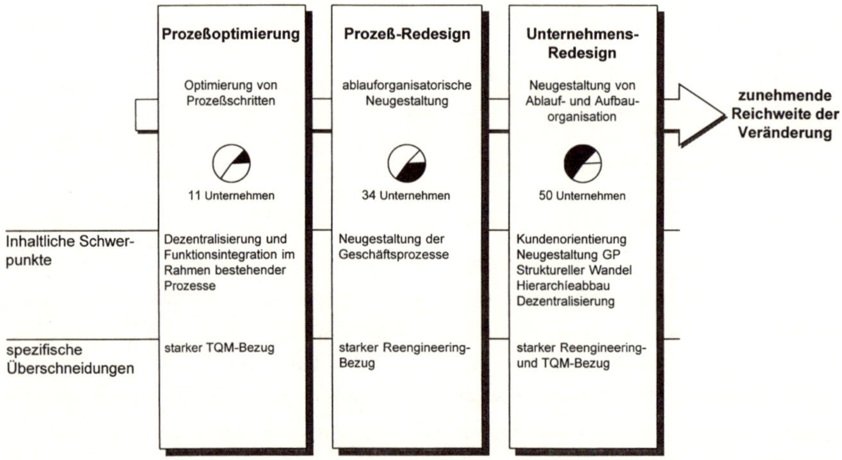

Abbildung 3: Drei Grundverständnisse prozeßorientierter Unternehmensgestaltung
Quelle: BPU

* Anhand der Merkmale zur begrifflichen Einordnung und Konzeptüberlagerung wurde eine Clusteranalyse nach der Methode von Ward durchgeführt, um möglichst homogene Begriffsverständnisse zu isolieren. Die drei isolierten Cluster konnten in einer Diskriminanzanalyse zu 93,7 % reproduziert werden. Die im folgenden postulierten Auffassungsunterschiede in den zugrundeliegenden Merkmalen wurden mittels Kruskal-Wallis-Test geprüft.

wie strukturellen Wandel, Hierarchieabbau und kundenorientierte Reorganisation als integralen Bestandteil des Konzeptes. Prozeßorientierte Unternehmensgestaltung wird hier als umfassendes *Unternehmens-Redesign* verstanden.

Erheblich fokussierter betrachtet gut ein weiteres Drittel der befragten Unternehmen die prozeßorientierte Unternehmensgestaltung. Hier liegt der Schwerpunkt klar auf *Prozeß-Redesign*, d. h. der Neugestaltung der Geschäftsprozesse. Weitergehende strukturelle Maßnahmen werden tendenziell seltener eingeschlossen. Während diese Unternehmen auch die Dezentralisierung und Integration der Aufgabenabwicklung in den einzelnen Prozeßschritten nicht als zentralen Inhalt sehen, weist eine dritte Gruppe von 11 Unternehmen diesem Inhalt die höchste Bedeutung zu. Diese *Prozeßoptimierer* sehen offensichtlich die Neuausrichtung der Geschäftsprozesse, in die diese einzelnen Schritte eingebettet sind, oder gar der dahinterstehenden Unternehmensstrukturen nicht als ihre Hauptaufgabe an. Sie konzentrieren sich auf die kontinuierliche Verbesserung in definierten Strukturen und Prozessen.

Folgerichtig sieht die letztgenannte Gruppe eine starke Überlagerung mit TQM-Konzepten, während *Prozeß-Redesigner* ihre Konzepte eher mit Reengineering gleichsetzen. *Unternehmens-Redesigner* beziehen in ihre sehr weite Definition sowohl TQM-Konzepte als auch Reengineering als stark verwandte Konzepte mit ein. Lean Management wird weiterhin als relativ stark verwandt, die GWA als weniger verwandtes Konzept betrachtet, ohne daß die Varianz durch die unterschiedlichen Grundverständnisse erklärt würde.

Die Branchenzugehörigkeit der Unternehmen übte keinen systematischen Einfluß auf Einschätzung und Verständnis der prozeßorientierten Unternehmensgestaltung aus, weder in bezug auf einzelne Faktoren noch auf die Bildung eines der drei Grundverständnisse. Zusammenfassend können wir feststellen, daß prozeßorientierte Unternehmensgestaltung nicht als modische Worthülse angesehen wird, die individuell mit beliebigen oder gar vorbelasteten Inhalten gefüllt wird. Vielmehr repräsentiert der Begriff ein allgemeines – nicht branchengebundenes – Veränderungskonzept, wobei drei unterschiedliche Grundauffassungen über die Reichweite solcher Veränderungen vorherrschen.

3. Projekte zur prozeßorientierten Unternehmensgestaltung in der Bundesrepublik Deutschland

Nach der Analyse von Verständnis und Einordnung prozeßorientierter Unternehmensgestaltung in deutschen Unternehmen stellt sich die Frage nach der praktischen Anwendung. Dabei wurde festgestellt, daß nur knapp ein Viertel der analysierten Unternehmen noch keine konkreten Aktivitäten plant oder schon unternommen hat (Abbildung 4). Die Mehrzahl der Unternehmen, die bereit waren, konkrekte Angaben zu machen, hatten schon Projekte gestartet oder sogar abgeschlossen, was die Aktualität und Bedeutung der prozeßorientierten Unternehmensgestaltung unterstreicht.

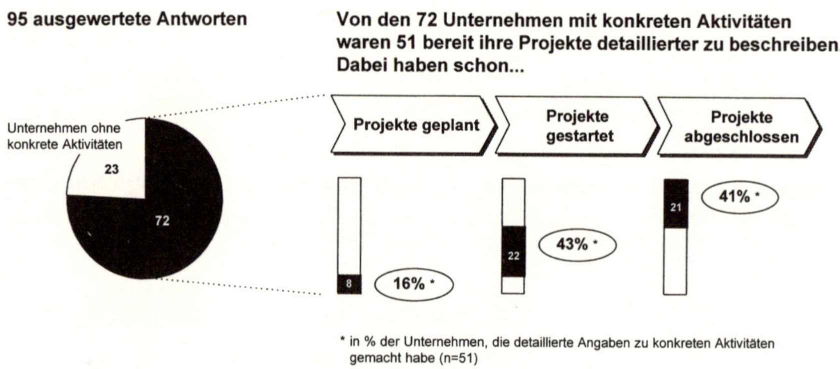

Abbildung 4: Projekte zur prozeßorientierten Unternehmensgestaltung in deutschen Unternehmen
Quelle: BPU

Durch die große Anzahl aktueller prozeßorientierter Gestaltungsprojekte können im folgenden erstmals Aussagen zu Struktur und Rahmenbedingungen der Projekte sowie zu den verfolgten Zielen und der Einschätzung der verwendeten Gestaltungsinstrumente getroffen werden. Abschließend werden Hinweise auf Gestaltungs- und Umsetzungsbarrieren analysiert.

3.1 Projektstruktur

Insgesamt wurden von den 72 Unternehmen, die konkrete Aktivitäten unternommen hatten, 136 Projekte genauer beschrieben. Dabei wurden erhebliche Unterschiede in der personellen Ausstattung der Projekte, in der gewählten Größe des Gestaltungsfeldes und in der Projektlaufzeit festgestellt.

Wie Abbildung 5 zeigt, können Projekte zur prozeßorientierten Unternehmensgestaltung sehr ressourcenintensiv sein. Selbst bei Nichtberücksichtigung von vier wenig repräsentativen Großprojekten* arbeiten teilweise über 50, im Durchschnitt 17 Mitarbeiter in Projektteams mit. Der Schwerpunkt

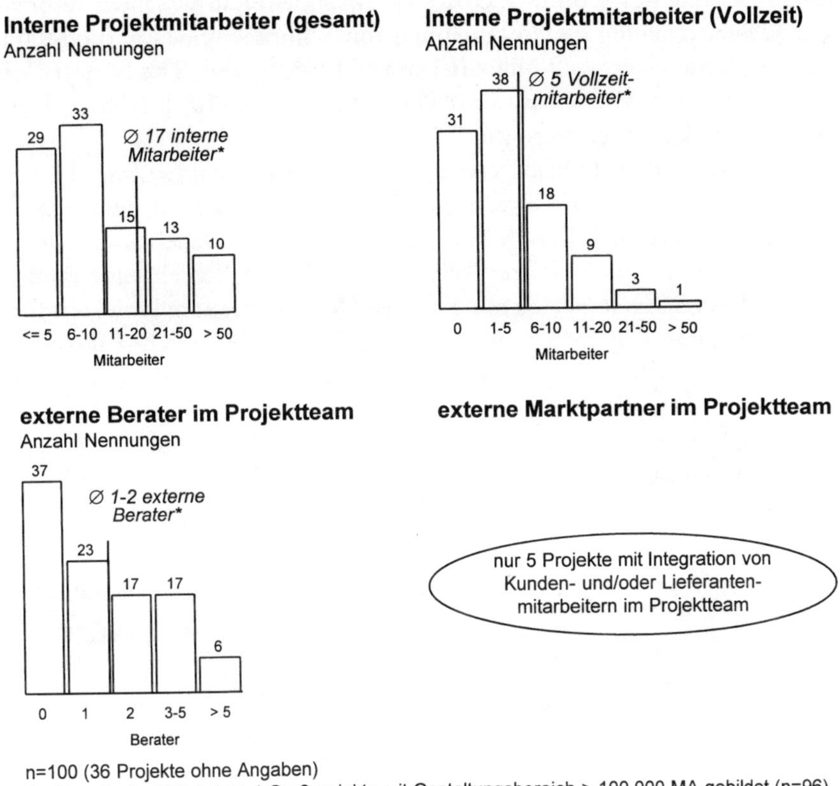

Abbildung 5: Personelle Zusammensetzung der Projektteams in den analysierten Projekten
Quelle: BPU

* Diese Projekte waren mit einem Gestaltungsfeld von über 100 000 Mitarbeitern, einem sowohl intern (teilweise > 1000 Mitarbeiter) als auch extern extrem hohen Personaleinsatz und einer entsprechend langen Laufzeit kaum mit den anderen analysierten Projekten vergleichbar. Da solche Ausreißer arithmetische Mittelwerte unverhältnismäßig verzerren (hier z. B. würde das arithmetische Mittel doppelt so hoch liegen), wurden diese Projekte bei der Bildung von arithmetischen Mitteln im folgenden nicht berücksichtigt.

liegt jedoch bei überschaubareren Projektteams, die Hälfte der Teams umfaßte bis zu acht Mitarbeiter. Jedoch wurden durchschnittlich nur fünf Mitarbeiter gänzlich für die Projektarbeit freigestellt, in einem Drittel der Fälle wurde überhaupt kein Mitarbeiter vollständig von den Aufgaben des Tagesgeschäfts befreit. Diese Lücke wurde nur in einem Drittel dieser Fälle durch den Einsatz externer Berater gefüllt. Generell wurden externe Berater sehr selektiv eingesetzt, im Durchschnitt nur 1 bis 2 pro Projektteam. Gut ein Drittel der Projekte wurde ohne jede Beraterunterstützung abgewickelt. Während gerade Berater häufig die Einbeziehung von Schlüsselkunden und/oder -lieferanten fordern (vgl. z. B.Nippa/Klemmer 1995, S. 174; The Boston Consulting Group 1993), waren in der Praxis nur an fünf Projekten Mitarbeiter externer Marktpartner beteiligt.

Die untersuchten Projekte erwiesen sich als sehr zeitaufwendig. Projektlaufzeiten überschritten teilweise die Grenze von vier Jahren und dauerten im Durchschnitt immerhin zwei Jahre (Abbildung 6). Dabei wurden in gut einem Viertel der untersuchten Fälle tendenziell lediglich einzelne Prozesse oder Teilprozesse gestaltet, da nur bis zu 100 Mitarbeiter vom Projektergebnis betroffen waren – in Extremfällen teilweise nur 10. Im Durchschnitt waren jedoch mehr als 1000 Mitarbeiter von den entsprechenden Gestaltungsprojekten betroffen, teilweise deutlich mehr. Dies unterstreicht die Bedeutung der prozeßorientierten Gestaltung als geschäftsbereichs- oder sogar unternehmensweite Führungsphilosophie.

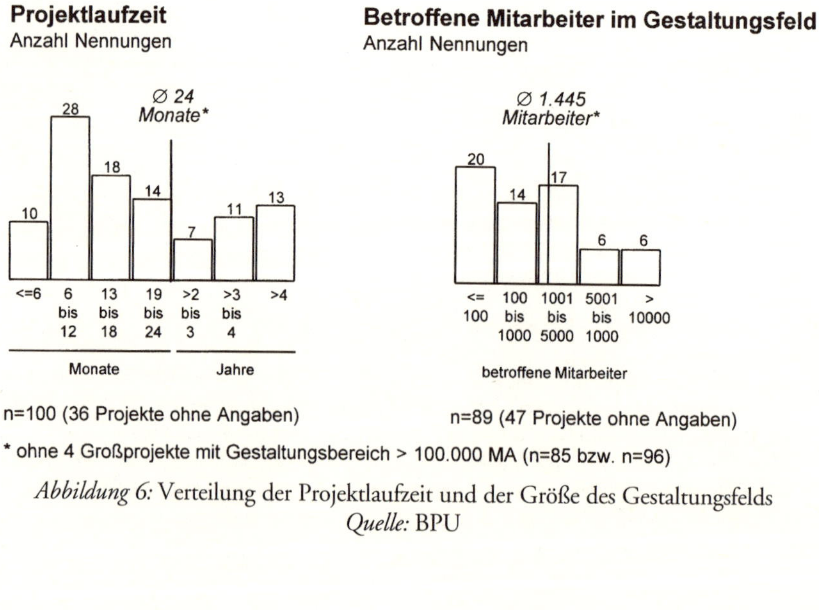

Abbildung 6: Verteilung der Projektlaufzeit und der Größe des Gestaltungsfelds
Quelle: BPU

Zusammenfassend lassen sich drei Arten von Projekten der prozeßorientierten Unternehmensgestaltung ableiten, die in Abbildung 7 zusammengestellt sind.* Dabei ist am häufigsten eine Konstellation zu beobachten, in der ein vergleichsweise enges Gestaltungsfeld mit einem kompakten Projektteam über eine relativ lange Zeit bearbeitet wird. Dieser *fokussierte Ansatz* wird – mit wenigen Ausnahmen – von fast allen Finanzdienstleistern angewendet. Gleichzeitig fällt auf, daß Projekte, die von Unternehmen durchgeführt wurden, die das Konzept des *Prozeß-Redesigns* vertreten, ebenfalls fast ausnahmslos in diese Kategorie fallen. Deutlich radikaler – wenn auch seltener – ist ein

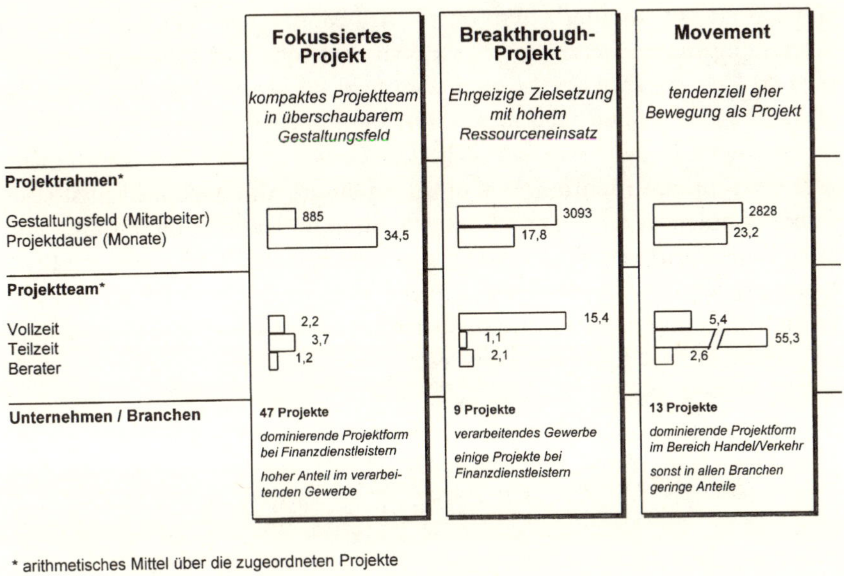

Abbildung 7: Drei Projektansätze
Quelle: BPU

* Aus den Merkmalen der Zusammensetzung der Projektteams wurde nach Eliminierung von Projekten mit unvollständigen Angaben und der o. g. Großprojekte eine Clusteranalyse nach der Methode von Ward durchgeführt, um möglichst homogene Gruppen zu erhalten. Aus einer Basis von 69 Projekten wurden 5 Cluster gewonnen, von denen 3 ebenfalls als Großprojekte interpretiert werden können und daher zusammengefaßt betrachtet werden. Die Überprüfung der Clusterbildung mittels Diskriminanzanalyse ergab eine Reproduktionsquote von 97,1 %. Die in Abbildung 7 aufgeführten Unterscheidungsmerkmale wurden mittels Kruskal-Wallis- bzw. χ^2-Test geprüft. Die Hypothese der Gleichverteilung über die 3 Projekttypen konnte auf dem 5 %-Signifikanzniveau jeweils verworfen werden.

zweiter Ansatz, der sich als *Breakthrough-Projekt* beschreiben läßt. Ein großes Projektteam, das vollständig von operativen Aufgaben befreit wurde, widmet sich durchschnittlich eineinhalb Jahre einem Unternehmensbereich mit mehreren tausend Mitarbeitern. In diesen Projekten wird also ein Ansatz verfolgt, der auch in den Beraterkonzepten in der Regel propagiert wird (vgl. z. B. Heygate 1993). Konsistent dazu verstehen alle Unternehmen, die diesen Ansatz verfolgen, prozeßorientierte Unternehmensgestaltung als *Unternehmens-Redesign.* Der Großteil dieser Projekte wurde im verarbeitenden Gewerbe durchgeführt, ein kleinerer Teil bei Finanzdienstleistern.

Eine erheblich breitere aktive Beteiligung ist in einem dritten Projektansatz feststellbar: Hier wirkt um ein kompaktes Kernteam herum ein großer Stab von Teilzeit-Projektmitarbeitern mit, so daß kaum noch von einem einzelnen Projekt gesprochen werden kann, sondern eher von einer breitangelegten Bewegung *(Movement).* Dieser Ansatz dominiert im Bereich Handel/Verkehr, er wurde jedoch fallweise auch in den übrigen Branchen beobachtet.

Vor allem die *Breakthrough-* und *Movement-Projekte* zeigen, daß die Konzepte zur prozeßorientierten Unternehmensgestaltung keine inhaltsleere Theorie sind, sondern praktische Anwendung finden. Der hohe Anteil konventionell orientierter, *fokussierter Projekte* stützt jedoch auch die in der Praxis geäußerte Kritik, daß unter dem Label Reengineering häufig lediglich konventionelle, einseitig auf Kostenreduzierung ausgerichtete Projekte durchgeführt werden (vgl. z. B. Portner/Beaven 1994).

3.2 Rahmenbedingungen

Neben einer ehrgeizigen Projektzielsetzung fordern prozeßorientierte Konzepte regelmäßig die aktive Mitwirkung des Topmanagements. In der Regel fungierte die erste Führungsebene in den untersuchten Projekten auch als Auftraggeber. Mit zunehmender Konkretisierung der Mitarbeit wurde diese Rolle jedoch an die zweite Führungsebene delegiert (Abbildung 8).

Auch hier zeigt sich wieder die Bedeutung des jeweiligen Grundverständnisses von prozeßorientierter Unternehmensgestaltung. In Unternehmen, in denen das Verständnis des *Unternehmens-Redesign* vorherrscht, arbeiten Vorstände und Geschäftsführer erheblich öfter direkt im Lenkungsausschuß mit (oder übernehmen gar die Projektleitung) als in Unternehmen, in denen die moderateren Konzepte des *Prozeß-Redesign* oder der *Prozeßoptimierung* vertreten werden.

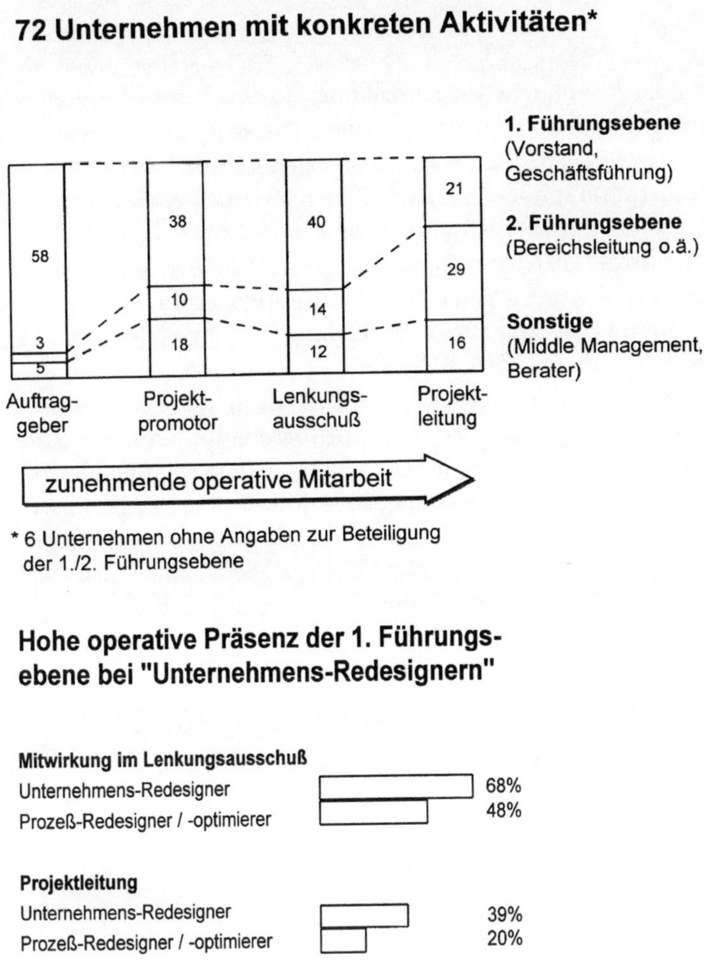

Abbildung 8: Die Rolle des Topmanagements
Quelle: BPU

Der gewählte Projektansatz hatte ebenfalls Einfluß auf die Beteiligung des Topmanagements. In den ehrgeizigen *Breakthrough-Projekten* übernahmen in der Regel die jeweiligen Bereichsleiter die Projektleitung, während Vorstand bzw. Geschäftsführung im Lenkungsausschuß präsent waren. In zwei Fällen übernahm die erste Führungsebene selbst die Projektleitung. Während *Movement-Projekte* ebenfalls eine hohe Präsenz des Topmanagements aufwiesen, wurde die Leitung von *Fokus-Projekten* häufiger an das mittlere Management und Berater delegiert.

3.3 Zielsetzungen

Anders als z. B. klassische Kostensenkungsprojekte betonen prozeßorientierte Konzepte stets ihren Anspruch, simultan Zeit, Kosten und Qualität der Leistungsprozesse zu verbessern (vgl. z. B. die Methodenbeiträge in diesem Band). Diese Konzeption spiegelt sich auch in den untersuchten Projekten in der Praxis wider. Quer durch alle Branchen werden nicht nur die drei Dimensionen des Zieldreiecks Zeit/Kosten/Qualität priorisiert, sondern darüber hinaus auch Verbesserungen in der allgemeinen Kundenorientierung und der Flexibilität der Leistungsprozesse angestrebt (Abbildung 9).

In *Breakthrough-Projekten* genießen Kostensenkung und Flexibilitätssteigerung allererste Priorität. Letzteres Ziel wird ebenfalls stärker priorisiert, wenn die Unternehmensleitung die Prozeßorientierung im Sinne des *Prozeß-* oder *Unternehmens-Redesign* versteht. Bei *Prozeßoptimierern* rücken Flexibilitätssteigerungen in den Hintergrund, was aufgrund der Beschränkung des Gestaltungsfeldes auf einzelne Prozeßschritte naheliegend erscheint. Dagegen steht bei den TQM-orientierten *Prozeßoptimierern*, aber auch bei den *Prozeß-Redesignern,* die Qualitätssteigerung höher im Kurs als bei den *Unternehmens-Redesignern.*

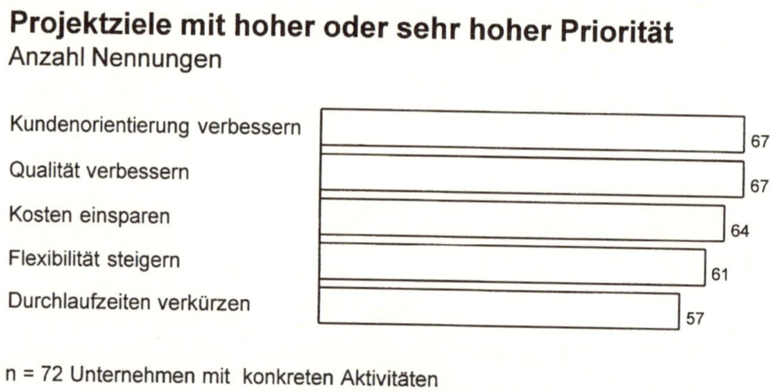

Abbildung 9: Zielsetzungen in prozeßorientierten Gestaltungsprojekten
Quelle: BPU

3.4 Gestaltungsinstrumente

Mit welchen Instrumenten sollen die ehrgeizigen Ziele erreicht werden? Abbildung 10 faßt zusammen, welche Instrumente die in diesem Bereich aktiven Unternehmen als wichtig oder gar sehr wichtig einstufen. Auffallend ist, daß sich die Beratungsliteratur zu dieser bedeutenden Frage kaum äußert (vgl. Picot/Franck 1995).

In der Analysephase wurde erwartungsgemäß der Identifizierung der Geschäftsprozesse ein hoher Stellenwert eingeräumt. In *Breakthrough-* und *Movement-Projekten*, in denen sich die propagierten Konzepte am direktesten widerspiegeln, wurde dieser Schritt einmütig als sehr wichtig gekennzeichnet. Immerhin mehr als die Hälfte der Unternehmen sprach der Einbeziehung externer Partner eine ebenso große Bedeutung zu. Letzteres überrascht, wenn man sich die geringe Beteiligung von Schlüsselkunden und -lieferanten in Projektteams vor Augen führt. Möglicherweise wurden externe Partner in der Regel nur fallweise befragt, aber nicht als Teammitglieder in die Projektarbeit eingebunden. Eine relativ geringe Rolle spielten externe Partner naturgemäß bei Finanzdienstleistern und Energieversorgern, bei denen zumindest auf der Kundenseite die Verkettung mit einzelnen Marktpartnern weniger eng ist.

In der konkreten Gestaltung, der Integration der identifizierten Prozesse, sind unterschiedlich weitreichende Vorgehensweisen möglich (vgl. Picot/Reichwald 1991, S. 286 ff.). Im ersten Schritt können die Daten der verschiedenen, an einem Geschäftsprozeß beteiligte Unternehmensbereiche und Abteilungen in einer zentralen Datenbank zusammengefaßt und damit gemeinsam nutzbar gemacht werden. Im zweiten Schritt werden die beteiligten Abteilungen und Mitarbeiter entlang des Geschäftsprozesses gegliedert. Die nächste Stufe ist erreicht, wenn die funktionale Arbeitsteilung aufgehoben wird und einzelne Mitarbeiter – sogenannte Case Manager – in der Lage sind, den vollständigen Geschäftsprozeß abzuwickeln. Diese Konzeption kann von einzelnen Mitarbeitern auf Teams ausgeweitet werden, die dann komplexere Prozesse selbständig abwickeln (vgl. Picot/Franck 1995).

Die befragten Unternehmen sahen ebenfalls die Datenintegration als notwendige, jedoch nicht hinreichende Voraussetzung zur prozeßorientierten Unternehmensgestaltung an, so daß diesem Instrument regelmäßig eine mittlere bis hohe Bedeutung zugewiesen wurde. Finanzdienstleister, die im Vergleich zum verarbeitenden Gewerbe ein ungleich informations- und vor allem DV-intensiveres Geschäft betreiben, schätzen die Datenintegration allerdings als wichtig bis sehr wichtig ein. In *Breakthrough-Projekten* wurde Datenintegration in jedem Falle als sehr wichtig eingeschätzt. Offensichtlich wird die große Reichweite dieser Projekte auch dazu genutzt, Daten unternehmens- bzw. bereichsweit zu modellieren.

Die prozeßorientierten Gestaltungskonzepte wurden dagegen branchenunabhängig mit zunehmender Integration als wichtiger eingestuft. Der teamorientierten Aufgabenabwicklung wurde sogar eine Schlüsselbedeutung zugesprochen. Graduell noch wichtiger als die eigentliche Gestaltung wurde die

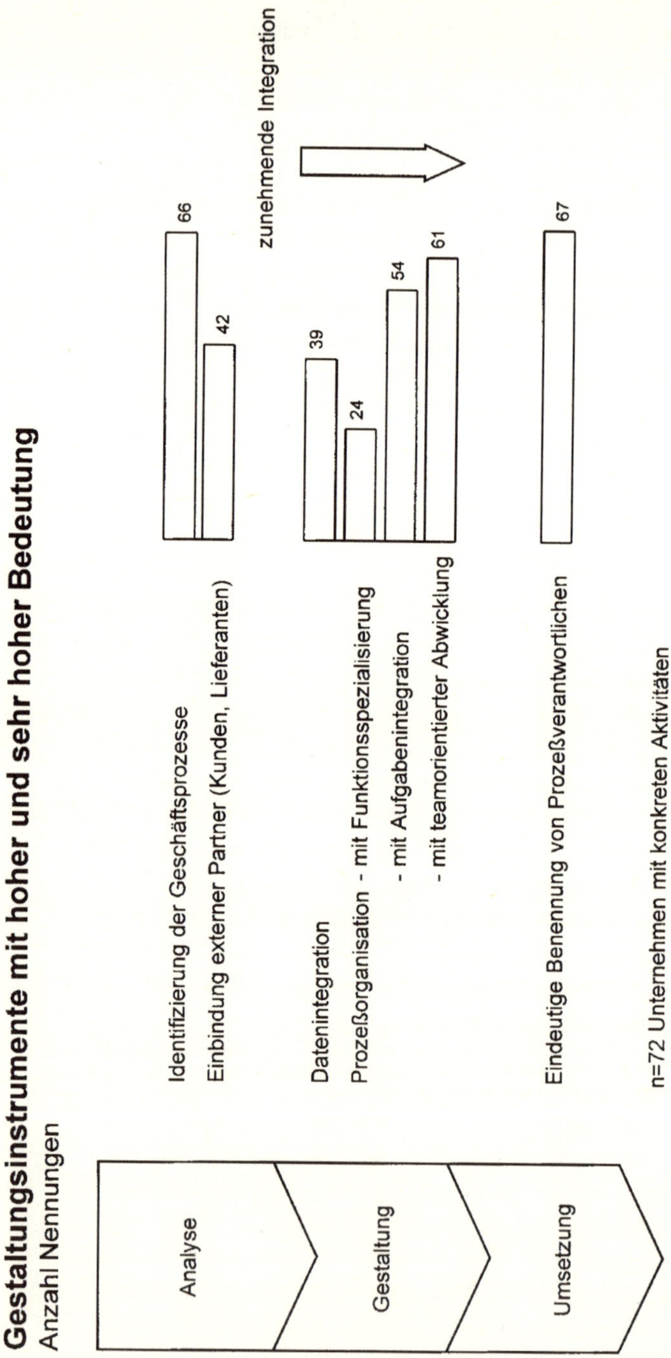

Abbildung 10: Instrumente der prozeßorientierten Unternehmensgestaltung
Quelle: BPU

eindeutige hierarchische Verankerung der neu gestalteten Geschäftsprozesse eingeschätzt. Dies deckt sich mit der Forderung prozeßorientierter Konzepte, nicht nur den Prozeß aus einem Guß zu gestalten, sondern auch die Prozeßsteuerung im Tagesgeschäft in eine Hand zu legen und einen Process Owner oder Prozeßverantwortlichen zu definieren (vgl. z. B. Ostroff/Smith 1992).

In der Gestaltung der Projektarbeit durch den Einsatz von Methoden und Tools scheint das Vorgehen noch sehr vom Einzelfall geprägt zu sein, und es lassen sich kaum branchen- oder situationsspezifische systematische Verhaltensmuster erkennen. Knapp zwei Drittel der Projekte wurden im Projektmanagement methoden- und/oder toolunterstützt gesteuert, in etwa der Hälfte der Projekte standen entsprechende Methoden und Tools auch zur Prozeßanalyse und Gestaltung zur Verfügung. In der Softwareentwicklung wurden wiederum in knapp zwei Dritteln der Projekte Methoden und Tools eingesetzt.

3.5 Gestaltungs- und Umsetzungsbarrieren

Während Fragen zur Projektkonzeption – Ziele und Instrumente – relativ durchgängig beantwortet werden konnten, sind Projektergebnisse und Schlußfolgerungen erst in geringerem Maße verfügbar. Ein Großteil der Projekte war noch nicht abgeschlossen bzw. in seinen Auswirkungen noch nicht abschließend beurteilbar. Insbesondere zur Zielerreichung sind daher noch keine vergleichbaren Aussagen verfügbar. Hingegen lassen sich erste Aussagen zu Barrieren treffen, die im Laufe der Umsetzung prozeßorientierter Gestaltungsprojekte erkannt wurden. Während beinahe alle im folgenden behandelten Aspekte mehr oder minder gleich häufig als geringe oder mittlere Barrieren genannt wurden, zeigen sich bei starken und sehr starken Barrieren deutliche Differenzen (Abbildung 11).

In den frühen Projektphasen traten offensichtlich seltener Probleme auf. Die einzelnen Teilaufgaben der analysierten Prozeßketten erwiesen sich nur selten als ungeeignet zur prozessualen Gestaltung, z. B. aufgrund zu geringer Strukturierung oder zu hoher Veränderlichkeit. Ebenso war das Projektteam der gestellten Aufgabe nur in wenigen Fällen nicht gewachsen. Die wenigsten Projekte fanden also in einer solchen Sackgasse ein frühes Ende.

Größere Probleme ergaben sich bei der Umsetzung der Projektergebnisse. Am häufigsten erwuchsen politische Widerstände aus der Hierarchie (vermutlich vorwiegend wegen der Infragestellung von Besitzständen). Deutlich seltener, jedoch noch in nennenswertem Umfang waren die Mitarbeiter den

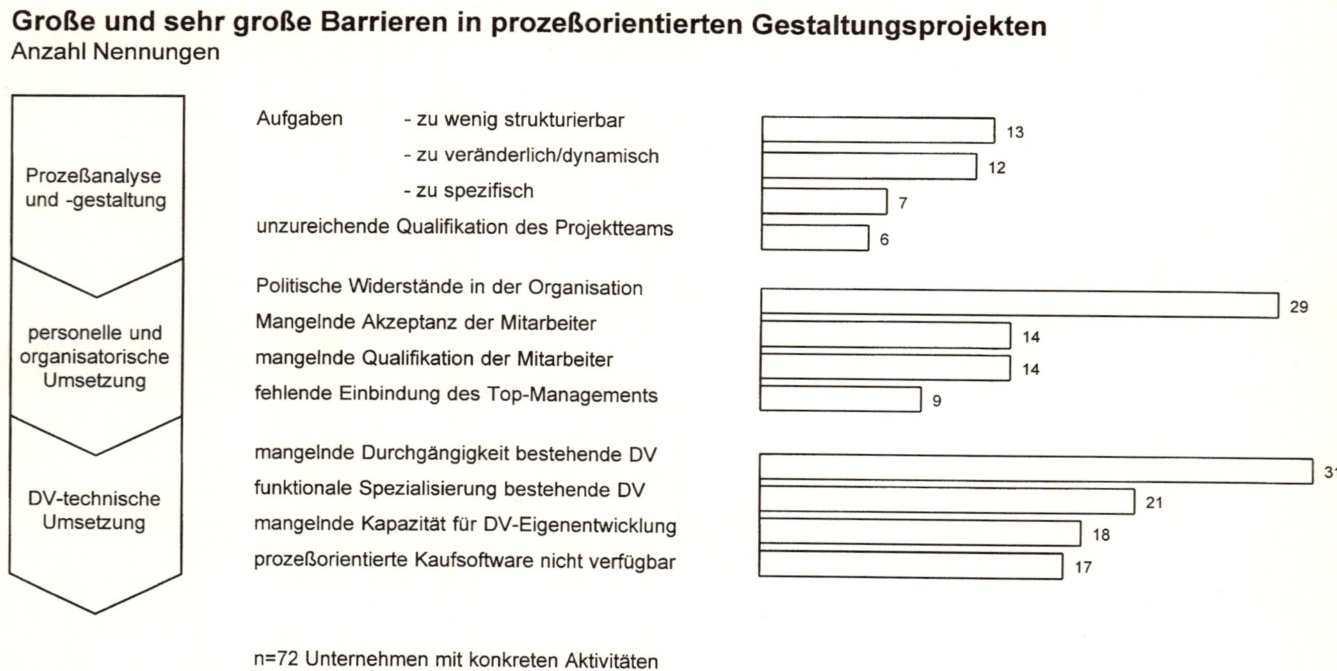

Abbildung 11: Barrieren in prozeßorientierten Gestaltungsprojekten
Quelle: BPU

Anforderungen der neugestalteten Leistungskette noch nicht gewachsen bzw. ihnen gegenüber noch nicht aufnahmebereit. Zu geringe Präsenz des Topmanagements wurde nur in wenigen Fällen bemängelt, so daß offensichtlich die größten Widerstände aus dem Bereich des mittleren Managements kamen, dessen Aufgaben und Kompetenzen in prozeßorientierten Unternehmen regelmäßig merklich reduziert oder gar gänzlich abgebaut werden (vgl. z. B. Peters 1992, S. 145 ff.).

Die größten Probleme bereitete regelmäßig die Umsetzung im DV-Bereich. Die bestehenden Systeme erwiesen sich häufig als ungeeignet für die neugestalteten durchgängigen Geschäftsprozesse oder waren zu stark auf funktionale Belange ausgerichtet. Bei Finanzdienstleistern erwies sich im Vergleich mit dem verarbeitenden Gewerbe die bestehende DV-Landschaft als besonderer Hemmschuh. Einerseits war entsprechende Standardsoftware am Markt noch nicht verfügbar. Andererseits war die eigene Anwendungsentwicklung häufig mit ihren Ressourcen nicht in der Lage, entsprechende Entwicklungsprojekte aufzulegen, die regelmäßig in der Größenordnung von 100 Mitarbeiter-Jahren aufwärts angesiedelt sind (vgl. Kosmider 1991).

Projektanlage und Begriffsverständnis der prozeßorientierten Unternehmensgestaltung standen bestenfalls in einem schwachem Zusammenhang mit dem Auftreten von Gestaltungs- und Umsetzungsbarrieren.* Allenfalls im Bereich der DV-technischen Umsetzung sind graduelle Unterschiede erkennbar. *Unternehmens-Redesigner* bemängelten häufig die mangelnde Durchgängigkeit bestehender Systeme, während *Prozeß-Redesigner* erwartungsgemäß an die Grenzen funktionaler Systeme stießen. Beide litten mehr unter mangelnder Kapazität in der Anwendungsentwicklung, als *Prozeßoptimierer*, die tendenziell eher punktuelle DV-Anpassungen vornehmen. Die analoge Problematik ergibt sich ebenfalls in *Breakthrough-Projekten*, die offensichtlich häufig in massive Anwendungsentwicklungsprojekte münden. Generell lassen sich Barrieren jedoch kaum aus der Projektanlage, dem Grundverständnis oder anderen Moderatorvariablen prognostizieren. Vielmehr hängt das Auftreten von Barrieren vom spezifischen Projektumfeld, der konkreten Zielsetzung und der Durchführung des Gestaltungsprojektes ab.

---

* Im Kruskal-Wallis-Test konnten keine signifikanten Unterschiede (5 %-Niveau) zwischen den Gruppen nachgewiesen werden.

4. Zusammenfassung

In der vorliegenden Untersuchung wurde das Topmanagement der größten deutschen Unternehmen zu seiner Auffassung über prozeßorientierte Unternehmensgestaltung und zu konkreten diesbezüglichen Aktivitäten befragt. Dabei wurde deutlich, daß prozeßorientierte Unternehmensgestaltung nicht lediglich Gegenstand der Fachdiskussion und verkaufsorientierter Beraterveröffentlichungen ist. Die Botschaft ist in der Praxis angekommen. Wie in einem marktlichen Umfeld üblich, wurde sie jedoch unterschiedlich verstanden. Es konnten drei Typen von Grundverständnissen herausgearbeitet werden: TQM-orientierte *Prozeßoptimierer*, *Prozeß-Redesigner*, die an einzelnen, aber durchaus mächtigen Geschäftsprozessen ansetzen, und *Unternehmens-Redesigner*, die alle Aspekte der Organisation auf ihre Leistungsprozesse ausrichten wollen.

Den Worten sind in der Praxis Taten gefolgt. Entgegen dem Befund der eingangs zitierten Droege-Studie (o.V. 1993) hat eine Vielzahl von Unternehmen konkrete Projekte in Angriff genommen bzw. auch schon abgeschlossen. Neben *fokussierten Projekten* wurden *Breakthrough-* und *Movement-Projekte* beobachtet, die, gemessen an der Breite ihrer Zielsetzung und dem Volumen der dafür eingesetzten Ressourcen, mit klassischen Verbesserungsprojekten wenig gemein hatten. Diese Projekte orientierten sich offensichtlich sehr eng an den diskutierten Konzepten.

In der konkreten Gestaltung wurde besonders die Bedeutung der ganzheitlichen Aufgabenabwicklung durch Case Manager, möglichst durch Case Teams, betont. Die Bedeutung der organisatorischen Verankerung unter der Kontrolle eines klar definierten Prozeßverantwortlichen wurde ebenfalls unterstrichen. Obwohl endgültige Aussagen zum Erfolg der analysierten Projekte noch nicht durchgängig möglich waren, traten in der Regel keine unüberwindlichen Barrieren auf. Die größten Probleme stellten politische Widerstände in der Organisation und die bestehende DV-Landschaft dar.

Zusammenfassend können wir feststellen, daß prozeßorientierte Unternehmensgestaltung in der Praxis nicht nur als ein weiteres modisches Konzept verstanden wird. Prozeßorientierung als fundamentale Gestaltungs- und Führungsphilosophie hat in deutschen Großunternehmen erheblichen Niederschlag gefunden. Die ersten Erfahrungen deuten darauf hin, daß sich dieser Trend nicht abschwächt, sondern daß er weiter diffundiert. Pionierunternehmen planen neue Projekte, und Fast-Follower stehen in den Startlöchern. Prozeßorientierte Gestaltungskonzepte sind daher zu Recht einer der meistdiskutierten Trends in der anwendungsnahen Fachdiskussion. Die zum Teil fundamentale Umstrukturierung deutscher Unternehmen setzt sich fort, mit weitreichenden Wirkungen auf Wettbewerbsfähigkeit, Beschäftigung und Arbeitsmarkt.

Literatur

Behrens, B. (1993): *Die Top 1000,* in: Wirtschaftswoche, Nr. 52, 24.12.1993, S. 118–138.

Deming, W.E. (1982): *Out of the Crisis,* Cambridge, Mass.

Frese, E.(1993): *Geschäftssegmentierung als organisatorisches Konzept,* in: zfbf, 1993, S. 999–1024.

Hall, G./Rosenthal, J./Wade, J.(1993): *How to make reengineering really work,* in: Harvard Business Review, 6/1993, S. 119–131.

Hammer, M./Champy, J.(1994): *Business Reengineering. Die Radikalkur für das Unternehmen,* Frankfurt/New York.

Heygate, R.(1993): *Inmoderate Redesign,* in: The McKinsey Quarterly, 1/1993, S. 73–88.

Kaplan, R.B./Murdock, L.(1991): *Core Process Redesign,* in: The McKinsey Quarterly, 2/1991, S. 27–43.

Kosmider, H.-P.(1991): *Wie die Informatik besser werden kann,* in: Die Bank, 1991, S. 630–637.

Metzen, H. (1994): *Zur Klärung. Die drei Stufen des Reengineering,* in: Manager Magazin 11/1994, S. 280.

Nippa, M./Klemmer, J. (1995): *Zur Praxis prozeßorientierter Unternehmensgestaltung,* in diesem Band.

Ostroff, F./Smith, D.(1992): *The horizontal organization,* in: The McKinsey Quarterly, 1/1992, S. 148–167.

o.V.(1993): *Re-Engineering: Eine Roßkur mit Methode,* in: Die Welt, 1993.

Peters, T.(1992): *Liberation Management,* London.

Picot, A./Franck, E.(1995): *Prozeßorganisation – eine Bewertung der neuen Ansätze aus Sicht der Organisationslehre,* in diesem Band.

Picot, A./Reichwald, R.(1991): *Informationswirtschaft,* in: Industriebetriebslehre. Entscheidungen im Industriebetrieb, hrsg. v. E. Heinen, 9. Aufl., Wiesbaden, 1991, S. 241–394.

Portner, F./Beaven, J.(1994): *The Latest Buzzword,* in: Mortgage Banking, January 1994, S. 55–63.

The Boston Consulting Group (1993): *Reengineering. Die Managementperspektive,* The Boston Consulting Group 1993.

Womack, J.P./Jones, D.T.(1994): *From Lean Production to the Lean Enterprise,* in: Harvard Business Review, 2/1994, S. 93–103

Business Reengineering
Erreichte Ziele bei BALLY

Stefano Ferro

1. Der Hintergrund: Die Ausgangssituation macht umfassendes Reengineering erforderlich

Wie kann in einem internationalen Modeunternehmen mit einem Umsatz von 1,1 Mrd. SFr. innerhalb von drei Jahren ein Verlust in einen Gewinn verwandelt werden, der klar über dem Branchendurchschnitt liegt? BALLY International mit Hauptsitz in Zürich verzeichnete 1991 einen Verlust von 27 Mio. SFr. und startete ein umfassendes Reengineering-Programm mit genau dieser Zielsetzung.

Einige Daten zum Unternehmenshintergrund: BALLY verfügt über eigene Produktionsstätten und ein Filialnetz, das 70 % des Gesamtumsatzes leistet. Die verbleibenden 30 % werden über den Großhandel getätigt. Geographisch gesehen, ist BALLY in allen wichtigen europäischen Ländern sowie auch in den USA und Japan vertreten. Die Stärken von BALLY bestanden 1991 neben der technischen Kompetenz im Image der Marke und in 500 eigenen Filialgeschäften (größtenteils gemietet) in erstklassigen Lagen in über 25 Ländern. Gemessen an der einstigen Größe, war das zu wenig. Als Schwächen waren erkannt:

- Ein uneinheitliches Erscheinungsbild auf dem Markt, verursacht durch ein unstrukturiertes, zu breites Sortiment;
- eine veraltete Logistik, die zu vielen Stock-outs und hohen Lagerbeständen am Ende der Saison führte;
- eine dezentrale Organisation, in der jedes Land die Marke individuell interpretierte und selbständig einkaufte;
- Ein Stamm an Mitarbeitern, deren Qualifikation in wichtigen Bereichen, wie z. B. Retailing, unter dem Niveau der Wettbewerber lag;
- eine nachteilige Kostenstruktur, die trotz reduzierter Investitionen in Wer-

bung/Kommunikation, Renovierung der Geschäfte und Wachstum zur erwähnten Verlustsituation führte.

Von der Prozeßseite her betrachtet, ergab sich ein stark fragmentiertes Bild. Jede Landesorganisation war auf sich selbst gestellt, wichtige Prozesse wie Produktentwicklung und Auslieferung waren nicht aufeinander abgestimmt. Damit war offensichtlich, daß neben Kostenaspekten eine Reihe anderer Problembereiche zu bearbeiten war.

Das neue Management setzte sich das Ziel, den Cash-flow des Unternehmens bis 1994 von 1,5 % (1991) auf 10 % vom Umsatz zu steigern. Dies konnte nur durch ein gesamthaftes Reengineering aller wichtigen Prozesse erfolgen, um die aus Sicht des Kunden definierte Leistung signifikant zu steigern. Mit Unterstützung von The Boston Consulting Group wurde in den Jahren 1992 und 1993 ein umfassendes Reengineering-Projekt durchgeführt. Das Topmanagement von BALLY war dabei nicht nur Auslöser, sondern führte und steuerte den Gesamtprozeß aktiv mit.

Reengineering erhielt nicht zuletzt deshalb den Vorzug vor anderen Ansätzen, weil es dem Management erlaubte, in einem der Ausgangslage angemessenen, kurzen Zeitraum eine umfassende bereichs- und landesübergreifende Restrukturierung durchzuführen. Ansätze, die ausschließlich Kostenaspekte betont hätten, wären ebenso wie stark bottom-up-orientierte Vorgehensweisen den Anforderungen BALLYs nicht gerecht geworden.

2. Der Projektablauf im einzelnen

2.1 Die erste Projektphase

In der ersten Projektphase wurden zwei Fragestellungen bearbeitet, die eine Reihe von Orientierungsgrößen für die nachfolgenden Arbeitsschritte liefern sollten. Zum einen wurden im Rahmen einer Benchmarking-Analyse unternehmensinterne Daten länderweise verglichen und externe Daten vergleichbarer Unternehmen erhoben. Diese lieferten neben aggregierten Zahlen zu Umsatzwachstum und Ergebnis (s. Abbildung 1) auch etliche Detailinformationen. Damit konnten für wichtige Meßgrößen Richtwerte festgelegt werden.

Die zweite Fragestellung betraf die möglichen Vorteile einer organisatorischen Integration über die Landesgrenzen hinweg. Hierbei sollten die Potentiale einer landesübergreifenden Zusammenarbeit bzw. Integration beurteilt werden. Beispielsweise wurden die Verantwortlichen der einzelnen Länder

MARKEN MIT EINER ÄHNLICHEN POSITIONIERUNG WIE BALLY SIND SEHR ERFOLGREICH

Unternehmen	Umsatz (Mio. SFr.)	Umsatzwachstum	ROS(3)
BALLY(1)	1.500	+ 2%	- 0,4%
Russel & Bromley(1)	100	+ 14%	+ 5%
ESCADA(2)	570	+ 44%	+ 6%
Burberrys(1)	230	+ 1%	+ 18%
Cartier(1)	2.050	+ 20%	+ 9%
Dunhill(1)	570	- 5%	+ 20%
LVMH(2)	5.250	+ 20%	+ 25%

(1) 1990, 1989/90 Wachstum
(2) 1989, 1989/90 Wachstum
(3) Vor Steuern

Abbildung 1: Beispiel für ein Benchmarking
Quelle: Analysiertes Unternehmen, Jahresbericht

gebeten, Belegexemplare des Produktprogramms der kommenden Saison in die Konzernzentrale einzuschicken. Auf diese Weise wurde für alle Beteiligten sichtbar, daß trotz starker Überlappung bei den bearbeiteten Kundensegmenten nur ganz wenige identische Produkte in mehreren Ländern zugleich angeboten wurden. Diese künstliche Vielfalt erzeugte eine hohe Komplexität in Entwicklung, Einkauf und Produktion.

Die wichtigsten Ergebnisse der ersten Phase waren:

- Fragwürdigkeit der Organisation nach Ländern: z. B. über 50 Einkaufsleiter in Europa;
- hohe Produktkomplexität durch dezentrale Produktpolitik: hoher Anteil ähnlicher Produkte in der Gruppe;
- insgesamt hohe Lieferantenzahl: jeweils geringe, stark fragmentierte Einkaufsvolumina und dadurch hohe Einkaufspreise;
- Probleme im Lieferzyklus: nicht verfügbare Ware, Reallokation der Waren zwischen Läden, usw.

Aufbauend auf den Erkenntnissen der ersten Projektphase, wurden die ein-

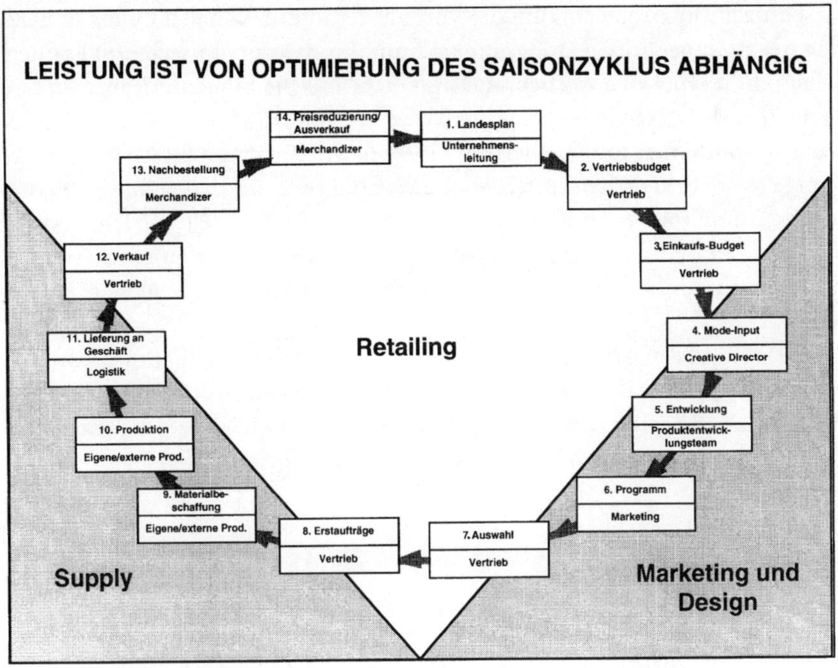

Abbildung 2: Die Kernprozesse aus dem Geschäftszyklus ableiten

zelnen Geschäftsabläufe neu strukturiert. Aus ihrer ganzheitlichen Betrachtung als wiederkehrender, saisonaler Kreislauf ergaben sich drei Kernprozesse, die bei den nachfolgenden Arbeitsschritten im Vordergrund standen (siehe auch Abbildung 2):

- Produkt- und Sortimentsentwicklung,
- Einzelhandels-Organisation (Retailing),
- Order-to-delivery (Logistik).

2.2 Produkt- und Sortimentsentwicklung

Die Sortimente in den einzelnen Ländern, die im Kampf gegen sinkende Umsätze ausgeufert waren und ihre Kontur verloren hatten, mußten neu strukturiert und fokussiert werden. Ein Team – bestehend aus Mitarbeitern der Bereiche Design, Einkauf, zentrales Marketing, Verkauf und Produktion – wurde mit der Überarbeitung dieses Prozesses betraut. Außerdem sollte das Sortiment länderübergreifend soweit wie möglich identisch sein (unter Wahrung lokaler

Geschmacksunterschiede), um die Vorteile der internationalen Größe in niedrigere Kosten bei Entwicklung, Einkauf und Produktion umsetzen zu können.

Um dieses Ziel zu erreichen, mußten nicht nur die Einkäuferteams der einzelnen Länder zu einem international besetzten Gesamtteam zusammengefaßt werden, sondern es mußte auch ein Großteil der Einkäufer ersetzt werden: Es mangelte an Fähigkeiten, internationaler Erfahrung und auch an der Bereitschaft, Landesinteressen hinter das Gesamtziel zurückzustellen. Heute erfolgt die Sortimentsentwicklung in einem Team, das vom zentralen Marketing geführt wird und das sich aus Vertretern der wichtigen Marktregionen zusammensetzt.

Mit den neuen Sortimenten ist es trotz Rezession, Schließung von Geschäften in marginalen Lagen und Aufgabe von Randsortimenten gelungen, den Umsatzrückgang zu stoppen und in manchen Bereichen den Umsatz sogar signifikant zu steigern: bei Accessoires um mehr als 25 %.

2.3 Retailing

Die Sortimente waren nicht auf die einzelnen Ladentypen und Lagen zugeschnitten, vielmehr führte jedes Geschäft alle Sortimentsteile. Infolge dessen wurde ein Großteil der Artikel in einem Laden pro Größe und Farbe nur einmal pro Saison verkauft. Alle Randgrößen hatten daher einen Abverkaufsschnitt von deutlich unter einem Paar. Dies führte zu enormen Lagerbeständen und hohen Ausverkaufskosten.

Nach einer Kategorisierung der Geschäfte gemäß Preispunkt/Lage und Umsatzgröße wurden in gemischten Teams aus Filialleitern, Einkäufern und Marketing-Mitarbeitern die Sortimentsstrukturen für die einzelnen Ladengruppen definiert. Diese legen den Umfang und die Struktur des Sortiments fest, um den notwendigen Mindestverkauf pro Artikel sicherzustellen. Hierzu wurden länderspezifische Teams gebildet, in denen die Bereiche Vertrieb, Geschäftsstellenleitung, Merchandising, Informationstechnologie, Einkauf und Controlling vertreten waren.

Geschäfte, bei denen die gewünschte Mindesttiefe (Umsatz pro Artikel) nicht erzielbar war, wurden entweder verkauft (Frankreich) oder durch Management-Buyout (Schweiz) verselbständigt. Durch die saubere Neustrukturierung der Geschäfte und die Modularisierung des Sortiments konnte die Übersicht im Geschäft für den Kunden signifikant gesteigert werden. Außerdem wurde die Mitarbeiterzahl für Einkauf und Merchandising durch Pooling und Straffung des Sortimentes in den Ländern auf weniger als die Hälfte reduziert.

2.4 Logistik

Die Geschäfte verzeichneten bis zu 10 % Stock-outs: Jeder zehnte Schuh war in der gewünschten Farbe oder Größe nicht im Geschäft verfügbar. Dies führte zu steigender Unzufriedenheit bei den Kunden und zu sinkenden Umsätzen pro Geschäft. Außerdem belastete der Ausverkauf die Ergebnisrechnung über Gebühr. Neben dem breiten Sortiment waren es vor allem die langen Durchlauf- und Lieferzeiten, die die hohen Stock-outs, die hohen Lagerkosten, den hohen Anteil alter Ware im Sortiment und die hohen Ausverkaufskosten verursachten.

Die Materialwirtschaft mußte »von der Kuhhaut bis zum Point of Sale von einem »Push«- in ein »Pull«-System umgewandelt werden: Jedesmal, wenn ein Schuh in einer bestimmten Farbe und Größe verkauft wird (und nur dann), wird exakt dieser Artikel neu beschafft oder produziert und innerhalb von 48 Stunden wieder ins Regal geliefert. In diesem System sollen die Lagerbestände so gering wie möglich gehalten werden. Das setzt voraus, daß zwischen Zentrallager und Geschäft ein Auto-Refill-System besteht und daß das Zentrallager von Beschaffung und Produktion nicht nur einmal pro Saison, sondern einmal pro Woche mit den benötigten (verkauften) Artikeln versorgt wird. Dazu mußte der gesamte Prozeß von der Erstbestellung des Einkäufers bei Neueinführung eines Artikels bis hin zur Wiederbestellung des Verkäufers im Geschäft – inklusive Beschaffung von Rohmaterial und Fertigprodukten sowie Produktion – von einem 6-Monats-Rhythmus in einen Tages- und Wochen-Rhythmus gebracht werden.

Inzwischen werden Artikel ab einem gewissen Mindestumsatz mit Auto-Refill ab Zentrallager bewirtschaftet. Bestseller werden im wöchentlichen Rhythmus in eigenen Werken oder durch Vertragsfertigung bei Dritten, gemäß den gemeldeten Wochenverkäufen, nachproduziert.

Prozess	Bisher	Heute
Programmentwicklungsprozess	9 unabhängige Länderteams	Sechs vom Marketing koordinierte regionale Teams
Produktionsrhythmus pro Artikel	Alle 4 Monate	Jede Woche
Lieferzeit	6 Monate ab Fabrik	48 Stunden ab Zentrallager

Abbildung 3: Grundlegende Veränderungen: vom »Push«- zum »Pull«-System

2.5 Kommunikation und Human Resources Development als flankierende Maßnahmen

Neben den Teams, die die Veränderungen in den verschiedenen Bereichen ausarbeiten und umsetzen, kommt bei einem umfassenden Reengineering zwei weiteren Aspekten eine tragende Rolle zu: der internen und externen Kommunikation sowie der Weiterentwicklung der Human Resources. Der Ausarbeitung einer neuen Kommunikationsstrategie, die in einer neuen Corporate Identity an alle Mitarbeiter und Kunden vermittelt wurde, und dem Umbau des obersten Managements wurde besondere Aufmerksamkeit gewidmet. Das Unternehmen wurde in sechs etwa gleichwertige Marktregionen und vier globale Kompetenzzentren (Marketing, Design, Supply Chain und Retailing) gegliedert. Dabei wurden nicht nur Hierarchieebenen abgebaut, um näher am Kunden agieren zu können. Auch das Management wurde fast vollständig ausgewechselt: Fünf der sechs Marktregionen und drei der vier Kompetenzzentren wurden neu mit Externen besetzt. Dies brachte Knowhow und die nötige »Aufbruchstimmung« bei BALLY. Die neuen Manager wurden international gezielt bei Unternehmen abgeworben, die auf dem jeweiligen Gebiet zu den Weltbesten zählen. So arbeiten heute ehemalige Mitarbeiter von GFT, Trussardi, The Limited, Omega, Swatch und The Boston Consulting Group gemeinsam am weltweiten Aufschwung von BALLY.

Der Umbau im Management und die damit verbundene Straffung des Overheads haben zu kritischen Artikeln in der Schweizer Presse geführt – insbesondere zu der Zeit, zu der der Erfolg (zumindest aus externer Perspektive) noch nicht eindeutig sichtbar war. Um so wichtiger war es, mit einem neuen Marktauftritt den Kunden und vor allem den Mitarbeitern neues Vertrauen zu schenken. Zur Vorstellung der neuen Corporate Identity wurden z. B. alle Filialleiter an den Hauptsitz nach Schönenwerd eingeladen. Die Veranstaltung fand im neu eröffneten »BALLY-Lab« statt: einer umgebauten Fabrik, dem neuen Zentrum für alles rund ums Produkt und den Dienst am Kunden. Für die Produktmanager steht hier für die Arbeit am Sortiment permanent ein Muster sämtlicher BALLY-Produkte zur Verfügung. In einem Atelier entwerfen Designer die neuen Modelle, und Produktgestalter erstellen die entsprechenden Prototypen. Auf einem Stockwerk sind alle 12 Schaufenster des laufenden Jahres maßstabgetreu aufgebaut, und seit Mitte des Jahres 1994 steht auch ein Geschäft im BALLY-Design für die Schulung des Verkaufspersonals zur Verfügung. In erster Linie aber ist das Lab ein Kommunikationszentrum, in dem sich Designer und Produktgestalter mit Produzenten und Einkäufern treffen, um die Produktgestaltung zu diskutieren, und in dem

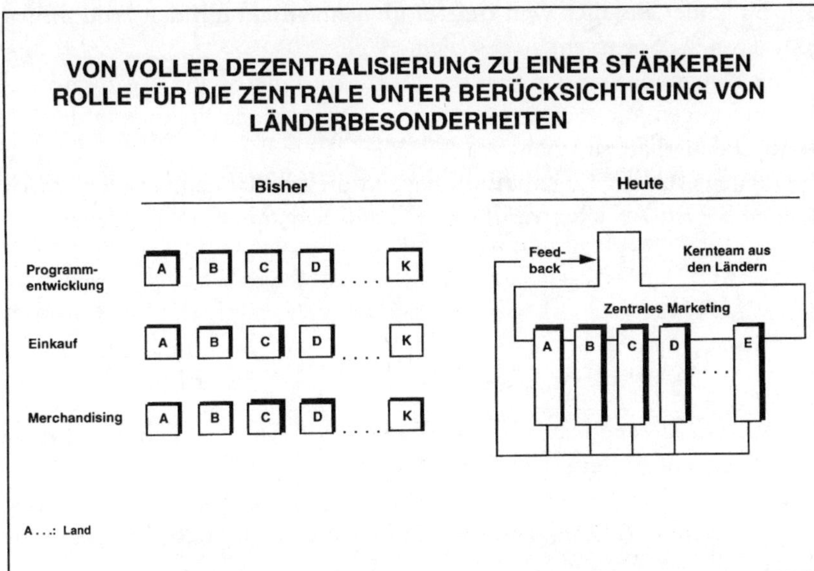

Abbildung 4: Die neue Rollenverteilung zwischen Zentrale und Landesorganisationen

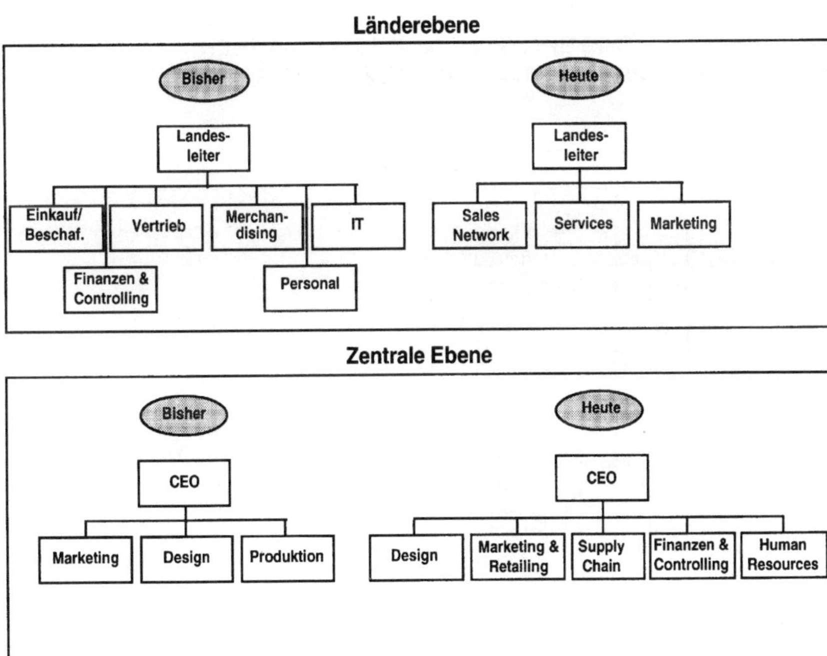

Abbildung 5: Umfassende organisatorische Änderungen infolge der neuen Prozesse

sich Einkäufer aus aller Welt treffen, um gemeinsam mit den Produktmanagern das neue Sortiment zu erstellen.

Die Neugestaltung der Prozesse führte zur einer Reihe organisatorischer Veränderungen, die erforderlich waren, um die neuen Prozesse in der Organisation dauerhaft zu verankern.

Die neue BALLY-Organisation hat mit diesen Maßnahmen den entscheidenden Schritt zur Überwindung der Landesorganisationen vollzogen.

3. Erste Ergebnisse

Der Wert des Reengineeering-Projekts ist heute offensichtlich. Das Ergebnis konnte von einem Verlust zu Beginn des Projekts (1991) in einen soliden Gewinn verwandelt werden, der 1993 nur knapp die höchste jemals erzielte Marke verfehlte. BALLY wird wegen noch anfallender Restrukturierungsko-

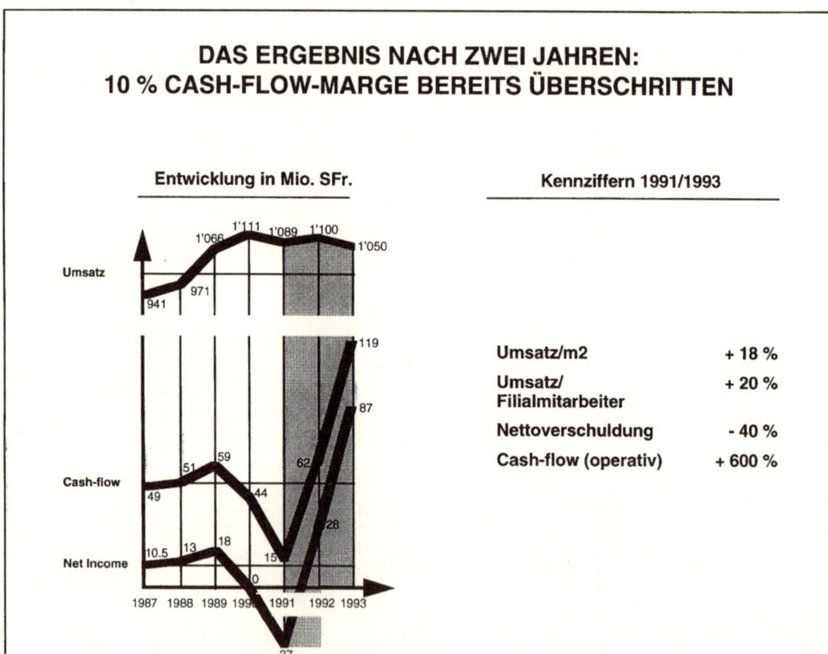

Abbildung 6: Erste Ergebnisse

sten eine Cash-flow-Marge von 10 % und eine Umsatzrendite von 4 % erzielen. Dabei konnte der Umsatz pro qm Verkaufsfläche um 18 %, der Umsatz pro Filialmitarbeiter um 20 % gesteigert werden. Dem Kunden präsentiert sich BALLY im neuen Erscheinungsbild mit einer klaren Sortimentsstruktur, bei der Schuhe jederzeit in der gewünschten Größe und Farbe verfügbar sind. Durch umfassendes Reengineering haben wir die wichtigsten Prozesse bei BALLY auf Weltklasse-Niveau gebracht und so die Basis für eine gezielte Expansion in den nächsten Jahren gelegt.

Finanzdienstleistungen prozeßorientiert gestalten
Der Ansatz der Bayerischen Landesbank

Werner Strohmayr, Claudia Schwarzmaier

1. Das Profil der Bayerischen Landesbank

1.1 Fakten, die für sich sprechen

Die Bayerische Landesbank ist die zweitgrößte öffentlich-rechtliche Bank in Deutschland. Sie entstand 1972 durch die Fusion der Bayerischen Gemeindebank mit der Bayerischen Landesbodenkreditanstalt. Für die 114 bayerischen Sparkassen fungiert sie als Zentralbank (Girozentrale). In Zusammenarbeit mit den bayerischen Sparkassen, der Landesbausparkasse (LBS) und der Bayern-Versicherung bietet die Bayerische Landesbank ein umfassendes Spektrum an Finanzdienstleistungen an.

Über Branchengrenzen hinaus ist häufig nicht bekannt, daß die Bayerische Landesbank zu den größten Universalbanken in Deutschland gehört. Im Kreis der 500 größten deutschen Banken nimmt sie den 7. Rang unmittelbar nach der Bayerischen Hypotheken- und Wechselbank ein. Ein ähnliches Bild zeigt sich bei der Einstufung der Bank in die Kategorie der internationalen AAA-Elitebanken. Nach der Einstufung durch die Standard & Poor's Rating Group (S & P) und der Moody's Investor Services befindet sich die Bayerische Landesbank gemeinsam mit der Deutschen Bank in der Gruppe mit »Rank 1« an fünfter Position.

Die Bayerische Landesbank ist eine Bank internationalen Zuschnitts. Sie ist an sämtlichen wichtigen Finanzplätzen der Welt durch Stützpunkte vertreten und wird für sämtliche Kundengruppen tätig.

Die Konzernbilanzsumme belief sich 1993 auf 260 Mrd. DM. Umgerechnet auf die im Konzern beschäftigten 5200 Mitarbeiter ergibt dies einen Anteil von 50 Mio. DM je Mitarbeiter. Noch interessanter, vor allem im Zusammenhang mit der Themenstellung, ist das enorm gestiegene Einlagenvolumen. Die Summe aller Einlagen bei der Bank, also die Gesamtverbindlichkeiten, nahm gegenüber dem Vorjahr um 25 % auf 131 Mrd. DM zu. Zum Vergleich: 1989 betrug die Summe aller Einlagen erst rd. 60 Mrd. DM.

1.2 Eine Bank ihrer Zeit voraus

Das Management der Bayerischen Landesbank beschäftigte sich mit dem Thema der Prozeßorientierung schon zu einer Zeit, als davon noch nicht allgemein die Rede war. Bereits 1990 wurde ein Konzept für eine prozeßorientierte Leistungsanalyse entwickelt. Analog zur heutigen Ausgangslage war zum damaligen Zeitpunkt der ausschlaggebende Faktor für die Beschäftigung mit diesem Thema die rechtzeitige Weichenstellung für die Zukunft. Denn gerade in Zeiten, in denen es einem Unternehmen besonders gut geht, ist genügend Handlungsspielraum vorhanden, um ohne schmerzliche Einschnitte einen Übergang in eine zukunftsorientierte Ausrichtung zu finden. Aus diesem Grund erfolgte in der Bayerischen Landesbank 1991 u. a. eine kundenorientierte Umstrukturierung mit der Schaffung von kundengruppenorientierten Profit-Centern, die u. a. durch einen starken Geld- und Devisenhandelsbereich und einen Wertpapierhandelsbereich unterstützt werden.

Auf der Basis der zwischenzeitlich gewonnenen Erfahrungen mit prozeßorientierten Untersuchungen wurde die Methode schließlich 1993, gemeinsam mit externen Beratungsfirmen, weiterentwickelt und angewandt. Dabei standen vor allem die noch stärkere Betrachtung der Kundenproblematik und die Einbindung der Datenverarbeitung im Mittelpunkt. Die Notwendigkeit der Einbindung der Datenverarbeitung ergab sich aus der Erkenntnis, daß Optimierungsansätze zum Teil zu kurz greifen, wenn die Ergebnisse nicht gleichzeitig eine entsprechende Grundlage für die DV-mäßige Umsetzung bilden. Auch die Berücksichtigung neuer kommunikations- und informationstechnischer Möglichkeiten bietet neue Ansätze, um den Prozeß noch stärker am Kunden zu orientieren.

Unserer Auffassung nach macht insbesondere die Definition und Abgrenzung von Prozessen den meisten Planern und Managern die größten Probleme. Wir wollen daher kurz erläutern, was wir unter dem Begriff »Prozeß« verstehen. Grundsätzlich unterscheiden wir zwischen den eigentlichen *Wertschöpfungsprozessen* zur Erstellung der Bankprodukte und -dienstleistungen und den sie *unterstützenden Prozessen.* Analog zum Fertigungsbereich kann die Prozeßanalyse auch in einem Finanzdienstleistungsbetrieb an den »Produkten« ansetzen. Komplizierter wird die Betrachtung selbstverständlich dadurch, daß während des gesamten Prozesses nicht materielle Fertigungsteile im Mittelpunkt stehen, sondern hauptsächlich Informationen und Daten. Ebenso läßt sich das Endergebnis des Prozesses, das Bankprodukt bzw. die Dienstleistung, nur durch die Beschreibung seiner Bestandteile oder Leistungsmerkmale konkret erfassen. Doch die Grundphilosophie bei der Betrachtung von Wertschöpfungsprozessen gilt auch für einen Finanzdienstleister. Auch bei einer Bank ist der Kunde Auslöser und Ausgangspunkt des Prozesses, und die Betrachtung erfolgt funktionsübergreifend entlang des horizontalen Flusses durch das Unternehmen. Unter einem *Wertschöpfungsprozeß* verstehen wir deshalb die Gesamtheit aller Aktivitäten, die notwendig sind, um unseren Kunden unsere Produkte und Dienstleistungen bereitstellen zu können.

Bei der Betrachtung der Prozesse beziehen wir im übrigen den gesamten Lebenszyklus mit ein, von der ersten Kontaktaufnahme mit dem Kunden beispielsweise bei einer Kreditanfrage bis zur endgültigen Abwicklung. Bei der Kreditanfrage für einen Wohnungsbaukredit bedeutet dies, daß der Prozeß mit dem Kundenwunsch nach einer Finanzierung seiner Immobilie beginnt, sich über die Akquisition dieses Kunden, den Geschäftsabschluß und die Kreditauszahlung fortsetzt und mit der endgültigen Tilgung des Kredits durch den Kunden endet.

2. Das einzig Konstante ist der Wandel

Wie jedes Unternehmen, so sieht sich auch die Bayerische Landesbank einem ständigen Wandel ausgesetzt. Die Rahmenbedingungen verändern sich immer schneller, und auch das Kundenverhalten wandelt sich. Im konkreten Fall, den wir beschreiben wollen, dem »klassischen Geldhandel«, veranlaßten uns verschiedene Faktoren dazu, eine prozeßorientierte Reorganisation einzuleiten.

Dabei setzten wir den Begriff »klassischer Geldhandel« mit der Anlage von Termin- und Eurogeldern gleich.

Warum haben wir den Prozeß »klassischer Geldhandel« ausgewählt? Ausschlaggebend war ein enormer Anstieg des Anlagevolumens, der mit dem herkömmlichen Prozeß nicht mehr zu bewältigen war. Ausgelöst wurde dieser starke Anstieg u. a. durch die Renditen in diesem Bereich. Aufgrund der inversen Zinsstruktur der letzten Jahre lag die Rendite im Termingeldbereich über der Rendite von festverzinslichen Wertpapieren. (Vgl. zur Entwicklung des Termingeldbestandes inländischer Privatpersonen Abbildung 1.) Der An-

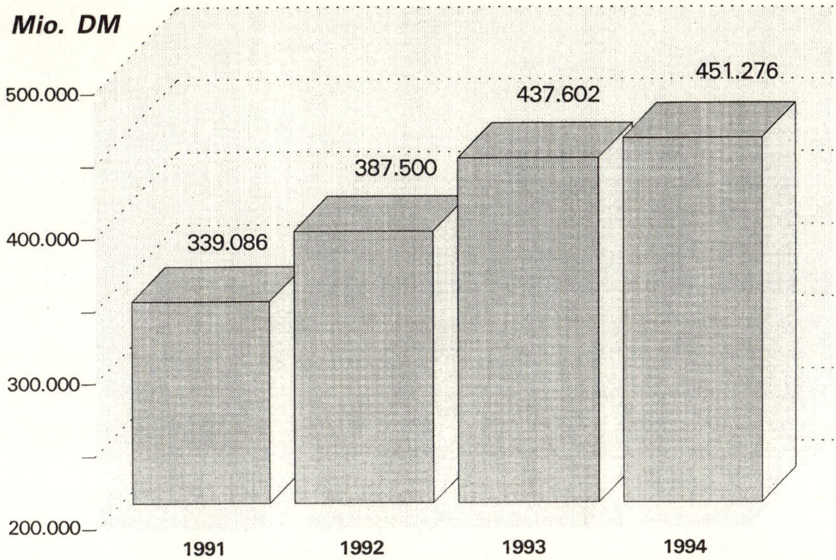

Abbildung 1: Termingeldbestand inländischer Privatpersonen.
Quelle: Bundesbankbericht Mai 1994

stieg wurde noch dadurch verschärft, daß auch Unternehmen sich insbesondere im Eurogeldmarkt verstärkt engagierten.

Diese Situation führte zu einem wachsenden Handlungsdruck. Die über viele Jahre hinweg entstandene Datenverarbeitungs-Struktur mit teilweise überalterten Systemen konnte den Zuwachs nur unzureichend bewältigen. Mängel, die bereits früher auftauchten, aber aufgrund anderer Prioritäten nur in Teilbereichen beseitigt werden konnten, kamen nun verstärkt ans Licht. Es zeigte sich immer mehr, daß die früher funktionsorientiert ausgerichteten Einzellösungen und die sehr stark auf den jeweiligen Fachbereich zugeschnittenen spezifischen Insellösungen zu erheblichen Schnittstellenproblemen führten. Diese Bedingungen beschworen die Gefahr einer Verschlechterung der Kundenbetreuung herauf. Von den Fachbereichen wurde deshalb immer deutlicher der Wunsch nach einer Verbesserung der Situation geäußert. Die einzelnen Bereiche erkannten, wenn auch mit unterschiedlicher Intensität, daß nur durch eine Gesamtbetrachtung der Problemstellung grundlegende Abhilfe geschaffen werden konnte.

Natürlich spielten als weiterer Faktor auch die Abwicklungskosten als Wettbewerbsgesichtspunkt eine gewichtige Rolle. Um bei den Konditionen auch in Zukunft im oberen Drittel der Anbieter zu liegen und um diese Position noch zu verbessern, mußten die Kosten für die Prozesse und unsere Dienstleistungsprodukte gesenkt werden.

Insgesamt sollten durch die prozeßorientierte Reorganisation folgende Ziele erreicht werden:

- Stärkere Ausrichtung der »klassischen Geldhandelsprozesse« auf den Kundenbedarf;
- erhebliche Kosteneinsparungen in den Abwicklungsprozessen;
- Entschlackung und Neugestaltung der nicht mehr zeitgerechten Datenverarbeitungs-Struktur;
- Schaffung einer Grundlage zur permanenten Steuerung und Verbesserung der Prozesse.

3. Der Weg in der Praxis

3.1 Das Projektteam – ein wichtiger Erfolgsfaktor

Aufgrund des starken Handlungsdrucks wurde der Zeitrahmen für die prozeßorientierte Reorganisation auf ein halbes Jahr angesetzt. Startpunkt war im Juni 1993, die Abschlußpräsentation erfolgte im Dezember des gleichen Jahres. Wichtig war uns, möglichst sämtliche Prozeßbeteiligten einzubinden. Aus diesem Grund wurden die Leiter der wichtigsten, am Prozeß beteiligten Organisationseinheiten in ein Lenkungsgremium integriert.

Das Projektteam selbst setzte sich zusammen aus einem Kernteam – bestehend aus drei Organisatoren mit Erfahrungen auf dem Gebiet der Prozeßanalyse aus der Organisationseinheit »Organisationsentwicklung und -beratung«, die auch den Projektleiter stellte – und den diesem Team zugeordneten Ansprechpartnern aus der Anwendungsentwicklung und den Fachbereichen. Gerade die Einbindung der Anwendungsentwicklung war im Hinblick auf die in diesem Bereich bereits angedachten DV-Projekte von großer Bedeutung.

Wie auch immer die konkrete Ausgestaltung der Projektorganisation erfolgt, unsere Erfahrungen haben gezeigt: Wichtig ist nicht nur die Sicherstellung einer fachbereichsübergreifenden Sichtweise, sondern auch die Bereitung eines fruchtbaren Bodens für neue kreative Lösungen. Je nach dem Hintergrund der Beteiligten besteht grundsätzlich die Gefahr, bereits zu früh in DV-Lösungen oder zu einseitig in nur für einen Fachbereich gültigen Lösungen zu denken. Damit wäre dann die völlige Neugestaltung des Prozesses und das Aufzeigen von neuen Wegen nicht mehr im vollen Umfang möglich. Vor dieser Gefahr ist natürlich auch das beste Team nicht ganz geschützt, denn immerhin geht es darum, bestehende Denkgewohnheiten zu überwinden.

3.2 Wie lautet unser Rezept?

3.2.1 Die Anleitung

Ein hundertprozentiges »Kochrezept« für das optimale Gelingen von Prozeßoptimierungen bzw. von Prozeß-Redesign gibt es u. E. wohl nicht. Zu viele Faktoren beeinflussen die realen Arbeitsprozesse wie auch die Projektarbeit. Die von uns entwickelte Methode versucht, den besonderen Bedingungen unseres Hauses gerecht zu werden und gibt daher nur einen groben Handlungsleitfaden vor. Insgesamt kann man das ideale Vorgehen als klassische Top-down-Vorgehensweise beschreiben. Folgende Arbeitsschritte sind aus unserer Sicht hervorzuheben:

- Kundenanforderungen und -wünsche analysieren;
- strategische Vorgaben klären;
- Zielrahmen abstecken;
- grobe Prozeßabgrenzung vornehmen;
- einen Prozeßverantwortlichen gewinnen;
- Ist-Darstellung in grober Form erarbeiten;
- Prozeßvision entwickeln;
- Sollkonzept und Umsetzungsplan entwerfen.

3.2.2 Die Kundenwünsche

Im Prozeß »Klassischer Geldhandel« war die Klärung der Kundenanforderungen und der Kundenwünsche relativ unproblematisch. Es ergab sich folgendes Anforderungsprofil an die von der Bank angebotenen Produkte und Dienstleistungen in diesem Bereich:

- Gute Konditionen,
- effiziente Beratung,
- schnelle, unbürokratische Abwicklung,
- hohe Qualität (insbesondere fehlerfreie und übersichtliche Bestätigungen usw.),
- flexible Handhabung z. B. von Sonderwünschen, Teilrückzahlungen.

Auf diese Weise wurde das primäre Ziel der Prozeßoptimierung – eine stärkere Ausrichtung der Prozesse auf den Kundenbedarf – konkretisiert. Unter

Berücksichtigung der strategischen Ausrichtung der Bayerischen Landesbank ergab sich daraus für das Management und das Projektteam ein grober Zielrahmen.

3.2.3 Der Überblick ist entscheidend

Die Schaffung eines klaren Überblicks über die zu bewältigenden Aufgaben und über sämtliche am Prozeß beteiligten Organisationseinheiten sowie die Klärung der zugehörigen Produktkombinationen als Ergebnis der betrachteten Prozesse sind wesentliche Bausteine unserer Vorgehensweise. Wir bezeichnen diese Bausteine auch als *Prozeßabgrenzung* und *Prozeßgliederung*, wobei wir zwischen einer groben Darstellung und einer Feinanalyse unterscheiden.

Grundsätzlich wird eine Prozeßabgrenzung bei jedem erstmalig zu untersuchenden Prozeß durchgeführt, um eine möglichst hohe Flexibilität und enge Kundenausrichtung sicherzustellen.

Durch eine erste Prozeßabgrenzung wird intern für sämtliche Beteiligten die notwendige Transparenz geschaffen. Aufgrund von Erfahrungen aus früheren Projekten wußte das Projektteam, wie wichtig die Einigkeit der Beteiligten darüber ist, welche Aufgaben in welcher Detaillierungstiefe, welche Organisationseinheiten und welche Produkte betrachtet werden sollen. Die Frage danach, was zum Prozeß gehört und welche Teile ausgeklammert werden sollen, mußte eingangs so weit wie möglich geklärt werden.

Gerade durch die möglichst komplette Erfassung und Betrachtung der gesamten Wertschöpfungskette, ausgehend von der Kundenanfrage nach Leistungen unserer Bank bis hin zur endgültigen Erfüllung des Kundenwunsches, kann der zu betrachtende Bereich beziehungsweise Prozeß sehr groß werden. Die damit einhergehende Komplexität ist jedoch gegen die Nachteile einer verkürzenden Betrachtung von Teilbereichen, die die Gefahr suboptimaler Lösungen mit sich bringt, abzuwägen.

Im konkreten Untersuchungsbereich des »klassischen Geldhandels« bedeutete dies eine Prozeßabgrenzung, die die Akquisition und Beratung des Kunden über den Geschäftsabschluß, die Abwicklung des Geschäftes und die letzte Abstimmung und Kontrolle umfaßt. Bei Prolongationen und Teilrückzahlungen wird dieser Zyklus teilweise wiederholt. Die direkte Kundenbeziehung wird erst mit der endgültigen Rückzahlung der Einlage an den Kunden abgeschlossen. Die einzelnen Bestandteile des Prozesses können als oberste Aufgabenebene betrachtet werden, die in der späteren Ist- und Soll-Konzeption noch entsprechend verfeinert wird. Die Prozeßkette für den »klassischen Geldhandel« ist in Abbildung 2 dargestellt.

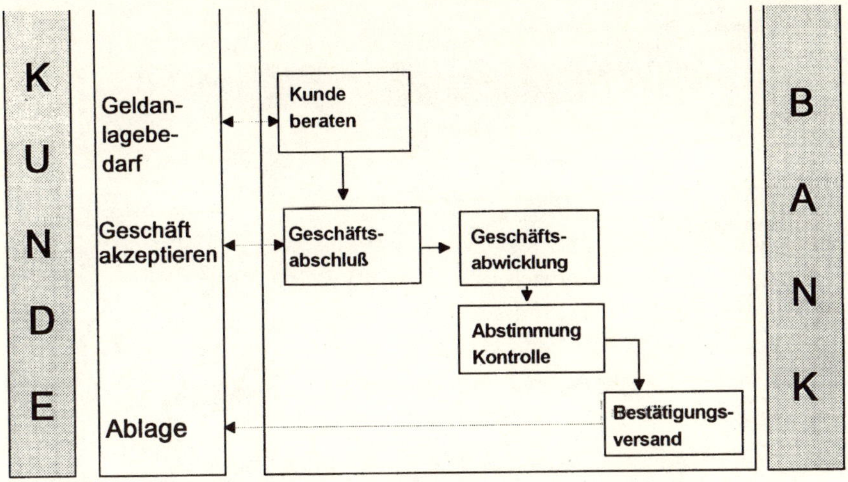

Abbildung 2: Die Prozeßkette für den »Klassischen Geldhandel«

Im Zuge der Klärung, welche Stellen bzw. Organisationseinheiten an dem Prozeß beteiligt sind, ergibt sich u. a. die Frage, an welchen organisatorischen Stellen der Kundenwunsch »eintreffen« kann und welche Organisationseinheiten aktiv Akquisition betreiben sollen. Unter Einbeziehung der acht inländischen Niederlassungen ergaben sich in dem untersuchten Prozeß allein zwanzig »Eingangskanäle«. Diese Zahl macht deutlich, mit welcher Prozeßkomplexität sich das Projektteam auseinandersetzen mußte. Doch nicht nur der Front-Office-Bereich als der das Geschäft tätigende Bereich gehörte zu den involvierten Organisationseinheiten, sondern auch das sogenannte Back-Office. Dabei zählen wir zu diesem Back-Office nicht nur die das Geschäft abwickelnden und verbuchenden Bereiche, sondern auch Bereiche wie das Postwesen und das Rechenzentrum. Die sonstigen den Wertschöpfungsprozeß unterstützenden Bereiche, wie das gesamte Personalwesen oder das Rechnungswesen, werden in eigenen Analysen betrachtet und wurden nicht in die Untersuchung einbezogen (vgl. auch Abbildung 3).

Selbstverständlich war der Grad der Integration der einzelnen Organisationseinheiten in die Analyse und das Redesign des Prozesses sehr unterschiedlich. Doch allein das Aufzeigen der beteiligten Bereiche führte den einzelnen Fachbereichen die Gesamtkomplexität des Prozesses vor Augen und förderte ein besseres Verständnis für vor- und nachgelagerte Tätigkeiten und Funktionen.

Die Klärung der Begriffe und der möglichen Kunden-Produkt-Kombinationen war ein weiterer Faktor auf dem Weg zur Schaffung einer größeren

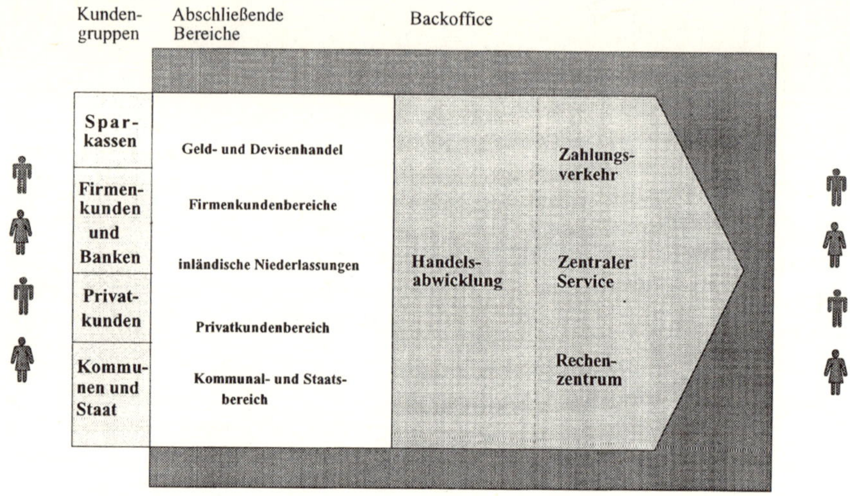

Abbildung 3: Die am Prozeß beteiligten Organisationseinheiten

Prozeßtransparenz. Folgende Produkte und Kundengruppen sind beliebig miteinander kombinierbar:

Produkte
- Euroanlagen
- Overnightgeschäfte
- Termingeldanlagen in DM und Währung

Kundengruppen
- Firmenkunden
- Privatkunden
- Sparkassen
- Kommunen/Staat/Banken

3.2.4 Die prägende Rolle des Prozeßverantwortlichen

Von besonderer Bedeutung für die gesamte Vorgehensweise war die Gewinnung eines Prozeßverantwortlichen, der nicht nur das Projektteam während der Analyse und Optimierungsphase begleiten, sondern diese Funktion auch in der Zukunft beibehalten sollte. Gemeinsam mit dem Prozeßverantwortlichen wurde auch das Soll-Konzept entwickelt, und er war bzw. ist in die gesamte Umsetzungsphase einbezogen.

Die Notwendigkeit zur Benennung eines Prozeßverantwortlichen wurde auch in unserem Projekt deutlich. Erstaunlicherweise entwickelte sich innerhalb des Projektteams der Bedarf nach dieser Funktion fast wie von selbst, da sich aus dem die Organisationseinheiten übergreifenden Prozeßverlauf ein erhöhter Koordinierungs- und Kommunikationsbedarf ergab. Darüber hinaus war es wichtig, auch für die Zukunft einen Verantwortlichen zu gewinnen, der den Prozeß laufend steuern und weiter verbessern kann.

Anfänglich war noch Überzeugungsarbeit nötig, um dem benannten Prozeßverantwortlichen Befürchtungen hinsichtlich einer zusätzlichen Arbeitsbelastung zu nehmen. Darüber hinaus war eine so übergreifende Funktion aufgrund der Aufteilung unseres Hauses in selbständige Profit-Center nicht sofort einsichtig. Je stärker der Prozeßverantwortliche allerdings in die Vorgehensweise eingebunden wurde, um so deutlicher erkannte er zusammen mit den Prozeßbeteiligten die Vorteile, die eine Optimierung des Prozesses durch eine Verbesserung der Arbeitssituation mit sich bringt. Informationen, die er bereits früher immer schon benötigt hätte, aber auf die er aufgrund der Egoismen der bestehenden Organisationseinheiten bislang nicht im erforderlichen Umfang zugreifen konnte, standen ihm durch die übergreifende Sicht nun zur Verfügung. Diese Informationen sind jetzt dem Zugriff aller am Prozeß beteiligten Bereiche offen. Der Prozeßverantwortliche übernimmt eine Leaderfunktion. Seine Hauptaufgaben können mit vier Schlagworten umschrieben werden:

- Information,
- Kommunikation,
- Koordination und Steuerung,
- permanente Verbesserung.

Gerade die kontinuierliche Steuerung und Optimierung des Prozesses, z. B. durch die regelmäßige Messung der Prozeßqualität anhand von konkreten Kennzahlen, ist eine der wesentlichsten Aufgaben des Prozeßverantwortlichen.

3.2.5 Ohne Analyse der Ist-Situation kein Soll-Konzept

Es gibt im Bereich des Redesign sehr heftige Debatten darüber, ob man die Ist-Situation noch betrachten und erfassen soll oder ob eine ausschließliche Konzeption des Soll-Zustandes nicht besser wäre. Um der Gefahr aus dem Weg zu gehen, ein Soll-Konzept zu erstellen, das de facto lediglich den bestenfalls leicht abgewandelten Ist-Zustand wiedergibt, und somit ein bereits existierendes Rad neu zu erfinden, wurde bei dem Projekt auch der Ist-Zustand betrachtet.

Die Ist-Erhebung erfolgte in einem Zeitraum von zweieinhalb Monaten. Mit Hilfe von Workshops, Interviews und schriftlichen Erhebungen wurden die notwendigen Informationen erhoben, wobei in der Interviewphase auf einen im Team entwickelten, standardisierten Fragenkatalog zurückgegriffen wurde. Zu den erhobenen Informationen gehörten der konkrete Ablauf in den einzelnen Bereichen, der ständige Leistungsaustausch mit den Kunden sowie Mengen- und Zeitangaben. Mit Hilfe des Fragenkatalogs wurden aber auch Hinweise auf die Art der zur Durchführung von einzelnen Aufgaben benötigten Informationen und Daten und die Form, in der diese Informationen zur Verfügung stehen, gewonnen. Die den Ist-Prozeß unterstützenden, bestehenden DV-Systeme wurden ebenfalls erhoben. Im übrigen beanspruchte gerade die Erhebung der DV-Systeme mehr Zeit als ursprünglich angenommen. Aufgrund der Spezialisierung in der Anwendungsentwicklung und der Komplexität der Systeme mit ihren Vernetzungen mußten u. a. zeitaufwendige Interviews geführt werden.

Es zeigte sich rasch, welche Schwachstellen den alten Prozeß kennzeichneten:

- Den akquirierenden Mitarbeitern bzw. Bereichen stand zwar eine Vielzahl von Informationssystemen zur Verfügung, doch sie enthielten teilweise nicht alle benötigten Marktdaten.
- Fünf verschiedene Transportmedien (Fax, Rohrpost, internes Kommunikationssystem, Datenleitung, Hauspost) mit einer Fülle von manuellen Tätigkeiten und Medienbrüchen prägten das Bild. Dies führte u. a. zu Mehrfacherfassungen und dadurch zu einer erhöhten Fehleranfälligkeit.
- Im Prinzip gleiche »Produkte« wurden in der Abwicklung unterschiedlich behandelt.
- Unterschiedliche Software -und Hardwaresysteme und bezüglich der Organisationseinheiten spezifische Insellösungen waren im Einsatz.
- Es erfolgte keine einheitliche Benachrichtigung an den Kunden.

Diese Faktoren führten insgesamt zu einer suboptimalen Qualität des Prozesses, zu überhöhten Kosten und einer zu langen Bearbeitungsdauer.

Diese Aufstellung liest sich wie eine Aufzählung der gängigen Probleme. Dennoch bot gerade die Fülle von Detailinformationen dem Projektteam vor allem einen Einblick in die Komplexität der Zusammenhänge. Darüber hinaus zeigte sie die Relevanz der für die DV wichtigen Informationen auf.

Das vom Projektteam gemeinsam mit den Fachbereichen, der Anwendungsentwicklung und vor allem mit dem Prozeßverantwortlichen auf der Basis von interdisiziplinären Workshops und Einzelinterviews konzipierte Soll-Konzept ist, bedingt durch die gerade im technischen Bereich liegenden Schwachstellen, vorwiegend technisch orientiert. Es ist durch folgende Merkmale gekennzeichnet:

- Nur noch *ein* Erfassungsystem mit automatischen Prüfroutinen, dezentral für sämtliche abschließenden Bereiche und für sämtliche Produkte, mit der Bereitstellung der relevanten Informationen.
- Automatische Weiterleitung in ein Handelssystem.
- Ebenfalls automatische Weiterleitung in ein einheitliches Abwicklungssystem, das sämtliche Meldeprogramme und Buchungsprogramme bedient.
- Darüber hinaus wird unter Leitung des Prozeßverantwortlichen mit den am Prozeß beteiligten Bereichen permanent an organisatorischen und personalqualifikatorischen Verbesserungen weitergearbeitet.

3.3 Ergebnisse, die die Richtung weisen

Das Projekt ist aus unserer Sicht durchaus erfolgreich verlaufen. Nach der endgültigen Umsetzung des vorgeschlagenen Soll-Konzeptes erwarten wir die folgenden Ergebnisse:

- Einheitliches Erscheinungsbild der Bank;
- einen einzigen Ansprechpartner für den Kunden von der Beratung bis zur Abwicklung;
- Steigerung der Beratungsqualität durch Zugang der Berater zu verbesserten Informationssystemen;
- bessere Qualität durch Verringerung der Fehlerquellen mittels Vermeidung manueller Eingriffe;
- Kosteneinsparungen von durchschnittlich 25 %;
- Reduzierung der Bearbeitungszeiten, vor allem im Abwicklungsbereich um bis zu 50 %, durch Wegfall einer Vielzahl manueller Tätigkeiten;
- Reduzierung von acht verschiedenen Geschäftserfassungsarten auf zwei;
- massive Verringerung von Wege- und Liegezeiten;
- weitgehende Automatisierung von ehemaligen Medienbrüchen.

4. Fazit

Die Analyse und Optimierung von Geschäftsprozessen kann selbst als ein sich ständig weiterentwickelnder Prozeß betrachtet werden. Die Gestaltung von ganzheitlichen Prozessen erfordert zwar einerseits mehr Zeit als schnelle inkrementelle Ablaufoptimierungen, und die Ergebnisse wirken sich in der Regel erst langfristig aus, doch andererseits lassen sich so suboptimale Lösungen und ein Rückfall in alte Strukturen und Gewohnheiten vermeiden.

Neben den quantifizierbaren Erfolgen, die durch solche Redesign-Projekte in unserem Haus erreicht werden, tragen vor allem auch viele nicht quantifizierbare Effekte zu einem positiven Gesamtbild bei. So konnte durch die Workshops mit Vertretern aus sämtlichen am Prozeß beteiligten Organisationseinheiten das gegenseitige Verständnis sehr stark gefördert werden. Dies dürfte sich auf die zukünftige Zusammenarbeit sehr positiv auswirken. Die harten Problemstellungen innerhalb des Prozesses konnten effizient und nachhaltig nur im Rahmen dieses großen Kreises gelöst werden. Lösungen, die nur von wenigen Beteiligten sozusagen »im stillen Kämmerlein« konzipiert wurden, stießen dagegen vielfach auf Ablehnung oder führten zu suboptimalen Ergebnissen.

Ein nicht zu unterschätzender Faktor ist unseres Erachtens jedoch der ständig präsente Zeitdruck, gerade bei akuten Problemstellungen, der in der Praxis oft zu Abstrichen vom eigentlich Notwendigen führt. Obwohl die Ergebnisse, die durch das aufgezeigte Projekt erzielt wurden, in die richtige Richtung weisen, sind aus unserer Sicht in Zukunft noch bessere Resultate möglich, wenn die Erarbeitung einer Prozeßvision trotz des omnipräsenten Zeit- und Lösungsdruckes nicht vernachlässigt wird. Denn gerade in dieser Phase geht es darum, völlig neue Möglichkeiten zur Erfüllung der Kundenwünsche sowie weitere Geschäftspotentiale aufzudecken. Wir alle wissen, daß Visionen nicht per Knopfdruck erzeugt werden können, und unsere bisherigen Erfahrungen haben gezeigt, wie schwierig es ist, sich von tradierten Denkschemata zu lösen. Ein geeigneter Rahmen und Kreativitätstechniken sind wichtige Voraussetzungen, die wir in zukünftigen Projekten gezielter einsetzen wollen. Die größte Gefahr im Rahmen von Projekten zur prozeßorientierten Reorganisation stellen u. E. schnelle Sofortlösungen dar. Aufgrund von informellen Kontakten und durch einzelne Meinungsträger werden zu rasch Kompromisse durchgesetzt und fertige Lösungen präsentiert. Diese »Patentlösungen« verhindern jedoch oft grundlegendere Problemlösungen und sind teilweise schwer umsetzbar.

In den Bereich der verführerischen »Patentlösungen« fällt auch das Denken in DV-Lösungen. Obwohl gerade im aufgezeigten Fall das Soll-Konzept sehr stark technisch geprägt war, ist es im Gegensatz zu den im Vorfeld bereits angedachten, schnellen Insellösungen durch die Schaffung einer konzernweiten Basis gekennzeichnet.

Grundsätzlich erfordert prozeßorientiertes Denken einen tiefgreifenden Umdenkungsprozeß bei der Anwendungsentwicklung. Durch die hohen Kosten und die weitreichenden Auswirkungen der DV-technischen Lösungen nahm der Informatikbereich bisher eine Sonderstellung ein. Auch die Fachbereiche waren es gewöhnt, Probleme vor allem durch den schnellen Einsatz eines Softwareprogramms zu lösen. Das eigentlich revolutionäre an Redesign-Projekten ist u. E. in der Umkehrung der Reihenfolge zu sehen. Zuerst wird der Gesamtprozeß über sämtliche betroffenen Organisationseinheiten betrachtet und optimiert, dann erst erfolgt die Umsetzung durch einzelne DV-Projekte. Daraus ergibt sich gerade in der Umsetzungsphase von Redesign-Projekten die Notwendigkeit der Koordinierung der einzelnen Teilprojekte. Die Koordinierungsfunktion ist ein erfolgsbestimmender Faktor, denn ohne sie besteht die Gefahr eines Abdriftens der einzelnen Projekte von den Ursprungsideen des Soll-Konzeptes. Gerade bei der konkreten Realisierung tauchen in der Praxis Probleme auf, die in der Konzeptionsphase noch nicht erkennbar waren. Die Lösung dieser Probleme darf aber nicht zu einer »Aufweichung« des Soll-Konzeptes führen.

Eine ganzheitliche Betrachtung von bereichsübergreifenden Prozessen macht sich bezahlt, dies haben unsere bisherigen Erfahrungen gezeigt. Allerdings sollte man von Redesign-Projekten keine Wunder erwarten, denn wirklich tiefgreifende und dauerhafte Erfolge werden sich erst dann einstellen, wenn bei sämtlichen Beteiligten der dafür notwendige Umdenkungsprozeß erfolgt ist. Ein Umdenkungsprozeß, der Zeit benötigt, genauso wie die Projekte selbst.

Ein weiterer wichtiger Faktor erfolgreicher Reorganisations-Projekte ist die Einbindung des Topmanagements. Schließlich hat sich auch gezeigt, daß es richtig war, eine eigene, auf das Haus abgestimmte Methode zu entwickeln und zunächst Erfahrungen in kleineren Projekten zu sammeln.

Um auch in Zukunft mit den Größten der Branche weltweit konkurrieren zu können, werden wir weitere Prozesse gezielt analysieren und vor allem im Hinblick auf die erfolgsbestimmenden Faktoren wie Zeit, Kosten und Qualität optimieren.

Bosch-Siemens Hausgeräte GmbH

Restrukturierung zur Stärkung der Wettbewerbsfähigkeit

Herbert Wörner

Die ständige Anpassung der Aufbau- und Ablauforganisation eines Unternehmens an veränderte Rahmenbedingungen ist eine unabdingbare Voraussetzung für den dauerhaften Erfolg im internationalen Wettbewerb.

Die Anbieter Weißer Ware werden seit den 80er Jahren mit dynamischen Herausforderungen konfrontiert: Die Entstehung des europäischen Binnenmarktes, die zunehmende Kooperation unter den Anbietern, der Markteintritt neuer, aggressiver Wettbewerber und die zum Teil dramatischen Strukturverschiebungen in der Handelslandschaft haben den Wettbewerb verschärft. Schnelligkeit, Flexibilität und Kostenmanagement gewinnen daher als Wettbewerbsfaktoren immer mehr an Bedeutung.

Mit dem Ziel, in allen Wertschöpfungsstufen effizienter, d. h. schneller und kostengünstiger zu werden, hat die Bosch-Siemens Hausgeräte GmbH (»BSHG«) 1993 eine grundlegende Restrukturierung des gesamten Unternehmens durchgeführt.

Im folgenden werden zunächst die BSHG und ihre Positionierung im Wettbewerbsumfeld vorgestellt. Im Anschluß daran werden die veränderten externen Rahmenbedingungen und Determinanten der Hausgeräteindustrie analysiert, die eine grundlegende Neuausrichtung unserer Organisationsstruktur erforderten. Abschnitt 3 erläutert die bisherige organisatorische Funktionsweise und zeigt den strukturellen Handlungsbedarf auf. Abschnitt 4 beschreibt die Vorgehensweise der internen Projektteams und geht auf wichtige Meilensteine und konkrete Problemfelder bei der Umsetzung näher ein. Der Beitrag schließt mit einer kritischen Würdigung hinsichtlich der Leistungsfähigkeit prozeßorientierter Organisationsgestaltung.

1. Die BSHG: ein führendes Unternehmen der europäischen Hausgeräteindustrie

Die BSHG als einer der bedeutendsten Anbieter von Weißer Ware ist eine gemeinsame Tochtergesellschaft der Robert Bosch GmbH und der Siemens AG.

Bereits im Jahr 1965 begründeten die Robert Bosch GmbH und die Siemens AG eine Interessengemeinschaft für die technische, wirtschaftliche und organisatorische Zusammenarbeit im Bereich Konsumgüter. Auch wenn dieser erste Vertrag schon längst seinen Weg in die Archive gefunden hat, so zeichnet sich seine Präambel dennoch heute noch durch ein hohes Maß an Aktualität und visionärer Kraft aus:

»Der europäische Markt erfordert Unternehmen europäischen Ausmaßes. Die Zusammenfassung der technischen und kommerziellen Kräfte und Leistungen der beiderseitigen Konsumgüterbereiche wird die Wettbewerbskraft der zusammengefaßten Bereiche wesentlich erhöhen«.

Der Mut und die unternehmerische Weitsicht unserer Stammhäuser, sich auf dem Höhepunkt des deutschen Wirtschaftswunders für die Aufgabe der eigenständigen Marktbearbeitung im imageprägenden Kosumgüterbereich zu entscheiden, »weil die Zeit dafür reif war«, ist für uns bis heute Ansporn und Verpflichtung geblieben, unsere Organisationsform frühzeitig an die Erfordernisse der Wettbewerbslandschaft anzupassen.

Die erfolgreiche Gestaltung dieser »Strategischen Allianz« führte 1967 zur offiziellen Gründung der BSHG. In ihrer heutigen Form ist die BSHG-Gruppe das Ergebnis eines langjährigen Integrations- und Expansionsprozesses. Neben der Errichtung eigener Vertriebs- und Kundendienstgesellschaften in Europa wurde die geschäftliche Basis und regionale Präsenz durch die Beteiligung an dem griechischen Hausgerätehersteller Pitsos (1976), die Übernahme von Neff (1982), die Beteiligungen an den spanischen Unternehmen Balay und Safel (1988/89) und die Akquisition von Gorenje MGA (Slowenien) systematisch ausgebaut (vgl. Abbildung 1).

Aufgrund seines außerordentlich starken Wachstums ist das Unternehmen heute mit über 30 % Marktanteil Marktführer in Deutschland, Spanien, Griechenland und Österreich. Aufgrund der seit Jahren über dem Branchendurchschnitt liegenden Wachstumsraten (Branchenwachstum 1983–1993: 3,4 %, Wachstum der BSHG: 8,0 %) ist es gelungen, in den vergangenen zehn Jahren den Marktanteil in Europa von 9 % auf nunmehr rund 15 % zu steigern.

Die BSHG-Gruppe erzielte im Geschäftsjahr 1993 einen Umsatz von rund 6,7 Mrd. DM. Damit stehen wir weltweit im Weiße-Ware-Geschäft an fünfter Stelle. Mit 22 500 Mitarbeitern produzieren wir in zwölf Werken (davon

1967	Gründung der Bosch-Siemens Hausgeräte GmbH
1972	Neugründung der Betriebsführungsgesellschaften Robert Bosch Hausgeräte GmbH und Siemens-Electrogeräte GmbH
1976	Beteiligung an Pitsos S.A., Athen/Griechenland Inbetriebnahme des neuen Geschirrspülerwerkes in Dillingen
1982	Gründung der Neff GmbH, Bretten, nach Erwerb von Aktiva
1988	Beteiligung an Balay S.A., Zaragoza/Spanien
1989	Erwerb der Safel S.A., Pamplona/Spanien (heute BS Electrodomésticos S.A.)
1991	Gründung der Holding Bosch y Siemens Electrodomésticos S.A., Spanien
1992	Strategische Allianz mit der Maytag Corp., Newton / Iowa
1993	Gründung der MGA Mali Gospodinjski Aparati d.o.o., Nazarje (Slowenien) Grundsteinlegung für das neue Trocknerwerk in Nauen (Brandenburg) Einweihung des neuen Kältegerätewerks in Giengen
1994	Gründung der BSG, Hong Kong

Abbildung 1: Entwicklung der BSHG*
**Anmerkung:* Abbildungen 1 bis 5 © Bosch-Siemens-Hausgeräte GmbH

fünf in Deutschland, fünf in Spanien und je ein Werk in Slowenien und in Griechenland) rund 7 Mio. Haushaltsgroßgeräte.

Unser Produktspektrum umfaßt die gesamte Palette an elektrischen Hausgeräten. Wir fertigen und vertreiben Kühl- und Gefriergeräte, Geschirrspüler, Wäschepflegegeräte, Wärmegeräte, Bodenpflegegeräte, Kleine Hausgeräte, Warmwassergeräte sowie Klima- und Kühlaggregate. Wir sind europäischer Marktführer bei Geschirrspülern und Elektroherden. Bei den meisten der anderen Erzeugnisgebiete belegen wir – unserer generellen Marktbedeutung entsprechend – den zweiten oder dritten Platz.

Zum besseren Verständnis der Grenzen der Leistungsfähigkeit unserer alten Struktur werden im folgenden die dynamischen Veränderungsprozesse in der europäischen Hausgeräteindustrie skizziert.

2. Eine Branche im Wandel: die Markt- und Wettbewerbssituation der Weißen Ware in Europa

2.1. Marktsituation

Der Markt für Haushalts-Groß- und Kleingeräte in Westeuropa hatte 1993 ein wertmäßiges Volumen von ca. 42 Mrd. DM (zu Abgabepreisen an den Handel). Größter Einzelmarkt ist Deutschland mit einem Drittel des Marktvolumens. Mehr als zwei Drittel des Marktes konzentrieren sich auf Deutschland, Großbritannien, Frankreich, Italien und Spanien. Westeuropa ist damit vor den USA (mit ca. 33 Mrd. DM Marktvolumen) und Japan (mit ca. 25 Mrd. DM Marktvolumen) bereits heute der größte der drei Triademärkte.

In den letzten Jahren haben politische Entwicklungen die ansonsten stagnierende Weiße-Ware-Industrie deutlich an Volumen gewinnen lassen. Der europäische Einigungsprozeß und die Öffnung Osteuropas haben zudem mehr außereuropäische Wettbewerber angezogen, die die Wettbewerbslandschaft erheblich verändert haben.

2.2 Wettbewerbssituation

Das Wettbewerbsumfeld der Weiße-Ware-Branche wird insbesondere durch drei Trends nachhaltig geprägt:

1. den anhaltenden Konzentrationsprozeß,
2. die fortschreitende Internationalisierung,
3. Veränderungen in der Handelslandschaft.

Konzentrationsprozeß: Die vergangenen zehn Jahre waren gekennzeichnet durch eine große Anzahl von meist internationalen Firmenübernahmen (vgl. Abbildung 2). Die Zahl der Anbieter geht durch den anhaltenden Konzentrationsprozeß kontinuierlich zurück. In den USA und Japan decken die vier größten Hersteller bereits 92 % bzw. 75 % des Marktes ab. In Westeuropa entfallen gut 50 % auf die ersten vier Anbieter, wobei die größten Hersteller Electrolux mit 17 % Marktanteil (mit der AEG sogar über 20 %), BSHG (15 %) und Whirlpool (9 %) sind. Doch auch hier wird durch den verschärften Wettbewerb und den damit verbundenem Zwang zur Nutzung von Synergien der Konzentrationsprozeß weiter voranschreiten.

Internationalisierung: Die großen Hausgerätehersteller, insbesondere die amerikanischen Unternehmen Whirlpool und General Electric, haben in den

Jahr	Käufer	Land	Kandidat	Land
1982	BSHG Philips	D NL	Neff Bauknecht	D D
1984	Electrolux	S	Zanussi	I
1985	Electrolux	S	Zanker	D
1986	Electrolux	S	White Consolidated	USA
1987	GEC/Hotpoint	GB	TI Creda	GB
1988	BSHG Candy Maytag Whirlpool	D I USA USA	Balay Rosières Chicago Pacific/Hoover Philips/Bauknecht	E F USA NL/D
1989	BSHG Electrolux General Electric Merloni Miele	D S USA I D	Safel Buderus/Juno Hotpoint/Creda Scholtés Imperial	E D GB F D
1990	Moulinex	F	Krups	D
1991	Electrolux Thomson	S F	Lehel De Dietrich	H F
1992	Candy El.Fi El.Fi	I I I	Mayc/Otsein Blomberg/Elektra Bregenz Thomson Electroménager	E D/A F
1993/94	Electrolux	S	AEG	D

Abbildung 2: Wichtige Firmenübernahmen der letzten zehn Jahre in der Weiße-Ware-Branche

vergangenen Jahren erhebliche Anstrengungen unternommen, um weltweit auf allen Wachstumsmärkten präsent zu sein. War Europa aufgrund seiner Zersplitterung für eine homogene Marktbearbeitung lange unattraktiv, so hat sich spätestens seit der Konstitution des gemeinsamen Binnenmarktes die Attraktivität für außereuropäische Wettbewerber deutlich erhöht. Ein Engagement in Europa ist zudem interessant, weil die europäischen Hersteller produkt-, konstruktions- und entwicklungsmäßig den weltweiten Trend in unserer Branche bestimmen. Die Geschäftstätigkeit neuer Anbieter wird in einem weitgehend gesättigten Markt den Wettbewerbsdruck weiter verschärfen, da Marktanteilsgewinne nur zu Lasten der etablierten Hersteller erzielt werden können. Der Wachstumswettbewerb der vergangenen Jahre wird zum Verdrängungswettbewerb.

Handelslandschaft: Ebenso wie auf der Herstellerseite ist auch auf der Kundenseite eine anhaltende Internationalisierungs- und Konzentrationstendenz zu beobachten. In Deutschland kontrollieren beispielsweise zwei große Handelsgruppen – der Metro-Konzern und der Quelle Versand – bereits 15 bis 20 % des gesamten Weiße-Ware-Einkaufsvolumens. Auf internationalem Parkett ist die Akquisition des französischen Elektrofachmarktes Darty durch die britische Kingfisher-Gruppe als Beispiel zu nennen.

Als Folge der anhaltenden Konzentration und des Trends zur Europäisierung der Handelskonzerne in Absatz und Beschaffung wächst die Nachfragemacht des Handels beständig. Die internationale Präsenz führt zudem zu einer verstärkten Ausnutzung von Einstandspreisdifferenzen (Preisarbitrage). Als Folge ist mit einer zunehmenden Angleichung der Spannen und Marktpreise in Europa auf einem relativ niedrigen Niveau zu rechnen. Dadurch wird sich der Ergebnisdruck auf die Hersteller weiter erhöhen, die Notwendigkeit, langfristige und vor allem enge Kundenbeziehungen aufzubauen, wächst beständig.

Zusammenfassend führt die Entwicklung der Markt- und Wettbewerbssituation (Konzentration, Internationalisierung und Änderungen der Handelslandschaft) zweifellos zu einem verschärften Wettbewerb. Ein erheblicher Ergebnis- und Kostendruck auf der einen und eine gesteigerte Kundenmacht auf der anderen Seite sind die Folge. Für die BSHG bedeutet dies, alle betrieblichen Prozesse im Hinblick auf Kostensenkungspotentiale zu überdenken und die Geschäftstätigkeit noch stärker auf Kundeninteressen auszurichten.

3. Handlungsbedarf: Eine Organisationsstruktur stößt an ihre Grenzen

Neben dem skizzierten externen Wandel bestand auch intern Handlungsbedarf zur Restrukturierung der BSHG. Dieser resultierte maßgeblich aus drei Entwicklungen:

1. Komplexität durch Wachstum,
2. Trennung von Produktion, Produktmarketing und Vertrieb,
3. getrennte Markenvertriebe im In- und Ausland.

3.1 Komplexität durch Wachstum

In den vergangenen Jahren hat sich die BSHG sehr erfolgreich von einem deutschen Hersteller, der einen wachsenden Teil seiner Qualitätsprodukte ins Ausland exportiert, zu einem europäischen Anbieter mit einem internationalen Geschäft von fast 50 % des Umsatzes entwickelt:

- Durch den Aufbau eines europaweiten Vertriebsnetzes wurden seit Anfang der 70er Jahre insbesondere die Top-Segmente der jeweiligen Märkte erschlossen.

- Mitte der 80er Jahre stieß die BSHG mit dieser Strategie zunehmend an Wachstumsgrenzen, da eine deutsche Fertigung für das mittlere Volumenssegment zu teuer war. Um auch die preissensiblen Segmente in Frankreich, Großbritannien, Italien sowie in Spanien und den kleineren südeuropäischen Märkten bedienen zu können, wurden Fertigungsstätten in Griechenland und Spanien akquiriert.

Dieser ständige Expansions- und Erweiterungsprozeß vollzog sich für das Unternehmen im großen und ganzen in der Ablauf- und Aufbauorganisation der Gründerjahre. Neben unseren Stamm-Marken Bosch und Siemens waren infolge von Akquisitionen noch die Spezialisten-Marken Constructa und Neff sowie weitere fünf Regional-Marken in Spanien und Griechenland zu integrieren und vor allem zu koordinieren.

3.2 Trennung von Produktion, Produktmarketing und Vertrieb

Aus den ursprünglich vier deutschen Werken hat sich ein internationaler Fertigungsverbund mit zwölf Werken in ganz Europa entwickelt. Das zuständige Geschäftsführungsressort Technik war traditionell jedoch nur für die Produktion in den inländischen Werken sowie für die Zentralaufgaben in der Technik verantwortlich.

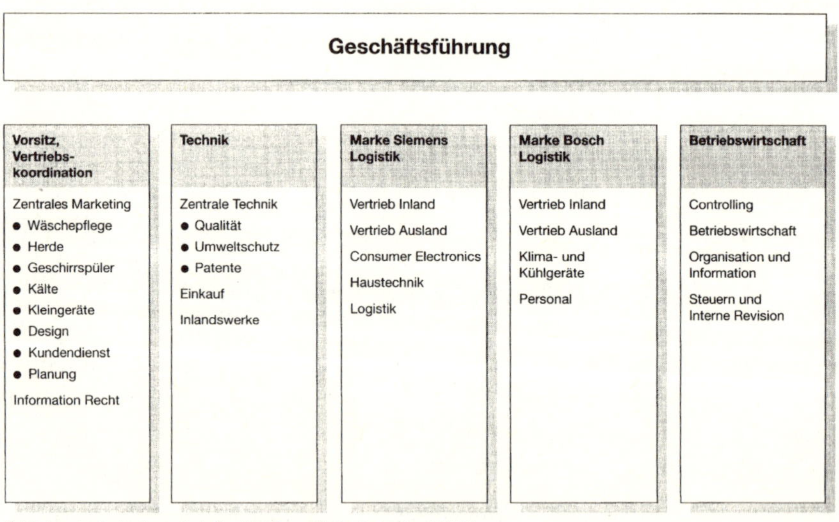

Abbildung 3: Die ehemalige BSHG-Organisation

Die Geschäftsführungsressorts Markenvertrieb Bosch bzw. Markenvertrieb Siemens und das zentral gesteuerte Produktmarketing bedurften der Abstimmung. Die Betreuung der produzierenden Auslandsgesellschaften erfolgte über Patenschaften in der Geschäftsführung (vgl. Abbildung 3).

Die Problematik dieser gesplitteten Zuständigkeit läßt sich am Beispiel Variantenmanagement anschaulich nachvollziehen. Vertriebliche Wünsche hinsichtlich spezifischer Varianten wurden an das Produktmarketing gerichtet und nach deren Genehmigung von der Werksorganisation gefertigt. Die Werke waren jedoch – ohne direkten Kontakt zum Markt – für die Wirtschaftlichkeit ihrer Fertigungsorganisation voll verantwortlich. Die logische Konsequenz war eine permanente Diskussion zwischen Werk, Produktmarketing und Vertrieb über die »Besetzung von Marktnischen« einerseits und die »steigenden Komplexitätskosten aufgrund des Variantenwachstums« andererseits.

Dieses Organisationsprinzip der »Gewaltenteilung« war in den 70er Jahren bewußt konzipiert und gelebt worden, da die damalige Größe der BSHG diesen Abstimmungsprozeß erlaubte. In weniger als 15 Jahren verdreifachte sich jedoch der Umsatz der BSHG. Neue Strukturen waren notwendig.

3.3 Getrennte Markenvertriebe im In- und Ausland

Die gesellschaftsrechtliche Struktur der BSHG berücksichtigt die herausragende Bedeutung der Markennamen »Bosch« und »Siemens« (vgl. Abbildung 4). Bei der Zusammenlegung der Hausgeräteaktivitäten der Robert Bosch GmbH und der Siemens AG (»Stammhäuser«) hat die BSHG das gesamte Anlagevermögen – insbesondere die Werke – sowie das Personal übernommen. Damit sich die Markennamen *»Bosch«* und *»Siemens«* weiterhin zu 100 % im Eigentum der Stammhäuser befinden, wurden die Markenvertriebsgesellschaften Robert Bosch Hausgeräte GmbH und Siemens Electrogeräte GmbH gegründet. Diese Gesellschaften vertreiben als Kommissionäre auf der Basis eines Geschäftsbesorgungsvertrages Hausgeräte auf Rechnung der BSHG. Dies bedeutet, daß die BSHG am Markt ausschließlich über die Markenvertriebsgesellschaften in Erscheinung tritt.

Historisch gewachsen, haben beide Vertriebsgesellschaften leistungsstarke Organisationen im In- und Ausland aufgebaut. In Deutschland haben wir uns mit diesem Prinzip der »Fruchtbaren Konkurrenz« gemeinsam die Marktführerschaft erarbeitet. Im europäischen Ausland hingegen führte dies – insbesondere in Ländern mit kleineren Marktanteilen – zu Suboptimierung. Kostenmäßig war es im Zuge des verschärften Preiswettbewerbs nicht mehr darstellbar, Bosch und Siemens als eigenständige Organisationen im

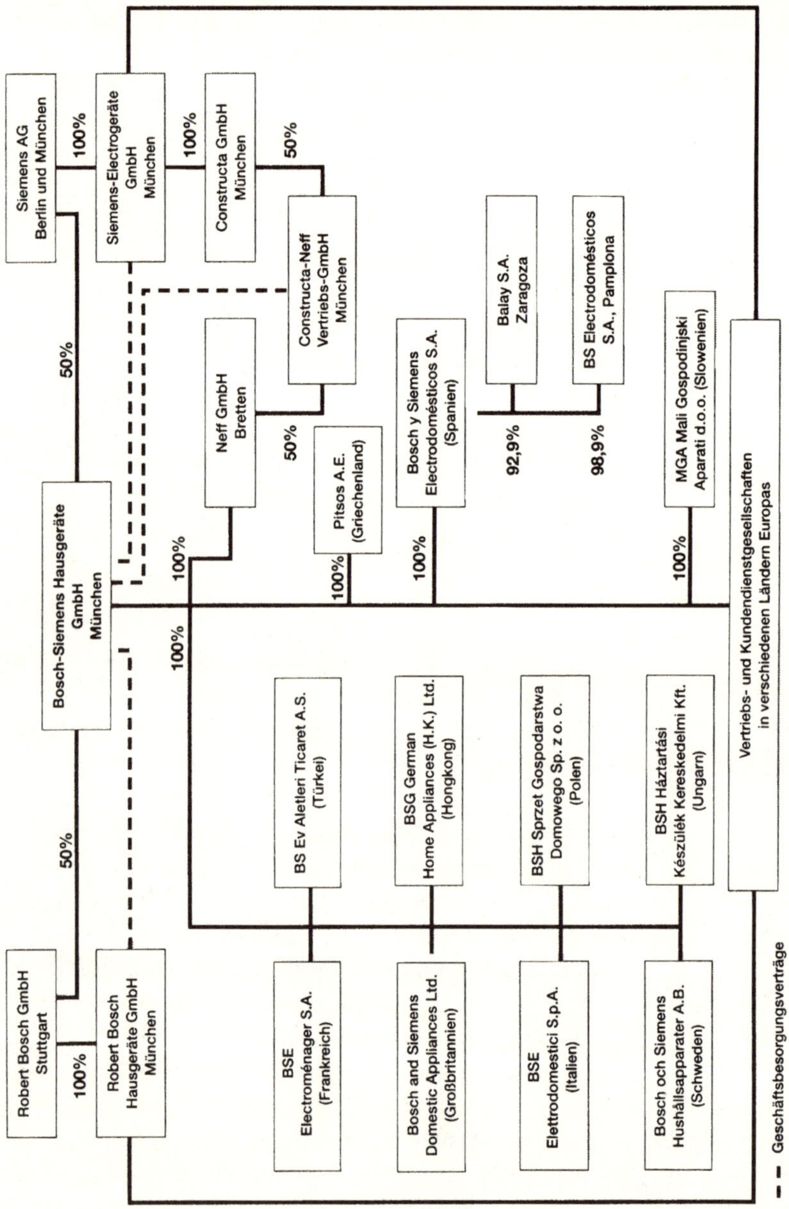

Abbildung 4: Gesellschaftsrechtliche Gliederung

Markt zu führen; zukünftig gilt es, jeweils eine länderspezifische BSHG-Strategie zu entwickeln.

Im Zuge der Handelskonzentration sind die Großkunden in diesen Ländern oft nur bereit, eine BSHG-Marke zu führen. Sollten unsere anderen Marken ebenfalls dort plaziert werden, so würde dies nur über günstigere Konditionen möglich scin. Eine Kettenreaktion ohne Ende wäre die Folge. Diese Tatsache erforderte eine starke Koordination und deshalb die Steuerung aus einer Hand.

4. Restrukturierung: Grundprinzipien der neuen Organisationsform

Nach Abschluß von Vorarbeiten, die bis ins Jahr 1991 zurückreichen, setzte die BSHG im September 1992 ein Strukturteam ein, das sich aus unternehmensinternen Mitgliedern des oberen Führungskreises zusammensetzte. Bei der Erarbeitung des zukünftigen Lösungsmodells waren Grundprinzipien aufgestellt worden, an denen sich die jeweilige Ablauf- und Aufbauorganisation messen mußten:

- Schlanker, schneller und kostengünstiger werden,
- eindeutig personifizierte Verantwortung schaffen,
- Optimierung statt Suboptimierung,
- engere Kundenbindung,
- Ausrichtung auf Europa.

Lösungsvorschläge wurden vom Strukturteam bereits im Frühjahr 1993 zur Diskussion vorgelegt. Im Mai 1993 wurde der Vorschlag des Strukturteams von der Geschäftsleitung und vom Aufsichtsrat gebilligt.

Mit der Einleitung des Umstrukturierungsprozesses wurde umgehend begonnen. Gerade in dieser frühen Phase war die Information aller Beteiligten eine der wichtigsten Aufgaben, da Veränderungsprozesse leicht zu Abwarten, Unruhe oder Verweigerung führen können. Nach der Veröffentlichung eines groben Organisationsplanes wurden Teilteams gebildet, in denen Detaillösungen ausgearbeitet wurden. Drei Monate später, am 1. Oktober 1993, erfolgte die Bekanntgabe der Detailstrukturen. Zum Jahresende wurde eine umfassende Dokumentation an alle Führungskräfte verteilt, die die Aufgabenstellung der Unternehmenseinheiten neu definiert und die Regeln der Zusammenarbeit zwischen den Bereichen festlegt. Zugleich wurden die Leitungsgremien und das BSHG-Planungssystem neu geordnet.

Mit der Neustrukturierung der BSHG werden insbesondere folgende Veränderungen realisiert (vgl. Abbildung 5):

1. Alle planungs- und strategiebestimmenden Funktionen werden beim Vorsitzenden der Geschäftsführung gebündelt (Zentralbereiche).
2. Alle Aktivitäten in den Bereichen Entwicklung, Fertigung und Produktmarketing sowie die kaufmännischen Aufgaben werden in fünf Produktbereichen zusammengefaßt, um optimal abgestimmte Sortimente und eine gleichmäßige Auslastung der verschiedenen europäischen Werke zu erreichen (Produktbereiche).
3. Die Vertriebsstrukturen werden auf zwei Marktregionen mit unterschiedlichen Abnehmer- und Handelsstrukturen ausgerichtet (Marktregionen).
4. Alle dienstleistenden Funktionen werden im Geschäftsbereich »Betriebswirtschaft und Personal« konzentriert.

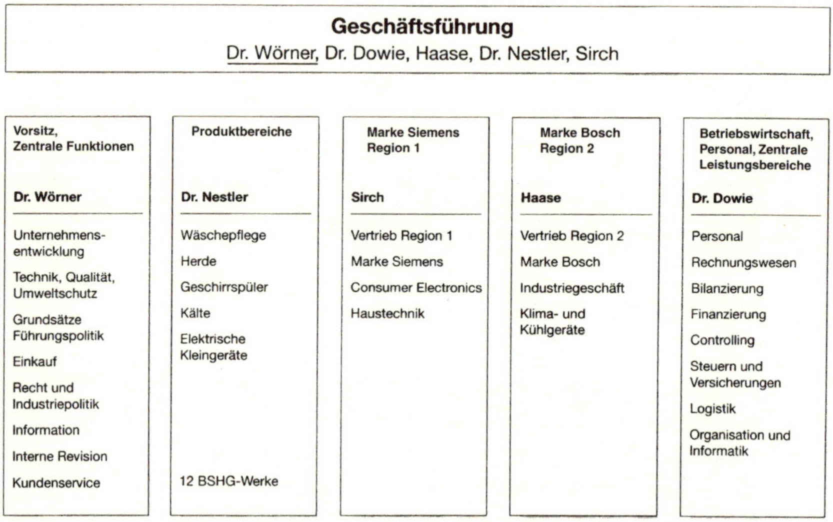

Abbildung 5: Die neue BSHG-Organisation

Zentralbereiche: Die Zentralbereiche – insbesondere Controlling, Technik und Unternehmensentwicklung – haben eine BSHG-weite Verantwortung. Um Suboptima zu vermeiden, stellen sie sicher, daß die einzelnen Unternehmensbereiche eine gemeinsame, abgestimmte Strategie verfolgen. Daneben tragen die Zentralbereiche die Verantwortung für die Gestaltung der ihnen übertragenen Funktion (zum Beispiel der Controllingsysteme oder der Unternehmensplanung). Sie unterstützen ferner die Unternehmensbereiche bei der Wahrnehmung ihrer Aufgaben und sind verantwortlich für eine transparente, BSHG-einheitliche Berichterstattung.

Produktbereiche: Den Produktbereichen ist die Verantwortung für die Erzeugnisbereitstellung weltweit übertragen. Dies gilt für die Herstellung in den eigenen Werken, auf verlängerten Werkbänken, in Joint-ventures sowie durch Zukauf.

Die Gründung der fünf Produktbereiche – Wäschepflege, Herde, Geschirrspüler, Kälte und Elektrische Kleingeräte – ermöglicht eine weltweite, durchgängige personifizierte Verantwortung für den gesamten Prozeß, von der Produktdefinition über die Entwicklung bis zur Herstellung und Ablieferung an die Logistik. Dabei ist ein differenziertes Vorgehen jedes Produktbereiches zur Abdeckung der Kunden- und Vertriebswünsche notwendig und gewünscht. Durch die Bildung der Produktbereiche wird die langfristige strategische Ausrichtung des Unternehmens gewährleistet und die Wettbewerbsfähigkeit der BSHG erheblich verbessert.

Dies wird möglich durch ein durchgängiges europäisches Produktmarketing, angepaßt an die verschiedenen Gebrauchergewohnheiten in den Regionen, durch klare kostenorientierte Standortentscheidungen und vor allem durch Effizienzsteigerung bezüglich der Forschungs- und Entwicklungsprojekte, der Produktplanung und der Qualitätssicherung. Die Eingliederung der Werke aus den Beteiligungsgesellschaften in die Produktbereiche ergibt eine Strukturvereinfachung, die sich vor allem in einem deutlich besseren Kommunikationsfluß, in beschleunigten Entscheidungsprozessen und in der Vermeidung von Doppelarbeit auswirken wird.

Alle fünf Bereiche werden an betriebswirtschaftlichen Leistungskriterien gemessen, wie z. B. Produktivität, Auslastung der Kapazitäten und Ergebnis. Auch Lieferbereitschaft bzw. Rückstände, Lagerbestände und Reichweiten, Flexibilität und Qualitätskennziffern und ganz besonders Kostensenkungsprogramme sind Maßstäbe für die unternehmerische Leistungsfähigkeit.

Marktregionen: Europa muß aus Sicht der Hausgeräte-Industrie aus unterschiedlichem Blickwinkel betrachtet werden. Aus diesem Grund haben wir bei der Marktbearbeitung eine Differenzierung in zwei Regionen vorgenommen. Für die Vertriebe bedeutet das, sich konsequent auf die unterschiedlichen Rahmenbedingungen und Kundenerfordernisse in diesen Regionen einzustellen.

Die Region 1 umfaßt die Länder Deutschland, Österreich, Schweiz, Niederlande und Luxemburg. Sie wird in starkem Maße durch deutsche Qualitätshersteller dominiert. In diesen Ländern erzielt die BSHG daher eine besonders hohe Marktausschöpfung. Durch die gute Positionierung von Bosch und Siemens im Handel geht es in dieser Region primär darum, durch eine bessere Koordination der Vertriebe zu einer Preisharmonisierung und gleichzeitig zu einer Erlösoptimierung zu kommen. In der Region 1 werden weiterhin die Robert Bosch Hausgeräte GmbH, die Siemens-Elektrogeräte GmbH und die Constructa-Neff Vertriebs-GmbH als weitgehend unabhängige Vertriebsgesellschaften geführt.

Neu konzipiert wurden in dieser Region die Prozesse der Auftragsabwicklung und der kaufmännischen Verwaltung. Die Administration der drei Markenvertriebe war nämlich aus den geschilderten historischen Gründen parallel organisiert. Prozesse, insbesondere kaufmännische Tatigkeiten, die keinen unmittelbaren Kundennutzen im Rahmen der Markenvertriebe bringen, werden nun aus Kostengründen in sieben regionale Vertriebszentren zusammengefaßt. Von dieser Neuausrichtung erwarten wir neben erheblichen Einsparungseffekten ein koordiniertes Vorgehen am Markt.

Alle übrigen Länder Europas bilden die Region 2. Zur Erreichung ihrer Wachstumsziele wird die BSHG hier in Zukunft verstärkt auf ein streng strategisch gesteuertes Vorgehen ihrer einzelnen Marken achten.

In vielen Ländern der Region 2 (u. a. in Frankreich, Großbritannien, Italien und Spanien) sind nationale Anbieter Marktführer. Die BSHG richtet sich auf diesen preisaggressiven Märkten strategisch in Zukunft so aus, daß die Betreuung der regionalen Gesellschaften durch die BSHG in dem jeweiligen Land »aus einer Hand« für die Marken Bosch, Siemens, Neff und Constructa erfolgen wird. Ziel ist eine abgestimmte Markenpositionierung je Land, so daß jede Marke in dem ihr zugewiesenen Segment ihre Aufgabe erfüllen kann, ohne daß für unsere Gesellschaft Suboptima entstehen. Mit dieser Vorgehensweise der Marktbearbeitung wollen wir – unter verstärkter Einbeziehung der spanischen und griechischen Märkte – die Position der BSHG und ihrer Marken in Europa, insbesondere in den großen Märkten Frankreich, Italien, Spanien und Großbritannien, verbessern.

5. Erfolgskontrolle: Wie leistungsfähig ist die prozeßorientierte Organisationsgestaltung?

Der Erfolg einer konzernweiten Neustrukturierung hängt in hohem Maße davon ab, inwieweit es gelingt, alle Beteiligten für eine offene und engagierte Mitarbeit zu gewinnen. Wir haben in der BSHG auf das Konzept der »fruchtbaren Unruhe« gesetzt, das neue Kräfte im Unternehmen freisetzen soll.

Unvollständige Informationen und Halbwahrheiten haben bei solch existentiellen Eingriffen in die bisherigen Abläufe ausreichende Kraft, um eine

Organisation in Lethargie und Demotivation zu führen. Nichts ist jedoch schlimmer, als »auf halbem Wege« steckenzubleiben. Wir haben daher auch bei unpopulären Entscheidungen von Anfang an mit allen Betroffenen einen offenen Dialog gesucht. Zum einen erstellten wir in konstruktiver Zusammenarbeit mit dem Gesamtbetriebsrat, den örtlichen Betriebsräten und dem Gesamtsprecherausschuß der Leitenden Angestellten Leitlinien zur sozialverträglichen Absicherung von Arbeitsplätzen. Zum anderen haben sowohl die Geschäftsführung als auch die Mitglieder der Projektteams in zahlreichen Veranstaltungen mit den Mitarbeitern für die Ergebnisse ihrer Arbeit und für die Notwendigkeit der Umsetzung geworben. Wir sind heute der Auffassung, daß die sachliche und ehrliche Information der Mitarbeiter ein wesentlicher Baustein für die erfolgreiche Realisierung dieses Projektes war. Ende 1994 wird die Neustrukturierung auch in der Umsetzung der Detailpläne abgeschlossen sein.

Bei einem Projekt dieser Größenordnung stellt sich natürlich die Frage, mit welchen Kriterien die Erfolgskontrolle realisiert werden kann. Da hier die Leistungsfähigkeit eines neuen Systems im »eingeschwungenen Zustand« beurteilt werden muß, scheint die alleinige Fokussierung auf Kosteneinsparungen und Break-even-Betrachtungen zu kurz zu greifen. Die Gewährleistung einer Organisationsform, die gleichzeitig schneller, effizienter und kostengünstiger arbeiten soll, erfordert als Triebfeder auch den motivierten Mitarbeiter, der diese neue Organisationsform leben muß. Wir haben daher eine repräsentative Befragung unserer Mitarbeiter durchgeführt, die uns helfen soll, potentielle Problemfelder frühzeitig zu identifizieren, damit schnelle Lösungsansätze gefunden werden können.

Unsere Erfahrungen mit der Einführung neuer Strukturen wollen wir im Rahmen einer Benchmarking-Analyse mit jenen anderer Unternehmen vergleichen, die ebenfalls Restrukturierungen durchgeführt haben. Unser Ziel ist die lernende Organisation, die Erfolg hat, weil sie den Wandel aktiv gestaltet.

Durch Reengineering die Fitneß wiedergewinnen

Das Beispiel der Grammer AG

Peter Nagel

1. Die Ausgangslage

Unternehmen der Zulieferindustrie stehen naturgemäß unter einem besonderen Wettbewerbsdruck. Mit diesem umzugehen, gehört für die meisten Führungskräfte mithin zum Tagesgeschäft. Doch erst jetzt, da die schwerste Konjunkturkrise der Nachkriegszeit zu meistern ist, wird so manchem Verantwortlichen so richtig bewußt, wie dramatisch sich die Spielregeln in den vergangenen Jahren geändert haben. Viele Unternehmen werden einen radikalen Umbau nicht vermeiden können, wenn sie ihre Fitneß wiedergewinnen und auch künftig noch eine Rolle in ihren Märkten spielen wollen.

Die Grammer AG in Amberg hat diese Roßkur bereits hinter sich. Als Marktführer im Bereich Fahrersitze für Traktoren, Baumaschinen und Stapler traf sie Anfang der 80er Jahre die Entscheidung, unter Synergieaspekten neue Produktgruppen in das traditionelle Leistungsangebot aufzunehmen und neue Märkte zu erschließen. Zunächst kamen Bus-, Lkw- und Bahnsitze (zum Beispiel für den ICE) hinzu, später wurde die Produktpalette um Pkw-Ausstattungen, Bürostühle und Sonderteile ergänzt.

Das aus diesen Managemententscheidungen resultierende starke Umsatzwachstum ging indes einher mit einer unbefriedigenden Ertragsentwicklung. Die Liefertreue war trotz hoher Bestände unzureichend. Die interne Komplexität nahm überproportional zu, und der sich gleichzeitig verschärfende Preisdruck trug seinerseits dazu bei, daß Minus-Runden gefahren werden mußten.

Der Handlungszwang war akut. Bereits vor Jahren hatte Grammer neben dem Kerngeschäft die Bereiche Pkw-Innenausstattungen und Bürostühle als eigenständige Profit-Center abgespalten. Die Erfahrungen hieraus waren grundsätzlich positiv und sollten nun auch für den Stammbereich im Hinblick auf bedingungslose Marktorientierung und eine stärkere Ergebnisorientierung nutzbar gemacht werden.

Gleichzeitig wurde für den Bereich Fahrersitze (Traktoren, Baumaschinen,

Stapler, Lkw, Bahn, Bus und Sonderteile) eine Komplexitätskostenanalyse durchgeführt, die konkret aufzeigte, wo eigentlich der Schuh drückte: Die gesamte Organisation mußte dringend reformiert werden. Mit den gegebenen Strukturen und Abläufen war die Grammer AG für ein erfolgreiches Agieren am Markt nicht mehr gerüstet.

2. Die Kernprobleme

Die Problematik, der wir uns ausgesetzt sahen, wird sofort ersichtlich, wenn man sich das heterogene Anforderungsprofil anschaut, das auf die Organisation einwirkt:

- Im Geschäft mit Sitzen für die Bahn gibt es langfristig fixierte Rahmenbedingungen und eine stabile Abwicklung.
- Bei den Lkw-Sitzen ist die Anzahl der Kunden schon größer, aber noch begrenzt. Es werden mehrere Varianten angeboten, die in einer mittelgroßen Stückzahl zu produzieren sind.
- Bei den Sitzen für Traktoren, Stapler und Baumaschinen schließlich gibt es zahlreiche Kunden, die mit individuellen Produkten bedient werden wollen. Die Stückzahlen sind entsprechend klein.

Diesen unterschiedlichen Marktanforderungen für die insgesamt sieben Produktgruppen und sieben Märkte stand auf der anderen Seite ein uniformes Denken und Handeln gegenüber. Es wurde zu wenig berücksichtigt, daß sich aus den unterschiedlichen Marktanforderungen unterschiedliche Geschäftsprozesse ergeben (vgl. Abbildung 1).

Kernproblem des Unternehmens insgesamt war eine mangelnde Markt- und Ergebnisorientierung:

- Die Organisation war funktional ausgerichtet, durch eine hohe Arbeitsteiligkeit geprägt und mit zu vielen Hierarchieebenen durchzogen.
- Ein ausgeprägtes Bereichsdenken verhinderte den notwendigen durchgängigen Marktbezug.
- Die Verantwortlichkeiten für definierte Teilergebnisse waren nicht zweifelsfrei geklärt.
- Es herrschte ein ausgeprägtes Sicherheitsdenken vor.
- Controlling-Instrumente zur Erkennung von Verbesserungspotentialen fehlten ebenso wie bereichsübergreifend abgestimmte, auf den Markt ausgerichtete Ziele.

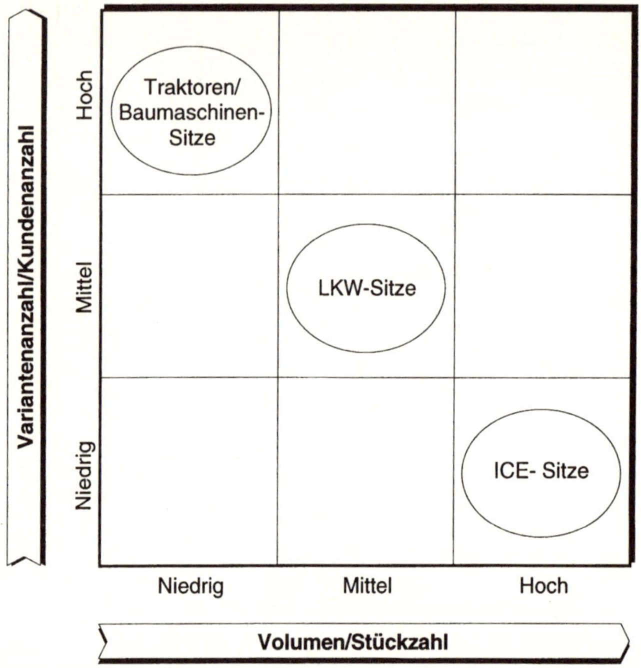

Hieraus ergeben sich unterschiedliche Geschäftsprozesse

- Gestaltung der Schnittstelle Kunde / Grammer
- Unterschiedliche Automatisierbarkeit der administrativen Abläufe
- Differierende Mechanismen für die Beherrschung der Komplexität

Abbildung 1: Anforderungen der Märkte der Grammer AG

3. Das Projekt zur organisatorischen Restrukturierung – Ziele und Erfolgsbedingungen

Der Führung des Unternehmens war klar, daß nur über eine grundlegende organisatorische Restrukturierung Fitneß und Wettbewerbsfähigkeit wiedergewonnen werden konnten. Das hierzu beschlossene Projekt war ehrgeizig:

- Die Organisation mußte auf die unterschiedlichen Marktanforderungen ausgerichtet werden. Dies erforderte ein zielgerichtetes Zusammenwirken aller am Wertschöpfungsprozeß Beteiligten.
- Die dazu notwendigen Anpassungen betrafen die Strukturorganisation,

die Prozesse, das Rollenverständnis, das Zielsystem sowie die Kommunikationskultur.

Im Grunde wurde das Unternehmen völlig »umgekrempelt«:

- Die Zahl der Hierarchieebenen konnte durch den Übergang von einer funktions- zu einer prozeßorientierten Organisationsform von sechs auf drei reduziert werden.
- Es wurden kleine Teams gebildet, denen die volle Verantwortung für definierte Teilstrecken eines Prozesses übertragen wurde.
- Jedem Beteiligten mußte in diesem Zusammenhang sein individueller Beitrag zur Erfüllung der Marktanforderungen aufgezeigt werden können. Dies setzte eine Anpassung der Zielsysteme und ein Herunterbrechen der Marktziele in persönlich zu erreichende Teilziele voraus. Jeder Beteiligte konnte dadurch in die Zielpyramide des Unternehmens eingebunden werden.

Wer ein solches Projekt initiiert, um sein Unternehmen gezielt nach vorne zu bringen, muß wissen, daß sich Erfolge nicht quasi automatisch einstellen. Tradierte Verhaltensmuster zur Führung und Steuerung sowie die gesamte Führungs- und Ablauforganisation einschließlich der sie unterstützenden informationstechnischen Systeme müssen hinterfragt und einer gründlichen Revision unterzogen werden.

Vor allem aber müssen alle Betroffenen – vom obersten Management über die mittlere Führungsebene bis hin zu den Mitarbeiterinnen und Mitarbeitern – zum radikalen Umbau auch wirklich bereit sein. Ohne die breite Akzeptanz der von den Marktanforderungen abgeleiteten, quantifizierten Ziele wird ein solches Projekt scheitern.

Grundvoraussetzungen, um diese breite Akzeptanz herbeizuführen, ist unter anderem eine offene Zusammenarbeit und die intensive Kommunikation über alle Hierarchiestufen hinweg. Des weiteren muß das Topmanagement die Verfolgung der festgelegten Ziele konsequent betreiben.

4. Die einzelnen Schritte

In einem ersten Schritt muß der Handlungsbedarf erarbeitet und ein den zukünftigen Marktzielen gerecht werdendes Prozeßmodell erstellt werden. Um Ineffizienzen zu vermeiden und das Denken von eingefahrenen Abläufen und Verhaltensweisen zu befreien, empfiehlt sich hier die Hinzuziehung Externer, die über entsprechende Erfahrungen auf dem Gebiet der Prozeßmodellierung

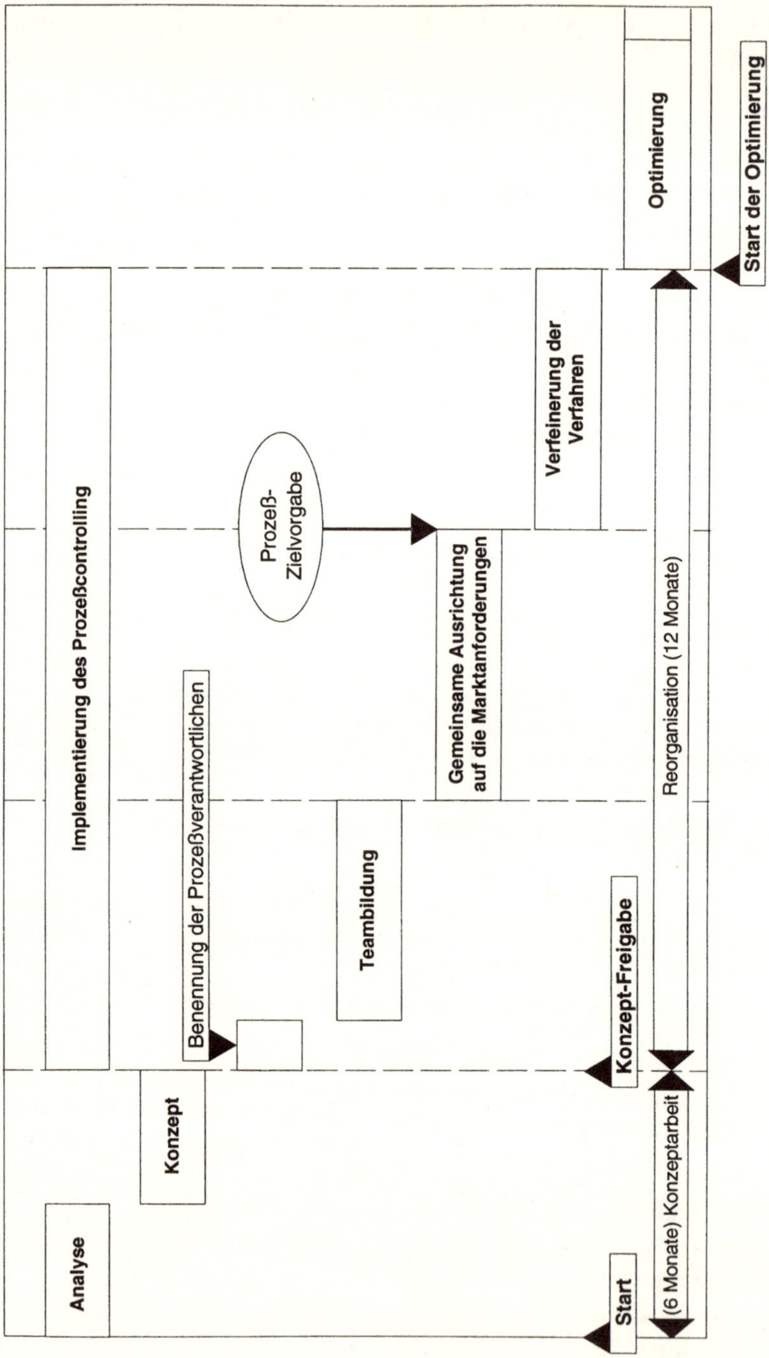

Abbildung 2: Der Projektablauf

bzw. der Prozeßoptimierung verfügen. Wir haben mehrere der renommierten Unternehmensberatungen ihre Vorstellungen präsentieren lassen und uns letzten Endes für Diebold entschieden.

Nach dieser Grundlagenarbeit gilt es, ein zielführendes Konzept zu erarbeiten. Im Anschluß daran müssen sogenannte »Prozeßeigentümer« benannt werden. Prozeßeigentümer sind für die Ergebnisse ihrer Prozesse verantwortlich, sie erhalten aber auch die Kompetenzen, diesen (Teil-)Prozeß eigenverantwortlich zu steuern. Ihre Aufgabe ist es anschließend, auf Basis des grundlegenden Prozeßmodells ihre spezifischen Teilstrecken zu verbessern.

Auf Basis dieser Verfeinerungen lassen sich sodann Kapazitätsbedarfe und mögliche Einsparungspotentiale für die betrachtete Planperiode ermitteln. Der Optimierungsprozeß kann beginnen.

Im Rahmen der weiteren Arbeitsschritte gilt es dann, die in den einzelnen (Teil-)Prozessen zu erreichenden Leistungssteigerungen für die nächste Planungsperiode zu vereinbaren (gemeinsame Zielvereinbarung zwischen Vorstand und Prozeßeigentümern).

Um die flexible Ausrichtung der Geschäftsprozesse auf die Anforderungen der jeweiligen Märkte zu gewährleisten, ist flankierend zur grundlegenden Restrukturierung die Implementierung eines prozeßorientierten Controlling unerläßlich (vgl. Abbildung 2).

5. Ergebnisse und Schlußfolgerungen

Mut, Flexibilität, Kosten, Zeit und Innovationskraft sind die wesentlichen Faktoren, von denen heute der Erfolg eines Unternehmens abhängt. Eine prozeßorientierte Organisationsform ist der Schlüssel dazu. Der radikale Umbau eines Unternehmens – dies zeigt uns die Praxis täglich – ist für fast alle Beteiligten häufig sehr schmerzlich. Die bisher bei Grammer gemachten Erfahrungen zeigen indes, daß sich die Roßkur lohnt:

- Im ersten halben Jahr nach Anlauf der Anpassungsmaßnahmen gelang eine Reduzierung der Lagerbestände um 60 %. Im Folgejahr wurden die Bestände um nochmals 18 % gesenkt.
- Im Zeitraum zwischen April und Dezember 1993 nahm die Termintreue intern um 15 % und extern um 20 % zu.
- Die Produktivität, gemessen am Umsatz pro Mitarbeiter, stieg 1993 im Verhältnis zum Vorjahr um rund 22 % an.

Wie bereits erwähnt, stellen sich solche Erfolge aber nicht automatisch ein. Die Erfahrungen bei Grammer zeigen zum Beispiel, daß der durchgängige Marktbezug eine zielgerichtete übergreifende Zusammenarbeit erfordert. Es empfiehlt sich daher, frühzeitig Teamentwicklungsmaßnahmen vorzusehen.

Zu bedenken ist ferner, daß Führungskräfte und Mitarbeiter/innen, die im Zuge der Restrukturierung ein höheres Maß an Verantwortung aufgebürdet bekommen, auf diese Aufgabe vorbereitet und dafür trainiert werden müssen.

Schlanke Prozesse sind zudem sensibel und störanfällig. Deshalb ist unbedingt darauf zu achten, daß

- Ziele nicht einfach vorgegeben, sondern gemeinsam vereinbart werden,
- die Erreichung dieser Ziele strikt und konsequent verfolgt wird,
- das Management dem Projekt permanente Aufmerksamkeit schenkt und sich fallweise auch mit Detailfragen auseinandersetzt.

Vor allem aber gilt es, ein solches Projekt zügig umzusetzen. Erfahrungen auch aus anderen organisatorischen Restrukturierungen zeigen, daß im allgemeinen über 50 % des im Konzept ausgewiesenen Optimierungspotentials bereits im ersten Jahr nach Anlauf der Anpassungsmaßnahmen ausgeschöpft werden können. Diese Erfahrungswerte aus der Praxis sollten eigentlich bereits Anlaß genug sein, solche Prozeßoptimierungs-Projekte schleunigst und mit der gebotenen Konsequenz und »Management-Attention« in Angriff zu nehmen und dabei auch vor unliebsamen Entscheidungen nicht zurückzuschrecken.

Wer trotzdem noch zögert, sollte immerhin bedenken, daß die Schnelligkeit, mit der prozeßorientierte Denk- und Verhaltensweisen in die betriebliche Praxis umgesetzt werden, mutmaßlich darüber entscheidet, ob ein Zulieferer künftig noch wettbewerbsfähig ist oder nicht. Das Grammer-Management jedenfalls ist fest davon überzeugt, auf Basis der gemeinsam mit Diebold konzipierten Geschäftsprozeßoptimierung die erforderliche Fitneß für den immer härter werden Wettbewerb zurückgewonnen zu haben.

Geschäftsprozeßoptimierung in den Servicebereichen
Das Beispiel der HT Troplast AG

Henrich Wilckens, Thomas Pasquale

1. Das Unternehmen HT Troplast AG

Die HT Troplast AG (HT) zählt weltweit zu den bedeutenden Unternehmen der kunststoffverarbeitenden Industrie. Bis zum 31.12.1993 war die HT eine Tochtergesellschaft der Hüls AG, Marl, und ist seit dem 1.1.1994 der Rütgerswerke AG, Frankfurt, zuzurechnen, einem börsennotierten Unternehmen, das mehrheitlich der Ruhrkohle AG, Essen, gehört.

Das Geschäft der HT gliedert sich derzeit in die operativen Geschäftsbereiche Profile/Innenausbau, Abdichtungen und Industrielle Halbzeuge. Die Kernprodukte des Unternehmens sind

- Fenster- und Türprofile,
- Fußböden,
- Dach- und Dichtungsbahnen,
- Folien für Sicherheitsverbundglasscheiben,
- Schaumstoff,
- Schleifscheibenträgermaterial,
- Hartpapierlaminate.

Haupteinsatzgebiete für HT-Produkte sind der Hoch- und Tiefbau sowie die Automobil- und Elektroindustrie.

Das konjunkturelle Tief der Automobil- und Elektroindustrie führte in den vergangenen Jahren zu einem ruinösen Verdrängungswettbewerb im Zuliefierersektor, der vorwiegend durch sinkende Absatzpreise bei steigenden Qualitätsansprüchen gekennzeichnet war. Hierdurch bedingt, sank das Ergebnis der gewöhnlichen Geschäftstätigkeit bei einem Nettoumsatz von rund 800 Mio. DM im Jahr 1992 erstmals unter Null – ein Zustand, der auch im Geschäftsjahr 1993 nicht korrigiert werden konnte.

Erforderliche Anpassungen an die veränderte Markt- und Wettbewerbssituation werden durch die Aufgabe verlustreicher Geschäftsfelder sowie durch die Neuausrichtung und Optimierung wesentlicher Geschäftsprozesse in den traditionellen Gemeinkostenbereichen vorgenommen. Aus diesem Grund ist die Zahl der Beschäftigten im Geschäftsjahr 1993 um ca. 500 auf rund 2700 gesunken.

2. Das Projekt »Geschäftsprozeßoptimierung in den Servicebereichen«

Der Neuausrichtung von Geschäftsprozessen kommt für die Zukunftssicherung der HT eine besondere Bedeutung zu, da die in der Vergangenheit erarbeiteten Verbesserungsansätze (z. T. auch mit externer Beratungsunterstützung) eher funktionaler denn prozessualer Art waren, was dazu führte, daß Doppelarbeiten und Prozeßkomplexitäten nicht nachhaltig abgebaut werden konnten. Im Frühjahr 1993 entschloß sich der Vorstand der HT, mit Hilfe eines Beratungsunternehmens das Projekt »Geschäftsprozeßoptimierung in den Servicebereichen« zu starten. Hierbei sollten zunächst die das operative Geschäft unterstützenden Prozesse den Analyseschwerpunkt bilden.

2.1 Zielsetzung

Das Gesamtziel der Neuausrichtung der Servicebereiche auf die Erfordernisse des Marktes und der Geschäftsbereiche läßt sich anhand folgender Einzelziele konkretisieren:

1. Optimierung der administrativen Geschäftsprozesse unter Einbeziehung anforderungsgerechter Systeme;
2. Schaffung einer schlanken, prozeßadäquaten Organisation;
3. Überprüfung und Neufestlegung der Schnittstellen zwischen zentralen und dezentralen Einheiten;
4. Quantifizierung von Effizienzsteigerungs- und Kostensenkungspotentialen.

Die Zielformulierung deutet bereits an, daß die klassischen Methoden von Total Quality Management, Time Based Management, Gemeinkostenoptimierung etc. durch die Prozeßoptimierung vereint werden sollen. Insbesondere das integrierte Denken und Handeln weit über den eigenen Aufgabenschwerpunkt hinaus sowie das Verständnis des Gesamtprozesses stehen somit im Vordergrund.

2.2 Projektmanagement

Das »richtige« Projektmanagement ist ein wesentlicher Beitrag zum Gesamterfolg eines Projektes. Daher sollte die Zusammensetzung der Teammitglieder bei HT folgende Ziele unterstreichen:

1. Signalisierung der Unterstützung durch das Topmanagement;
2. Kombination aus Entscheidungs- und Fachkompetenz;
3. Unterstützung durch neutralen Berater/Moderator;
4. Einbindung sämtlicher Hierarchieebenen zur breiten Akzeptanzsicherung.

Zur Erreichung dieser Ziele wurde eine zweistufige Projektorganisation gewählt (vgl. Abbildung 1).

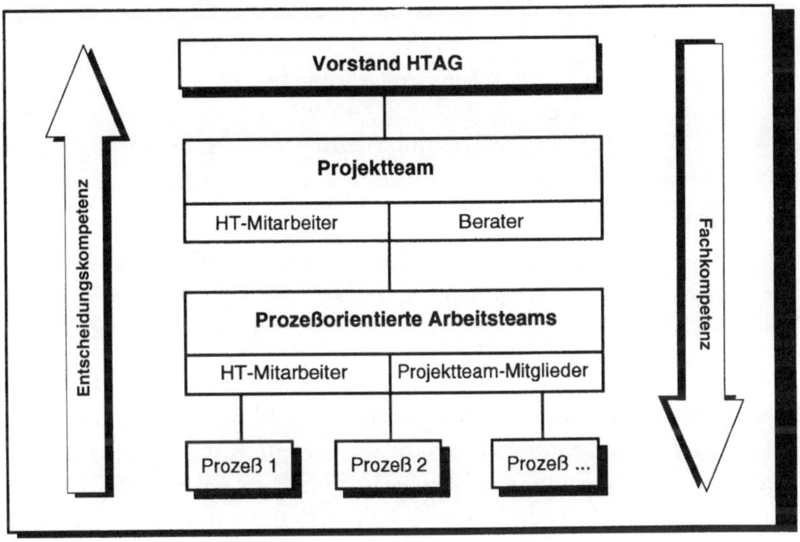

Abbildung 1: Projektorganisation

2.3 Vorgehensweise

Zur Festlegung der generellen Vorgehensweise erwies sich die Unterstützung durch einen externen Berater als sinnvoll, da entsprechende Erfahrungen im Umgang mit gleichen oder ähnlichen Fragestellungen eingebracht werden konnten. Um der hohen Komplexität der Prozeßoptimierung gerecht werden zu können, wurde das Gesamtprojekt in übersichtliche Teilschritte zerlegt.

Den Ausgangspunkt bildete die Frage, welche Prozesse und demzufolge

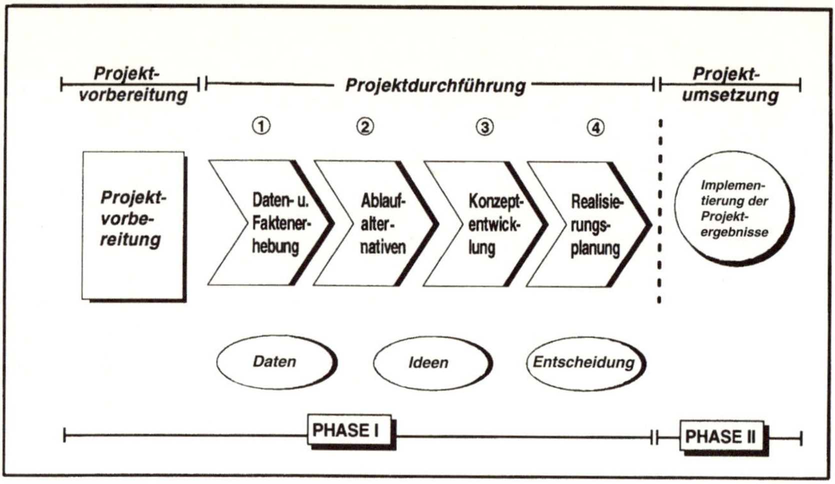

Abbildung 2: Vorgehensweise

auch welche Bereiche einer Analyse unterworfen werden sollten. In mehreren Brainstormings wurden diejenigen Prozesse durch das Projektteam als analysebedürftig ausgewählt, die

- strategische Bedeutung für das Gesamtunternehmen besitzen,
- zur Steuerung des Unternehmens beitragen,
- hohe Personalkapazitäten binden.

Die relevanten Geschäftsprozesse wurden in die Unternehmenserfordernis-/Geschäftsbereichsanforderungs-Matrix (vgl. Abbildung 3) eingeordnet, um die generelle Zielausrichtung eines Prozesses bereits vorab festzulegen.

Den Untersuchungsumfang bildeten die Bereiche Logistik (mit den Zweigen Beschaffung und Spedition) und Administration (mit den Zweigen Finanz- und Rechnungswesen, Controlling, Datenverarbeitung sowie Personal/Soziales). Zum Zeitpunkt des Projektstarts waren in diesen Bereichen ca. 310 Mitarbeiter beschäftigt.

Die rund 40 ausgewählten Geschäftsprozesse wurden durch spezifische Arbeitsteams aufgenommen. Dabei repräsentierte ein Arbeitsteam die üblicherweise an einem Prozeß beteiligten Bereiche/Abteilungen durch entsprechende Mitarbeiter. Moderiert und unterstützt wurden die Arbeitsteams durch je ein HT-Projektteammitglied und einen externen Berater. Hierdurch sollten vor allem die einheitliche Vorgehensweise und die Vergleichbarkeit der erarbeiteten Ergebnisse sichergestellt werden.

Der methodische Ansatz der Geschäftsprozeßoptimierung wurde im allge-

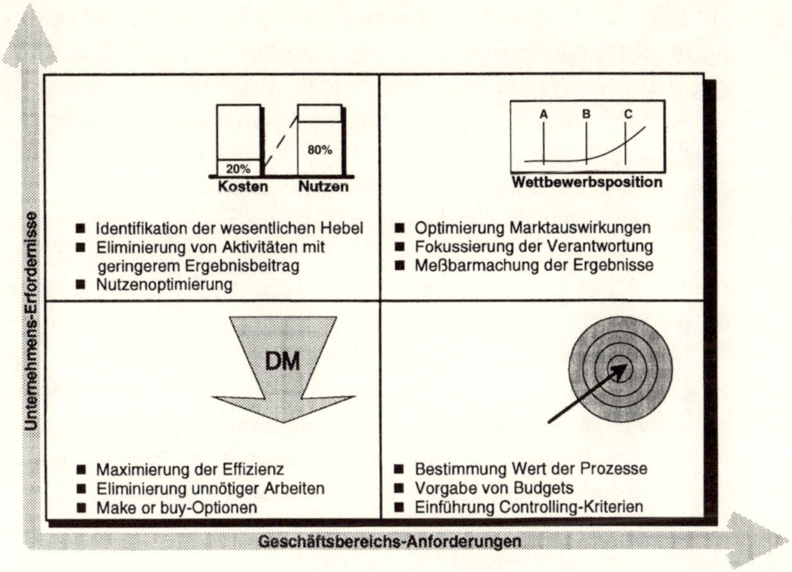

Abbildung 3: Prozeßmatrix

meinen von den beteiligten Mitarbeitern sehr positiv aufgenommen. Die hohe Akzeptanz läßt sich vor allem auf die direkte Beteiligung der betroffenen Bereiche an Analyse und Problemlösung zurückführen. Negative Erfahrungen, die die HT-Mitarbeiter mit reinen Gemeinkostensenkungsprogrammen in der Vergangenheit gemacht hatten und die zwangsläufig zu Skepsis und Mißtrauen in der Anfangsphase führten, konnten größtenteils abgebaut werden. Zudem erwies es sich als vorteilhaft, daß das Topmanagement den Projektfortschritt mit Nachdruck verfolgte und auch bei der Neugestaltung einzelner Prozeßelemente aktiv mitwirkte.

2.4 Analyseergebnisse

Bereits während der Aufnahme der Prozesse wurden Schwachstellen übergreifender Natur deutlich, die den Ursprung einer Vielzahl systematischer Fehler darstellten.

2.4.1 Funktionale versus prozessuale Ausrichtung

Die funktionale Ausrichtung sämtlicher Fachbereiche führte bei HT dazu, daß kaum ein Mitarbeiter einen Geschäftsprozeß von seiner Entstehung bis zu seinem Endpunkt überblickte. Ausschlaggebend hierfür waren historische Führungsgrundsätze und Verhaltensmuster des Managements, die darauf abzielten, eng definierte Verantwortungsbereiche zu schaffen und den Mitarbeiter ausschließlich auf die ihm übertragenen Aufgaben zu fixieren. Auch die zum Analysezeitpunkt noch bestehende Aufbauorganisation bildete diese Arbeitsweise ab. Das Organigramm repräsentierte somit nicht die Führungsverantwortung sondern vielmehr die funktionale Aufteilung einzelner Aufgabenkomplexe.

Die fehlende Übersicht über den Gesamtprozeß führt häufig dazu, daß eine Identifikation des Mitarbeiters lediglich mit seinen unmittelbaren Arbeitsergebnissen stattfindet, keineswegs jedoch mit dem Gesamtoutput. Hierdurch werden einerseits an unterschiedlichen Stellen im Unternehmen die gleichen Leistungen erbracht, was zu vermeidbaren Doppelarbeiten führt, andererseits werden Teilleistungen erbracht, die sich an keiner konkreten Stelle im Gesamtprozeß wiederfinden lassen, so daß die Frustration über die eigene Arbeit gefördert wird.

Besonders gravierend ist die Erkenntnis, daß die funktionale Ausrichtung häufig bewirkt, daß der tatsächliche Prozeßoutput vom benötigten oder gewünschten Output derart gravierend abweicht, daß die Ergebnisse entweder gar nicht oder nur nach erheblicher Nachbearbeitung verwendbar sind. Typische Beispiele der HT hierfür sind detaillierte Kostenanalysen, die den operativen Einheiten als Steuerungshilfen für Fertigung, Vertrieb usw. dienen sollten. Diese wurden nicht selten nur von einzelnen Leistungserbringern, nicht jedoch von den Leistungsempfängern verstanden. Das Ergebnis: Die entsprechenden Daten, die mit viel Aufwand gerechnet, bearbeitet und aufbereitet wurden, blieben ungenutzt.

2.4.2 Zentralisierung versus Dezentralisierung

Es stellte sich heraus, daß die Schnittstellen zwischen dezentralen und zentralen Einheiten einen elementaren Schwachpunkt nahezu sämtlicher übergreifender Prozesse darstellten. Eine Ursache hierfür ist ebenfalls in der neueren Historie der HT zu finden. Aus einem Unternehmen mit ehemals über 20 000 Mitarbeitern bei der Dynamit Nobel AG entwickelte sich nach mehreren Veräußerungs- und Umorganisationsschritten die HT, die von den ehemals drei großen Sparten Chemie, Sprengmittel und Kunststoff lediglich die Kunststoffbe- und -verarbeitung weiter betreibt.

Durch die organisatorische Abtrennung der Chemie- und Sprengmittelaktivitäten sowie die Aufgabe verlustreicher Geschäftsfelder hat sich der Verwaltungsaufwand definitiv verringert. Die hinter den Einzelaktivitäten stehenden Prozesse repräsentierten jedoch Abläufe eines Großunternehmens und nicht diejenigen eines »großen Mittelständlers«. Die aufwendige, teilweise bürokratisch gestaltete Abwicklung des einfachen Tagesgeschäftes wurde somit als eine wesentliche Erkenntnis herauskristallisiert.

Hinzu kam, daß die Prozeßstufen, die bei einem Großunternehmen aufgrund hoher Abwicklungssynergien besser zentral als dezentral abgewickelt werden sollten, bei HT noch nicht die nötige Anpassung an die verringerte Unternehmensgröße erfahren hatten. Die erforderliche Teildezentralisierung hatte somit bislang nicht stattgefunden. Derartige Schwachstellen führten bei HT dazu, daß verschiedene Prozesse unabgestimmt an mehreren Stellen im Unternehmen entweder parallel abgewickelt wurden oder Prozeßbrüche an den Schnittstellen zentral/dezentral auftauchten. Hierdurch wurden Arbeitsgänge identifiziert, die einen reibungslosen Prozeßdurchlauf entweder behinderten oder als reine Doppelarbeiten keinen zusätzlichen Nutzen brachten. Eindrucksvolles Beispiel hierfür ist die interne Berichterstattung, die größtenteils an den Erfordernissen der Zentralbereiche, nicht jedoch an denen des operativen Geschäfts ausgerichtet war. Hierdurch entstand ein Zahlenwerk, das aufgrund seiner hohen Komplexität erst mit Zeitverzug über eine Betrachtungsperiode berichtete. Unter diesen Bedingungen war die Information für die Leistungsnehmer als Steuerungsinformation i. d. R. uninteressant. Das Ergebnis einer derartigen Fehlorganisation war der Aufbau dezentraler »Controllingfunktionen« (hier zu verstehen als Datenaufbereitung), die parallel und unabhängig von den Zentralbereichen eine eigene Berichterstattung durchführten. Die Kontraproduktivität derartiger Strukturen liegt darin, daß unterschiedliches Zahlenmaterial an unterschiedlichen Stellen existiert, so daß bei kritischen Situationen zunächst entschieden werden muß, welche Daten die erfragten Sachverhalte besser beschreiben.

2.4.3 Datenverarbeitung – Individuelle Insellösung versus Integration

Eines der wohl größten Probleme der HT war und ist die Vielfältigkeit unterschiedlicher DV-Systeme, die nicht durch Online-Schnittstellen, sondern durch Batch-Job-Routinen interaktionsfähig gemacht werden. Derartige Lösungen wurden unter Berücksichtigung individueller Anforderungen der Fachbereiche (zentral und dezentral) konzipiert. Als Vorteil dieser Insellösungen stellte sich die hohe Anpassungsfähigkeit an bereichsspezifische Anforderungen heraus, die in integrierten Systemen in der Regel nicht oder nur durch Inkaufnahme von elementaren Eingriffen in die sogenannten Quellcodes gegeben ist.

Zum Analysezeitpunkt hatte sich die HT bereits entschieden, die Vollintegration mittels SAP-Software systemtechnisch herbeizuführen und die entsprechenden Altsysteme abzulösen. Allerdings erwies sich der Einführungsprozeß als zu langwierig. Ursachen hierfür waren sowohl ein nicht ausreichend effizientes Projektmanagement als auch Mängel der zugrundegelegten Einführungsstrategie. Die erforderlichen Korrekturen wurden aufgrund des hohen Zeitdrucks bereits während der Analysephase vorgenommen, so daß der geplante Einführungs-Endtermin um ein Jahr auf Anfang 1995 vorverlegt werden konnte.

2.4.4 Prozeßadäquate Strukturorganisation versus Lean Management

Es stellte sich heraus, daß die Strukturorganisation der HT nicht prozeßorientiert ausgerichtet war. Aufwendige Hierarchiestrukturen wurden teilweise als prozeßstörend identifiziert, insbesondere dann, wenn Genehmigungsverfahren über eine Vielzahl hierarchischer Ebenen abgewickelt und sinnvolle Entscheidungen durch entsprechende Genehmigungsprocedere verschleppt werden. Es wurde zudem erkannt, daß Lean Management allein nicht die gewünschten Erfolge der Durchlaufzeitverkürzung herbeiführen kann, sondern daß die Entscheidungsvorbereitung prozeßadäquat erfolgen muß, so daß die gewünschte Entscheidung von den jeweiligen Entscheidungsträgern auch ohne eine weitere, zum Teil langwierige Absicherung auf der nächsthöheren Hierarchieebene getroffen werden kann. Die Durchgängigkeit der Strukturorganisation tritt somit in den Hintergrund, da vielmehr die bereichsspezifischen Erfordernisse sowie die Befriedigung der internen wie externen Kundenbedürfnisse den Ausschlag geben. In diesem Zusammenhang hat bei HT ein struktureller Anpassungsprozeß begonnen, der zur Angleichung der Strukturorganisation an die prozessualen Erfordernisse führen soll. Die klassische Darstellung der Aufbauorganisation mittels Organigrammen wurde beispielsweise eingestellt.

2.4.5 Benchmarking

Die HT-Geschäftsprozesse wurden zur Quantifizierung von Effizienzsteigerungs- und Kostensenkungspotentialen hinsichtlich Durchlaufzeiten und Personaleinsatz mit jenen von Wettbewerbern verglichen. Hierbei wurde weniger der nach innen gerichtete »Best-practice-Ansatz« als vielmehr das unternehmensübergreifende Benchmarking angewendet, um nicht »Schlendrian mit Schlendrian« zu vergleichen.

Es wurde Wert darauf gelegt, daß die Vergleichsbasis aus mehreren Unternehmen bestand, um nicht einen Punktwert, sondern eine zu einem Zielkorridor verdichtete Punktwolke als Meßlatte ansetzen zu können. Durch diesen Ansatz sollte den typischen internen Widerständen hinsichtlich des Benchmarking-Ansatzes Rechnung getragen werden. Das Argument, daß ein direkter Vergleich aufgrund unterschiedlicher Unternehmensstrukturen und verschiedener Systeme nicht zulässig sei, konnte somit weitgehend entkräftet werden.

2.4.6 Quantifizierung der Ergebnisse

Die ermittelten Ergebnisse sind in die Kategorien Kostensenkung und Effiziensteigerung unterteilt.

Kostensenkungspotentiale

Das im Rahmen der Geschäftsprozeßoptimierung in den Servicebereichen ermittelte Kostensenkungspotential beträgt rund 21 Mio. DM. Dabei handelt es sich je zur Hälfte um Sachkosten- und Personalkostenpotentiale. Die Sachkostenpotentiale wurden vorwiegend in den logistischen Bereichen Beschaffung und Spedition, die Personalkostenpotentiale weitgehend in den administrativen Einheiten ermittelt. Diesen Einsparungen stehen Investitionen von ca. 2 Mio. DM gegenüber.

Effiziensteigerungspotentiale

Effizienzsteigerungen sollen vor allem durch Reduzierung der Durchlaufzeit und verbesserte Informationsversorgung erreicht werden. Als wettbewerbsentscheidender Faktor soll beispielsweise die Dauer des Freigabeprozesses für den Einsatz alternativer Rohstoffe im Fertigungsprozeß durch die frühzeitigere Einbindung des Einkaufs um ein Drittel verkürzt werden. Auch die Bereitstellung der relevanten Steuerungsinformationen für die Entscheidungsträger soll durch die Vorverlegung der Ist-Berichterstattung vom 19. auf den 12. Arbeitstag des Folgemonats gewährleistet werden. Hierbei greift zudem das Prinzip der gestaffelten Informationsversorgung, so daß bestimmte Informationen (Umsätze, Standardherstellkosten usw.) bereits am 4. Arbeitstag veröffentlicht und anschließend sukzessive ergänzt werden.

2.4.7 Kosten und Nutzen der Geschäftsprozeßoptimierung

Die Geschäftsprozeßoptimierung ist ein aufwendiges Vorhaben, wenn man die von der HT bevorzugte Kombination aus Top-down- (Festlegung der zu analysierenden Prozesse, Entscheidungskompetenzen des Topmanagements) und Bottom-up-Ansatz (Einbindung der unmittelbar an einem Prozeß beteiligten Mitarbeiter, unabhängig von hierarchischen Zuordnungen) wählt. Die Analysephase wurde auf 16 Wochen begrenzt, in denen durchschnittlich ca. 15 HT-Mitarbeiter vollzeitig beschäftigt waren. Zusätzlich muß auf der Kostenseite das Honorar für einen Unternehmensberater berücksichtigt werden.

Der quantifizierte Nettonutzen in Höhe von 21 Mio. DM abzüglich der erforderlichen Investitionen von 2 Mio. DM verspricht jedoch eine hohe Rendite auf das eingesetzte Kapital. Hinzu kommt der immaterielle Nutzen der unmittelbaren Mitarbeiterschulung im Rahmen der Prozeßdurchdringung sowie der Übertragung des prozeßorientierten Gedankengutes auf eine Vielzahl von Mitarbeitern in relativ kurzer Zeit.

3. Umsetzung der Analyseergebnisse

Im direkten Anschluß an die viermonatige Analysephase wurde unmittelbar nach der Entscheidung durch den Vorstand und der Zustimmung der Arbeitnehmervertretungen mit der Umsetzung der Projektergebnisse begonnen. Die Umsetzungsphase wurde zunächst durch den externen Berater begleitet, um den Umsetzungsprozeß zu initiieren und eine Koordinierungsroutine für die vielfältigen Einzelmaßnahmen sicherzustellen.

3.1 Projektorganisation in der Umsetzungsphase

Das Projektteam besteht seitens HT weiterhin in nahezu unveränderter Form. Auf die konzeptionelle Unterstützung des Beraters wurde nach einer viermonatigen Koordinierungsphase verzichtet. Seit Anfang 1994 wird die Umsetzung in Eigenregie betrieben.

3.2 Personelle Veränderungen

Die Unternehmensleitung hat der Komplexität der Aufgabenstellung unter anderem durch personelle Neubesetzungen entscheidender Positionen Rechnung getragen. Hierbei handelt es sich teilweise um Schlüsselpositionen der Servicebereiche, so daß eine zügige Umsetzung der Maßnahmenpakete durch Verzahnung von projektorientierter Arbeitsweise mit der direkten Umsetzung im entsprechenden Fachbereich gewährleistet ist.

3.3 Umsetzung der Maßnahmenpakete

Die Maßnahmenpakete sind zu unterscheiden in solche, die sich prozeßspezifisch und damit relativ problemlos umsetzen lassen, und solche, die prozeßübergreifend und damit interdisziplinär gehandhabt werden müssen. Die prozeßspezifischen Maßnahmen sind zu einem Großteil bereits realisiert. Erforderliche Anpassungen, wie die verbesserte DV-Unterstützung mittels PC oder durch sonstige Hilfsmittel, konnten zügig umgesetzt werden. Die mit diesen Maßnahmen verbundenen Einsparungspotentiale werden teilweise bereits in 1994, spätestens jedoch 1995 in voller Höhe ergebniswirksam. Derartige Maßnahmen sind beispielweise:

- Beschaffung von Handelsware über den Einkauf,
- Standardisierung von Packmitteln,
- Ausweitung der Bestellabwicklung über Rahmenkontrakte,
- dezentraler Ausdruck von Lieferetiketten in den Versandlägern,
- Stichprobenprüfung von Eingangsrechnungen bei ausgewählten Lieferanten,
- Nebengeschäftsfakturierung über ein integriertes System,
- gestaffelte Informationsversorgung zum frühestmöglichen Zeitpunkt,
- Einführung eines neuen CAD-Systems,
- Beschleunigung des Bewerberauswahlverfahrens.

Als besonders schwierig in der Umsetzung erweisen sich jedoch die prozeßübergreifenden Maßnahmen. Ausschlaggebend hierfür ist die Abhängigkeit einer Einzelmaßnahme von der einem Prozeß vorgelagerten Grundsystematik.

3.3.1 DV-Integration

Die erfolgreiche Systemintegration kann ausschließlich auf der Basis von Standardsoftware erfolgen. Dem Begriff »Standard« ist bereits zu entnehmen, daß es sich bei derartigen Systemen um offene Systeme handelt, die zwar unternehmensspezifische Anpassungen berücksichtigen können, jedoch in ihrer originären Ausrichtung weitgehend einer einheitlichen Systematik folgen. Der Einsatz von Standardsoftware mag bei einem einfach strukturierten Unternehmen problemlos sein, doch für die HT erweist sich dieser Weg aufgrund unterschiedlicher Fertigungsstrukturen als steinig. Die Kombination aus Serien-, Chargen-, Lager- und kundenauftragsspezifischer Fertigung wird derzeit durch die Anbieter kommerzieller Software nicht hinreichend berücksichtigt. Besonders problematisch ist in diesem Zusammenhang der Zugriff eines integrierten Systems auf Stammdatenbanken, in denen sich möglicherweise nicht oder nur begrenzt vergleichbare Daten befinden. Die Lernkurven, die sich nach der Einführung von Teilmodulen in mehreren Bereichen ergeben müßten, erreichen daher nicht die gewünschte Form. Hinzu kommt, daß die spezifischen Bedürfnisse der Fachbereiche durch die bisherigen Individuallösungen weitestgehend befriedigt werden konnten – ein Vorteil, der bei einer Standardlösung verlorengeht.

Es gibt daher auch im fortgeschrittenen Stadium der Vollintegration immer wieder kritische Stimmen, die die alten Systeme bevorzugen und ihre Ablösung durch entsprechende Zurückhaltung immer wieder hinausschieben.

3.3.2 Berichtswesen

Das HT-Berichtswesen ist zu unterteilen in das den handels- und steuerrechtlichen Vorschriften Rechnung tragende externe Berichtswesen einerseits und das die relevanten Steuerungsinformationen bereitstellende interne Berichtswesen andererseits. Die klassische Trennung beider Berichtskreise wird durch die DV-Integration teilweise aufgehoben, das heißt, beide Funktionsbereiche sind in sämtlichen Geschäftsprozessen unmittelbar miteinander verzahnt. Ausschlaggebend hierfür ist die Durchbuchung sämtlicher Geschäftsvorfälle auf die Finanzbuchhaltungskonten, bei denen entsprechende Kostenrechnungsobjekte, je nach Vorgabe, mit angezogen werden.

Die HT hat ihr internes Berichtswesen bislang stark an den Erfordernissen der externen Berichterstattung ausgerichtet, obwohl die einzige definierte Schnittstelle beider Bereiche in der Bestandsbewertung der fertigen und unfertigen Erzeugnisse im Umlaufvermögen zu sehen ist. Bei HT folgen die Bewertungsansätze den Ansatzpflichten des Steuerrechts. Die zugrunde liegende Kostenrechnungssystematik folgt dem Gedanken einer flexiblen Plankostenrechnung auf Vollkostenbasis. Diese Systematik bedingt eine komplexe interne Leistungsverrechnung, die sowohl in der Planung wie auch in der Ist-Berichterstattung erhebliche Personalkapazitäten bindet, dadurch jedoch nicht an Aussagefähigkeit gewinnt. Im Rahmen der Geschäftsprozeßoptimierung sollte daher der Übergang auf die Deckungsbeitragsrechnung mit stufenweiser Fixkostendeckung als entscheidungsorientierte Kostenrechnung erfolgen, um Komplexitäten abzubauen, Interpretationen zu vereinfachen und kostentreibende Faktoren unmittelbar am Entstehungsort identifizieren zu können. Dieses Vorhaben erweist sich als zeitaufwendig, da der mit dieser Veränderung verbundene Umdenkungsprozeß bei allen HT-Mitarbeitern erheblicher Vorarbeiten bedarf. Die veränderte Kostenrechnungssystematik, mit der eine Vielzahl prozessualer Verbesserungen direkt verknüpft ist, konnte 1994 nicht planmäßig umgesetzt werden. Der geplante Zeithorizont für derart komplexe Problemlösungen erwies sich als zu kurz, da bereits die Budgetplanung für das Folgejahr der veränderten Grundsystematik Rechnung tragen muß. Das Vorhaben wurde somit um ein Jahr verschoben.

3.3.3 Verändertes Anforderungsprofil an die Mitarbeiter

Als schwerstes Umsetzungshindernis erweisen sich die Denkgewohnheiten in einem Unternehmen. Die Prozeßorientierung einiger weniger Mitarbeiter reicht keineswegs aus, um die ganzheitliche Betrachtungsweise unternehmensweit voranzutreiben. Die wohl größte Barriere stellen diejenigen Mitarbeiter dar, die zum Teil jahrzehntelang an einer Orientierung über den eigenen Funktionsbereich hinaus gehindert wurden. Solche Mitarbeiter tun sich besonders schwer, wenn eben diese Betrachtungsweise durch die Prozeßorientierung gefordert wird. Zu den mentalen Hindernissen kommen fachliche Schwachstellen erschwerend hinzu. Durch die funktionale Ausrichtung ist vielen Mitarbeitern der Gesamtprozeß nicht bekannt. Zum Ausgleich ist ein gesteigertes persönliches Engagement des einzelnen Mitarbeiters notwendig, der sich nun in Aufgabengebiete seiner Kollegen einarbeiten und vor allem eindenken muß. Zudem wird gefordert, daß die Auswirkungen des eigenen Handelns innerhalb eines Geschäftsprozesses und gegebenfalls auch darüber hinaus berücksichtigt werden.

Es erscheint nicht verwunderlich, daß einige Mitarbeiter diesem Umdenkungsprozeß nicht folgen können oder wollen. Es muß somit sehr genau darauf geachtet werden, daß insbesondere die bisherigen Know-how-Träger den Weg zur Prozeßorientierung begleiten und nicht innerlich kündigen.

3.4 Realisierte Einsparungspotentiale

Von den insgesamt rund 21 Mio. DM, die als Einsparungspotential erarbeitet wurden, werden 1994 mehr als 6 Mio. DM ergebniswirksam realisiert. Damit bleibt die HT aufgrund der geschilderten Umsetzungsprobleme ca. 2 Mio. DM unterhalb der erwarteten Einsparungen. 1995 werden demgegenüber voraussichtlich mehr als 14 Mio. DM ergebniswirksam (Plan: 11 Mio.), was auf eine beschleunigte Umsetzung der prozeßspezifischen Einzelmaßnahmen und die Übernahme weiterer Unternehmensbereiche in das integrierte DV-System zurückzuführen ist.

4. Kritische Würdigung

Die HT hat in einer angespannten Geschäftssituation das Projekt »Optimierung der Geschäftsprozesse in den Servicebereichen« gestartet. Die an dieses Projekt geknüpften Erwartungen sind in vielerlei Hinsicht übertroffen worden.

Die gewählte Vorgehensweise einer Detailanalyse unter Einbeziehung der jeweiligen Sachbearbeiter hat sich als überaus sinnvoll erwiesen, da die Identifikation des einzelnen Mitarbeiters mit der Prozeßneuausrichtung durch aktive Mitarbeit gefördert wird. Die durch diesen Ansatz ermittelten Kostensenkungs- und Effizienzsteigerungspotentiale hatte die Unternehmensleitung in der erwähnten Größenordnung nicht erwartet. In der Phase der Entscheidungsfindung erwies sich die Unterstützung durch die prozeßspezifischen Arbeitsteams ebenfalls als förderlich, da die unmittelbar an einem Prozeß beteiligten Mitarbeiter hinter den von ihnen ermittelten Potentialen standen und somit auch die Überzeugung der Arbeitnehmervertretungen problemlos verlief. Die Arbeitnehmervertretungen waren ihrerseits positiv überrascht von dem Engagement der einbezogenen Mitarbeiter, so daß die erarbeiteten Verbesserungsvorschläge auch von dieser Seite akzeptiert und unterstützt werden.

Durch die Detailaufnahme der Prozesse wurden die signifikanten Schwachstellen schnell deutlich. Dabei erwies sich die detaillierte Aufnahme der einzelnen Arbeitsstufen als vorteilhaft, da die Kernprobleme nicht, wie häufig vermutet, ausschließlich in der generellen Systematik, sondern vielmehr im Detail stecken. Die Hinweise auf derartige Schwachstellen wären durch eine Top-down-Vorgehensweise nicht oder bestenfalls zufällig aufgedeckt worden.

Die aufgedeckten Schwachstellen, die durch eine dem betrachteten Prozeß vorgelagerte, fehlerhafte Systematik verursacht wurden, waren Führungskräften der HT sicherlich zum überwiegenden Teil auch vor dem Projektstart bekannt. Dennoch konnte die Detailanalyse wichtige Hinweise über das Ausmaß dieser Schwachstellen liefern und die Forderung einer generellen Anpassung unterstützen.

Es muß allerdings auch erwähnt werden, daß die reine Prozeßoptimierung gerade bei den großen systematischen Fehlerursachen an ihre Grenzen stößt. Insbesondere dort, wo Systembrüche die Ineffizienz mehrerer Geschäftsprozesse bedingen, sind die erforderlichen Anpassungen teilweise langwierig und schwer umsetzbar. Im Zuge der Umstellung der relevanten Systeme stellt sich zunehmend heraus, daß einige Schwachstellen zwar bereinigt werden können, die verfügbaren Systeme jedoch nicht durchgängig in der Lage sind, den Soll-Prozeß unverändert abzubilden, so daß evtl. Kompromisse erforderlich werden.

Das größte Realisierungshemmnis stellen starre Denkstrukturen von Mitarbeitern dar. Hiermit sind nicht die unmittelbar am Projekt beteiligten Mitarbeiter gemeint, sondern diejenigen, die ihr Tagesgeschäft mit traditionellen Hilfsmitteln abwickeln. Doch gilt es, gerade diese Mitarbeiter auf dem Weg zur Prozeßorientierung »mit ins Boot zu holen«. Diese Aufgabe ist schwierig und langwierig, da zum einen der einzelne Mitarbeiter nicht überfordert werden darf, zum anderen der Projektfortschritt im Rahmen der vereinbarten Realisierungszeitpunkte sichergestellt werden muß. Die sich hieraus ergebende Verantwortung lastet auf einer begrenzten Anzahl von Mitarbeitern, die dafür Sorge tragen müssen, daß ihr Know-how und ihre Motivation auf alle übrigen Mitarbeiter überspringen. Um dieser Anforderung gerecht werden zu können, ist neben einem weit überdurchschnittlichen Arbeitseinsatz das Fachverständnis der Detailprobleme unabdingbar notwendig, da somit die Akzeptanz im eigenen Mitarbeiterkreis gestärkt wird. Es ist daher von Vorteil, gerade diese Mitarbeiter in verantwortungsvolle Positionen zu bringen.

Die Prozeßoptimierung erfordert einen Umdenkungsprozeß im Gesamtunternehmen – ein Vorhaben, das die Kräfte bei HT noch einige Zeit in Anspruch nehmen wird.

Deutz-Fahr Traktor
Prozeßorientierte Reorganisation zur nachhaltigen Verbesserung der Wettbewerbsfähigkeit

Siegfried Wickert, Christian F. Mayer

1. Deutz-Fahr Traktor – ein Unternehmen im Umbruch

Der Geschäftsbereich Deutz-Fahr Traktor der Klöckner-Humboldt-Deutz AG (KHD) stellt am Standort Köln-Kalk Traktoren der Leistungsklassen 34 bis 170 kW her. Bei einem Marktanteil von über 5 % in Westeuropa wurde 1993 ein Umsatz von 516 Mio. DM erzielt. Wie andere Traktorenhersteller auch, litt Deutz-Fahr Traktor unter einem Markteinbruch, in dessen Folge die Produktion von 1986 bis 1993 um zwei Drittel sank. Trotz Anpassungen der Produktionsstruktur und des Personalaufwandes waren aufgrund des extremen Verdrängungswettbewerbs weitere Schritte zur Verbesserung der Konkurrenzfähigkeit notwendig. Aus diesem Grund entschloß sich die Geschäftsleitung der Deutz-Fahr Traktor im Herbst 1993, die Produktionsprozesse umfassend neu zu gestalten. Begonnen wurde mit dem zentralen Prozeß der Produktion, der Kraftsatz- und Endmontage. Die Reorganisations- und Rationalisierungsanstrengungen von Deutz-Fahr Traktor, die auf grundlegende Gedanken des *Kaizen* und Reengineering Bezug nehmen, wurden unterstützt durch Roland Berger & Partner.

2. Symptome und Problemursachen

Zu Beginn des Reengineering-Projektes hatte die Werksleitung im wesentlichen folgende Problemfelder identifiziert: verkettete EDV-gesteuerte Systeme, aufwendige Logistik und Montagequalität. Im Rahmen von Qualitäts- und Rationalisierungsprojekten konnten in den vergangenen Jahren zwar Verbesserungen erreicht werden, die Ursachen dieser Probleme konnten jedoch nicht vollständig behoben werden.

Die Ursachen der Probleme lagen vor allem in Unzulänglichkeiten im Produktionsprozeß und in den der Produktion vorgelagerten Prozessen. Dazu gehörten Fehler, überflüssige Tätigkeiten und zu starke Arbeitsteilung sowie vielfältige Formen der Ressourcenverschwendung. Als Ziel wurde daher festgelegt, diese Unzulänglichkeiten des Produktionsprozesses durch eine Kombination von dem Reengineering und *Kaizen* entlehnten Maßnahmen zu eliminieren, um in einem dynamischen Wettbewerb auf Dauer bestehen zu können.

3. Vorgehensweise

Aufgrund unserer Erfahrungen hängen das Ausmaß und die Nachhaltigkeit organisatorischer Veränderungen im allgemeinen und prozeßorientierter Reorganisationen im speziellen von der Beachtung zweier Verfahrensprinzipien ab:

- ganzheitlicher Ansatz,
- konsequentes Veränderungsmanagement.

Umfassendere Reorganisationsprozesse innerhalb von Unternehmen berühren eine Reihe von interdependenten Gestaltungsbereichen, die in Abstimmung miteinander zu analysieren und zu verändern sind, um Suboptima zu vermeiden. Diese Gestaltungsbereiche lassen sich zusammenfassen zu den Komplexen „Strategie/Ziele“, „Struktur- und Prozeßorganisation“, „Mitarbeiter und Führung“ sowie „Produktions- und Informationstechnik“. Um ein Gesamtoptimum zu erreichen, genügt es nicht, einen dieser Bereiche zu verändern, ohne auch Anpassungen in den anderen Bereichen vorzunehmen. Anhand unserer Projekterfahrungen möchten wir dies kurz verdeutlichen.

Vormontageschritte können beispielsweise erst dann in die Montagelinie integriert werden, wenn die dort arbeitenden Mitarbeiter in Gruppen organisiert sind. Die Arbeit in Gruppen funktioniert aber erst, wenn die Werker zumindest mehrere, im Idealfall alle Arbeitsinhalte der Gruppe beherrschen. Die durch die Integration der Vormontagen freiwerdende Fläche kann dann für ein montagenahes Lager genutzt werden. Letzteres ermöglicht zusammen mit der Gruppenarbeit eine Optimierung der Materialbereitstellung. Diese macht eine Änderung der technologischen Systemkomponenten (Anlagen und EDV) erforderlich, schafft aber weiteren Platz und verringert die Umlaufbestände. Dadurch freiwerdendes Kapital finanziert den Aufbau des bandnahen Lagers.

Das hier nur angedeutete Geflecht von Kausalitäten macht plausibel, daß letztlich nur ein *ganzheitlicher Optimierungsansatz* zu einer nachhaltigen Problembeseitigung und Verbesserung der Wettbewerbsfähigkeit führt. Diese Erkenntnis machten wir uns zu eigen (vgl. Abbildung 1). Im Zentrum unseres Vorgehens standen dabei die in den Fertigungs- und Logistikprozeß involvierten Mitarbeiter, deren Mitwirkung, Veränderungsbereitschaft und Höherqualifizierung eines unserer zentralen Ziele war.

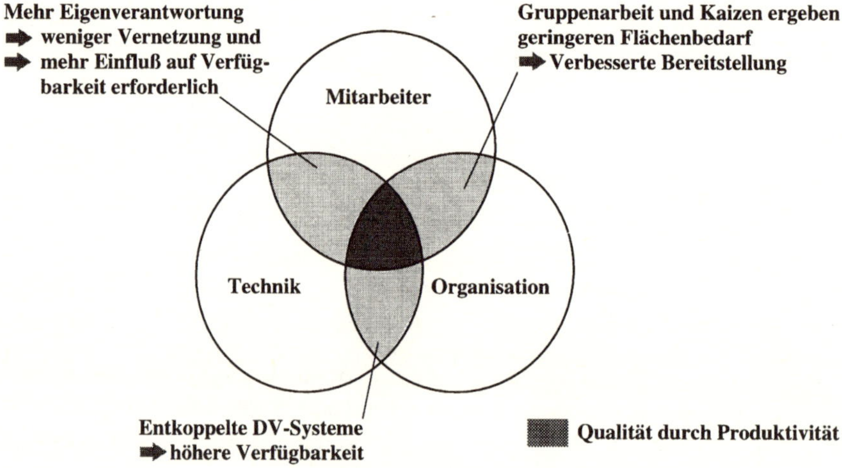

Abbildung 1: Ein ganzheitlicher Optimierungsansatz

Da nachhaltige Veränderungen bzw. Effizienzverbesserungen eines gesteuerten Prozesses organisatorischen Wandels bedürfen, ist für uns ein *konsequentes Veränderungsmanagement* der zweite wichtige Erfolgsfaktor unseres Reorganisationsprozesses. Dabei reicht es bei weitem nicht aus, grundlegend neue Organisations- und Managementkonzeptionen zu entwickeln oder zum Beispiel kreative neue Anwendungsmöglichkeiten neuer Technologien zu beschreiben. Allzu häufig versanden diese von klugen Köpfen ausgedachten Ideen, wenn es darum geht, sie in den operativen Einheiten gemeinsam mit den Betroffenen umzusetzen. Um dies zu verhindern, ist es unerläßlich, daß der gesamte Reorganisationsprozeß, von der Strategieableitung über die Ist-Analyse und Konzeption bis hin zur Umsetzungsplanung und der schrittweisen Implementierung, konsequent gesteuert wird. Wir bildeten daher ein übergeordnetes Steuerungsgremium, das insbesondere gewährleistete, daß

- der Veränderungswille allen Mitarbeitern der Geschäftsleitung verdeutlicht wurde,
- Top-down-Ideen und Verhaltensveränderungen initiiert wurden,
- Projekt- und Implementierungsfortschritte erkannt und ggfs. Barrieren beseitigt wurden sowie
- der gesamte Prozeß von der Konzeption bis hin zur Umsetzung ausreichende Managementimpulse erhielt.

Wir gingen bei unserer prozeßorientierten Reorganisation in zwei Stufen vor. Zum einen bevorzugten wir insbesondere in den ersten Projektphasen (Strategie, Konzept) einen Top-down-Ansatz, der – in gewissem Sinne wie bei der derzeit unter dem Begriff Business Process Reengineering zusammengefaßten Vorgehensweise – sicherstellte, daß grundlegende Veränderungen und übergeordnete Strategien und Werksziele ausreichend berücksichtigt wurden. In den weiteren Projektphasen gingen wir dann mehr dazu über, mit den Mitarbeitern – im Sinne des *Kaizen* – evolutionäre Verbesserungen zu erarbeiten.

Im weiteren möchten wir besonders die zweite Stufe unseres Reorganisationsprojekts näher beschreiben, da sie – wie gesagt – den wesentlichen Baustein einer nachhaltigen Verbesserung der Wettbewerbsfähigkeit darstellt. Im Mittelpunkt stehen die Mitarbeiter, vom Montagearbeiter bis zum Management, und deren gemeinsamer, konsensbildender Dialog.

3.1 Mitarbeiter

Deutz-Fahr Traktor verwendete Reengineering nicht im „klassischen" Sinn. Wir sind zu der Überzeugung gelangt, daß Reorganisationsprozesse nur mit Unterstützung der Mitarbeiter gelingen und haben daher im Rahmen einer prozeßorientierten Vorgehensweise einen mitarbeiterzentrierten Ansatz gewählt.

Grundsätzlich werden alle Vorschläge zum Reengineering bzw. zum *Kaizen* von Prozessen unter Beteiligung der Mitarbeiter arbeitsplatznah (japanisch: *Gemba*) entwickelt. Hier liegt für uns der entscheidende Unterschied zu anderen Reengineering-Ansätzen: Es werden keine langwierigen theoretischen Diskussionen zur Entwicklung detaillierter Konzepte für den gesamten neuen Prozeßablauf geführt. Vielmehr werden vor Ort Lösungen für die erkannten Probleme erarbeitet und direkt umgesetzt, auch wenn damit möglicherweise zunächst nur 80 Prozent der optimalen Lösung erreicht werden. Diesem Vorgehen liegt die Erkenntnis zugrunde, daß ein vollständiges Problemverständnis und ein umfassender Lösungsansatz niemals in einem Schritt erarbeitet werden können. Zuerst machten wir uns an die Optimierung des Montagebandes. Die Betrachtung der Schnittstellen zu vor- und nachgelagerten Prozessen führte zu definierten Anforderungen an Materialbereitstellung/Logistik und Technik, die in weiteren Schritten optimiert wurden.

Der zweite wichtige Grundsatz einer prozeßorientierten Vorgehensweise ist unseres Erachtens die Teamarbeit bei der Identifizierung und Umsetzung von Problemlösungen. Das wichtigste Ergebnis des Projektes besteht nicht allein in den vordergründig sichtbaren großen Erfolgen bei der bislang erfolgten Reorganisation des Produktionsprozesses, d. h. des Kraftsatz- und Montagebandes, sondern darüber hinaus auch in der Schaffung eines leistungsfähigen Teams von Mitarbeitern, das in der Lage ist, die begonnenen Aktivitäten auch in den anderen Bereichen der Produktion fortzuführen. Die Schritte, die zur Ausbildung der im folgenden als „*Kaizen*-Team“ bezeichneten Gruppe führten, und die Aktivitäten am Montageband sowie in den Hilfsprozessen sind in Abbildung 2 zusammengefaßt.

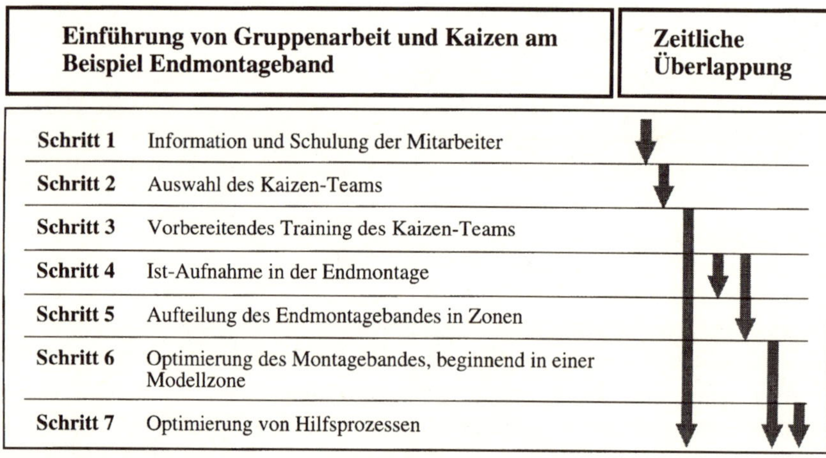

Abbildung 2: Vorgehensweise zur kontinuierlichen Produktionsprozeß-Verbesserung

Schritt 1: Information und vorbereitende Schulung der Mitarbeiter

Zunächst wurden die betroffenen Mitarbeiter über Inhalt und generelle Zielsetzung des Projektes sowie die sie betreffenden Anforderungen seitens des Unternehmens informiert. Dabei wurden nicht nur die Ziele bezüglich Produktivitäts- und Qualifikationsverbesserungen vorgestellt, sondern auch die Pläne zur Verbesserung der Arbeitsplätze durch Abbau der Monotonie und ungleichmäßiger Beanspruchung sowie durch Optimierung der Ergonomie.

Weitergehende Schulungen wurden, wie in den nächsten Schritten angegeben, während der gesamten Projektlaufzeit begleitend durchgeführt.

Schritt 2: Auswahl des Kaizen-Teams

Die Team-Mitglieder wurden in Zusammenarbeit mit der Werksleitung und dem Produktionsmanagement ausgewählt. Als besonders wichtig hat sich die direkte organisatorische Zuordnung des *Kaizen*-Teams zum Werksleiter erwiesen, da auftretende Probleme nur hierdurch sofort und umfassend beseitigt werden können (vgl. Abbildung 3).

Abbildung 3: Das *Kaizen*-Team

Im Verlauf des Projektes hat es sich als zweckmäßig erwiesen, einen ausgebildeten Werkzeugmacher in das Team aufzunehmen, da dieser die Durchführbarkeit der erarbeiteten Maßnahmen und den damit verbundenen Aufwand direkt abschätzen konnte. Um eine schnelle Umsetzung der geplanten Maßnahmen zu gewährleisten, wurde dem *Kaizen*-Team der Zugriff auf den Werkzeug-/Vorrichtungsbau, die Qualitätssicherung, die Konstruktion, die Materialwirtschaft/EDV sowie die Anlagenplanung und Instandhaltung ermöglicht.

Schritt 3: Vorbereitendes Training des Kaizen-Teams

Die Mitglieder des *Kaizen*-Teams nahmen an einem vorbereitenden 2-Tage-Seminar teil und führten einwöchige Umsetzungs-Workshops durch. Hierbei wurden sie zunächst darin geschult, Verschwendung zu erkennen und zu beseitigen. Anschließend wurden dem *Kaizen*-Team einfache Aufgaben außerhalb des Montagebandes – z. B. Aufräumen und Verbessern von Vormontagen – übertragen. Dieses Training diente dazu, die Vorgehensweise einzuüben und das Vertrauen der Mitarbeiter zu gewinnen. Hierbei wurden die folgenden Ansätze verwirklicht:

- Sauberkeit und Ordnung am Arbeitsplatz einführen,
- Wertschöpfung und Verschwendung erkennen,
- eigenverantwortlich Arbeitserleichterungen schaffen,
- Fertigungs-Layout durch Integration der Vormontagen und bessere Anordnung von Material, Werkzeugen und Vorrichtungen optimieren,
- Qualität durch Standardisierung der Prozesse sichern,
- Flexibilität durch Mehrfach-Qualifikation der Werker.

Die Komplexität des Produktes Traktor mit seiner anspruchsvollen Technik in den Bereichen Getriebe, Hydraulik, Elektronik und Fahrerhaus erfordert Schulung und Training der Mitarbeiter. Um diesen Schulungsbedarf sowie die Einsatzmöglichkeiten der Gruppenmitglieder transparent zu machen, wurden die Fähigkeiten der Team-Mitglieder in Form einer sogenannten ILU-Qualifikations-Matrix zusammengestellt (vgl. Abbildung 4).

Schritt 4: Ist-Aufnahme in der Montage

Um einen Vergleich mit der Ausgangssituation anstellen und die erreichte Verbesserung bewerten zu können, erfolgte eine Bestandsaufnahme vor Ort mit allen relevanten Produktionsdaten (Personalstand, produziertes Programm, Layout, Qualitätsniveau, etc.).

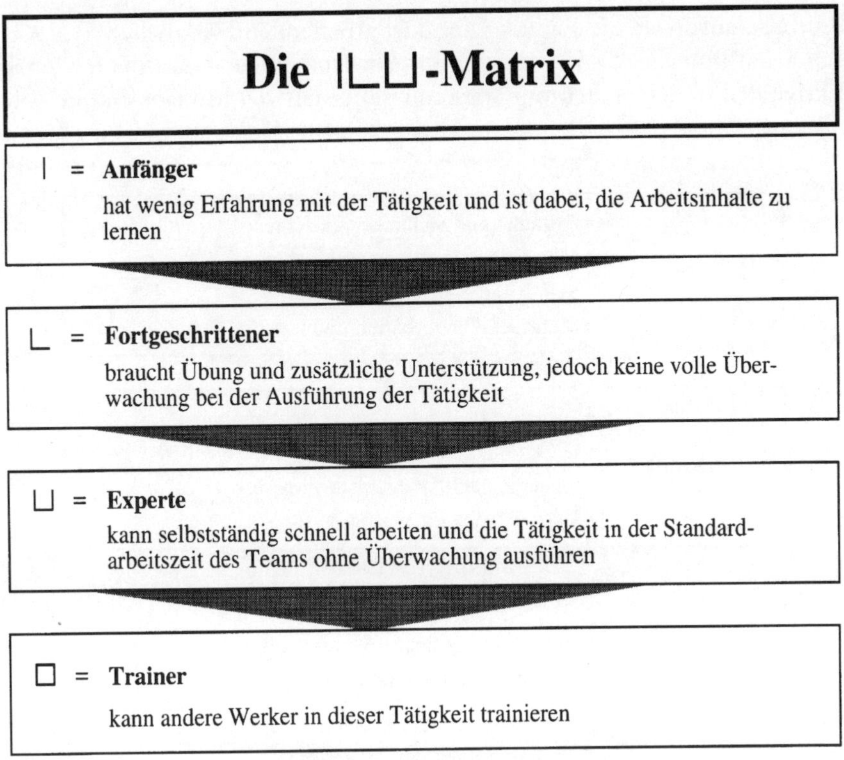

Abbildung 4: Die ILU-Qualifikations-Matrix

Schritt 5: Aufteilung des Montagebandes in Zonen

Das Endmontageband wurde in drei, das Kraftsatzband in zwei Zonen aufgeteilt. Jede Zone stellt einen definierten Produktionsabschnitt dar, dem eine Gruppe aus 10 bis 15 Mitarbeitern unter Leitung eines ehemaligen Springers zugeordnet wurde. Folgende Gruppenzusammensetzung hat sich im eingeschwungenen Zustand als ideal erwiesen:

- ein Springer (Gruppensprecher),
- sieben Monteure,
- ein Variantenmann,
- ein Bereitsteller.

Schritt 6: Optimierung des Montagebandes

Nachdem das Montageband gegliedert war, schuf das *Kaizen*-Team zunächst eine „Modellzone“. Ausschlaggebend für die Auswahl der Zone waren der

Prozeßablauf sowie die Eignung der dort arbeitenden Mitarbeiter. Das *Kaizen*-Team und die Werker trainierten acht Monate lang „on-the-job". Die Aktivitäten in der Modellzone während der ersten vier Monate sind in Abbbildung 5 dargestellt.

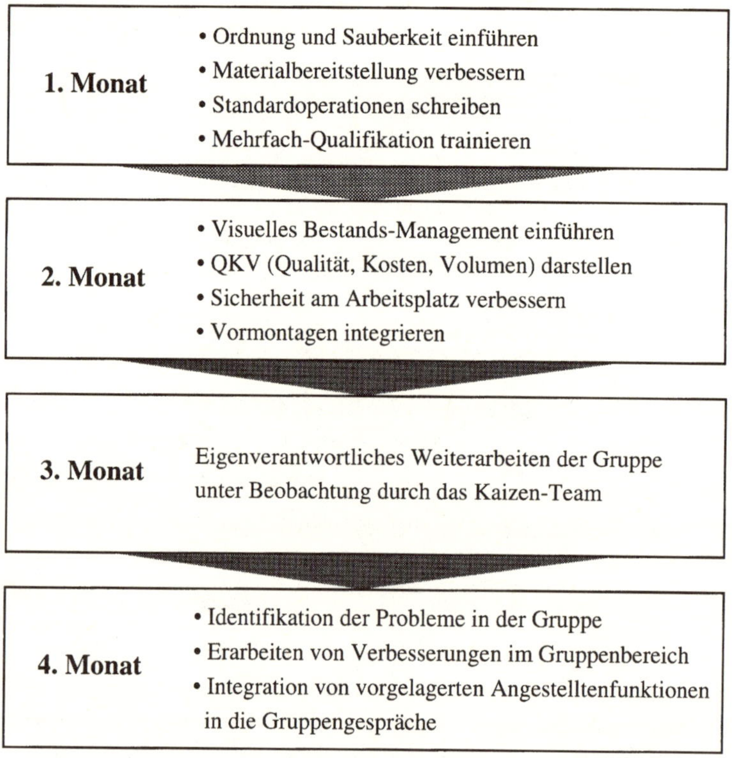

Abbildung 5: Aktivitäten in der Modellzone des Endmontagebandes

Wesentliche Bestandteile des Vorhabens waren auch eine offene Informationspolitik (Stellwände, Werkszeitung) und die ständige Integration des Betriebsrates, um Akzeptanz bei allen zu gewährleisten. Schulungen zu folgenden Themen wurden zusätzlich zum „Training-on-the-job" durchgeführt:

Gruppenmanagement, Konfliktbewältigung, Führungsverhalten und soziale Kompetenz für das *Kaizen*-Team sowie Springer, Bandführer und Meister,

- „Professionelles Produktionsmanagement" (Visuelles Management, Erstellen von Standardoperationen, Ergonomie am Arbeitsplatz) für Springer, Bandführer und Meister,

- „Durchführung von Bestellungen am Rechner" für die Bereitsteller.

In unmittelbarer Nähe der Modellzone richtete die Gruppe eine Gesprächsecke mit Stellwänden ein. Zum Arbeitsende findet dort ein zehnminütiges Gruppengespräch statt. Die hierbei entwickelten Problemlösungsansätze werden möglichst am nächsten Tag umgesetzt, damit deutlich wird, daß die Eigenverantwortung der Mitarbeiter und die vorgeschlagenen Maßnahmen ernst genommen werden.

Zur Förderung des Teamgeistes und der Motivation der Werker ist es wichtig, daß die ganze Führungsmannschaft nicht nur durch Worte, sondern durch ihr Vorbild führt. Das bedeutet beispielsweise, daß auch der Werksleiter regelmäßig „in *Gemba*" ist, an Gruppengesprächen teilnimmt und die Umsetzung von Verbesserungen erforderlichenfalls zur Chefsache macht. Um eine positive Unternehmenskultur zu bilden, müssen Probleme von den Werkern offen und ehrlich angesprochen werden können, um sie sofort mit Nachdruck anzugehen.

3.2 Organisation

Der Schwerpunkt der Verbesserungsansätze im Bereich Organisation lag in der Neugestaltung und Vereinfachung des Prozesses der logistischen Kette, da während der Arbeit in der Modellzone schnell deutlich wurde, daß die Materialbereitstellung bzw. der dahinterstehende Logistikprozeß Schwierigkeiten am Band verursachte. Mit Unterstützung von Mitarbeitern aus den Funktionen Materialwirtschaft, Logistik, Technik und EDV definierte das *Kaizen*-Team daraufhin eine Reihe von Maßnahmen und setzte diese um:

- Verkürzung der Prozeßkette vom Lieferanten bis zum Anbau des Zulieferteiles an den Traktor,
- Verbesserung der Materialverfügbarkeit,
- Reduzierung der Handhabung im Lager,
- Wegfall des Kommissionierens bei 80 % der Teile,
- Reduzierung der Wegezeiten in der Montage,
- Reduzierung der Umlaufbestände,
- Einführung der retrograden (d. h. vom Fertigprodukt zurückrechnenden) Bestandsführung.

Die Verkürzung der Prozeßkette durch Eliminierung nicht wertschöpfender Teilprozesse ist in Abbildung 6 dargestellt.

Die Optimierung der logistischen Kette erforderte gravierende Änderun-

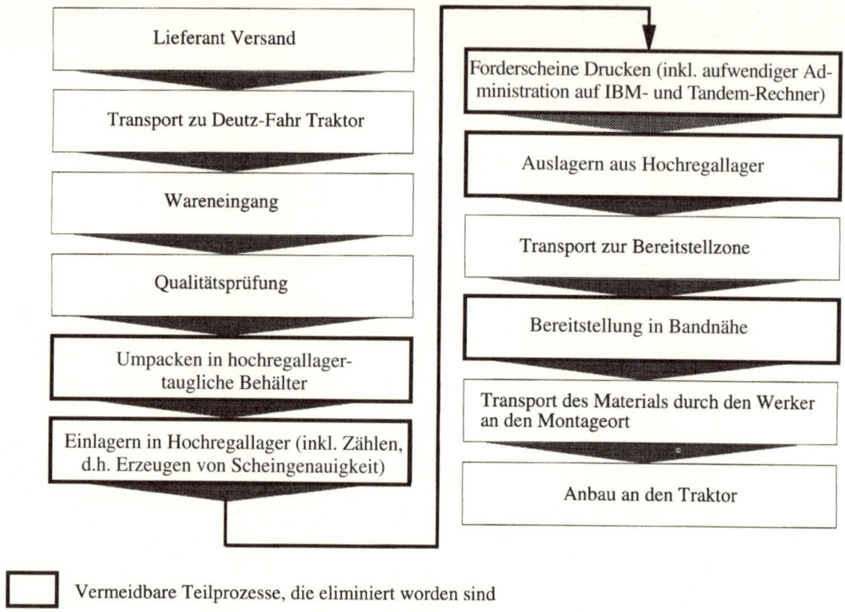

Abbildung 6: »Reengineering« des Logistikprozesses

gen in der organisatorischen Handhabung des Materials. Im Gegensatz zur alten Vorgehensweise, bei der Material eingelagert und danach – gesteuert durch stückzahlgenaue Forderscheine – gezählt und wieder ausgelagert wurde, erlaubt die neue Systematik das „Durchschieben" von Behältern mit fester Füllmenge vom Wareneingang an die Bedarfsstelle am Montageband. Damit wurde die Bestandsverantwortung von einer externen Lagerverwaltung direkt dem Bereitsteller vor Ort übertragen. Ein EDV-System unterstützt die Bereitsteller bei ihrer Arbeit. Es vergleicht kontinuierlich die Bestandsbewegungen aufgrund von Buchungen von *Kanban*-Karten und der retrograden Bestandsführung und druckt bei eventuellen Abweichungen Warnungen aus. Ein weiteres langfristiges Ziel der neuen Abwicklung besteht darin, auch den Aufwand für Wareneingangskontrolle und Qualitätsprüfung durch entsprechende Vereinbarungen mit den Lieferanten zu reduzieren.

Bei der Einführung des *Kanban*-Systems wurden die bestehenden großen Blechbehälter durch leichte Kunststoffbehälter unterschiedlicher Größe, wie sie auch in der Automobilindustrie eingesetzt werden, abgelöst. Damit entstand die Möglichkeit, alle Teile direkt an den Bedarfsstellen zu plazieren. Darüber hinaus konnte auf eine Reihe von Handhabungsvorgängen sowie auf ein automatisches Hochregallager mit 10000 Stellplätzen verzichtet werden. Durch diese Optimierung des Materialflusses wurden die Umlaufbestände gesenkt und die Auftragsdurchlaufzeiten verkürzt.

3.3 Technik

Im Ausgangszustand wurden die einzelnen technischen Systeme Lackieranlage, Kabinenmontage, Kraftsatzmontage, Endmontage, Fördertechnik und automatisiertes Hochregallager von zentralen Rechnersystemen gesteuert. Unerwünschte Wechselwirkungen zwischen den technischen Systemen führten zu einer unbefriedigenden technischen Systemverfügbarkeit. Außerdem hatten die Mitarbeiter keine Möglichkeit, den durch die zentrale Struktur bedingten Störungen entgegenzuwirken. Die Analyse der technischen Prozesse hatte zum Ziel, diese Wechselwirkungen zu entflechten (vgl. Abbildung 7).

Ziel: Systemverfügbarkeit der technischen Systeme erhöhen und laufende Kosten senken

- Umverteilung der Aufgaben zwischen Rechner und SPS
- Eliminierung einer Rechnerhierarchieebene (Tandem-Rechner)
- Entkopplung der vernetzten Systeme
- Zusammenfassung der Betriebsdatenerfassung in einem System
- Abschaffung des automatisierten Hochregallagers und der zugehörigen EDV

Abbildung 7: Maßnahmen im Bereich Technik

Die neue Struktur ist so aufgebaut, daß die technischen Einzelsysteme während einer gewissen Zeit auch unabhängig voneinander arbeiten können. Dadurch wird deren Verfügbarkeit direkt von den Gruppen beeinflußt und nicht mehr durch die Einwirkung anderer Bereiche eingeschränkt. Neben der Erhöhung der Verfügbarkeit wurden durch den Wegfall einer Rechnerebene und des Hochregallagers die Betriebskosten reduziert.

4. Ergebnisse

Im neuen Zustand sind die Einzeltakte zu Zonen mit wesentlich umfassenderen, von selbstorganisierenden Gruppen ausgefüllten Arbeitsinhalten zusammengefaßt. Von 15 Vormontagen sind 13 personell und organisatorisch in das Band integriert (die übrigen zwei Vormontagen betreffen nur eine Variante mit einem Anteil von 7 % am Produktionsprogramm). Hierdurch wurde Platz für die Lagerung direkt neben dem Band geschaffen und das oben erwähnte Reengineering des Logistikprozesses möglich.

Das langfristig wichtigste Ergebnis des beschriebenen Projektes besteht ohne Zweifel darin, daß ein Weg gefunden wurde, die Erfahrung und das Wissen aller Mitarbeiter für die Verbesserung der Prozesse zu nutzen. Dies gilt für die vollständige Umgestaltung von Prozessen (Produktionsprozeß-Reengineering) ebenso wie für deren kontinuierliche Verbesserung in kleinen Schritten *(Kaizen)*. Ganz allgemein arbeiten Management und Werker deutlich besser zusammen, wobei die Intensivierung des Dialoges zwischen den Werkern und den Angestellten in Logistik, Konstruktion, Kundendienst etc. Verständnis erzeugt und die Motivation schafft, auch mit diesen Bereichen Probleme gemeinsam anzugehen. Die Arbeitszufriedenheit der Werker hat sich aufgrund der gestiegenen Verantwortung, der Akzeptanz ihres Knowhows und der verbesserten Ergonomie am Arbeitsplatz deutlich erhöht. Dafür ist nicht zuletzt der geringere Krankenstand ein Indiz. Außerdem sind die Werker am Band wieder stolz auf ihre Arbeit, stolz darauf, einen wirklich guten Traktor zu bauen – ein Punkt, der nicht unterschätzt werden sollte.

Das Projekt hat sich bereits kurzfristig bezahlt gemacht. Die für 1994 geplanten Einsparungspotentiale betragen 3,9 Mio. DM – das entspricht etwa 20 % der Kosten in den bearbeiteten Bereichen – wobei bis Oktober 1994 bereits mehr als zwei Drittel dieses Einsparungspotentials realisiert werden konnten. Durch die prozeßorientierte Reorganisation des Montagebandes stieg die Produktivität in den ersten fünf Monaten nach Beginn der Arbeit am Band um etwa 30 %. Darüber hinaus wurde das in Umlaufbeständen gebundene Kapital deutlich verringert, und die Qualität der Montage stieg um über 60 %, wie sich an der Verminderung von Nachbau und Revision ablesen läßt.

5. Ein kritischer Rückblick auf die Vorgehensweise

Der ganzheitliche Ansatz und das konsequente Veränderungsmanagement haben sich bewährt. Für uns hat sich gezeigt, daß nicht alle Verbesserungen zwangsläufig „dramatisch und radikal“ im Sinne des amerikanischen Reengineering ausfallen müssen. Auch werden die Unternehmensprozesse nicht zuerst alle auf den Kopf gestellt und dann optimiert. Vielmehr lösen sich restrukturierende und optimierende Phasen ab, wobei der Umfang des Reengineering eng begrenzt werden muß auf das, was das Unternehmen auf einmal „verdauen“ kann. Der nächste komplett umzugestaltende Prozeß wird zwangsläufig sichtbar bei dem Versuch, die bislang umgestellten Prozesse mit Hilfe von *Kaizen* zu optimieren.

Langfristig ist *Kaizen* für Deutz-Fahr Traktor sicherlich wichtiger als Reengineering-Ansätze, weil naturgemäß nur dann ein Bedarf nach Reengineering entsteht, wenn zuvor versäumt wurde, die Prozesse kontinuierlich an die sich ändernden Rahmenbedingungen anzupassen. Eine Ausnahme bilden hier EDV-gestützte technologische und logistische Prozesse, für die sich aufgrund

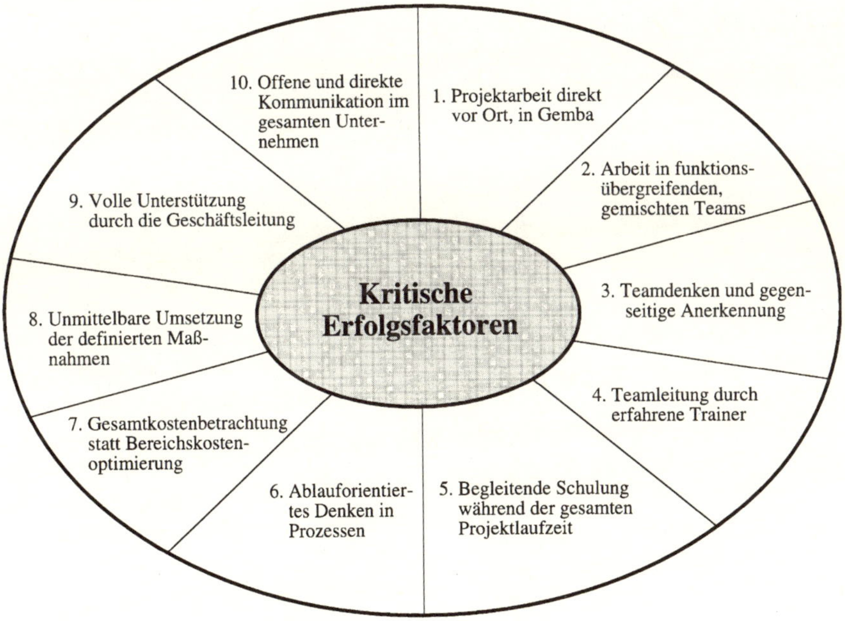

Abbildung 8: Kritische Erfolgsfaktoren eines Reengineering/*Kaizen*-Ansatzes

neuer Hard- und Software-Lösungen kurzfristig neue Gestaltungsmöglichkeiten ergeben können, die per se nur durch Reengineering umsetzbar sind.

Bei der praktischen Umsetzung mußten zahlreiche Widerstände von Mitarbeitern, vor allem aber „des Systems", d. h. der eingefahrenen logistischen und administrativen Prozesse, überwunden werden. Die Verankerung des Reengineering-Prozesses in der Geschäftsleitung ist somit unbedingt erforderlich, da nur von dort aus allen Beteiligten eine Vision aufgezeigt werden kann, Verunsicherungen abgebaut und – falls erforderlich – Entscheidungen mit Nachdruck durchgesetzt werden können. Eine Zusammenfassung der kritischen Erfolgsfaktoren ist in Abbildung 8 dargestellt.

Die Grundsätze des Produktionsprozeß-Reengineering und von *Kaizen* lassen sich gut auf andere Unternehmensfunktionen übertragen, so daß auch dort mit einer prozeßorientierten Umgestaltung begonnen werden könnte. Gerade jedoch der zentrale Prozeß eines Fertigungsunternehmens, nämlich die Produktion, und hier insbesondere die Montage, in der alle Material- und Informationsflüsse zusammenlaufen, bot den idealen Einstieg für eine prozeßorientierte Reorganisation zur nachhaltigen Verbesserung der Wettbewerbsfähigkeit von Deutz-Fahr Traktor.

Mettler-Toledo
Die absatzgesteuerte Produktion (ASP)

Johann Tikart

1. Das Unternehmen

Mettler-Toledo ist der weltweit größte Anbieter von Waagen und Wägesystemen. Das Unternehmen beschäftigt sich mit der Wägetechnik vom Mikrogramm-Bereich bis zum Tonnen-Bereich. Es vereint eine Gruppe von ca. 40 juristisch eigenständigen Organisationseinheiten mit einem Umsatz von insgesamt 1,2 Mrd. DM und 6500 Beschäftigten.

Die meisten dieser Einheiten sind Marktorganisationen. So gibt es in jedem wichtigen Land eine Marktorganisation mit den Aufgaben Auftragsabwicklung, Vertrieb und Service. Die übrigen Einheiten sind Produktionsorganisationen.

Mettler-Toledo Albstadt ist eine Produktionsorganisation, und wie jede Produktionsorganisation hat Mettler-Toledo Albstadt auch einen speziellen Auftrag. Unser Auftrag lautet: Entwicklung und Produktion von Waagen für professionelle Anwender in Industrie und Handel, vorwiegend für den europäischen Markt. Letzteres gilt deshalb, weil wir zwischenzeitlich schon erkennen mußten, daß wir nicht in der Lage sind, ein global gültiges Produkt zu spezifizieren. Mettler-Toledo Albstadt beschäftigt 200 Mitarbeiter und erzielt damit einen konzerninternen Umsatz von 100 Mio. DM.

Wir haben Mitte der 80er Jahre begonnen, nach und nach das ganze Unternehmen neu zu gestalten. Dabei sind wir Schritt für Schritt vorgegangen und haben zunächst die programmgesteuerte Produktion durch eine absatzgesteuerte Produktion abgelöst. Anschließend wurde die Entwicklungszeit für neue Produkte durch die Einführung einer Synchronproduktentwicklung von zwei Jahren auf sechs Monate reduziert, danach die selektive Qualitätssicherung durch eine präventive, natürliche Qualitätssicherung ersetzt und so weiter und so weiter. Jedesmal wurden die Funktionsstrukturen aufgelöst und durch Prozeßstrukturen ersetzt. Heute ist unsere Organisation nicht mehr nach Funktionen, sondern nach Prozessen strukturiert.

2. Die Problembereiche: Produktion und Materialwirtschaft

Der generelle Auftrag jedes Unternehmens ist es, wirtschaftlich erfolgreich zu arbeiten und diesen wirtschaftlichen Erfolg auch für das Morgen sicherzustellen. Und ob wir wirtschaftlich erfolgreich sind, entscheidet sich ausschließlich am Markt. Der Markt wird immer weniger kalkulierbar, immer dynamischer. Er zerfällt in immer kleinere Fragmente, und die Kundenbedürfnisse fallen zunehmend differenzierter aus. Und wir sagten uns, wenn wir auf diesen dynamischen Märkten wirtschaftlich erfolgreich arbeiten wollen, dann können wir dies nur, wenn wir selbst die gleiche Dynamik, die gleiche Beweglichkeit entwickeln wie der Markt, wenn wir wie ein Spiegelbild des Marktes werden können. Deshalb setzten wir uns Mitte der 80er Jahre folgendes Unternehmensziel: Wir wollten die Eigenschaft entwickeln, in höchstem Maße anpassungsfähig zu sein gegenüber den sich permanent verändernden Bedingungen und Chancen des Marktes, ohne dabei Kostennachteile zu erleiden. Damals waren die Bereiche Produktion und Materialwirtschaft unsere Sorgenkinder. Wir hatten eine programmgesteuerte Produktion. Aus den Verkaufserwartungen für ein Budgetjahr wurde ein Produktionsplan entwickelt. Dieser legte fest, wieviel Stück von welchem Modell in welcher Planungsperiode produziert werden sollten. Unter Auflösung der Stücklisten, Heranziehung der Operationspläne, Berücksichtigung der Lieferzeiten wurden dann Bewirtschaftungsvorgänge gestartet. Das eingehende Material wurde gelagert, zur Produktion von Baugruppen kommissioniert, dann wieder eingelagert, zur Montage der Fertiggeräte wieder kommissioniert, und die fertig montierten Geräte wurden dann in einem Fertiggerätelager deponiert. Daraus erfolgte dann die Bedienung der Märkte. Mit der zunehmenden Fragmentierung der Märkte, der Differenzierung der Kundenbedürfnisse, weitete sich auch unser Produktionssortiment immer stärker aus. Die Folge war, daß die Vorhersagegenauigkeit des Produktionsplanes immer schlechter wurde. All die Produkte, deren Absatz zu wünschen übrig ließ, sammelten sich im Fertiggerätelager. Das Fertiggerätelager wuchs ebenso wie später auch das Baugruppenlager und dann das Teilelager. Auf dem Höhepunkt der Krise war schließlich das gesamte uns verfügbare Kapital in Form von Materialien oder Geräten in den Lägern gebunden. Auf der anderen Seite hatten wir eine ganze Reihe von Modellen im Programm, deren Absatz sehr viel stärker war, als wir vermutet hatten, und die folglich nicht in ausreichender Menge verfügbar waren. So standen wir vor der unglücklichen Situation, bei hohen Lagerbeständen eine schlechte Lieferfähigkeit zu haben. Das ganze Problem wurde noch dadurch verschärft, daß wir unter dem Druck des Marktes gezwungen waren, Geräte zu produzieren, die nach Plan nicht vorgesehen waren. Um dies zu bewerkstelligen, widmeten wir Materialien, die für andere Geräte schon bewirtschaftet waren, um. So war unsere Situation gekennzeichnet durch hohe Lagerbestände, schlechte Lieferfähigkeit und eine ständige Jagd nach Fehlteilen. Unser Tag in der Produktion begann jeden Morgen mit einer Fehlteilbesprechung. Da kamen dann die manuellen Listen aus der Montage. Dies schaffte die EDV nicht mehr. Nach einer Stunde spritzten alle auseinander, per Pkw oder Telefon, und versuchten, Teile zu organisieren. Unsere Arbeitsplaner, die wir damals noch hatten, waren keine Arbeitsplaner, sondern Teilebeschaffer. Und unsere Lieferanten plagten wir mit Eilaufträgen und Stornierungen Hand in Hand.

Die Konsequenzen dieser Situation waren verheerend: Ein hohes Wertberichtigungsvolumen zum Jahresende, eine hohe Zinsbelastung, Umbauaktionen, Halden von anproduzierten Geräten in der Montage, die nicht fertiggestellt werden konnten, weil irgendein Teil fehlte, hohe Inventurdifferenzen und ein äußerst schlechtes Betriebsklima. Demgegenüber verfügten wir über ein fortschrittliches Produktionssystem, das auf dem neuesten Stand der Technik beruht, und dies in bezug sowohl auf Arbeitsorganisation, Arbeitsabläufe und Steuerung der Arbeit als auch auf die Bewirtschaftung mit Materialien. Nichts fehlte uns, und trotzdem hatten wir solche Probleme. Schließlich mußten wir erkennen, daß in unserer Organisation ein Interessenkonflikt zwischen den Produktionsbedürfnissen und den Marktbedürfnissen bestand.

Der Idealzustand in der Produktion wäre dann erreicht, wenn nur ein Produkt in größtmöglicher Stückzahl unverändert auf immer hergestellt würde. Das wäre eine wirklich effektive Produktion. Die Marktbedürfnisse sind dem jedoch diametral entgegengesetzt – im Extremfall wünscht sich jeder Kunde sein eigenes Produkt. Und in diesem Spannungsfeld findet sich immer irgendwo unsere Realität. Wir mußten erkennen, daß der Markt offensichtlich nicht bereit ist, sich unseren Produktionsbedürfnissen anzupassen, und daß wir folglich eine Produktion benötigten, die fähig ist, sich den Marktbedürfnissen anzupassen. Die Marktbedürfnisse müssen Priorität vor den Produktionsbedürfnissen haben.

3. Eine Vision zur Umgestaltung der Produktion

Der Umgestaltungsprozeß der Produktion begann damit, daß wir uns einen Fertigungsprozeß vorstellten, in dem es möglich war, ganz ohne Lagerbestände genau das zu produzieren, was unsere Marktorganisation bereits verkauft hatte, einerlei, welches Modell, einerlei, welche Stückzahl. Gleichzeitig sollte er die Einhaltung der garantierten Lieferfrist gewährleisten und systemimmanent ohne Fehlteile arbeiten.

An dieser Idee begeisterten wir uns so sehr, daß wir uns dann das ausdachten, was wir absatzgesteuerte Produktion nannten. Wir führten die absatzgesteuerte Produktion Anfang des Jahres 1986 ein. Seitdem sind wir in der Lage, ganz ohne Lagerbestände genau das zu produzieren, was unsere Marktorganisation bereits verkauft hat, einerlei, welches Modell, einerlei, welche Stückzahlen, und wir garantieren heute die Auslieferung innerhalb von fünf Arbeitstagen. Das System arbeitet ohne Fehlteile.

4. Die Maßnahmen zur prozeßorientierten Umgestaltung

Um so produzieren zu können, müssen zuvor zwei Probleme gelöst werden: Das erste betrifft die *Versorgung mit Material.* Hierzu haben wir uns eine Material-Pipeline mit einem Behältersteuersystem eingerichtet. 88 % unseres Einkaufsvolumens bewirtschaften wir absatzgesteuert. Der Rest des Einkaufsvolumens betrifft zum einen Teile, die wir als Massenteile halten, und zum anderen Teile, die zwar zu teuer sind, um sie als Massenteile halten zu können, die wir aber dennoch nicht absatzgesteuert bewirtschaften können. Für jedes Teil, das absatzgesteuert bewirtschaftet wird, gibt es ein spezifiziertes Behältnis. Diese Behältnisse befinden sich an den zugehörigen Montageplätzen. Abhängig von der Auftragslage, werden diese Behältnisse beim Montagevorgang früher oder später geleert. Das zuletzt entnommene Teil ist nun unser Steuersignal. Die über dieses System abgesicherten 88 % des Einkaufsvolumens werden nicht mehr mittels EDV bewirtschaftet, sondern ausschließlich aufgrund des Steuersignals »leeres Behältnis«. Ein innerbetrieblicher Transporteur sammelt alle leeren Behältnisse ein und bringt sie zu einer innerbetrieblichen Sammelstelle. Ein externer Dienstleister fährt täglich seine Runde zwischen uns und unseren Lieferanten, nimmt die leeren Behältnisse bei uns mit, stellt sie beim zugehörigen Lieferanten ab und nimmt sofort ein bereitstehendes, volles Behältnis wieder mit. Das leere Behältnis seinerseits ist der Produktionsauftrag beim Lieferanten. Sein Auftrag lautet: Fülle dieses leere Behältnis innerhalb einer vereinbarten Frist durch Nachproduktion wieder auf. Die Behältnismengen, die Austauschzeiten und die eingesetzten Fertigungstechnologien sind so aufeinander abgestimmt, daß er diesen Auftrag erfüllen kann. Wichtig ist, daß der Lieferant seinerseits nicht auf Lager produziert und nur so viel nachproduziert, wie das leere Behältnis abfordert. Die absatzgesteuerten Teile werden zwischenzeitlich von nur noch zehn Lieferanten bezogen. Jeder dieser Lieferanten ist zuständig für alle Teile, die mit einer bestimmten Fertigungstechnologie erzeugt werden. Zu diesen Lieferanten pflegen wir ein partnerschaftliches Verhältnis, und wir entwickeln mit ihnen zusammen nach dem Target-Costing-Prinzip auch neue Teile bzw. die dazu benötigten neuen Fertigungstechnologien.

Das zweite Problem betrifft die *Montagekapazität:* Unser Absatz schwankt von Modell zu Modell bzw. von Woche zu Woche zwischen 50 und 200 % eines Jahresdurchschnittswertes. Und genauso produzieren wir. Wir können es uns aber nicht leisten, 200 % Montagekapazität vorzuhalten. Um die Montagekapazität zu optimieren, haben wir uns drei Instrumente geschaffen:

1. Wir haben jeden Monteur so ausgebildet, daß er in der Lage ist, ein Gerät vollständig alleine zu montieren, zu verpacken und mit dem korrekten Versandetikett zu versehen. Darüber hinaus sollte er alle Geräte montieren können. Dieses Ziel haben wir noch nicht ganz erreicht, aber im Schnitt beherrscht heute jeder Monteur etwa zwei Drittel des Sortiments von Hunderten verschiedener Modelle. Da die Absatzschwankungen der einzelnen Modelle nicht synchron verlaufen, erzielen wir damit eine erste Glättungswirkung. Für den Monteur jedoch bedeutet dies, daß er gar keinen festen Arbeitsplatz hat. Er kommt zwar jeden Morgen an seinen Stammplatz, kann aber an diesem Montageplatz nur so lange tätig sein, bis alle ihm zugeordneten Aufträge bearbeitet sind. Liegen für diesen Platz keine Aufträge mehr vor, dann begibt er sich zu einem anderen Arbeitsplatz. Dies bedeutet auch, daß wir mehr Montageplätze als Monteure haben.
2. Das zweite Instrument ist die generelle Bereitschaft eines größeren Teils der Belegschaft, auf Zuruf in der Montage auszuhelfen. Dies betrifft an erster Stelle die Mitarbeiter aus dem Betriebsmittelbau, an zweiter diejenigen aus dem Montage-Engineering und schließlich an dritter bzw. vierter Stelle diejenigen aus der Qualitätssicherung bzw. der Entwicklung.
3. Das dritte Instrument ist unsere Gleitzeitregelung. Dieser geht eine Präambel voraus, die sinngemäß besagt: Dies ist ein Vertrag zwischen der Geschäftsleitung und der Belegschaft. Und wie jeder gute Vertrag muß er beiden Seiten Vorteile bringen. Der Vorteil für den Mitarbeiter besteht darin, daß er seine individuelle Arbeitszeit seinen individuellen Lebensumständen anpassen kann, daß er ein hohes Maß an Zeitautonomie besitzt. Der Vorteil für das Unternehmen besteht darin, daß das konkrete, aktuelle Kapazitätsangebot der Mitarbeiter dem konkreten, aktuellen Kapazitätsbedarf des Unternehmens eigenverantwortlich angepaßt wird.
   In diesem Sinn verlangt die Gleitzeitregelung von unseren Mitarbeitern le-

diglich, daß sie in der Betriebsöffnungszeit von morgens 6.30 Uhr bis abends 19.00 Uhr mindestens vier Stunden im Hause sind. Diese vier Stunden kann jeder legen, wie er möchte, er kann sie auch durch beliebig viele, beliebig lange Pausen unterbrechen, und er darf diese Pausen auch außer Haus verbringen. Er kann es jeden Tag anders handhaben, und er ist nicht verpflichtet, irgend jemandem zu sagen, wie er das heute oder morgen oder übermorgen zu halten gedenkt. Für jeden Mitarbeiter wird über das elektronische Zeiterfassungssystem ein Zeitkonto geführt. Der Saldo sollte nicht mehr als plus/minus zwei Wochen betragen. Wird dieser Grenzwert überschritten, dann gibt ihm das Zeiterfassungssystem den Hinweis, den Saldo innerhalb eines halben Jahres in den zulässigen Kanal zurückzuführen. Darüber hinaus ist jeder Mitarbeiter gehalten, einmal im Jahr einen Null-Durchgang zu machen, so daß die gesamte Jahresarbeitszeit stimmig ist. Dies ist die gesamte Regelung.

Als wir die absatzgesteuerte Produktion 1986 einführten, hatten wir noch keine so weitreichende Gleitzeitregelung. Wir arbeiteten noch auf der Basis einer täglichen Blockzeit und einer wöchentlichen Abrechnung auf die damaligen 40 Stunden, das heißt, ein Mitarbeiter konnte nicht innerhalb der Blockzeit nur deswegen nach Hause gehen, weil er nichts mehr zu tun hatte. Damals kamen die Monteure zu mir und fragten mich: »Was sollen wir denn tun, wenn wir nichts mehr zu tun haben? Wenn alle Aufträge erledigt sind?« Und ich hatte ihnen geantwortet: »Wenn alle Aufträge erledigt sind, alle Jobs getan sind, dann ist mir das einerlei. Dann könnt ihr das halten, wir ihr wollt, ihr seid eigenverantwortlich, ihr könnt Kaffee trinken, spazieren gehen, Zeitung lesen, Skat spielen, was auch immer. Nur eins dürft ihr nicht: Irgend etwas auf Vorrat produzieren.« Diese Antwort löste Verwunderung aus. Aber unmittelbar danach fragten die gleichen Monteure: »Und wie sollen wir dann die 200 % bewältigen?« Und da war meine Antwort die gleiche: »Das ist mir einerlei. Ihr seid eigenverantwortlich. Macht das, was ihr für richtig haltet. Arbeitet schneller, arbeitet länger, sprecht euch untereinander ab. Nur, mehr als zehn Stunden am Tag dürfen wir nicht, und: Jeder Liefertermin ist heilig Und wer auch immer von euch glaubt, einen Liefertermin nicht einhalten zu können, der muß zu mir kommen und bei mir einen Antrag stellen, und ich sage euch gleich, ich werde jeden Antrag ablehnen. Ich akzeptiere keine Gründe, weshalb ein Liefertermin nicht eingehalten wird. Liefertermine sind nicht irgendwelche Termine, die wir uns nach Belieben zurechtlegen können, sondern es sind die Termine, die uns der Kunde setzt.« Seit dem 01.01.1986 haben wir auch nicht einen einzigen Liefertermin überschritten.

Wie funktioniert das konkret? Wir haben drei Meisterbereiche. In jedem Meisterbereich gibt es ein Regal mit einzelnen Fächern, in denen alle vorhandenen Aufträge ausliegen, aufgebrochen immer auf Losgröße 1. Der Monteur geht an dieses Regal, und unter Beachtung aller Liefertermine greift er in ein Fach, nimmt die darin enthaltenen Aufträge und begibt sich an den Montageplatz, an dem diese Geräte montiert werden können. Ist er damit fertig, geht er erneut an das Regal, greift in ein anderes Fach und geht dann an einen anderen Montageplatz, an dem nun diese Geräte montiert werden können. Und da der Monteur, vor dem Regal stehend, erkennen kann, wie lange er heute und morgen und übermorgen zu arbeiten hat, damit wir gesamthaft alle Termine pünktlich bedienen können, kann er seine Zeiteinteilung eigenverantwortlich festlegen.

5. Fazit

Mit der Einführung der absatzgesteuerten Produktion haben wir einen wichtigen Beitrag zur Verwirklichung des Unternehmenszieles – Entwicklung der Eigenschaft, in höchstem Maße anpassungsfähig zu sein gegenüber den sich permanent verändernden Bedingungen und Chancen des Marktes, ohne Kostennachteile – geleistet. Auf diesem Weg haben wir gelernt, daß in einer prozeßstrukturierten Organisation, in der der Mensch im Mittelpunkt steht, deutliche Wettbewerbsvorteile erreichbar sind. Diese sind begründet in einer hohen Marktanpassungsfähigkeit, einer deutlichen Kostenreduktion, einer Stärkung des Innovationspotentials des Unternehmens und einer starken Identifikation der Mitarbeiter mit den Zielen des Unternehmens.

AutorInnenverzeichnis

Friedrich Bock ist Mitglied der Geschäftsleitung der Unternehmensberatung *Arthur D. Little Int., Inc.* Er ist verantwortlich für die Bereiche Strategie, Organisation und Corporate Finance im deutschsprachigen Raum.

Markus Böhme, Dipl.-Kaufmann, ist Projektleiter bei der *BPU • Betriebswirtschaftliche Projektgruppe der Unternehmensentwicklung GmbH,* Er ist insbesondere im Bereich Unternehmensplanung und -steuerung tätig.

Dr. Stefan Brand, Dipl.Volkswirt, ist seit 1989 Mitarbeiter bei der *Boston Consulting Group* in München und Paris. Seit 1993 ist er als Senior-Projektleiter der BCG zuständig für Fragen der Unternehmensorganisation und -strategie.

Albrecht Crux, Dipl.-Ingenieur, Dipl.-Wirtschaftsingenieur, ist Partner der Unternehmensberatungsgesellschaft *Roland Berger & Partner GmbH.*

Wolfgang Dernbach, graduierter Betriebswirt, ist Geschäftsführer und Partner der Unternehmensberatungsgesellschaft *Diebold Deutschland GmbH* und Präsident des Verwaltungsrats der Diebold (Schweiz) AG.

Stefano Ferro ist Chief Executive Officer der weltweit tätigen *Bally*-Gruppe, eines Anbieters von Schuhen, Accessoires. und Bekleidung im gehobenen Preissegment.

Prof. Dr. Egon Franck ist Professor für Betriebswirtschaftslehre an der *Technischen Universität Bergakademie Freiberg.* Er hat dort den Lehrstuhl für Industriebetriebslehre/Produktionswirtschaft inne.

Prof. Dr. Torsten J. Gerpott, ist Professor für Betriebswirtschaftslehre an der *Gerhard-Mercator-Universität Duisburg* - Lehrstuhl für Planung und Organisation. Zuvor war er Mitglied der deutschen Geschäftsleitung von *Booz • Allen & Hamilton Inc.*

Dr. Thomas Herp, Dipl.-Kaufmann, ist Geschäftsführer und Partner bei der *Boston Consulting Group* in München. Als Leiter der BCG-Praxisgruppe Organisation hat er mehrere Unternehmen bei grundlegenden Reorganisationsaufgaben betreut.

Jochen Klemmer, Dipl.-Kaufmann, ist Projektleiter bei der *BPU • Betriebswirtschafliche Projektgruppe für Unternehmensentwicklung GmbH.* Er ist insbesondere im Bereich Unternehmensplanung und -steuerung tätig.

Dr. Werner Kreuz ist Mitglied der Geschäftsleitung der Unternehmensberatungsgesellschaft *A. T. Kearney,* Düsseldorf, und europaweit verantwortlich für Business Process Reengineering.

Dr. Ing. Christian F. Mayer ist Projektleiter bei der *Roland Berger & Partner GmbH,* Er vertritt dort den Schwerpunkt Produktionsprozeß-Reengineering und *Kaizen*

Peter Nagel ist Mitglied des Vorstands der *Grammer AG,* Amberg. Er ist seit 1983 für das Unternehmen tätig und hatte dort zunächst verschiedene Führungspositionen in den Bereichen Marketing und Vertrieb inne.

Dr. Michael Nippa ist geschäftsführender Gesellschafter der Forschungs- und Beratungsgesellschaft *BPU • Betriebswirtschaftliche Projektgruppe für Unternehmensentwicklung GmbH.*

Thomas Pasquale, Dipl.-Kaufmann, ist Leiter der Hauptabteilung Finanz- und Rechnungswesen der *HT Troplast AG* (ehemals Hüls Troisdorf AG), einem Unternehmen der kunststoffverarbeitenden Industrie.

Prof. Dr. Arnold Picot ist Professor für Betriebswirtschaftslehre an der *Ludwig-Maximilians-Universität München,* Vorstand des Instituts für Organisation und Gesellschafter der *BPU • Betriebswirtschafliche Projektgruppe für Unternehmensentwicklung GmbH.*

Claudia Schwarzmaier, Dipl.-Volkswirtin, ist bei der *Bayerischen Landesbank* innerhalb des Bereichs Informatik und Organisation als Projektleiterin u.a. für Prozeßanalyse und -gestaltung zuständig.

Andreas Schwilling, lic. oec. HSG, MBA, ist Projektleiter bei der Unternehmensberatungsgesellschaft *Roland Berger & Partner GmbH.*

Werner Strohmayr, Dipl.-Kaufmann, ist Mitglied des Vorstands der *Bayerischen Landesbank* und dort unter anderem für den Bereich Informatik und Organisation zuständig.

Johann Tikart, Dipl.-Ingenieur, ist Geschäftsführer der *Mettler-Toledo (Albstadt) GmbH,* eines weltweit bedeutendsten Anbieters von Waagen und Wägesystemen.

Siegfried Wickert, Dipl.-Ingenieur (TU), Mitglied der Geschäftsleitung und Werkleiter im Geschäftsbereich *Deutz-Fahr Traktor* der Klöckner-Humboldt-Deutz AG. Er ist für die Bereiche Produktion, Qualität, Logistik, EDV und Technische Dienste verantwortlich .

Dr. Henrich Wilckens, ist seit 1.9.1994 Geschäftsführer der *Vebacom GmbH,* Düsseldorf. Zuvor war er Mitglied des Vorstandes der *HT Troplast AG* (ehemals Hüls Troisdorf AG), einem Unternehmen der kunststoffverarbeitenden Industrie.

Dr. Gerd Wittkemper, leitet als Senior Vice President weltweit den Bereich »Computers, Communications, Electronics« bei *Booz • Allen & Hamilton, Inc.* und koordiniert in Deutschland die Beratungsaktivitäten des Unternehmens im öffentlichen Sektor.

Dr. Herbert Wörner ist Vorsitzender der Geschäftsführung der *Bosch-Siemens Hausgeräte GmbH,* München.

Roman Zeller, Diplom-Ökonom, MBA, ist Partner bei *Bain & Company* in München und leitet die Bain-Praxisgruppe Organisation.